Allez, viens!
HOLT FRENCH

LEVEL 1

HOLT, RINEHART AND WINSTON

A Harcourt Classroom Education Company

Austin · New York · Orlando · Atlanta · San Francisco · Boston · Dallas · Toronto · London

ASSOCIATE DIRECTOR
Barbara Kristof

EXECUTIVE EDITOR
Priscilla Blanton

SENIOR EDITORS
Marion Bermondy
Jaishree Venkatesan

MANAGING EDITOR
Chris Hiltenbrand

EDITORIAL STAFF
Annick Cagniart
Yamilé Dewailly
Virginia Dosher
Ruthie Ford
Serge Laîné
Géraldine Touzeau-Patrick
Mark Eells, *Editorial Coordinator*

EDITORIAL PERMISSIONS
Carrie Jones, *CCP Supervisor*
Nicole Svobodny, *Permissions Editor*

Brigida Donohue, *Interpreter-Translator*

ART, DESIGN, & PHOTO BOOK DESIGN
Richard Metzger, *Design Director*
Marta L. Kimball, *Design Manager*
Lisa Woods
Andrew Lankes
Jennifer Trost
Alicia Sullivan
Ruth Limon

IMAGE SERVICES
Joe London, *Director*
Jeannie Taylor, *Photo Research Supervisor*
Elisabeth McCoy
Michelle Rumpf, *Art Buyer Supervisor*
Coco Weir

DESIGN NEW MEDIA
Susan Michael, *Design Director*

Amy Shank, *Design Manager*
Kimberly Cammerata, *Design Manager*
Czeslaw Sornat, *Senior Designer*
Grant Davidson

MEDIA DESIGN
Curtis Riker, *Design Director*
Richard Chavez

GRAPHIC SERVICES
Kristen Darby, *Manager*
Linda Wilbourn
Jane Dixon
Dean Hsieh

COVER DESIGN
Richard Metzger, *Design Director*
Candace Moore, *Senior Designer*

PRODUCTION
Amber McCormick, *Production Supervisor*

Colette Tichenor, *Production Coordinator*

MANUFACTURING
Shirley Cantrell, *Supervisor, Inventory & Manufacturing*
Deborah Wisdom, *Senior Inventory Analyst*

NEW MEDIA
Jessica Bega, *Senior Project Manager*
Elizabeth Kline, *Senior Project Manager*

VIDEO PRODUCTION
Video materials produced by Edge Productions, Inc., Aiken, S.C.

COVER AND TITLE PAGE PHOTOGRAPHY CREDITS

FRONT COVER AND TITLE PAGE: (background), © Carlos Spaventa/FPG International, (students), HRW Photo/Steve Ewert Photography

BACK COVER: © Markham Johnson/Robert Holmes Photography

Acknowledgements appear on page R64, which is an extension of the copyright page.

ALLEZ, VIENS! is a trademark licensed to Holt, Rinehart and Winston, registered in the United States of America and/or other jurisdictions.

Printed in the United States of America

ISBN 0-03-056593-6

2 3 4 5 6 7   48   05 04 03 02

AUTHORS

John DeMado
Washington, CT

Mr. DeMado helped form the general philosophy of the French program and wrote activities to practice basic material, functions, grammar, and vocabulary.

Emmanuel Rongiéras d'Usseau
Le Kremlin-Bicêtre, France

Mr. Rongiéras d'Usseau contributed to the development of the scope and sequence, created the basic material and listening scripts, selected realia, and wrote activities.

CONTRIBUTING WRITERS

Jayne Abrate
The University of Missouri
Rolla Campus
Rolla, MO

Sally Adamson Taylor
Publishers Weekly
San Francisco, CA

Linda Bistodeau
Saint Mary's University
Halifax, Nova Scotia

Betty Peltier
Consultant
Batz-sur-Mer, France

REVIEWERS

Dominique Bach
Rio Linda Senior High School
Rio Linda, CA

Jeannette Caviness
Mount Tabor High School
Winston-Salem, NC

Jennie Bowser Chao
Consultant
Oak Park, IL

Pierre F. Cintas
Penn State University
Abington College
Abington, PA

Donna Clementi
Appleton West High School
Appleton, WI

Cathy Cramer
Homewood High School
Birmingham, AL

Robert H. Didsbury
Consultant
Raleigh, NC

Jennifer Jones
U.S. Peace Corps volunteer
Côte d'Ivoire 1991–1993
Austin, TX

Joan H. Manley
The University of Texas at El Paso
El Paso, TX

Jill Markert
Pflugerville High School
Pflugerville, TX

Inge McCoy
Southwest Texas State University
San Marcos, TX

Gail Montgomery
Foreign Language Program
Administrator
Greenwich, CT Public Schools

Agathe Norman
Consultant
Austin, TX

Audrey O'Keefe
Jordan High School
Los Angeles, CA

Sherry Parker
Selvidge Middle School
Ballwin, MO

Sherron N. Porter
Robert E. Lee High School
Baton Rouge, LA

Marc Prévost
Austin Community College
Austin, TX

Norbert Rouquet
Consultant
La Roche-sur-Yon, France

Michèle Shockey
Gunn High School
Palo Alto, CA

Ashley Shumaker
Central High School West
Tuscaloosa, AL

Antonia Stergiades
Washington High School
Massillon, OH

Frederic L. Toner
Texas Christian University
Fort Worth, TX

Jeannine Waters
Harrisonburg High School
Harrisonburg, VA

Jo Anne S. Wilson
Consultant
Glen Arbor, MI

FIELD TEST PARTICIPANTS

Marie Allison
New Hanover High School
Wilmington, NC

Gabrielle Applequist
Capital High School
Boise, ID

Jana Brinton
Bingham High School
Riverton, UT

Nancy J. Cook
Sam Houston High School
Lake Charles, LA

Rachael Gray
Williams High School
Plano, TX

Katherine Kohler
Nathan Hale Middle School
Norwalk, CT

Nancy Mirsky
Museum Junior High School
Yonkers, NY

Myrna S. Nie
Whetstone High School
Columbus, OH

Jacqueline Reid
Union High School
Tulsa, OK

Judith Ryser
San Marcos High School
San Marcos, TX

Erin Hahn Sass
Lincoln Southeast High School
Lincoln, NE

Linda Sherwin
Sandy Creek High School
Tyrone, GA

Norma Joplin Sivers
Arlington Heights High School
Fort Worth, TX

Lorabeth Stroup
Lovejoy High School
Lovejoy, GA

Robert Vizena
W.W. Lewis Middle School
Sulphur, LA

Gladys Wade
New Hanover High School
Wilmington, NC

Kathy White
Grimsley High School
Greensboro, NC

TO THE STUDENT

Some people have the opportunity to learn a new language by living in another country.
Most of us, however, begin learning another language and getting acquainted with
a foreign culture in a classroom with the help of a teacher, classmates, and a textbook.
To use your book effectively, you need to know how it works.

Allez, viens! (*Come along!*) is organized to help you learn French and become familiar with the cultures of people who speak French. The Preliminary Chapter presents basic concepts in French and strategies for learning a new language. This chapter is followed by six Location Openers and twelve chapters.

Location Opener Six four-page photo essays called Location Openers introduce different French-speaking places. You can also see these locations on video, the *CD-ROM Tutor,* and the *DVD Tutor.*

Chapter Opener The Chapter Opener pages tell you the chapter theme and goals.

Mise en train (*Getting started*) This illustrated story, which is also on video, shows you French-speaking people in real-life situations, using the language you'll learn in the chapter.

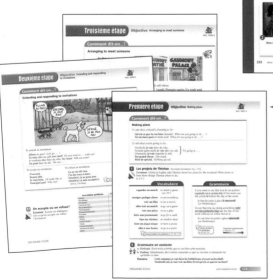

Première, Deuxième, and **Troisième étape** (*First, Second, Third Part*) After the **Mise en train,** the chapter is divided into three sections called **étapes.** Within the **étape,** are **Comment dit-on... ?** (*How do you say . . . ?*) boxes that contain the French expressions you'll need to communicate and **Vocabulaire** and **Grammaire/Note de grammaire** boxes that give you the French words and grammatical structures you'll need to know. Activities in each **étape** enable you to develop your skills in listening, reading, speaking, and writing.

Panorama Culturel (*Cultural Panorama*) On this page are interviews with French-speaking people from around the world. You can watch these interviews on video or listen to them on audio CD. You can also watch them using the *CD-ROM Tutor* and the *DVD Tutor*, then check to see how well you understood by answering some questions about what the people say.

Rencontre culturelle (*Cultural Encounter*) This section, found in six of the chapters, gives you a firsthand encounter with some aspect of a French-speaking culture.

Note culturelle (*Culture Note*) In each chapter, there are notes with more information about the cultures of French-speaking people.

Lisons! (*Let's read!*) The reading section follows the three **étapes**. The selections are related to the chapter themes and help you develop your reading skills in French.

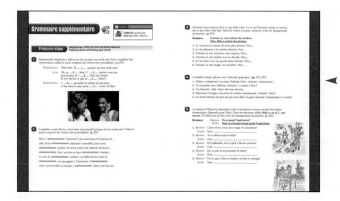

Grammaire supplémentaire (*Additional grammar practice*) This section begins the chapter review. You will find four pages of activities that provide additional practice on the grammar concepts you learned in the chapter.

Mise en pratique (*Review*) The activities on these pages practice what you've learned in the chapter and help you improve your listening, reading, and communication skills. You'll also review what you've learned about culture. A section called **Écrivons!** (*Let's write!*) in Chapters 3–12 will help develop your writing skills.

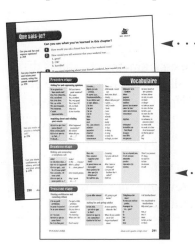

Que sais-je? (*Let's see if I can . . .*) This page at the end of each chapter contains a series of questions and short activities to help you see if you've achieved the chapter goals.

Vocabulaire (*Vocabulary*) On the French-English vocabulary list on the last page of the chapter, the words are grouped by **étape**. These words and expressions will be on the quizzes and tests.

v

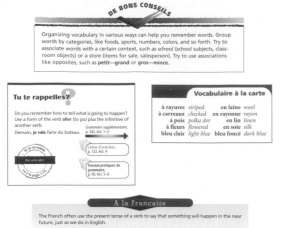

You'll also find special features in each chapter that provide extra tips and reminders.

De bons conseils (*Helpful advice*) offers study hints to help you succeed in a foreign language class.

Tu te rappelles? (*Do you remember?*) and **Si tu as oublié** (*If you forgot*) remind you of expressions, grammar, and vocabulary you may have forgotten.

A la française (*The French way*) gives you additional expressions to add more color to your speech.

Vocabulaire à la carte (*Additional Vocabulary*) lists extra words you might find helpful. These words will not appear on the quizzes and tests unless your teacher chooses to include them.

You'll also find French-English and English-French vocabulary lists at the end of the book. The words you'll need to know for the quizzes and tests are in boldface type.

At the end of your book, you'll find more helpful material, such as:
- a summary of the expressions you'll learn in the **Comment dit-on... ?** boxes
- additional vocabulary words you might want to use
- a summary of the grammar you'll study
- a grammar index to help you find where structures are presented

Allez, viens! Come along on an exciting trip to new cultures and a new language!

Bon voyage!

Explanation of Icons in *Allez, viens!*

Throughout Allez, viens!, *you'll see these symbols, or icons, next to activities and presentations. The following key will help you understand them.*

Video/DVD Whenever this icon appears, you'll know there is a related segment in the *Allez, viens! Video* and *DVD* Programs.

Listening Activities

Pair Work/Group Work Activities

Writing Activities

Interactive Games and Activities Whenever this icon appears, you'll know there is a related activity on the *Allez, viens! Interactive CD-ROM Tutor* and on the *DVD Tutor*.

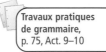
Cahier d'activités,
p. 98, Act. 2

Travaux pratiques
de grammaire,
p. 75, Act. 9–10

Practice Activities These icons tell you which activities from the *Cahier d'activités* and the *Travaux pratiques de grammaire* practice the material presented.

Grammaire supplémentaire,
p. 286, Act. 15–16 →

Grammaire supplémentaire This reference tells you where you can find additional grammar practice in the review section of the chapter.

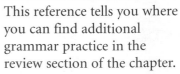

Internet Activities This icon provides the keyword you'll need to access related online activities at **go.hrw.com**.

Allez, viens! Contents

Come along—to a world of new experiences!

Allez, viens! offers you the opportunity to learn the language spoken by millions of people in countries in Europe, Africa, Asia, and around the world. Let's find out what those countries are.

ALLEZ, VIENS

à Poitiers!

LOCATION FOR CHAPITRES 1, 2, 3 12

CHAPITRE 1
Faisons connaissance! 16

CHAPITRE 2
Vive l'école! 46

CHAPITRE 3
Tout pour la rentrée.....74

CHAPITRE 4
Sports et passe-temps 106

CHAPITRE 6
Amusons-nous! 168

CHAPITRE 7
La famille.....198

ALLEZ, VIENS
à Abidjan!

CHAPITRE 8
Au marché.....230

ALLEZ, VIENS

en Arles!

LOCATION • CHAPITRES 9, 10, 11 260

CHAPITRE 9
Au téléphone.....264

CHAPITRE 11
Vive les vacances! 322

CULTURAL REFERENCES

LA FRANCE

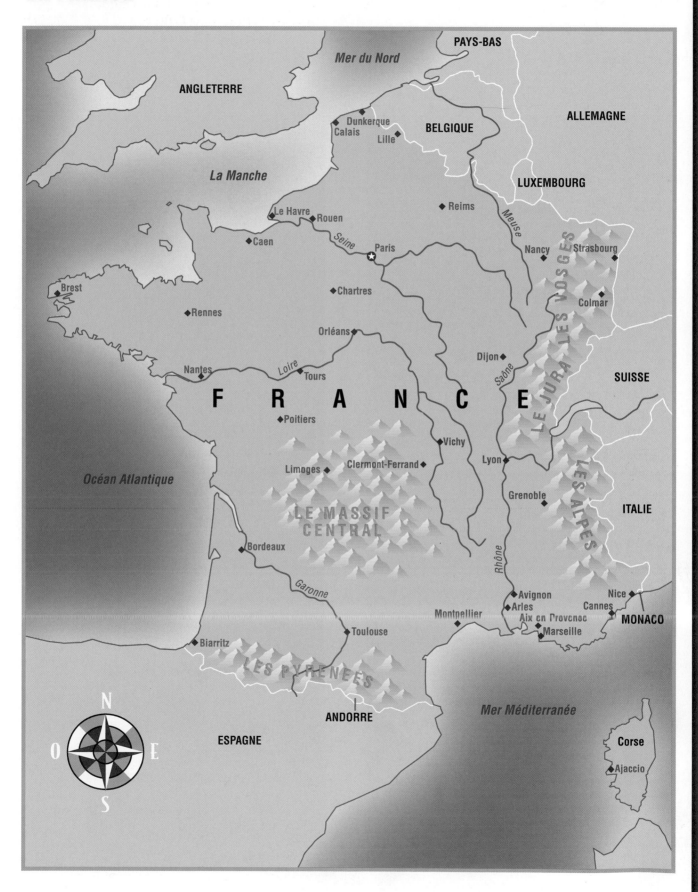

L'AFRIQUE FRANCOPHONE

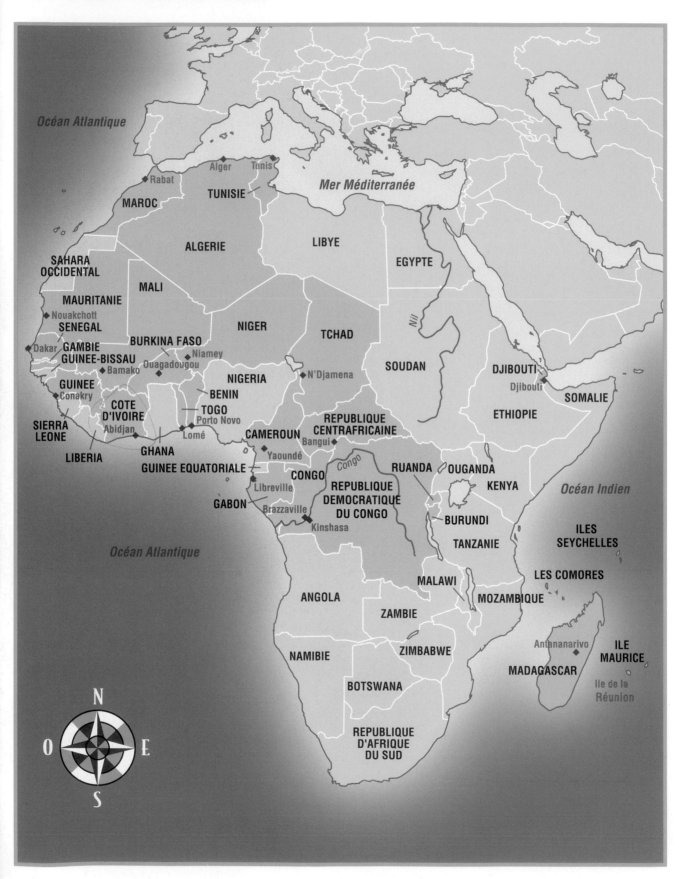

L'AMERIQUE FRANCOPHONE

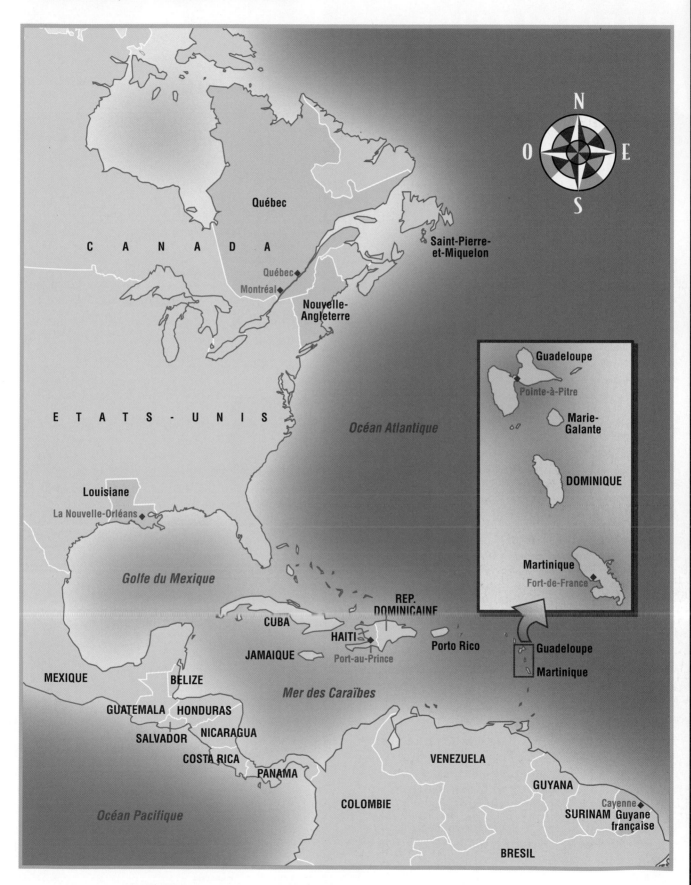

Allez, viens!

Bienvenue dans le monde francophone!

Welcome to the French-speaking world!

You know, of course, that French is spoken in France, but did you know that French is spoken by many people in North America? About one-third of Canadians speak French, mostly in Quebec province. In the United States, about 375,000 people in New England, whose ancestors immigrated from Canada, speak or understand French. French is also an official language in the state of Louisiana.

French is the official language of France's overseas possessions. These include the islands of Martinique and Guadeloupe in the Caribbean Sea, French Guiana in South America, the island of Réunion in the Indian Ocean, and several islands in the Pacific Ocean. French is also spoken in Haiti.

French is also widely used in over twenty African countries where it is an official language. Many people in West and Central African countries, such as Senegal, the Republic of Côte d'Ivoire, Mali, Niger, and Chad, speak French. In North Africa, French has played an important role in Algeria, Tunisia, and Morocco. Although Arabic is the official language of these North African countries, French is used in many schools across North Africa.

Take a minute to find France on the map. Several of the countries bordering France use French as an official language. It's the first or second language of many people in Belgium, Switzerland, Luxembourg, and Andorra, as well as in the principality of Monaco.

As you look at the map, what other places can you find where French is spoken? Can you imagine how French came to be spoken in these places?

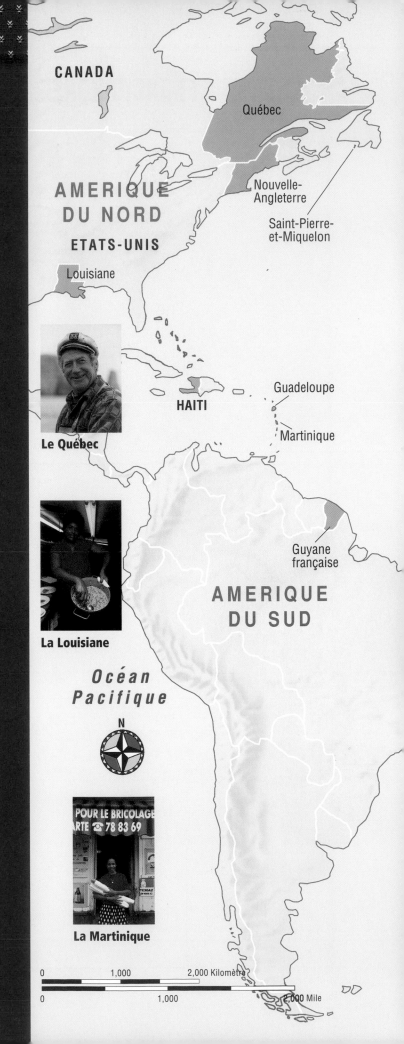

CANADA

Québec

AMERIQUE DU NORD

ETATS-UNIS

Louisiane

Nouvelle-Angleterre

Saint-Pierre-et-Miquelon

HAITI

Guadeloupe

Martinique

Le Québec

La Louisiane

Guyane française

AMERIQUE DU SUD

Océan Pacifique

N

POUR LE BRICOLAGE
ARTE ☎ 78 83 69

La Martinique

0   1,000   2,000 Kilomètre

0   1,000   2,000 Mile

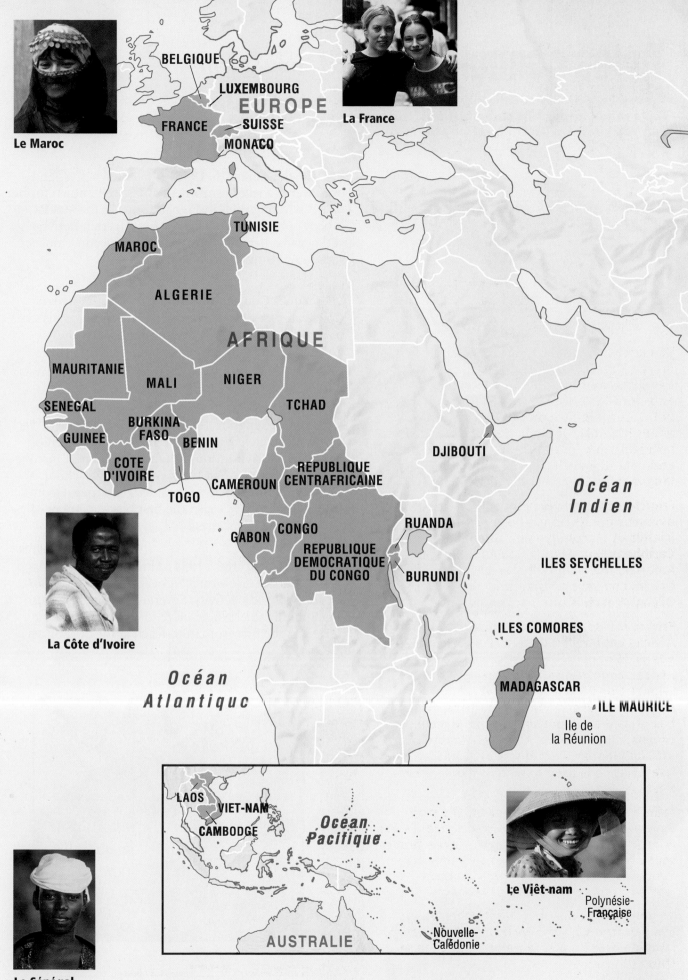

Le Maroc

BELGIQUE
LUXEMBOURG
EUROPE
FRANCE
SUISSE
MONACO

La France

TUNISIE
MAROC
ALGERIE
AFRIQUE
MAURITANIE
MALI
NIGER
SENEGAL
TCHAD
BURKINA
FASO
GUINEE
BENIN
COTE
D'IVOIRE
TOGO
CAMEROUN
REPUBLIQUE
CENTRAFRICAINE
DJIBOUTI

Océan
Indien

GABON
CONGO
RUANDA
REPUBLIQUE
DEMOCRATIQUE
DU CONGO
BURUNDI

ILES SEYCHELLES

La Côte d'Ivoire

ILES COMORES

Océan
Atlantiquc

MADAGASCAR
ILE MAURICE
Ile de
la Réunion

LAOS
VIET-NAM
CAMBODGE
Océan
Pacifique

Le Viêt-nam
Polynésie-
Française

Le Sénégal

AUSTRALIE
Nouvelle-
Calédonie

un 1

Tu les connais? ▪ *Do you know them?*

In science, politics, technology, and the arts, French-speaking people have made important contributions. How many of these people can you match with their descriptions?

A

B

1 **Isabelle Adjani (b. 1955)** A talented actress and producer, Isabelle Yasmine Adjani is well known for her award-winning roles in French films. In the 1980s, Adjani publicly acknowledged her Algerian heritage and began a personal campaign to raise consciousness about racism in France.

2 **Jacques Cousteau (1910-1997)** Jacques-Yves Cousteau first gained worldwide attention for his undersea expeditions as the commander of the Calypso and for inventing the aqualung. In order to record his explorations, he invented a process for filming underwater.

3 **Léopold Senghor (b. 1906)** A key advocate of Négritude, which asserts the values and the spirit of black African civilization, Senghor is a man of many talents. He was the first black African high school teacher in France. He was President of Senegal from 1960 to 1980. He was also the first black member of the **Académie Française.**

4 **Marie Curie (1867-1934)** Along with her husband Pierre, Marie Curie won a Nobel prize in physics for her study of radioactivity. Several years later, she also won an individual Nobel prize for chemistry. Marie Curie was the first woman to teach at the Sorbonne in Paris.

C

D

5 **Victor Hugo** (1802-1885) Novelist, poet, and political activist, Hugo led the Romantic Movement in French literature. In his most famous works, *Notre-Dame de Paris (The Hunchback of Notre Dame)* and *Les Misérables,* he sympathizes with the victims of poverty and condemns a corrupt political system.

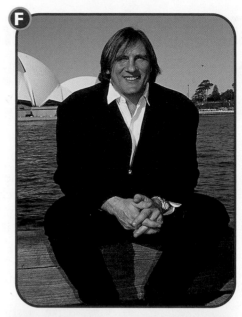

6 **Zinedine Zidane** (b. 1972) Zinedine Zidane, one of the most well-known soccer players in France and Europe, has received numerous awards and recognition for his accomplishments in soccer. In 1998, he helped lead the National French Team to victory by scoring two important goals to win the World Soccer Championship. He also received the Golden Ball award and was elected Best Player of the World.

7 **Céline Dion** (b. 1968) A native of Quebec, Dion is an award-winning singer whose work includes hit songs in both English and French. In 1996, her album *Falling Into You* was awarded the Grammy® for Album of the Year and Best Pop Album. Dion also performed in the opening ceremonies of the 1996 Olympic Games in Atlanta, Georgia.

8 **Gérard Depardieu** (b. 1948) Gérard Depardieu is a popular actor, director, and producer, who has appeared in over 70 films. His performance in the 1990 movie *Green Card,* which won him a Golden Globe award, marked his American film debut.

Pourquoi apprendre le français?

Why learn French?

To expand your horizons

When you study a language, you learn much more than vocabulary and grammar. You learn about the people who speak the language and the influence they've had on our lives. Francophone (French-speaking) cultures continue to make notable contributions to many fields, including art, literature, movies, fashion, cuisine, science, and technology.

For travel

Someday you may live, travel, or be an exchange student in one of the more than 30 countries all over the world where French is spoken. You can imagine how much more meaningful your experience will be if you can talk to people in their own language.

For career opportunities

Being able to communicate in another language can be an advantage when you're looking for employment in almost any field. As a journalist, sportscaster, hotel receptionist, tour guide, travel agent, buyer for a large company, lawyer, engineer, economist, financial expert, flight attendant, diplomat, translator, teacher, writer, interpreter, publisher, or librarian, you may have the opportunity to use French in your work. Did you know that nearly 4,000 American companies have offices in France?

For fun!

Perhaps the best reason for studying French is for the fun of it. Studying another language is a challenge to your mind, and you'll get a great feeling of accomplishment the first time you have a conversation in French.

Qui suis-je? · *Who am I?*

Here's how to introduce yourself to young people who speak French.

To ask someone's name:
> **Tu t'appelles comment?**

To give your name:
> **Je m'appelle...**

Note culturelle

French-speaking people use **tu** *(you)* when they talk to a friend, a family member, or a person their own age or younger. In Chapter 1, you'll learn how to address an adult using the more formal **vous**.

 Here's a list of some popular French names for girls and boys. Can you find your name, or a name similar to yours?

Noms de filles

Dominique
Corinne
Stéphanie
Julie
Audrey
Emilie
Sabrina

Delphine	Séverine
Nathalie	Virginie
Laurence	Valérie
Céline	Lætitia
Elodie	Karine
Sandrine	Aurélie
Claudine	Christelle

Noms de garçons

Vincent
Bernard
Stéphane
Eric
Jean
Daniel

Philippe	Mathieu
Frédéric	Christian
Cédric	David
Nicolas	Laurent
Michel	Marc
Olivier	Gilles
Jérôme	Etienne
Christophe	Pierre

1 **Présente-toi!** *Introduce yourself!*

If you like, choose a French name for yourself. Introduce yourself to two or three students in the class, using your own name or your new French name. Ask them their names, too.

L'alphabet ▪ *The alphabet*

The French alphabet looks the same as the English alphabet. The difference is in pronunciation. Look at the letters and words below as your teacher pronounces them or as you listen to the audio recording. Which letters sound similar in English and French? Which ones have a different sound?

A astronaute

B banane

C croissant

D dessert

E Europe

F fille

G girafe

H hélicoptère

I igloo

J judo

K kangourou

L lion

M microscope

N Noël

O orange

P parachute

Q quiche

R rose

S serpent

T trompette

U uniforme

V voyage

W western

X xylophone

Y yo-yo

Z zèbre

Have you noticed that many French words look like English words? Words in different languages that look alike are called cognates. Although they're pronounced differently, cognates have the same meaning in French and English. You may not realize it, but you already know hundreds of French words.

Can you figure out what these words mean?

chocolat

musique

carotte

adresse

examen

2 Le dictionnaire

Scan the French-English vocabulary list in the back of your book to see if you can find ten cognates.

3 Les animaux

Ecoutons Write down the words as you hear them spelled. Then, match the words you've written with the pictures. Be careful! One of the words isn't a cognate.

a.

b.

c.

d.

e.

f.

4 Tu t'appelles comment?

Can you spell your name, pronouncing the letters in French?

Les accents · *Accent marks*

Have you noticed the marks over some of the letters in French words? These marks are called accents. They're very important to the spelling, the pronunciation, and even the meaning of French words.

The **accent aigu** (´) tells you to pronounce an *e* similar to the *a* in the English word *date:*	**éléphant Sénégal**
The **accent grave** (`) tells you to pronounce an *e* like the *e* in the English word *jet:*	**zèbre chèque**
However, an **accent grave** over an *a* or *u* doesn't change the sound of these letters:	**à où**
The **accent circonflexe** (^) can appear over any vowel, and it doesn't change the sound of the letter:	**pâté forêt île hôtel flûte**
The **cédille** (¸) under a *c* tells you to pronounce the *c* like an *s:*	**français ça**
When two vowels appear next to each other, a **tréma** (¨) over the second one tells you to pronounce each vowel separately:	**Noël Haïti**
You usually will not see accents on capital letters.	**île Ile état Etats-Unis**

When you spell a word aloud, be sure to say the accents, as well as the letters.

5 **Quelle est l'orthographe?** *What is the spelling?*

Ecoutons Write down the words as you hear them spelled.

Les chiffres de 0 à 20 · *Numbers from 0 to 20*

How many times a day do you use numbers? Giving someone a phone number, checking grades, and getting change at the store all involve numbers. Here are the French numbers from 0 to 20.

Vocabulaire

0 zéro	1 un	2 deux	3 trois	4 quatre	5 cinq	6 six
7 sept	8 huit	9 neuf	10 dix	11 onze	12 douze	13 treize
14 quatorze	15 quinze	16 seize	17 dix-sept	18 dix-huit	19 dix-neuf	20 vingt

Note culturelle

When you count on your fingers, which finger do you start with? The French way is to start counting with your thumb as number one, your index finger as two, and so on. How would you show four the French way? And eight?

6 **Mon numéro de téléphone**

Ecoutons Listen as Nicole, Paul, Vincent, and Corinne tell you their phone numbers. Then, match the numbers with their names.

1. Paul
2. Nicole
3. Vincent
4. Corinne

a. 03. 20. 16. 05. 17
b. 03. 20. 18. 11. 19
c. 03. 20. 17. 07. 18
d. 03. 20. 15. 04. 13
e. 03. 20. 14. 08. 12

7 **Devine!** *Guess!*

Think of a number between one and twenty. Your partner will try to guess your number. Help out by saying **plus** *(higher)* or **moins** *(lower)* as your partner guesses. Take turns.

8 **Plaques d'immatriculation** *License plates*

Look at the license plates pictured below. Take turns with a partner reading aloud the numbers and letters you see.

1. 90 ZD 972
2. 275 PS 13
3. 1·872 LD 94
4. WFW 547 Québec · Je me souviens
5. 2463 RP 13
6. 1869 AR01 CI

A l'école ▪ *At school*

You should familiarize yourself with these common French
instructions. You'll hear your teacher using them in class.

Ecoutez!	Listen!
Répétez!	Repeat!
Levez-vous!	Stand up!
Levez la main!	Raise your hand!
Asseyez-vous!	Sit down!
Ouvrez vos livres à la page... !	Open your books to page . . . !
Fermez la porte!	Close the door!
Sortez une feuille de papier!	Take out a sheet of paper!
Allez au tableau!	Go to the blackboard!
Regardez la carte!	Look at the map!

9 Les instructions

Ecoutons Listen to the teacher in this French class tell his students what to
do. Then, decide which student is following each instruction.

Conseils pour apprendre le français

Tips for studying French

Listen

It's important to listen carefully to what is going on in class. Ask questions if you don't understand, even if you think your question is silly. Other people are probably wondering the same thing! You won't be able to understand everything you hear, but you will quickly realize that you don't need to! Don't get frustrated. You're actually absorbing the language even when you don't realize it.

Speak

Practice speaking French every day. Talking with your teachers and classmates is an easy and fun way to learn. Don't be afraid to take risks with the language. Your mistakes will help you identify problems and will show you important differences in the way English and French work.

Practice

Learning a new language is like learning to play a sport or an instrument. You can't spend one night practicing and then expect to play perfectly the next morning. You didn't learn English that way either! Short, daily study sessions are more effective than once-a-week cramming sessions. Also, try to practice with a friend or a classmate, since language is all about communication.

Expand

Increase your contact with French outside of class in every way you can. You might find French-language programs on TV, on the radio, or at the video store, or even someone living near you who speaks French. Magazines, French newspapers, and the Internet are other great sources for French-language material. Don't be afraid to read, watch, or listen! You don't need to understand every word. You can get a lot out of a story or an article by concentrating on the words you recognize and doing a little intelligent guesswork.

Organize

As you learn French, your memory is going to get a workout, so it's important to be organized and efficient. Throughout the textbook you'll see tips (**De bons conseils**) that will help you study smart. For starters, try looking for cognates when you read. Cognates are words that look similar and have the same meaning in French and English, such as **chocolat** and *chocolate*, **musique** and *music*. Once you recognize which words are cognates, you can then spend more of your time studying the words that are completely unfamiliar.

Connect

Some English and French words have common roots in Latin, so your knowledge of English can give you clues about the meaning of many French words. Look for an English connection when you need to guess unfamiliar words. You may also find that learning French will help you in English class!

Have fun!

Above all, remember to have fun! The more you try, the more you'll learn. **Bonne chance!** (*Good luck!*)

Allez, viens à Poitiers!

Capital of Poitou-Charentes

Population : more than 120,000

Points of interest : the Futuroscope theme park, the Saint-Pierre Cathedral, the Palais de Justice

Museums : Sainte-Croix, Hypogée des Dunes

Industries : agriculture, fishing, electrical and mechanical manufacturing, forestry, furniture production

Famous people : saint Hilaire, Diane de Poitiers, Aliénor d'Aquitaine

Regional specialties : goat cheese, nougat, snails, cream-cheese pastries, chocolates

WA3 POITIERS

VIDEO

CD-ROM 1
DVD 1

Poitiers, ville d'art et d'histoire ▶

Poitiers

Poitiers is famous for its art and history. It was here in 732 A.D. that Charles Martel defeated the Saracens in the Battle of Poitiers. Home to an important university and attractions such as a futuristic park devoted to cinematic technology, Poitiers is also a very modern city.

① Le Futuroscope
People of all ages enjoy this popular futuristic theme park filled with cinematic exhibits. Of particular interest are the 360-degree theater and the **Kinémax** with its 600-square-meter screen.

② L' Hôtel de ville
In most French cities you will find the **Hôtel de ville,** which houses the government administration offices.

3 La Pierre Levée
This kind of prehistoric monument, called a dolmen, is constructed of upright stones supporting a horizontal stone. Found especially in Britain and France, dolmens are believed to be tombs. This one dates from about 3000 B.C.

4 La cathédrale Saint-Pierre
Construction of this Gothic cathedral of incredible height was begun at the end of the twelfth century. Its elaborate façade has three gabled portals like this one and a rose window.

In chapters 1, 2, and 3,
you will meet some students who live in Poitiers. Once among the biggest cities in France (in the sixteenth century), Poitiers is now a mid-size city, a university town full of young people. It is known for its pleasant atmosphere and Romanesque churches.

5 Le centre-ville
The heart of French cities and towns is called **le centre-ville**. In Poitiers, it is the bustling center of town where people gather in cafés and frequent the many shops.

6 Les marchés
At least once a week, French towns usually have an outdoor market such as this **marché aux fleurs**.

quinze **15**

1
Faisons connaissance!

Objectives

In this chapter you will learn to

Première étape

- greet people and say goodbye
- ask how people are and tell how you are
- ask someone's name and age and give yours

Deuxième étape

- express likes, dislikes, and preferences about things

Troisième étape

- express likes, dislikes, and preferences about activities

 internet

 ADRESSE: go.hrw.com
MOT-CLE: WA3 POITIERS-1

◀ **Salut! Ça va?**

Stratégie pour comprendre
What can you tell about these teenagers just by looking at their photos? Look for hints about where they live, how old they are, and what they like to do.

1

Claire
Bonjour! Ça va? Je m'appelle Claire. J'ai 15 ans. Je suis française, de Poitiers. J'adore le cinéma. Mais j'aime aussi danser, lire, voyager et écouter de la musique.

2

Djeneba
Salut! Je m'appelle Djeneba. J'ai 16 ans. Je suis ivoirienne. J'aime étudier, mais j'aime mieux faire du sport. C'est super cool!

3

Ahmed
Salut! Je m'appelle Ahmed. Je suis marocain. J'aime tous les sports, surtout le football. J'aime aussi faire du vélo.

4

Thuy
Salut! Ça va? Je m'appelle Thuy. J'ai 14 ans. Je suis vietnamienne. J'aime faire les magasins. En général, je n'aime pas la télévision. J'aime mieux aller au cinéma.

5

Didier

Salut! Je m'appelle Didier. J'ai 13 ans. Je suis belge.
J'aime écouter de la musique. J'aime aussi les
vacances. J'aime surtout voyager!

6

Stéphane

Bonjour! Je m'appelle Stéphane. J'ai 15 ans et je suis
martiniquais. J'aime la plage, la mer, le soleil, la
musique et j'aime aussi nager. J'aime surtout danser.

7

André

Tiens, bonjour! Çomment ça va? Je m'appelle André.
J'ai 17 ans et je suis suisse. Je parle français et
allemand. J'aime beaucoup la télévision. J'aime aussi
parler au téléphone avec mes copains.

8

Emilie

Bonjour! Je m'appelle Emilie. J'ai 16 ans. Je suis
québécoise. J'adore faire du sport, surtout du ski et
du patin. J'aime bien aussi faire de l'équitation.

Cahier d'activités, p. 3, Act. 1–2

1 **Tu as compris?** *Did you understand?*

Answer the following questions about the teenagers you've just met. Look back at *Salut, les copains!* if you have to. Don't be afraid to guess.

1. What are these teenagers talking about?
2. What information do they give you in the first few lines of their introductions?
3. What are some of the things they like?
4. Which of them have interests in common?

2 **Vrai ou faux?** *True or false?*

According to *Salut, les copains!,* are the following statements true (**vrai**) or false (**faux**)?

1. André aime parler au téléphone.
2. Ahmed n'aime pas le sport.
3. Stéphane aime écouter de la musique.
4. Claire aime voyager et danser.
5. Didier n'aime pas voyager.
6. Emilie aime faire de l'équitation.
7. Thuy aime la télévision.
8. Djeneba n'aime pas faire du sport.

3 **Cherche les expressions** *Look for the expressions*

Look back at *Salut, les copains!* How do the teenagers . . .

1. say hello?
2. give their name?
3. give their age?
4. say they like something?

> J'ai... ans.　　J'aime...　　Je suis...
>
> Bonjour.　　Salut.　　Je m'appelle...

4 **Qui est-ce?** *Who is it?*

Can you identify the teenagers in *Salut, les copains!* from these descriptions?

1. Elle est québécoise.
2. Il parle allemand.
3. Il a quinze ans.
4. Il aime voyager.
5. Elle adore le ski.
6. Elle n'aime pas la télévision.
7. Il adore le football.
8. Elle aime étudier.

5 **Et maintenant, à toi** *And now, it's your turn*

Which of the students in *Salut, les copains!* would you most like to meet? Why? Jot down your thoughts and share them with a classmate.

Rencontre culturelle

Look at what the people in these photos are doing.

—Salut, Mireille!
—Salut, Lucien!

—Bonjour, Maman!
—Bonjour, mon chou!

—Salut, Lucien!
—Salut, Jean-Philippe!

—Salut, Agnès!
—Tchao, Mireille!

—Bonjour, Monsieur
   Balland.
—Bonjour, Marc.

—Au revoir, Monsieur
   Legrand.
—Au revoir, Isabelle.

Qu'en penses-tu?   *What do you think?*

1. How do these teenagers greet adults? Other teenagers? What gestures do they use?

2. How do they say goodbye? What gestures do they use?

3. Is this similar to the way you greet people and say goodbye in the United States?

Savais-tu que...?   *Did you know . . . ?*

In France, girls kiss both girls and boys on the cheek when they meet or say goodbye.
The number of kisses varies from two to four depending on the region. Boys shake
hands with one another. Teenagers may kiss adults who are family members or friends
of the family, but they shake hands when they greet other adults.

To address adults who aren't family members, teenagers generally use the titles
madame, mademoiselle, or **monsieur. Mme, Mlle,** and **M.** are the written abbreviations
of these titles.

Première étape

Objectives Greeting people and saying goodbye; asking how people are and telling how you are; asking someone's name and age and giving yours

WA3 POITIERS-1

Comment dit-on...?

Greeting people and saying goodbye

To anyone:

Bonjour. *Hello.*

Au revoir. *Goodbye.*
A tout à l'heure. *See you later.*
A bientôt. *See you soon.*
A demain. *See you tomorrow.*

To someone your own age or younger:

Salut. *Hi.*

Salut. *Bye.*
Tchao. *Bye.*

Cahier d'activités, p. 4, Act. 3

6 **Bonjour ou Au revoir?**

Ecoutons Imagine you overhear the following short conversations on the street in Poitiers. Listen carefully and decide whether the speakers are saying hello or goodbye.

7 **Comment le dire?** *How should you say it?*

Parlons How would you say hello to these people in French?

Mme Leblanc   **M. Diab**   **Nadia**   **Eric**   **Mme Desrochers**

8 **Comment répondre?** *How should you answer?*

Parlons How would you respond to the greeting from each of the following people?

1.   2.   3.   4.

Asking how people are and telling how you are

To ask how your friend is:

Comment ça va? or **Ça va?**

To tell how you are:

Super! *Great!*
Très bien. *Very well.*

Ça va. *Fine.*
Comme ci comme ça.
 So-so.
Pas mal. *Not bad.*
Bof! *(expression of indifference)*

Pas terrible. *Not so great.*

To keep a conversation going:
Et toi? *And you?*

Cahier d'activités, p. 4, Act. 4

Travaux pratiques de grammaire, p. 1, Act. 1

A la française

To ask an adult how he or she is, you can say:
 Comment allez-vous?
To keep a conversation with an adult going, you can say:
 Et vous?
You'll learn more about using **vous** later in this chapter.

9 ### Comment ça va?

Ecoutons You're going to hear a student ask Valérie, Jean-Michel, Anne, Marie, and Karim how they're feeling. Are they feeling good, fair, or bad?

Note culturelle

Gestures are an important part of communication. They often speak louder than words. Can you match the gestures with these expressions?

a. Super!

b. Comme ci comme ça.

c. Pas terrible!

When you say **super,** use a thumbs-up gesture. When you say **comme ci comme ça,** hold your hand in front of you, palm down, and rock it from side to side. When you say **pas terrible,** shrug your shoulders and frown.

1.   2.   3.

10 Méli-mélo! *Mishmash!*

 Ecrivons/Parlons Work with a classmate to rewrite the conversation in the correct order, using your own names. Then, act it out with your partner. Remember to use the appropriate gestures.

> Super! Et toi?
> Très bien.
> Tchao.
> Salut,... ! Ça va?
> Bon. Alors, à tout à l'heure!
> Bonjour,... !

11 Et ton voisin (ta voisine)? *And your neighbor?*

Parlons Create a conversation with a partner. Be sure to greet your partner, ask how he or she is feeling, respond to any questions your partner asks you, and say goodbye. Don't forget to include the gestures you learned in the **Note culturelle** on page 23.

Comment dit-on...?

Asking someone's name and giving yours

—**Tu t'appelles comment?**
—**Je m'appelle Magali.**

To ask someone his or her name:

Tu t'appelles comment?

To give your name:

Je m'appelle...

> Travaux pratiques de grammaire, p. 2, Act. 5

To ask someone else's name:

Il/Elle s'appelle comment? *What is his/her name?*

To give someone else's name:

Il/Elle s'appelle... *His/Her name is . . .*

12 Il ou elle?

Ecoutons Listen as some French teenagers tell you about their friends. Are they talking about a boy (**un garçon**) or a girl (**une fille**)?

CD 1 Tr. 15

13 Il s'appelle comment?

 Ecoutons You're going to hear a song called *S'appeler rap.* Which of the following names are mentioned in the song?

> Emilie   Jean   Thomas
> Laurence   Pierre
> Robert   Julie
> Linda   Laurent

 14 Je te présente... *Let me introduce . . .*

Parlons Select a French name for yourself from the list of names on page 5, or ask your teacher to suggest others. Then, say hello to a classmate, introduce yourself, and ask his or her name. Now, introduce your partner to the rest of the class, using **il s'appelle** or **elle s'appelle.**

Comment dit-on...?

Asking someone's age and giving yours

To find out someone's age:

Tu as quel âge?

To give your age:

J'ai douze **ans.**
    treize
    quatorze
    quinze
    seize
    dix-sept
    dix-huit

 CD-ROM **1** DVD **1**

Grammaire supplémentaire, p. 38, Act. 1–2

Travaux pratiques de grammaire, pp. 1–2, Act. 2–4, 6

 15 Je me présente...

Ecoutons Listen as Bruno, Véronique, Laurent, and Céline introduce themselves to you. Write down each student's age.

 16 Faisons connaissance! *Let's get to know one another!*

 **Parlons** Create a conversation with two other classmates. Introduce yourself, ask your partners' names and ages, and ask how they are.

 17 Mon journal *My journal*

Ecrivons A good way to learn French is to use it to express your own thoughts and feelings. From time to time, you'll be asked to write about yourself in French in a journal. As your first journal entry, identify yourself, giving your name, your age, and anything else important to you that you've learned how to say in French.

Comment dit-on...?

Expressing likes, dislikes, and preferences about things

To ask if someone likes something:

Tu aimes les hamburgers?
Tu aimes le vélo **ou** le ski? *Do you like . . . or . . . ?*

To say that you dislike something:

Je n'aime pas les hamburgers.

To say that you like something:

J'adore le chocolat.
J'aime bien le sport. *more*
J'aime les hamburgers.

To say that you prefer something:

J'aime les frites, **mais j'aime mieux** le chocolat. *I like . . . , but I prefer . . .*
Je préfère le français.

Note de grammaire

J'aime la pizza.

Je n'aime pas la pizza.

Look at the sentences in the illustrations to the left. Can you figure out when to use **ne (n')... pas**?
You put **ne (n')... pas** around the verb **aime** to make the sentence negative. Notice the contraction **n'** before the vowel.

J'aime le sport.
Je **n'**aime **pas** le sport.

Travaux pratiques de grammaire, p. 3, Act. 7–8

Grammaire supplémentaire, p. 39, Act. 3

 18 **Grammaire en contexte**

a. **Ecoutons** Listen to Paul and Sophie Dubois discuss names for their baby girl. Which of the names does Paul prefer? And Sophie?

b. **Parlons** Do you agree with Paul and Sophie's choices? With a partner, discuss whether you like or dislike the names Paul and Sophie mention. What's your favorite French girl's name? And your favorite French boy's name? You might refer to the list of names on page 5.

| Claude | Sandrine | Claudette |
| Lætitia | Claudine | |

EXEMPLE — Tu aimes... ?

— Oui, mais je n'aime pas...

 19 **Quel film?** *Which movie?*

Parlons With two of your classmates, decide on a movie you all like.

EXEMPLE — J'aime *The Truman Show!* Et toi?

— Moi, je n'aime pas *The Truman Show.* Tu aimes *Chicken Run®*?

— Oui, j'aime *Chicken Run,* mais j'aime mieux *Wallace and Gromit!*

CASABLANCA RE

1942. 1h40. Film d'aventures américain en noir et blanc de Michael Curtiz avec Humphrey Bogart, Ingrid Bergman, Paul Henreid, Conrad Veidt, Claude Rains.

Casablanca à l'heure de Vichy. Un réfugié américain retrouve une femme follement aimée et fuit la persécution nazie. Une distribution étincelante et une mise en scène efficace.

• V.O. Saint Lambert 96

 les amis (m.)

 le cinéma

 le ski

 le football

 le magasin

 la plage

 le vélo

 la glace

 l'école (f.)

 le français

 les frites (f.)

 le chocolat

 l'anglais (m.)

 les examens (m.)

 les vacances (f.)

 les escargots (m.)

You can probably guess what these words mean:

les concerts (m.)   **les hamburgers** (m.)   **les maths** (f.)   **la pizza**   **le sport**

Cahier d'activités,
p. 8, Act. 12

Travaux pratiques de
grammaire, p. 4, Act. 9–11

20 Moi, j'aime...

Ecoutons Listen as several French teenagers call in to a radio talk-show poll of their likes and dislikes. Match their names with the pictures that illustrate the activities they like or dislike.

> Paul
> Pierre
> Robert
> Monique
> Suzanne
> Emilie

a.

b.

c.

d.

e.

f.

Grammaire

The definite articles *le, la, l',* and *les*

There are four ways to say *the* in French: **le, la, l',** and **les.** These words are called *definite articles.* Look at the articles and nouns below. Can you tell when to use **les**? When to use **l'**?

le français	la glace	l'école	les escargots
le football	la pizza	l'anglais	les magasins

- As you may have guessed, you always use **les** before plural nouns.
- Before a singular noun, you use **l'** if the noun begins with a vowel sound, **le** if the noun is masculine, or **la** if the noun is feminine. How do you know which nouns are masculine and which are feminine? While it is usually true that nouns that refer to males are masculine (**le garçon** *the boy*) and those that refer to females are feminine (**la fille** *the girl*), there are no hard-and-fast rules for other nouns. You'll just have to learn the definite article that goes with each one.

Grammaire supplémentaire, p. 39, Act. 4–5

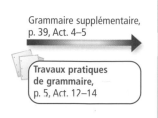

Travaux pratiques de grammaire, p. 5, Act. 12–14

21 Grammaire en contexte

Lisons/Parlons Lucie and Gilbert are talking about the things they like. With a partner, complete their conversation according to the pictures.

LUCIE Moi, j'aime bien . Et toi?

GILBERT Moi, j'aime mieux J'aime bien aussi sortir avec  .

J'adore le sport aussi. Et toi, tu aimes le sport?

LUCIE Oui, j'adore et j'aime bien  aussi.

22 Grammaire en contexte

Ecrivons/Parlons Choose six things from the vocabulary on page 27. Next, write down which of those things you like and which you dislike. Then, with a partner, try to guess each other's likes and dislikes by asking **Tu aimes... ?**

À la française

Two common words you can use to connect your ideas are **et** *(and)* and **mais** *(but)*. Here's how you can use them to combine sentences.

J'aime les hamburgers. J'aime le chocolat. J'aime les hamburgers **et** le chocolat.

J'aime le français. Je n'aime pas les maths. J'aime le français **mais** je n'aime pas les maths.

DE BONS CONSEILS

How can you remember if a noun is masculine or feminine? Here are a few hints. Choose the one that works best for you.

• Practice saying each noun aloud with **le** or **la** in front of it. (NOTE: This won't help with nouns that begin with vowels!)
• Write the feminine nouns in one column and the masculine nouns in another. You might even write the feminine nouns in one color and the masculine nouns in a second color.
• Make flash cards of the nouns, writing the feminine and masculine nouns in different colors.

23 Mon journal

Ecrivons In your journal, write down some of your likes and dislikes. Use **et** and **mais** to connect your sentences. You might want to illustrate your journal entry.

Qu'est-ce que tu aimes faire après l'école?

What do you like to do when you have free time? Do you think teenagers in French-speaking countries like to do the same things? Here's what some students had to say about their favorite leisure-time activities.

Caroline,
France

«Après l'école, j'aime regarder la télévision, aller à la piscine ou lire des livres.»

Gabrielle,
Québec

«J'aime lire. J'aime écouter de la musique. J'aime parler... discuter avec mes amis.»

Fabienne,
Martinique

«Alors, quand j'ai du temps libre, j'aime aller au cinéma, aller à la plage, lire et puis voilà, c'est tout.»

Qu'en penses-tu?

1. What do all three of these people have in common?
2. What interests do you and your friends share with these people?
3. What do these people do that you don't like to do?
4. Which of these people would you most like to meet? Why?

Savais-tu que...?

In general, French-speaking teenagers enjoy the same kinds of activities you do. However, some activities do tend to be especially popular in certain areas, such as badminton and hockey in Canada, dancing and soccer in West Africa, and soccer and cycling in France. In many francophone countries, students have a great deal of homework, so they do not have very much leisure time after school. Of course, people are individuals, so their tastes vary. In French, you might say **Chacun ses goûts!** *(To each his own!).*

Troisième étape

Objective Expressing likes, dislikes, and preferences about activities

go.
hrw
.com

WA3 POITIERS-1

Vocabulaire

Verbs

CD-ROM 1
DVD 1

Stéphanie adore **regarder la télé.**

Etienne aime **sortir avec les copains.**

Nicolas aime **parler au téléphone.**

Olivier aime **dormir.**

Danielle aime **étudier.**

Sylvie aime bien **faire du sport.**

Michèle aime **faire les magasins.**

Hervé aime **faire le ménage.**

Raymond aime **faire de l'équitation.**

Serge aime **voyager.**

Eric aime **écouter de la musique.**

Laurence aime bien **nager.**

Solange adore **danser.**

Annie aime **lire.**

Cahier d'activités, p. 10, Act. 18–19

Travaux pratiques de grammaire, pp. 6–7, Act. 15–17

24 **Mon activité préférée**

 Ecoutons You're going to hear six students tell you what they like to do. For each statement you hear, decide which of the students pictured on page 31 is speaking.

Comment dit-on...?

Expressing likes, dislikes, and preferences about activities

To ask if someone likes an activity:

Tu aimes voyager?

To tell what you like to do:

J'aime voyager.
J'adore danser.
J'aime bien dormir.

To tell what you don't like to do:

Je n'aime pas aller aux concerts.

To tell what you prefer to do:

J'aime mieux regarder la télévision.
Je préfère lire.

> Cahier d'activités,
> p. 9, Act. 16

25 **Sondage** *Poll*

a. Lisons Complete the following poll.

1. J'aime…
a. faire de l'équitation.
b. sortir avec les copains.
c. parler français.
d. dormir.
e. écouter le professeur.
f. faire du sport.

2. Chez moi, j'aime…
a. regarder la télévision.
b. écouter de la musique.
c. dormir.
d. parler au téléphone.

3. Avec mes copains, j'aime mieux…
a. faire du sport.
b. manger au restaurant.
c. faire les magasins.
d. danser.
e. nager.
f. aller au cinéma.

4. J'aime surtout…
a. le chocolat.
b. les hamburgers.
c. la salade.
d. les frites.
e. la pizza.

5. J'aime aussi…
a. le ski.
b. le vélo.
c. le volley.
d. le basket-ball.

6. Je n'aime pas…
a. les escargots.
b. la pollution.
c. l'école.
d. la violence.
e. les dentistes.
f. les examens.

 b. Parlons Compare your responses to the poll with those of a classmate. Which interests do you have in common?

Subject pronouns and -er verbs

ER Verbs [handwritten]

The verb **aimer** has different forms. In French, the verb forms change according to the subjects just as they do in English: *I like, you like,* but *he* or *she* like<u>s</u>.

Most **-er** verbs, that is, verbs whose infinitive ends in **-er,** follow the pattern below:

aimer *(to like)*

J' aim**e**	*we* Nous aim**ons**
Tu aim**es** *plural/formal*	Vous aim**ez**
Il/Elle aim**e**	Ils/Elles aim**ent**

h s [handwritten]

referring to [handwritten] *regarder* [handwritten, struck] *écouter* [handwritten, struck]

* keep "e" for ger [handwritten]

- The forms **aime, aimes,** and **aiment** sound the same.
- The subject pronouns in French are **je/j'** *(I)*, **tu** *(you)*, **il** *(he or it)*, **elle** *(she or it)*, **nous** *(we)*, **vous** *(you)*, **ils** *(they)*, and **elles** *(they)*.
- Notice that there are two pronouns for *they*. Use **elles** to refer to a group of females. Use **ils** to refer to a group of males or a group of males and females.
- **Tu** and **vous** both mean *you*. Use **vous** when you talk to more than one person or to an adult who is not a family member. Use **tu** when you talk to a friend, family member, or someone your own age.
- Noun subjects take the same verb forms as their pronouns.

Philippe aime la salade.	**Sophie et Julie aiment** faire du sport.
Il aime la salade.	**Elles aiment** faire du sport.

Cahier d'activités, pp. 9–10, Act. 14, 17

Travaux pratiques de grammaire, pp. 7–9, Act. 18–23

Grammaire supplémentaire, pp. 40–41, Act. 6–10

26 ### Grammaire en contexte

a. Parlons Would you use **tu** or **vous** to greet the following people? How would you ask them if they like a certain thing or activity?

| Mes amis | Mlle Normand | Flore et Loïc | Lucie |

b. Parlons Now complete the following phrases to tell what these people like, according to the illustrations above.

1. Mes amis...
2. Mlle Normand...
3. Flore et moi, nous...
4. Moi, je m'appelle Lucie. J'...

27 **Grammaire en contexte**

Parlons Your French pen pal wants to know what your friends like to do. Use the following photographs as cues.

Julio

Robert

Mark, David et Thomas

Agnès

Marie

Eric

Karen

Pamela

Emily et Raymond

28 **Les vedettes!** *Celebrities!*

a. **Ecrivons** Make a list of three public figures (movie stars, musicians, athletes, and so on) you admire. Write down one or two things you think each person might like to do.

   EXEMPLE   **Shaquille O'Neal aime faire du sport, surtout** *(especially)* **du basket-ball!**

b. **Parlons** Now, get together with a classmate. Tell your partner what one of the celebrities you've chosen likes to do. Use **il** or **elle** instead of the person's name. Your partner will try to identify the celebrity. Take turns.

29

De l'école au travail

Parlons During your summer vacation you're working as a reporter for a French newspaper. Your new assignment for the paper is to do a survey about what is popular with young people right now. Interview your classmates, making sure to ask them a variety of questions in French about what foods they like, how they feel about school, and what activities they like and dislike.

30 **Mon journal**

Ecrivons Expand your previous journal entry by adding the activities you like and dislike. Tell which activities you and your friends like to do together. Find or draw pictures to illustrate the activities.

PRONONCIATION

Intonation

As you speak, your voice rises and falls. This is called *intonation*.

A. A prononcer

In French, your voice rises at the end of each group of words within a statement and falls at the end of a statement. Repeat each of the following phrases:

J'aime les frites, les hamburgers et la pizza.

Il aime le football mais il n'aime pas le vélo.

If you want to change a statement into a question, raise your voice at the end of the sentence. Repeat these questions.

Tu aimes l'anglais?

Tu t'appelles Julie?

B. A écouter

Decide whether each of the following is a statement or a question.

C. A écrire

You're going to hear two short dialogues. Write down what the people say.

Lisons!

Petites Annonces

Stratégie pour lire
You can often figure out what a reading selection is about simply by looking at the titles, subtitles, illustrations, and captions.

A. Look at the pictures and titles of this article from a French magazine. What do you think the article is about?

B. Do you remember what you've learned about cognates? Can you find at least five cognates in this article?

C. What do you think **Petites Annonces** means?

D. Which of the pen pals would you choose if you were searching for the following?

Quelqu'un qui *(someone who)*…

aime faire les boutiques

aime les animaux

parle français et espagnol

aime la musique et le cinéma

aime le rap et la techno

Petites Annonces

Christiane Saulnier
Marseille

Si vous aimez la télévision, les animaux et les vacances, qu'est-ce que vous attendez pour m'écrire et m'envoyer votre photo! Je voudrais correspondre avec des filles ou des garçons de 13 à 16 ans. J'attends votre réponse avec impatience!

Karim Marzouk
Tunis, Tunisie

J'adorerais recevoir des lettres de personnes habitant le monde entier; j'adore voyager, écouter de la musique, aller au concert et lire sur la plage. J'aime bien les langues et je parle aussi l'arabe et l'espagnol. A bientôt.

Mireille Lacombe
Nantes

J'ai 15 ans et je voudrais bien correspondre avec des filles et des garçons de 13 à 17 ans. J'aime le rap et surtout la techno. Je fais aussi de l'équitation. Ecrivez-moi vite et je promets de vous répondre (photos S.V.P.)!

Didier Kouassi
Abidjan, Côte d'Ivoire

La techno me fait délirer et je suis aussi très sportif. Je cherche des correspondants filles ou garçons entre 15 et 17 ans. N'hésitez pas à m'écrire!

★ COPAINS ★ COPINES ★

Laurence Simon
Le Marin, Martinique

J'ai 16 ans, je suis dingue de sport, j'aime les soirs de fête entre copains. Le week-end, j'aime faire les magasins. Alors, si vous me ressemblez, dépêchez-vous de m'écrire. Réponse assurée à 100%!

Etienne Hubert
Poitiers

Je suis blond aux yeux bleus, assez grand, timide mais très sympa. J'aime sortir et j'aime lire la science-fiction. Je cherche des amis entre 14 et 16 ans. Répondez vite!

Hugues Vallet
La Rochelle

Je voudrais correspondre avec des filles et des garçons de 16 à 18 ans. J'aime sortir, délirer et faire les boutiques. Je suis fan de Vanessa Paradis et de Julia Roberts. Alors, j'attends vos lettres!

Amélie Perrin
Périgord

Je voudrais correspondre avec des jeunes de 14 à 17 ans qui aiment faire la fête, écouter de la musique et aller au cinéma. Moi, j'étudie la danse et la photographie. Ecrivez-moi et je me ferai une joie de vous répondre.

Vous voulez correspondre avec des gens sympas? Écrivez votre petite annonce en précisant vos nom, prénom, âge et adresse, et en y joignant une photo d'identité.

E. Several of your friends are looking for pen pals. Based on their wishes, find a good match for each of them in **Petites Annonces.**

1. My pen pal should like sports.

2. I'd like to hear from someone who likes going out.

3. I'm looking for a pen pal who likes to go to the movies.

4. It would be great to have a pen pal who enjoys shopping.

5. I'd like to hear from someone from Africa.

6. I'd like a pen pal who likes to travel.

F. If you want to place an ad for a pen pal, what should you do?

G. One of your classmates is looking for a pen pal. Make a short list of questions that will help you identify which pen pal has the most in common with your classmate. Then, interview your classmate, compare his or her answers with the ads included in **Petites Annonces,** and decide which pen pal would be the best match. Find out if your classmate agrees with your decision.

H. Jot down a few things you might like to include in your own letter requesting a pen pal. Using your notes, write your own request for a pen pal like the ones you read in **Petites Annonces.**

Cahier d'activités, p. 11, Act. 20–21

Grammaire supplémentaire

CD-ROM 1
DVD 1
go.hrw.com
WA3 POITIERS-1

Objectives Greeting people and saying goodbye; asking how people are and telling how you are; asking someone's name and age and giving yours

1 Can you find the pattern in these phone numbers? Figure out which number completes each pattern. Then, write out the number in French. (**pp. 9, 25**)

EXEMPLE   02. **11**. 20. 29. 38; <u>onze</u>

1. 05. 12. _____ . 26. 33; _____

2. 03. 10. _____ . 24. 31; _____

3. 01. _____ . 25. 37. 49; _____

4. 05. _____ . 35. 50. 65; _____

5. 04. 10. _____ . 22. 28; _____

6. 02. _____ . 22. 32. 42; _____

2 These French speakers are telling you their name and age. The age of each speaker corresponds to the number of letters in his or her place of origin. Make two statements for each speaker by following the example below. (**pp. 9, 24, 25**)

EXEMPLE   Pierre/France
            Je m'appelle Pierre. J'ai six ans.

1. Bernard/Martinique

2. Aurélie/Belgique

3. Ousmane/Sénégal

4. Cédric/Guyane française

5. Lætitia/Mali

6. Lisette/Burkina Faso

3 Complete the following sentences, using the correct form of **aimer** and **ne (n')... pas** when appropriate. (**p. 26**)

EXEMPLE   — Tu adores la plage, mais tu **n'aimes pas** la piscine.

1. Moi, j'aime bien la musique classique, mais je/j' _____ le rock.
2. Tu n'aimes pas le sport, mais tu _____ le vélo.
3. J'adore la glace, mais je/j' _____ le chocolat.
4. J'aime bien l'école, mais je/j' _____ les examens.
5. Tu aimes les concerts, mais tu _____ le cinéma.
6. Tu n'aimes pas les hamburgers, mais tu _____ les frites.
7. J'aime la télé, mais je/j' _____ le cinéma.
8. Tu n'aimes pas l'anglais, mais tu _____ le français.

4 Complete Gabrielle's journal entry with the appropriate definite articles **le, la, l',** or **les**. (**p. 28**)

> J'aime __1__ école. J'aime bien __2__ anglais et __3__ français, mais je n'aime pas __4__ examens. J'adore __5__ sport et __6__ plage. J'aime __7__ football et __8__ vélo aussi.

5 Use the following cues to create four questions and four answers. Remember to add the appropriate definite articles: **le, la, l',** or **les**. (**p. 28**)

EXEMPLE   salade/Eric/tu/aimes?   aime/j'/hamburgers/aussi (also)
                  Eric, tu aimes la salade?   **Oui, et j'aime aussi les hamburgers.**

1. tu/aimes/frites/Marianne?
   aime/j'/pizza/aussi
   —Oui, et...

2. tu/ne/pas/maths/aimes/Isabelle?
   français/aussi/aime/j'
   —Si (yes), et...

3. aimes/escargots/Nathalie/tu?
   j'/aussi/aime/chocolat
   —Oui, et...

4. tu/aimes/ne/pas/magasins?
   plage/j'/aussi/aime
   —Si, et...

Grammaire supplémentaire

WA3 POITIERS-1

Objective Expressing likes, dislikes, and preferences about activities

6 Séverine is looking for a pen pal. Complete her ad with the appropriate forms of the verbs in parentheses. (**p. 33**)

J'ai 16 ans. Je/J' ___1___ (adorer) faire du sport. Je/J' ___2___ (aimer) aussi sortir avec les copains. Nous ___3___ (aimer) bien aller au cinéma, mais nous ___4___ (préférer) aller danser. Parfois, nous ___5___ (écouter) de la musique. Nous ___6___ (adorer) le rap, surtout MC Solaar; il ___7___ (danser) très bien. Nous ___8___ (aimer) aussi les fast-foods. Si vous ___9___ (aimer) le sport, écrivez-moi! A bientôt!

7 Etienne and Solange don't have much in common. Complete their conversation with the appropriate forms of the verbs in parentheses. (**p. 33**)

ETIENNE Dis, Solange, tu ___1___ (aimer) faire du vélo?

SOLANGE Non, je n' ___2___ (aimer) pas le sport, mais j' ___3___ (adorer) danser.

ETIENNE Moi, je ne ___4___ (danser) pas, mais j' ___5___ (écouter) souvent la radio.

SOLANGE Ah oui? Tu ___6___ (écouter) quel type de musique?

ETIENNE Moi, j' ___7___ (adorer) le rap. Mes copains ___8___ (aimer) aller à des concerts de rap, mais moi, j' ___9___ (aimer) mieux regarder des vidéo-clips à la télé. Et toi, tu ___10___ (regarder) la télé?

SOLANGE Moi, non. J' ___11___ (aimer) mieux aller au cinéma.

8 There are many things these students like to do, but what do they prefer to do? Complete these conversations with the appropriate subject pronouns. (**p. 33**)

EXEMPLE —Pierre aime les frites. —Oui, mais **il** aime mieux les escargots.

1. —Lucie et Marie aiment regarder la télé.
   —Oui, mais _____ préfèrent aller au cinéma.

2. —Hugo et toi, vous aimez parler au téléphone?
   —Oui, mais _____ préférons sortir avec les copains.

3. —Olivier et Lise aiment faire les magasins.
   —Oui, mais _____ aiment mieux faire du sport.

4. —Aurélie aime lire.
   —Oui, mais _____ aime mieux dormir.

5. —Christelle et moi, nous aimons le volley.
   —Oui, mais _____ préférez le basket-ball, non?

CHAPITRE 1 Faisons connaissance!

9 Given their likes and dislikes, what do the following students probably do on weekends? Complete each sentence, using a personal pronoun and the correct form of the appropriate verb. (**p. 33**)

EXEMPLE   Hervé et moi, nous aimons danser.
           Le week-end, <u>nous dansons</u>.

1. Mary aime bien parler français avec sa copine.
   Le week-end, ...

2. Jules et Loïc aiment regarder des matches de football.
   Le week-end, ...

3. Moi, j'adore écouter de la musique.
   Le week-end, ...

4. Sylvie et Marianne aiment bien nager.
   Le week-end, ...

5. Stéphane et toi, vous aimez parler au téléphone.
   Le week-end, ...

6. Toi, tu adores danser.
   Le week-end, ...

10 Complete the following sentences, using the correct form of **aimer** and **ne (n')... pas** when appropriate. (**pp. 26, 33**)

EXEMPLE   —Jean adore la plage, mais il **<u>n'aime pas</u>** la piscine.
           —Julio n'aime pas voyager, mais il **<u>aime</u>** lire.

1. Jean aime bien les frites, mais il _____ les escargots.

2. Stéphanie n'aime pas les discothèques, mais elle _____ danser.

3. Victor adore écouter la radio, mais il _____ regarder la télé.

4. Yvette aime bien parler au téléphone, mais elle _____ étudier.

5. José aime sortir avec ses copains, mais il _____ le cinéma.

6. Agnès n'aime pas faire le ménage, mais elle _____ faire les magasins.

Mise en pratique

1 Do the following photos represent French culture, American culture, or both?

1.

2.

3.

4.

5.

2 **L'Organisation internationale de correspondants (l'O.I.C.),** a pen-pal organization you wrote to, has left a phone message on your answering machine. Listen carefully to the message and write down your pen pal's name, age, phone number, likes, and dislikes.

Nom :

Age :

Numéro :

Aime :

N'aime pas :

3 Tell a classmate, in French, about your new pen pal.

4 You've received your first letter from Robert Perrault. Read it twice—the first time for general understanding, the second time for details. Then, answer the questions below in English.

Robert Perrault
25, Boulevard Saint-Germain
92700 TANNAY
FRANCE

Bonjour,

Je suis bien content d'être ton correspondant. J'ai quinze ans. J'aime bien sortir avec les copains et écouter de la musique aussi, mais je n'aime pas danser. J'adore la pizza et la glace au chocolat. Et toi ? Le week-end, j'adore faire du sport. J'aime bien le vélo, mais pendant les vacances, j'aime mieux nager ; c'est super ! Toi aussi, tu aimes nager ? Écris-moi.

À bientôt,

Robert

1. How old is Robert?
2. What sports does he like?
3. What foods does he like?
4. What doesn't he like to do?

5 Now, answer Robert's letter. Begin your reply with **Cher Robert.** Be sure to . . .

- introduce yourself.
- ask how he's doing.
- tell about your likes and dislikes.
- ask him about other likes and dislikes he might have.
- answer his questions to you.
- say goodbye.

6 **Jeu de rôle**

A French exchange student has just arrived at your school. How would you find out his or her name? Age? Likes and dislikes? Act out the scene with a partner. Take turns playing the role of the French student.

Que sais-je?

Can you use what you've learned in this chapter?

Can you greet people and say goodbye?
p. 22

1 How would you say hello and goodbye to the following people? What gestures would you use?
1. a classmate
2. your French teacher

Can you ask how people are and tell how you are?
p. 23

2 Can you ask how someone is?

3 If someone asks you how you are, what do you say if . . .
1. you feel great?
2. you feel OK?
3. you don't feel well?

Can you ask someone's name and age and give yours?
pp. 24–25

4 How would you . . .
1. ask someone's name?
2. tell someone your name?

5 How would you . . .
1. find out someone's age?
2. tell someone how old you are?

Can you express likes, dislikes, and preferences about things?
p. 26

6 Can you tell whether you like or dislike the following?
1. horseback riding
2. soccer
3. going out with friends
4. shopping
5. the movies

Can you express likes, dislikes, and preferences about activities?
p. 32

7 Can you ask a friend in French if he or she likes . . .

a.

b.

c.

d.

e.

8 Can you tell in French what these people like, dislike, or prefer?
1. Robert never studies.
2. Emilie thinks reading is the greatest.
3. Hervé prefers pizza.
4. Nathalie never goes to the beach.
5. Nicole is always biking or playing soccer.

Première étape

Greeting people and saying goodbye

Bonjour!	Hello!
Salut!	Hi! or Goodbye!
Au revoir!	Goodbye!
A tout à l'heure!	See you later!
A bientôt.	See you soon.
A demain.	See you tomorrow.
Tchao!	Bye!
madame (Mme)	ma'am; Mrs.
mademoiselle (Mlle)	miss; Miss
monsieur (M.)	sir; Mr.

Asking how people are and telling how you are

(Comment) ça va?	How's it going?
Ça va.	Fine.

Super!	Great!
Très bien.	Very well.
Comme ci comme ça.	So-so.
Bof!	(expression of indifference)
Pas mal.	Not bad.
Pas terrible.	Not so great.
Et toi?	And you?

Asking someone's name and giving yours

Tu t'appelles comment?	What's your name?
Je m'appelle...	My name is . . .
Il/Elle s'appelle comment?	What's his/her name?
Il/Elle s'appelle...	His/Her name is . . .

Asking someone's age and giving yours

Tu as quel âge?	How old are you?
J'ai... ans.	I am . . . years old.
douze	twelve
treize	thirteen
quatorze	fourteen
quinze	fifteen
seize	sixteen
dix-sept	seventeen
dix-huit	eighteen

Deuxième étape

Expressing likes, dislikes, and preferences about things

j'aime (bien)...	I (really) like . . .
Je n'aime pas...	I don't like . . .
J'aime mieux...	I prefer . . .
Je préfère...	I prefer . . .
J'adore...	I adore . . .
Tu aimes... ?	Do you like . . . ?
les amis (m.)	friends
l'anglais (m.)	English
le chocolat	chocolate
le cinéma	the movies
les concerts (m.)	concerts

l'école (f.)	school
les escargots (m.)	snails
les examens (m.)	tests
le football	soccer
le français	French
les frites (f.)	French fries
la glace	ice cream
les hamburgers (m.)	hamburgers
les magasins (m.)	stores
les maths (f.)	math
la pizza	pizza
la plage	beach

le ski	skiing
le sport	sports
les vacances (f.)	vacation
le vélo	biking

Other useful expressions

et	and
mais	but
non	no
oui	yes
ou	or

Troisième étape

Expressing likes, dislikes, and preferences about activities

aimer	to like
danser	to dance
dormir	to sleep
écouter de la musique	to listen to music
étudier	to study
faire de l'équitation	to go horseback riding

faire les magasins	to go shopping
faire le ménage	to do housework
faire du sport	to play sports
lire	to read
nager	to swim
parler au téléphone	to talk on the phone
regarder la télé	to watch TV

sortir avec les copains	to go out with friends
voyager	to travel

Other useful expressions

aussi	also
surtout	especially

For subject pronouns, see page 33.

Objectives

In this chapter you will learn to

Première étape

• agree and disagree

Deuxième étape

• ask for and give information
• tell when you have class

Troisième étape

• ask for and express opinions

 internet

go.
hrw
.com

ADRESSE: go.hrw.com
MOT-CLE: WA3 POITIERS-2

◀ **Tu as quels cours ce matin?**

MISE EN TRAIN · *La rentrée*

Stratégie pour comprendre

Make a list of the cognates you hear or see from **La rentrée.** Do these words have a common theme? Based on your list of cognates, what do you think these teenagers are talking about? Can you guess where they are?

Les jeunes de Poitiers :

Claire   **Delphine**

et du Texas :

Ann

Jérôme   **Marc**

C'est la première semaine de cours...

1

Claire :	Tu as quel cours maintenant?
Delphine :	Allemand. J'adore. Et toi, tu as quoi?
Claire :	Sciences nat.

2

Delphine :	Ecoutez, Je ne veux pas être en retard. Bon courage!
Ann :	Pourquoi?
Delphine :	C'est difficile, les sciences nat.
Claire :	Mais non, c'est passionnant. Et le prof est sympa.

3

Claire :	Alors, les garçons, ça boume?
Jérôme :	Super.
Marc :	Bof. Pas terrible.

4

Claire :	Qu'est-ce qu'il y a?
Marc :	Oh rien. J'ai maths.
Ann :	Tu n'aimes pas les maths?
Marc :	Non, c'est nul.

5

Ann : Moi, j'adore. C'est super intéressant.
Marc : J'aime mieux le sport. C'est plus cool.

6

Claire : Et après, tu as quoi?
Marc : Après les maths, j'ai géographie.

7

Ann : Et toi, Jérôme, tu as quoi maintenant?
Jérôme : Euh, je ne sais pas très bien.
Claire : Tu n'as pas allemand?
Jérôme : Si, tu as raison.

8

Ann : Tu aimes l'allemand, toi?
Jérôme : Oui, mais j'aime encore mieux l'espagnol. C'est plus facile pour moi.
Ann : Tu étudies aussi l'espagnol?
Jérôme : Oui. Et l'anglais aussi.

9

Claire : Dis, tu as sport cet aprèm?
Marc : Oui, à quatorze heures.
Ann : Génial! Nous aussi!
Jérôme : Alors, on a tous sport cet aprèm.

10

Ann : Il est quelle heure?
Claire : Huit heures! Vite. Allons-y! On est en retard!
Marc : Eh bien, Jérôme? Qu'est-ce qu'il y a?
Jérôme : Je n'ai pas mes baskets.

Cahier d'activités, p. 13, Act. 1

1 Tu as compris?

Réponds aux questions suivantes sur *La rentrée.*

1. What are the students discussing?
2. What do you think the title *La rentrée* means?
3. What class do they all have together?
4. Why are they in a hurry at the end of the conversation?
5. What is Jérôme worried about?

2 Vrai ou faux?

1. Ann est américaine.
2. Jérôme n'aime pas l'espagnol.
3. Ann et Marc n'aiment pas les maths.
4. Jérôme a allemand.
5. Marc n'a pas sport cet aprèm.

3 Cherche les expressions

In *La rentrée,* what do the students say to . . .

1. ask what class someone has?
2. tell why they like a class?
3. tell why they don't like a class?
4. tell which class they prefer?
5. ask what time it is?

C'est difficile.   C'est nul.   Il est quelle heure?

C'est super intéressant.   J'aime encore mieux...

C'est plus cool.

Tu as quel cours?   Tu as quoi?

J'aime mieux...

Le prof est sympa.   C'est passionnant.

4 Ils aiment ou pas?

Do these students like or dislike the subjects or teachers they're talking about?

1. «Les sciences nat, c'est passionnant.»
2. «Les maths, c'est nul.»
3. «C'est super intéressant, les maths.»
4. «Le prof est sympa.»

5 Qu'est-ce qui manque?

Choose the correct words from the box to complete these sentences based on *La rentrée.*

1. Après maths, Marc a _____.
2. Jérôme a _____.
3. Jérôme aime mieux _____ que l'allemand.
4. On a tous sport à _____ heures.
5. On est en retard! Il est _____ heures.

géographie   allemand   quatorze

huit   l'espagnol

6 Et maintenant, à toi

Which students in *La rentrée* share your own likes or dislikes about school subjects?

Vocabulaire

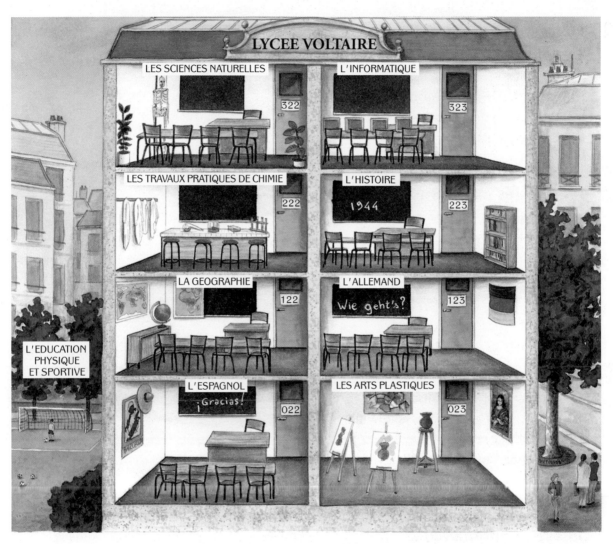

LYCEE VOLTAIRE

LES SCIENCES NATURELLES | L'INFORMATIQUE 322 | 323

LES TRAVAUX PRATIQUES DE CHIMIE 222 | L'HISTOIRE 1944 223

LA GEOGRAPHIE 122 | L'ALLEMAND Wie geht's? 123

L'EDUCATION PHYSIQUE ET SPORTIVE

L'ESPAGNOL ¡Gracias! 022 | LES ARTS PLASTIQUES 023

l'algèbre (f.)	*algebra*	**la danse**	*dance*
la biologie	*biology*	**le latin**	*Latin*
la chimie	*chemistry*	**la musique**	*music*
la géométrie	*geometry*	**le cours**	*course, school subject*
la physique	*physics*	**les devoirs** (m.)	*homework*
la chorale	*choir*	**l'élève** (m./f.)	*student*
le cours de développement personnel et social (DPS)	*health*	**le professeur**	*teacher*

Cahier d'activités, pp. 14–16, Act. 2–5, 7

Travaux pratiques de grammaire, pp. 10–11, Act. 1–4

*You can abbreviate **Education Physique et Sportive** as **EPS.** In conversation, students often say **le sport** instead of **EPS.**

7 C'est où?

 Ecoutons On the first day of school, Céline and Aurélie are looking for their French class. As you listen to their conversation, look at the drawing of the school on page 51 and write the numbers of the classrooms they're looking into.

8 Ils aiment quels cours?

Parlons Name three subjects Nicole and Gérard probably like, according to their interests.

Nicole   Gérard

9 C'est qui?

 Parlons Tell your partner what subject one of these students likes, without naming the person. Your partner will try to guess the person's name. Take turns until you've identified all of the students.

EXEMPLE — Il aime le français.
— C'est Michel.

Michel

Julien   Nathalie   Virginie

Guillaume   Franck   Karine

Study at regular intervals. It's best to learn language in small chunks and to review frequently. Cramming will not usually work for French. Study at least a little bit every day, whether you have an assignment or not. The more often you review words and structures, the easier it will be for you to understand and participate in class.

Note culturelle

In France and other countries that follow the French educational system, the grade levels are numbered in descending order. When students begin junior high (**le collège**) at about 10 or 11 years of age, they enter the grade called **sixième**. Then they go into **cinquième, quatrième,** and **troisième.** The grade levels at the high school (**le lycée**) are called **seconde, première,** and **terminale.**

Le baccalauréat, or **le bac,** is a national exam taken at the end of study at a **lycée.** Not all students take the **bac,** but those who plan to go on to a university must pass it. It's an extremely difficult oral and written test that covers all major subjects. Students spend the final year of the **lycée, la terminale,** preparing for this exam. There are three major categories of **baccalauréat** exams: **le bac général, le bac technologique,** and **le bac professionnel.** Each category is divided into a more specialized series of exams, depending upon a student's chosen field of study. For example, a student specializing in literature would take the **bac général littéraire,** or simply **le bac L.**

Cahier d'activités, p. 24, Act. 25

Baccalauréat : Les hauts et les bas

Taux de réussite par série (en %).

Examen et série	Total
Bac Général	
Littéraire (L)	76,5
Economique et social (ES)	76
Sciences (S)	76,3
Bac Technologique	
Sciences et technologies industrielles (STI)	73,4
Sciences et technologies de laboratoire (STL)	79,7
Sciences médico-sociales (SMS)	81
Sciences et technologies tertiaires (STT)	80,6
Bac Professionnel	
Industriel	74,3
Tertiaire	81
Hôtellerie	79,5

10 Mon journal

Ecrivons Make a list of your favorite school subjects in your journal. If you were taking these subjects in France, which **bac** do you think you would take?

EXEMPLE   **Je passerais le bac...**

Agreeing and disagreeing

To agree:

Oui, beaucoup. *Yes, very much.*
Moi aussi. *Me too.*
Moi non plus. *Neither do I.*

To disagree:

Moi, non. *I don't.*
Non, pas trop. *No, not too much.*
Moi, si. *I do.*
Pas moi. *Not me.*

> Cahier d'activités, p. 15, Act. 6

Note de grammaire

Use **si** instead of **oui** to contradict a negative statement or question.
— Tu **n'**aimes **pas** la biologie?
— Mais **si!** J'adore la bio!

> Grammaire supplémentaire, p. 66, Act. 1–2

> Cahier d'activités, p. 16, Act. 8

> Travaux pratiques de grammaire, p. 11, Act. 5

---

11 ### Grammaire en contexte

Ecoutons Listen as Hélène and Gérard talk about the subjects they like and dislike. Which one do they agree on? Which one do they disagree on?

12 ### Grammaire en contexte

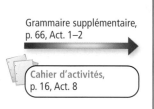

Parlons Ask your partner's opinion about several subjects and then agree or disagree. Take turns.

EXEMPLE — Tu aimes les arts plastiques?
— Non, pas trop.
— Moi, si.

---

13 ### Ça te plaît?

Parlons Get together with two classmates. Find at least two things or activities that you all like. Then, tell the rest of the class what you agree on.

EXEMPLE   ELEVE 1 — J'aime les hamburgers. Et toi?
ELEVE 2 — Oui, beaucoup.
ELEVE 3 — Moi aussi.
ELEVE 1 — Nous aimons tous les hamburgers.

le cinéma   le foot   les concerts
la pizza   faire du sport
écouter de la musique
la glace   faire les magasins   le ski

Comment dit-on...?

Asking for and giving information

To ask about someone's classes:

Tu as quels cours aujourd'hui?
What classes do you have . . . ?
Tu as quoi le matin?
What do you have . . . ?
Vous avez espagnol l'après-midi?
Do you have . . . ?

To tell what classes you have:

J'ai arts plastiques et physique.
I have . . .
J'ai algèbre, DPS et sport.

Oui, et **nous avons** aussi géo.
. . . we have . . .

Vocabulaire

le matin	*in the morning*
l'après-midi (m.)	*in the afternoon*
aujourd'hui	*today* aujourd'hui
demain	*tomorrow*
maintenant	*now*

Travaux pratiques de grammaire, p. 12, Act. 6

14 **On a quoi?**

a. **Parlons** Find out what subjects your partner has in the morning and in the afternoon.

EXEMPLE
— **Tu as quoi le matin (l'après-midi)?**
— **Bio, algèbre et chorale. Et toi?**
— **Moi, j'ai algèbre, chimie, chorale et DPS.**

b. **Parlons** Now, tell the rest of the class which subjects you and your partner have in common.

EXEMPLE **Marc et moi, nous avons algèbre et chorale.**

Grammaire

The verb *avoir*

Avoir is an irregular verb. That means it doesn't follow the pattern of the **-er** verbs you learned in Chapter 1.

avoir *(to have)*

J'	**ai** *e*	Nous	**avons** *ons*
Tu	**as** *es*	Vous	**avez** *ez*
Il/Elle/On	**a** *e*	Ils/Elles	**ont** *ent*

Grammaire supplémentaire, p. 66, Act. 3

Cahier d'activités, p. 17, Act. 12

Travaux pratiques de grammaire, pp. 12–13, Act. 7–9

As you saw in Chapter 1, you often use an article (**le, la, l',** or **les**) before a noun. When you're telling which school subjects you have, however, you don't use an article.

Elle a chimie maintenant.
Vous avez quoi le matin?

15 **Grammaire en contexte**

Parlons Some students are day-dreaming about the future. What classes are they taking to prepare for these careers?

EXEMPLE Ils ont géométrie, physique et géographie.

1.

2.

3.

4.

Vocabulaire

Voilà l'emploi du temps de Stéphanie Lambert.

CD-ROM **1**
DVD **1**

EMPLOI DU TEMPS		LUNDI	MARDI	MERCREDI	JEUDI	VENDREDI	SAMEDI	DIMANCHE
					NOM: Stéphanie Lambert			**CLASSE:** 3ᵉ
MATIN	8h00	Allemand	Arts plastiques	Mathématiques	Mathématiques	Français		L I B R E
	9h00	Français	Arts plastiques	Anglais	Sciences nat	Français	Anglais	
	10h00	**Récréation**	**Récréation**	**Récréation**	**Récréation**	**Récréation**	TP physique	
	10h15	EPS	Allemand	Français	EPS	Sciences nat	TP physique	
	11h15	Sciences nat	**Etude**	Histoire/Géo	**Etude**	Arts plastiques	**[Sortie]**	
	12h15	**Déjeuner**	**Déjeuner**	**[Sortie]**	**Déjeuner**	**Déjeuner**	**APRES-MIDI**	
APRES-MIDI	14h00	Histoire/Géo	Mathématiques	**APRES-MIDI**	Histoire/Géo	Allemand	**LIBRE**	
	15h00	Anglais	Physique/Chimie	**LIBRE**	Physique/Chimie	Mathématiques		
	16h00	**Récréation**	**[Sortie]**		**Récréation**	**[Sortie]**		
	16h15	Mathématiques			Arts plastiques			
	17h15	**[Sortie]**			**[Sortie]**			

Cahier d'activités, pp. 18–19, Act. 14–15

Travaux pratiques de grammaire, pp. 13–14, Act. 10–12

Grammaire supplémentaire, p. 67, Act. 4

CHAPITRE 2 Vive l'école!

16 **Tu comprends?**

Lisons/Parlons Answer the following questions about Stéphanie Lambert's schedule on page 56.

1. Can you find and copy the words in the schedule that refer to days of the week?
2. **Déjeuner** and **Récréation** don't refer to school subjects. What do you think they mean?
3. What do you think **14h00** means?
4. If **étudier** means *to study,* what do you think **Etude** means?
5. You know that **sortir** means *to go out.* What do you think **Sortie** means?
6. Can you list two differences between Stéphanie's schedule and yours?

17 **L'emploi du temps de Stéphanie**

Lisons/Ecrivons Stéphanie is telling a friend about her schedule. Complete her statements according to her schedule on page 56.

Le ___1___ matin, j'ai allemand, français, EPS et sciences nat. Je n'aime pas trop les sciences. J'ai histoire-géo le ___2___, le ___3___ et le ___4___. J'adore l'histoire! Et le mercredi ___5___, je n'ai pas cours. Normalement, j'ai ___6___ à 10h00, mais le ___7___, j'ai travaux pratiques de physique à 10h00. Je n'ai pas cours le ___8___.

18 **Elles ont quels cours?**

Ecoutons Look at Stéphanie's schedule as you listen to three of her friends call her on the phone. They're going to tell her what subjects they have on a certain day of the week. Do they have the same subjects as Stéphanie on that day?

Vocabulaire

You've already learned the numbers 0–20. Here are the numbers 21–59 in French.

21	22	23	24	25
vingt et un(e)	vingt-deux	vingt-trois	vingt-quatre	vingt-cinq

26	27	28	29	30
vingt-six	vingt-sept	vingt-huit	vingt-neuf	trente

31	32	40	41	42
trente et un(e)	trente-deux	quarante	quarante et un(e)	quarante-deux

50	51	52	59
cinquante	cinquante et un(e)	cinquante-deux	cinquante-neuf

Cahier d'activités, p. 17, Act. 11   Travaux pratiques de grammaire, pp. 14–15, Act. 13–14

19 Tu connais les nombres?

1. Parlons Say these numbers in French.

    a. 25   **b.** 37   **c.** 46   **d.** 53

2. Ecrivons Write the numerals for these numbers.

    a. vingt-huit   **b.** trente-quatre   **c.** quarante et un   **d.** cinquante-cinq

Comment dit-on...?

Telling when you have class

To find out at what time someone has a certain class:

    Tu as maths **à quelle heure?**

To tell at what time you have a certain class:

    J'ai maths **à neuf heures.**

huit heures   **dix heures quinze**   **sept heures vingt**   **quinze heures trente**   **seize heures quarante-cinq**

 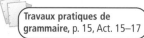 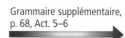

Cahier d'activités, p. 18, Act. 13

Travaux pratiques de grammaire, p. 15, Act. 15–17

Grammaire supplémentaire, p. 68, Act. 5–6

20 A quelle heure?

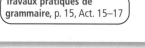

Ecoutons Listen as Jérôme answers Anne's questions about his schedule. At what time does he have these classes: **anglais, espagnol, histoire,** and **maths?**

Note culturelle

Although in familiar conversation people may use the 12-hour system to give the time, they use the 24-hour system **(l'heure officielle)** to give schedules for transportation, schools, stores, and movies. For example, the school day generally begins at 8h00 **(huit heures)** and continues until 17h00 **(dix-sept heures)** or 18h00 **(dix-huit heures)** with a break from 12h00 **(douze heures)** to 14h00 **(quatorze heures).** You will learn about the 12-hour system in Chapter 6.

A la française

In casual conversation, you might try using the abbreviated forms of words just as French teenagers do. For example, **la récréation** can be abbreviated to **la récré.** Do you recall the abbreviated forms of the words listed to the right? If not, look for them in *La rentrée* or in Stéphanie's schedule.

les sciences naturelles
la géographie
l'éducation physique et sportive
l'après-midi
les mathématiques
le professeur

21 Une journée chargée

Parlons Claudine is busy today. What does she have at each of the times listed?

EXEMPLE   A huit heures, elle a
             géographie.

8h00

1. 9h35

2. 11h50

3. 14h05

4. 16h20

22 Nos emplois du temps

a. Ecrivons/Parlons   You and your partner prepare blank schedules showing only the times classes meet at your school. Take turns asking at what time you each have the classes listed here. Fill in each other's schedule, writing the subjects next to the appropriate times.

EXEMPLE   — Tu as histoire à quelle heure?
             — A onze heures trente.

b. Parlons/Ecrivons   Now complete the schedules by asking what subjects you each have at the remaining times.

EXEMPLE   — Tu as quoi à treize heures?

français   histoire   sport
    maths   sciences   anglais

23 Mon journal

Ecrivons Make a list of your classes in your journal. Include the days and times they meet and the names of your teachers.

PANORAMA CULTUREL

Tu as quels cours?

What is your school day like? At what time does it start and end? What classes do you have? Here's what some francophone students had to say about their school day.

Yannick,
Martinique

«Comme je suis en première S, j'ai de l'économie. Je fais de l'anglais, du portugais, du français, de l'éducation physique, de l'histoire, de la géographie et des maths.»

Tu peux décrire ton emploi du temps?

«Je commence à huit heures. Je termine à midi. J'ai l'interclasse de midi à deux heures et [j'ai cours] de deux heures à dix-sept heures.»

Patrice,
Québec

«Comme cours, j'ai le français, l'anglais, les maths. J'ai aussi éducation physique. J'ai l'art plastique, l'informatique... beaucoup de matières comme ça.»

Amadou,
Burkina Faso

«A l'école, j'ai comme cours français, anglais, sciences physiques, sciences naturelles, éducation civique et morale, géographie, physique.»

Qu'en penses-tu?

1. What classes do you have in common with these students?
2. What subjects were mentioned that aren't taught at your school?
3. Would you like to trade schedules with any of these students? Why or why not?

Savais-tu que...?

Students in francophone countries commonly have Wednesday afternoons free and attend classes on Saturday mornings. In general, they follow the same core curriculum, which includes French, math, science, history, geography, physical education, and at least one foreign language. Courses like industrial arts and band are not often taught.

Comment dit-on...?

Asking for and expressing opinions

To ask someone's opinion:
> **Comment tu trouves ça?**
> **Comment tu trouves** le cours de biologie?

To express a favorable opinion:

C'est... *It's ...*
> **facile.** *easy.*
> **génial.** *great.*
> **super.** *super.*
> **cool.** *cool.*
> **intéressant.**
>> *interesting.*
> **passionnant.**
>> *fascinating.*

To express indifference:

> **C'est pas mal.**
>> *It's not bad.*
> **Ça va.**
>> *It's OK.*

To express an unfavorable opinion:

C'est... *It's ...*
> **difficile.** *hard.*
> **pas terrible.** *not so great.*
> **pas super.** *not so hot.*
> **zéro.** *a waste of time.*
> **nul.** *useless.*
> **barbant.** *boring.*

> Cahier d'activités, pp. 20–21, Act. 17–19

> Travaux pratiques de grammaire, p. 16, Act. 18–20

> Grammaire supplémentaire, p. 69, Act. 8–9

A la française

In informal conversation, French speakers will often leave out the **ne** in a negative sentence.
> **J'aime pas** les hamburgers, moi.
> **C'est pas** super, la géo.

In writing, you should include the **ne** in negative sentences.

> Grammaire supplémentaire, p. 69, Act. 7

 24 **Quel cours aiment-ils?**

Ecoutons Listen as Aurélie and Eric talk about their subjects. Which ones does Eric like? Which doesn't he like? And Aurélie?

les sciences nat		la géo
l'anglais	l'allemand	
l'histoire	les maths	l'espagnol

Note culturelle

The French system of grading is based on a scale of 0–20. A score of less than 10 isn't a passing grade. Students are usually pleased with a score of 10 or higher. They must work very hard to receive a 17 or an 18, and it's very rare to earn a 19 or a 20.

25 Qu'est-ce qu'on dit?

Parlons What do you think these students are saying?

1. L'histoire, c'est...

2. La géométrie, c'est...

3. L'algèbre, c'est...

4. La biologie, c'est...

5. L'espagnol, c'est...

6. Les arts plastiques, c'est...

26 La vie scolaire

Lisons/Ecrivons Read this letter that your new pen pal Laurent wrote to you after his first day of class. Then, write your reply.

27 Comment tu trouves?

Parlons With your partner, discuss how you feel about your classes.

EXEMPLE — Tu as maths?
— Oui, à neuf heures.
— Comment tu trouves ça?
— C'est super!

Salut!
Ça va au lycée? Tu aimes
tes cours? Moi, mes cours
sont pas mal. J'adore les
maths, c'est facile. Mais la
physique, c'est barbant. Et
la bio, c'est difficile. Et toi?
Tu aimes les sciences? Pas moi.
J'aime mieux les langues. C'est
génial, et c'est plus intéressant.
J'ai sport l'après-midi. J'aime
bien; c'est cool. Et toi? Tu
as sport aussi? Ça te plaît?
        A bientôt,
        Laurent

Parlons/Ecrivons You work part-time as an office aide for the school board. You've been asked to interview some French exchange students to get their opinion on the American school system. Create a conversation in which you interview the exchange student, your partner, about his or her classes. Ask questions about his or her class schedule and level of difficulty of each class. Then, switch roles. Be sure to take notes during the interview to provide to the school board.

EXEMPLE
— **Tu as quels cours le matin?**

— **...**

— **Comment tu trouves ça?**

PRONONCIATION

Liaison

In French you don't usually pronounce consonants at the end of a word, such as the **s** in **les** and the **t** in **c'est.** But you do pronounce some final consonants if the following word begins with a vowel sound. This linking of the final consonant of one word with the beginning vowel of the next word is called **liaison.**

les examens	C'est intéressant.	vous avez	deux élèves
∨	∨	∨	∨
z	**t**	**z**	**z**

A. A prononcer

Repeat the following phrases and sentences.

les maths / les escargots
nous n'aimons pas / nous aimons
C'est super. / C'est intéressant.
les profs / les élèves

B. A lire

Take turns with a partner reading the following sentences aloud. Make all necessary liaisons.

1. Ils ont maths.
2. Elles ont histoire.
3. Elles aiment l'espagnol.
4. Elle a deux examens lundi.
5. Vous avez cours le samedi?
6. Nous aimons les arts plastiques.

C. A écrire

You're going to hear two short dialogues. Write down what you hear.

SONDAGE

SONDAGE
Les lycéens
ont-ils le moral?

Les lycéens ont-ils le moral?

Stratégie pour lire

You'll find photos, drawings, charts, and other visual clues when you read newspapers, magazines, and even your textbooks! These illustrations will usually give you an idea of what you're going to read before you begin.

A. First, look at the illustrations. Based on what you see, do you think you're going to read . . .

1. price lists?
2. math exercises?
3. results from a survey?
4. ads from a sales catalogue?

B. Now, scan the titles and texts. Based on the titles and the drawings, do you think these articles are about . . .

1. teenagers' favorite pastimes?
2. grades given to students on exams?
3. students' attitudes toward school?
4. prices at several stores?

C. Here are some cognates from the graph entitled **Profs.** What do you think these words mean in English?

distants   respectueux
     compétents   absents

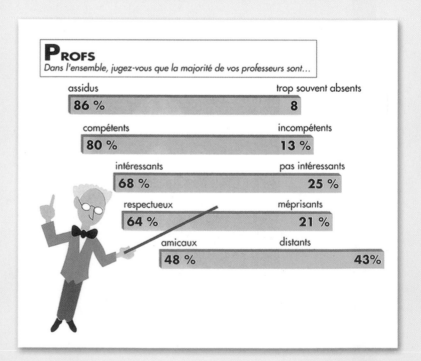

PROFS
Dans l'ensemble, jugez-vous que la majorité de vos professeurs sont...

assidus	trop souvent absents
86 %	8

compétents	incompétents
80 %	13 %

intéressants	pas intéressants
68 %	25 %

respectueux	méprisants
64 %	21 %

amicaux	distants
48 %	43%

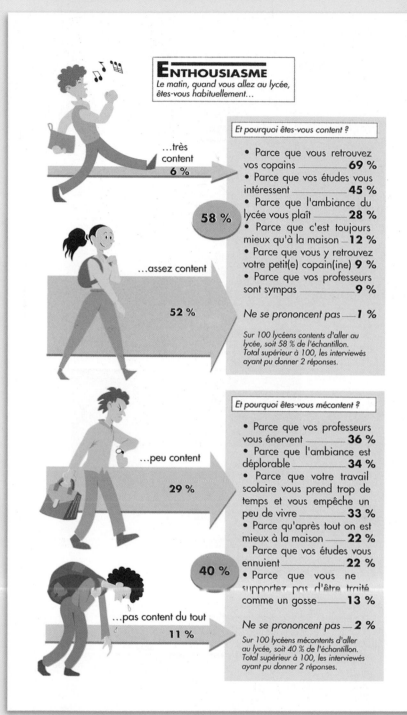

ENTHOUSIASME
Le matin, quand vous allez au lycée, êtes-vous habituellement...

...très content
6 %

58 %

...assez content
52 %

Et pourquoi êtes-vous content ?

- Parce que vous retrouvez vos copains _____ **69 %**
- Parce que vos études vous intéressent _____ **45 %**
- Parce que l'ambiance du lycée vous plaît _____ **28 %**
- Parce que c'est toujours mieux qu'à la maison ___ **12 %**
- Parce que vous y retrouvez votre petit(e) copain(ine) **9 %**
- Parce que vos professeurs sont sympas _____ **9 %**

Ne se prononcent pas ___ **1 %**

Sur 100 lycéens contents d'aller au lycée, soit 58 % de l'échantillon. Total supérieur à 100, les interviewés ayant pu donner 2 réponses.

...peu content
29 %

40 %

...pas content du tout
11 %

Et pourquoi êtes-vous mécontent ?

- Parce que vos professeurs vous énervent _____ **36 %**
- Parce que l'ambiance est déplorable _____ **34 %**
- Parce que votre travail scolaire vous prend trop de temps et vous empêche un peu de vivre _____ **33 %**
- Parce qu'après tout on est mieux à la maison ___ **22 %**
- Parce que vos études vous ennuient _____ **22 %**
- Parce que vous ne supportez pas d'être traité comme un gosse _____ **13 %**

Ne se prononcent pas ___ **2 %**

Sur 100 lycéens mécontents d'aller au lycée, soit 40 % de l'échantillon. Total supérieur à 100, les interviewés ayant pu donner 2 réponses.

D. Knowing that the words at each end of the bar on the graph are opposites, what do you think the following words mean?

1. **assidus**
2. **incompétents**
3. **pas intéressants**
4. **méprisants**
5. **amicaux**

E. According to the graph, . . .

1. do French students generally have a positive or negative image of their teachers?
2. how do most of the students feel about their teachers?
3. what do the students criticize the most?

F. Look at the drawings for **Enthousiasme.** What do you think the following categories mean in English? Which category is the best? Which is the worst?

peu content	très content
pas content du tout	assez content

G. According to the percentages, do most of the students have a positive or a negative attitude when they go to the **lycée?**

H. Conduct the same surveys in your class and compile the results. How do the attitudes of your classmates compare with those of the French **lycéens?**

Cahier d'activités, p. 23, Act. 23–24

Grammaire supplémentaire

Première étape   Objective Agreeing and disagreeing

1 Would you answer **si** or **oui** to each of the following questions? (**p. 54**)

1. Hervé n'aime pas faire le ménage?
2. Vous aimez le cours de physique?
3. Tu aimes écouter de la musique?
4. Annick et Ahmed n'aiment pas le prof de français?
5. Jean-Paul aime la chorale?
6. Olivia n'aime pas faire du sport?

2 Complete the following conversations, using **si, oui,** or **non,** as appropriate. (**p. 54**)

1. —Tu aimes les sciences naturelles?
   — _____, j'adore!
2. —Marc n'aime pas parler au téléphone?
   — _____, il aime bien parler avec ses copains.
3. —Ils aiment la physique?
   — _____, ils n'aiment pas les cours de science.
4. —Tu n'aimes pas le ski?
   — _____, j'aime bien le sport en général.
5. —Tu aimes faire de l'équitation?
   — _____, mais je préfère lire et regarder la télévision.
6. —Nicole aime les concerts?
   — _____, elle adore la musique.

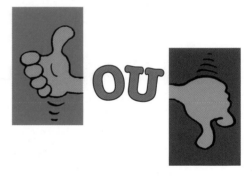

Deuxième étape   Objectives Asking for and giving information; telling when you have class

3 Complete the conversation below with the correct forms of the verb **avoir.** (**p. 55**)

—Céline, tu __1__ quels cours aujourd'hui?

—Le matin, j' __2__ sciences nat et français. L'après-midi, j' __3__ histoire et géométrie.

—Et Vincent, il __4__ quels cours?

—Il __5__ chimie et espagnol le matin, et l'après-midi, il __6__ informatique.

—Le mardi et le jeudi matin, nous __7__ travaux pratiques de chimie.

4 Using the information from Marc's and Ingrid's schedules, answer the questions that follow. (**pp. 55, 56**)

EXEMPLE —Marc a français le mardi?

—Non, il n'a pas français le mardi.

EMPLOI DU TEMPS   NOM: Marc Champlain

		LUNDI	MARDI	MERCREDI	JEUDI	VENDREDI	SAMEDI	DIMANCHE
MATIN	8h00	Arts plastiques	Allemand	Français	Sciences nat	Mathématiques		
	9h00	Sciences nat	Histoire/Géo	EPS	Allemand	Physique	Mathématiques	
	10h00	Récréation	Récréation	Récréation	Récréation	Récréation	TP Physique	L
	10h15	Allemand	Physique	Anglais	Mathématiques	Français	TP Physique	I
	11h15	Mathématiques	Etude	Histoire/Géo	Etude	Français	[Sortie]	B
	12h15	**Déjeuner**	**Déjeuner**	**[Sortie]**	**Déjeuner**	**Déjeuner**	**APRES-MIDI**	R
APRES-MIDI	14h00	Anglais	Mathématiques	**APRES-MIDI**	Arts plastiques	Arts plastiques	**LIBRE**	E
	15h00	EPS	Chimie	**LIBRE**	Arts plastiques	Anglais		
	16h00	Récréation	[Sortie]		Récréation	[Sortie]		
	16h15	Histoire/Géo			Chimie			
	17h15	[Sortie]			[Sortie]			

EMPLOI DU TEMPS   NOM: Ingrid Valmont

		LUNDI	MARDI	MERCREDI	JEUDI	VENDREDI	SAMEDI	DIMANCHE
MATIN	8h00	Arts plastiques	Français	Anglais	Français	Géométrie		
	9h00	DPS	Géométrie	EPS	Français	Géométrie	Anglais	
	10h00	Récréation	Récréation	Récréation	Récréation	Récréation	TP Biologie	L
	10h15	Espagnol	Sciences nat	Espagnol	Biologie	Sciences nat	TP Biologie	I
	11h15	Géométrie	Etude	Histoire/Géo	Etude	Espagnol	[Sortie]	B
	12h15	**Déjeuner**	**Déjeuner**	**[Sortie]**	**Déjeuner**	**Déjeuner**	**APRES-MIDI**	R
APRES-MIDI	14h00	Anglais	Biologie	**APRES-MIDI**	Arts plastiques	Arts plastiques	**LIBRE**	E
	15h00	Biologie	EPS	**LIBRE**	Arts plastiques	Français		
	16h00	Récréation	[Sortie]		Récréation	[Sortie]		
	16h15	Histoire/Géo			Géométrie			
	17h15	[Sortie]			[Sortie]			

1. Ingrid n'a pas biologie le lundi?
2. Marc a anglais le mercredi?
3. Ingrid a espagnol le jeudi?
4. Ingrid et Marc n'ont pas arts plastiques le lundi?
5. Marc et Ingrid ont EPS le lundi?
6. Ingrid a histoire le mercredi?
7. Marc a allemand le samedi?
8. Marc et Ingrid ont français le samedi?
9. Ingrid et Marc ont l'après-midi libre le samedi?
10. Marc n'a pas mathématiques le vendredi?

CD-ROM **1** / DVD **1**   WA3 POITIERS-2

5 Mathieu and some of his friends are discussing their school schedules. Complete each of the following sentences with the correct form of the verb **avoir.** Then, write out the time given in parentheses. (**pp. 55, 58**)

EXEMPLE   Sylvie _____ latin à (9h30). Sylvie **a** latin à **neuf heures trente.**

1. J' _____ sciences nat à (8h45).
2. Anne et moi, nous _____ EPS à (13h50).
3. Mathieu et Jeanne, vous _____ latin à (11h20), non?
4. Séverine, tu _____ quoi à (15h30)?
5. Chad et Mireille _____ maths à (16h15).
6. André et Hélène _____ français à (9h45).
7. Jean, Alain et moi, nous _____ récréation à (14h25).

6 Unscramble each of these sentences, using the correct form of **avoir.** Then, match each clock with the sentence that mentions the corresponding time. (**pp. 55, 58**)

a.

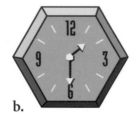
b.

c.

d.

e.

f.

g.

1. avoir / huit / mathématiques / heures / à / j'
2. DPS / quinze / à / heures / avoir / neuf / nous
3. quarante / chimie / avoir / à / heures / dix / Audrey
4. treize / Florent / à / Bernard / quarante-cinq / géographie / et / avoir / heures
5. avoir / et / quatorze / Sophie / à / moi, / nous / heures / français / vingt
6. plastiques / heures / à / trente / arts / avoir / treize / tu
7. heures / à / vous / seize / EPS / avoir / vingt-cinq

7 Rewrite these informal remarks and questions in formal French. (**pp. 26, 61**)

1. «C'est pas super, l'algèbre.»
2. «Elle aime pas la chimie?»
3. «Ils aiment pas les devoirs.»
4. «Mais non! L'anglais, c'est pas difficile!»
5. «Tu aimes pas la géographie?»

8 David and Olivia are discussing their schedules and their classes. Complete their conversation with either the correct form of the verb in parentheses or the word or phrase that expresses their opinion. (**pp. 33, 55, 61**)

—Olivia, tu ___1___ (avoir) quels cours le lundi matin?

—J' ___2___ (avoir) histoire, maths et français. Et toi, tu ___3___ (avoir) quels cours?

—Florent et moi, nous ___4___ (avoir) chimie, allemand et anglais.

—Vous ___5___ (aimer) la chimie?

—Florent n' ___6___ (aimer) pas ça. Mais moi, j' ___7___ (adorer) la chimie. C'est ___8___ (passionnant/pas super)!

—Ah bon! Florent ___9___ (avoir) biologie le mardi. Il ___10___ (adorer) ça. Et toi, tu ___11___ (aimer) ça, la biologie?

—Moi, non. C'est ___12___ (pas mal/nul).

9 Some friends are talking about their courses and school schedules. Complete each sentence with the correct verb form. Then, select the word from the box that most logically tells how each person feels about his or her course. (**pp. 33, 55, 61**)

—J' ___1___ (avoir) maths à huit heures. Je ___2___ (ne pas aimer). Je ___3___ (préférer) dormir. Les maths, c'est ___4___.

—J' ___5___ (adorer) nager. J' ___6___ (avoir) natation à quatre heures de l'après-midi. C'est ___7___.

—J' ___8___ (aimer) lire. J' ___9___ (avoir) français à neuf heures vingt. C'est ___10___.

—J' ___11___ (avoir) chimie à dix heures cinquante. J' ___12___ (ne pas aimer) étudier, et je ___13___ (ne pas aimer) la chimie. C'est ___14___.

—J' ___15___ (avoir) anglais à deux heures vingt-cinq. J' ___16___ (aimer bien) la littérature. C'est ___17___!

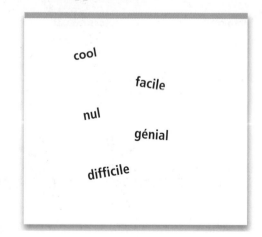

cool

facile

nul

génial

difficile

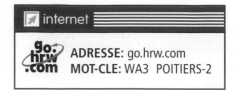

1 Listen as André, a French exchange student, tells you how he feels about his American schedule. What is his reaction to his schedule in general? At what times does he have the following subjects: **chimie, sport, latin, informatique?**

2 Answer these questions according to Eliane's schedule.

1. Eliane a quoi le lundi matin?

2. Elle a quels cours le jeudi après-midi?

3. Quels jours et à quelle heure est-ce qu'elle a histoire? Anglais? Maths?

EMPLOI DU TEMPS

NOM: Eliane Soulard **CLASSE:** 3ᵉ

		LUNDI	MARDI	MERCREDI	JEUDI	VENDREDI	SAMEDI	DIMANCHE
MATIN	8h00	Anglais	Arts plastiques	Histoire/Géo	Mathématiques	Musique		L
	9h00	Français	Musique	Anglais	Sciences nat	Arts plastiques	Anglais	I
	10h00	Récréation	Récréation	Récréation	Récréation	Récréation	TP physique	B
	10h15	EPS	Mathématiques	Sciences nat	EPS	Sciences nat	TP physique	R
	11h15	Sciences nat	Etude	Arts plastiques	Etude	Français	[Sortie]	E
	12h15	**Déjeuner**	**Déjeuner**	**[Sortie]**	**Déjeuner**	**Déjeuner**	**APRES-MIDI**	
APRES-MIDI	14h00	Arts plastiques	Mathématiques	**APRES-MIDI**	Histoire/Géo	Physique	**LIBRE**	L
	15h00	Musique	Physique	**LIBRE**	Physique	Anglais		I
	16h00	Récréation	[Sortie]		Récréation	[Sortie]		B
	16h15	Mathématiques			Français			R
	17h15	[Sortie]			[Sortie]			E

3 Tell three classmates whether or not you like Eliane's schedule and why. Then, ask them if they like it.

> **EXEMPLE** **J'aime l'emploi du temps d'Eliane. Elle a étude et arts plastiques. C'est cool! Et vous?**

4 How does an American class schedule compare with Eliane's? With a partner, make a list of similarities and differences.

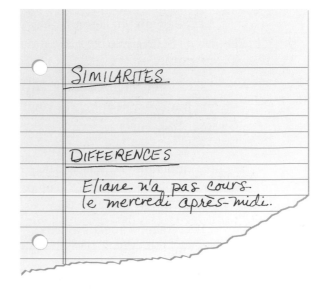

SIMILARITES

DIFFERENCES

Eliane n'a pas cours le mercredi après-midi.

5 Answer these questions according to Eliane's report card.

1. What are Eliane's best subjects?

2. What would she probably say about French class? Music class? Science class?

BULLETIN TRIMESTRIEL

Année scolaire : 20**02** - 20**03**

NOM et Prénom: _Soulard Eliane_   Classe de: **3ᵉ**

MATIERES D'ENSEIGNEMENT	Moyenne de l'élève	OBSERVATIONS
Français	5	Montre peu d'enthousiasme
Anglais	8	Assez mauvais travail !
Mathématiques	18	Très bonne élève !
Histoire-Géographie	11	Travail moyen
Sciences naturelles	17	Élève sérieuse
Education physique	12	Un peu paresseuse
Physique-Chimie	18	Très douée pour la physique
Arts plastiques	14	Bon travail.
Musique	15	Fait des efforts.

Ce bulletin doit être conservé précieusement par les parents.
Il n'en sera pas délivré de duplicata.

6 Create your ideal schedule showing subjects, days, and times. Write it down in the form of a French **emploi du temps.**

7 # Jeu de rôle

Create a conversation with two classmates. Talk about . . .

a. the subjects you like best and your opinion of them.

b. the subjects you don't like and your opinion of them.

c. whether or not you agree with your classmates' likes and dislikes.

Que sais-je?

Can you use what you've learned in this chapter?

Can you agree and disagree?
p. 54

1 How would you agree if your friend said the following? How would you disagree with your friend?
1. J'adore l'histoire!
2. J'aime les sciences nat. Et toi?
3. Je n'aime pas le français.

Can you ask for and give information?
p. 55

2 How would you ask . . .
1. what subjects your friend has in the morning?
2. what subjects your friend has in the afternoon?
3. what subjects your friend has on Tuesdays?
4. if your friend has music class?
5. if your friend has English today?

3 How would you say in French that the following students have these classes, using the verb **avoir**?
1. you / French and choir
2. Paul / physics
3. we / gym
4. Francine and Séverine / Spanish

Can you tell when you have class?
p. 58

4 How would you ask your friend at what time he or she has these classes?

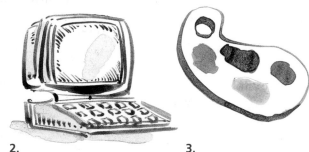

1.   2.   3.

5 How would you tell your friend that you have the following classes at the times given?

1. 9h15   2. 11h45   3. 15h50

Can you ask for and express opinions?
p. 61

6 How would you tell your friend that your geography class is . . .
1. fascinating?   2. not so great?   3. boring?

Première étape

School subjects

l'algèbre (f.)	algebra
l'allemand (m.)	German
les arts (m.) plastiques	art class
la biologie	biology
la chimie	chemistry
la chorale	choir
le cours de développement personnel et social (DPS)	health
la danse	dance
l'éducation (f.) physique et sportive (EPS)	physical education

l'espagnol (m.)	Spanish
la géographie	geography
la géométrie	geometry
l'histoire (f.)	history
l'informatique (f.)	computer science
le latin	Latin
la musique	music
la physique	physics
les sciences (f.) naturelles	natural science
le sport	gym
les travaux (m.) pratiques	lab

School-related words

le cours	course

les devoirs (m.)	homework
l'élève (m./f.)	student
le professeur (le prof)	teacher

Agreeing and disagreeing

Oui, beaucoup.	Yes, very much.
Moi aussi.	Me too.
Moi, non.	I don't.
Non, pas trop.	No, not too much.
Moi non plus.	Neither do I.
Moi, si.	I do.
Pas moi.	Not me.

Deuxième étape

Asking for and giving information

Tu as quels cours... ?	What classes do you have . . . ?
Tu as quoi... ?	What do you have . . . ?
J'ai...	I have . . .
Vous avez... ?	Do you have . . . ?
Nous avons...	We have . . .
avoir	to have

Telling when you have class

Tu as... à quelle heure?	At what time do you have . . . ?

à... heures	at . . . o'clock
à... heures quinze	at . . . fifteen
à... heures trente	at . . . thirty
à... heures quarante-cinq	at . . . forty-five
aujourd'hui	today
demain	tomorrow
maintenant	now
le matin	in the morning
l'après-midi (m.)	in the afternoon
le lundi	on Mondays
le mardi	on Tuesdays
le mercredi	on Wednesdays
le jeudi	on Thursdays

le vendredi	on Fridays
le samedi	on Saturdays
le dimanche	on Sundays

Parts of the school day

la récréation	break
l'étude (f.)	study hall
le déjeuner	lunch
la sortie	dismissal
l'après-midi libre	afternoon off

Numbers

See page 57 for the numbers 21 through 59

Troisième étape

Asking for and expressing opinions

Comment tu trouves ça?	What do you think of that/it?
Comment tu trouves... ?	What do you think of . . . ?
Ça va.	It's OK.

C'est...	It's . . .
super.	super.
cool.	cool.
facile.	easy.
génial.	great.
intéressant.	interesting.
passionnant.	fascinating.

pas mal.	not bad.
barbant.	boring
difficile.	difficult.
nul.	useless.
pas super.	not so hot.
pas terrible.	not so great.
zéro.	a waste of time.

3
Tout pour la rentrée

Objectives

In this chapter you will learn to

Première étape

- make and respond to requests
- ask others what they need and tell what you need

Deuxième étape

- tell what you'd like and what you'd like to do

Troisième étape

- get someone's attention
- ask for information
- express and respond to thanks

 internet

go.hrw.com
ADRESSE: go.hrw.com
MOT-CLE: WA3 POITIERS-3

◀ **C'est combien, cette calculatrice?**

MISE EN TRAIN · *Pas question!*

Stratégie pour comprendre

Where are Julie and Mme Pelletier? What could they be shopping for? Use the context of the setting to guess the meanings of the words you don't know.

Madame Pelletier

Julie

La vendeuse

1

Mme Pelletier :	Alors, qu'est-ce qu'il te faut?
Julie :	Eh bien, des crayons, des stylos, une gomme, une calculatrice, un pot de colle...

2

Mme Pelletier :	Pardon, mademoiselle, vous avez des trousses, s'il vous plaît?
La vendeuse :	Oui, bien sûr. Là, à côté des cahiers.

3

Julie :	Et voilà une boîte de crayons de couleur.
Mme Pelletier :	C'est combien?
Julie :	Trois cinquante.

4

Julie :	Regarde, Maman, une calculatrice-traductrice. C'est chouette!
Mme Pelletier :	Oui. C'est pour les maths ou pour l'anglais?
Julie :	Euh, il me faut une calculatrice pour les maths. Mais une calculatrice-traductrice, c'est pratique pour l'anglais.

5

Mme Pelletier : C'est combien, mademoiselle?
La vendeuse : 80 euros.

6

Mme Pelletier : 80 euros! Oh là là! C'est pas possible!

7

Mme Pelletier : Et cette calculatrice-là?
La vendeuse : 20 euros.
Mme Pelletier : Bien. Alors, cette calculatrice.

8

Julie : Eh, Maman, regarde ce sac vert. Il est super!
Mme Pelletier : Oui. Pas mal. Mais cher. 33 euros!

9

Mme Pelletier : Moi, j'aime mieux ce sac-là, à 12 euros.
Julie : Non! Il est horrible!
Mme Pelletier : Pourquoi?
Julie : Je n'aime pas ce rouge.

10

Mme Pelletier : Moi, je n'achète pas un sac à 33 euros.
Julie : Alors, j'aime mieux aller à l'école sans sac!

Cahier d'activités, p. 25, Act. 1

1 Tu as compris?

Réponds aux questions suivantes d'après l'épisode de *Pas question!*

1. What is the relationship between Julie and Mme Pelletier? How do you know?
2. Where are they?
3. What are they doing there?
4. Why does Julie need a calculator?
5. What is Mme Pelletier's main concern?
6. What do you think of Julie's decision at the end of *Pas question!*?

2 Julie ou sa mère?

Dans les phrases suivantes, on parle de Julie ou de Mme Pelletier?

1. Elle aime la calculatrice à 80 €.
2. Elle voudrait une calculatrice-traductrice.
3. Elle aime mieux le sac à 12 €.
4. Elle aime mieux le sac vert.
5. Elle va aller à l'école sans sac.
6. Elle n'achète pas un sac à 33 €.

3 Cherche les expressions

Can you find an expression in *Pas question!* to . . .

1. ask what someone needs?
2. tell what you need?
3. get a salesperson's attention?
4. ask the price of something?
5. say you like or prefer something?
6. say you don't like something?

Il est horrible!   C'est combien?
Il me faut...   J'aime mieux...
Il est super!   Pardon, mademoiselle...
Qu'est-ce qu'il te faut?

4 Mets en ordre

Mets les phrases suivantes dans un ordre chronologique, d'après l'épisode de *Pas question!*

1. Mme Pelletier asks the price of a calculator.
2. Mme Pelletier asks a salesperson if she has any pencil cases.
3. Julie says she will go to school without a bag.
4. Mme Pelletier asks Julie what she needs for school.
5. Mme Pelletier asks the price of a box of colored pencils.
6. Julie points out a bag she likes.

5 Et maintenant, à toi

What do you think will happen next in the story? Discuss your ideas with a partner.

Objectives Making and responding to requests; asking others what they need and telling what you need

WA3 POITIERS-3

Vocabulaire

un cahier

un crayon

une gomme

une trousse

un taille-crayon

une calculatrice

un stylo

un sac (à dos)

un classeur

des feuilles (f.) de papier

une règle

un livre

CD-ROM **1**
DVD **1**

Cahier d'activités, p. 26, Act. 2–3

Travaux pratiques de grammaire, pp. 17–18, Act. 1–3

DE BONS CONSEILS

Make flashcards to learn new words. On one side of a card, write the French word you want to learn. If the word is a noun, include an article **(le, la, les)** to help you remember the gender. On the other side, paste or draw a picture to illustrate the meaning of the word. Then, ask a classmate to show you the picture while you try to name the object, or use the cards to test yourself.

6 ## Qu'est-ce qu'il y a dans mon sac?

Ecoutons Listen as Hafaïdh and Karine check the contents of their bookbags. Then, look at the pictures and decide which bag belongs to each of them.

a.

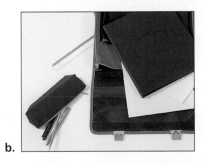

b.

c.

7 Objets trouvés

Lisons/Ecrivons When Paulette gets home from the store, she realizes that she forgot to put some of her school supplies into her bag. Look at the receipt showing what she bought and make a list, in French, of the missing items.

EXEMPLE   Elle n'a pas le...

Note culturelle

In large stores in France, customers are expected to place their items on the conveyer belt and then remove and bag them as well. Most stores provide small plastic sacks, but many shoppers bring their own basket **(un panier)** or net bag **(un filet)**. Since space is limited in small stores and boutiques, browsing inside these stores is not as common. In some cases, items and their prices are placed in window displays. Most people window-shop until they are ready to make a purchase. A sign that reads **Entrée libre** indicates that browsers are welcome.

```
VEN 13-05-03              3004
047CA  BELLIOT  Stéphanie

GOMME CAOUTCH.         0,50
CRAYONS GRAH.          0,79
REGLE GRADUEE          3,85
CAH. BROUILLON         1,53
COPIES DBLES PF GC     1,38
CLASSEUR 17X22         4,64
TROUSSE                7,23
SOUS/TOTAL            19,92

TOTAL                 19,92

REÇU                  50,00
RENDU                 30,08

00617    7 ARTC       16:36TM
```

8 Devine!

Parlons/Ecrivons Write down the name of one of the objects from the **Vocabulaire** on page 79. Don't let the other members of your group know what you've chosen. They will then take turns guessing which object you chose.

EXEMPLE   —C'est un taille-crayon?
                —Oui, c'est ça. *or* Non, ce n'est pas ça.

Comment dit-on...?

Making and responding to requests

To ask someone for something:

Tu as un stylo?
Vous avez un crayon?

To respond:

Oui. **Voilà.** *Here.*
Non. **Je regrette. Je n'ai pas de** crayons.
    Sorry. I don't have any . . .

Cahier d'activités, p. 27, Act. 4b

—**Tu as une calculatrice, Paul?**
—**J'ai un stylo, un crayon, une règle et des feuilles de papier, mais je n'ai pas de calculatrice!**

Grammaire

The indefinite articles *un, une,* and *des*

The articles **un** and **une** both mean *a* or *an.* Use **un** with masculine nouns and **une** with feminine nouns. Use **des** *(some)* with plural nouns. Notice that **un, une,** and **des** change to **de** after **ne... pas.**

J'ai **un** crayon, mais je n'ai pas **de** papier.

Nous avons **des** règles, mais nous n'avons pas **de** stylo.

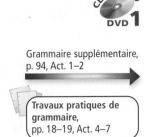

Grammaire supplémentaire, p. 94, Act. 1–2

Travaux pratiques de grammaire, pp. 18–19, Act. 4–7

9 ### Grammaire en contexte

Ecoutons Listen as Nadine asks her friends for some school supplies. Match her friends' responses to the appropriate pictures.

a.

b.

c.

d.

e.

10 ### Grammaire en contexte

Parlons With a partner, take turns pointing out the differences you notice between Christophe's desk and Annick's.

EXEMPLE   **Regarde! Christophe a une gomme, mais Annick n'a pas de gomme.**

Asking others what they need and telling what you need

To ask what someone needs:

Qu'est-ce qu'il te faut pour les maths?
What do you need for . . . ?
    (informal)
Qu'est-ce qu'il vous faut pour la géo?
What do you need for . . . ? (formal)

To tell what you need:

Il me faut un stylo et un classeur.

Cahier d'activités, p. 28, Act. 5–6

Grammaire supplémentaire, p. 94, Act. 3

Alors, qu'est-ce qu'il te faut pour l'anglais?

Euh, il me faut un classeur et un sac aussi.

Vocabulaire à la carte

Here are some additional words you can use to talk about your school supplies.

un compas	*a compass*
des crayons (m.) **de couleur**	*some colored pencils*
un feutre	*a marker*
du liquide (m.) **correcteur**	*some correction fluid*
du ruban (m.) **adhésif**	*some transparent tape*
une tenue de gymnastique	*a gym uniform*

11 Qu'est-ce qu'il te faut?

Ecrivons/Parlons Make a list of your school subjects. Exchange lists with a partner. Then, take turns asking each other what you need for various classes.

> EXEMPLE — Qu'est-ce qu'il te faut pour les maths?
>
> — Il me faut une calculatrice et un crayon.

12 Aide-mémoire

Ecrivons Write a note to remind yourself of the school supplies you need to buy for two or three of your classes.

13 Un petit service

Parlons You're late for class, and you've forgotten your supplies. Ask a friend if he or she has what you need. Your friend should respond appropriately. Then, change roles.

> EXEMPLE — Oh là là! J'ai histoire! Il me faut un stylo et un cahier. Tu as un stylo?
>
> — Non, je regrette.
>
> — Zut!

Pour le français il me faut...

PANORAMA CULTUREL

Qu'est-ce qu'il te faut comme fournitures scolaires?

We asked some francophone students what supplies they bought for the opening of school, **la rentrée.** Here's what they had to say.

Séverine,
Martinique

«Alors, donc pour l'école j'ai acheté un nouveau sac à dos, des livres pour étudier, des vêtements, entre autres des jeans, des chaussures, bien sûr et puis bon, des tee-shirts, des jupes, des robes.»

Onélia,
France

«Il faut des classeurs, des cahiers, des crayons, des règles, des instruments de géométrie, [une] calculatrice pour les mathématiques, des feuilles... C'est tout.»

Marius,
Côte d'Ivoire

«Pour l'école, il faut des règles, des bics, des stylos, des cahiers, des livres et la tenue.»

Qu'en penses-tu?

1. What school supplies did you have to purchase for the school year?
2. What other items do you usually buy at the beginning of a school year?
3. What did these students buy that is usually provided by schools in the United States?
4. What are the advantages and disadvantages of each system?

Savais-tu que...?

In French-speaking countries, students usually buy their own textbooks and even maintain their own grade book, **un livret scolaire.** Some schools require students to purchase school uniforms. A store that specializes in school supplies, textbooks, and paper products is called **une librairie-papeterie.**

Vocabulaire

Qu'est-ce qu'on va acheter?

Hervé regarde **un short**.

Odile regarde **des baskets**.

Denis regarde **un roman**.

Stéphane regarde **un disque compact/un CD**.

Dorothée regarde **un jean**.

Mme Roussel regarde **un ordinateur**.

M. Beauvois regarde **une montre**.

M. Prévost regarde **un portefeuille**.

You can probably figure out what these words mean:

un bracelet	un magazine	une radio	une télévision
une cassette	un poster	un sweat-shirt	une vidéocassette
un dictionnaire	un pull-over	un tee-shirt	

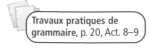

Travaux pratiques de grammaire, p. 20, Act. 8–9

Grammaire supplémentaire, p. 95, Act. 4

14 Le shopping

Ecoutons Several shoppers in the **Vocabulaire** are going to tell you what they would like to buy. As you listen to each speaker, look at the illustrations above and identify the person. Write down his or her name.

Telling what you'd like and what you'd like to do

Je voudrais un sac. *I'd like . . .*
Je voudrais acheter un tee-shirt. *I'd like to buy . . .*

15 Les achats

Ecoutons Georges has just won a gift certificate from his favorite department store. Listen as he tells you what he would like to buy and make a list of his choices.

16 Vive le week-end!

Parlons What would you like to do this weekend? Find three classmates who want to do the same thing.

EXEMPLE —Je voudrais sortir avec des copains. Et toi?

—Moi aussi. *or* Moi, je voudrais faire du sport.

faire les magasins
faire le ménage
danser   dormir   écouter de la musique
parler au téléphone   faire du sport
regarder la télévision   étudier
nager   sortir avec des copains

17 Un cadeau

Ecrivons Make a list of what you would like to buy for . . .

1. a friend who likes horror movies and books.
2. a friend who loves sports.
3. someone who's always late for class.
4. a friend who loves music.
5. someone who loves French.
6. your best friend.

18 Mon journal

Ecrivons You earned 100 dollars this summer. Write down three or four items you'd like to buy for yourself.

Grammaire

The demonstrative adjectives *ce*, *cet*, *cette*, and *ces*

Ce, cet, and **cette** mean *this* or *that*. **Ces** means *these* or *those*.

	Singular	Plural
Masculine before a consonant sound	**ce** stylo	**ces** stylos
Masculine before a vowel sound	**cet** examen	**ces** examens
Feminine	**cette** école	**ces** écoles

When you want to specify *that* as opposed to *this*, add **-là** *(there)* to the end of the noun.

—J'aime **ce** sac.
—Moi, j'aime mieux **ce** sac-**là**.

-ci — ici (here)
là-bas (over there)

Grammaire supplémentaire, pp. 95–96, Act. 5–6

Cahier d'activités, p. 29, Act. 7–8

Travaux pratiques de grammaire, p. 21, Act. 10–11

19 Grammaire en contexte

Lisons Claire is shopping for a gift for her mother. The salesperson is making suggestions. Choose the correct articles to complete their conversation.

LE VENDEUR   Vous aimez (ce/cette) montre, mademoiselle?

CLAIRE   Oui, mais ma mère a déjà (un/une) montre.

LE VENDEUR   Et (ces/ce) roman?

CLAIRE   Non, elle n'aime pas lire.

LE VENDEUR   Elle aime (la /l') musique?

CLAIRE   Oui. Elle adore le jazz.

LE VENDEUR   (Cet/Cette) cassette de Wynton Marsalis, peut-être?

CLAIRE   C'est une bonne idée.

20 Grammaire en contexte

Parlons Take turns with a partner asking and answering questions about the items below.

EXEMPLE   — Tu aimes ce sac?
            — Non. J'aime mieux ce sac-là

Moi aussi.   Non.   Non, je n'aime pas ça.

Oui, mais j'aime mieux...   Oui, j'adore!

J'aime bien.   Moi non plus.

1.   2.    3.    4.

Vocabulaire

De quelle couleur est...

le sac?	la trousse?		le sac?	la trousse?
ROUGE	ROUGE		ROSES	ROSE
ORANGE	ORANGE		BLANC	BLANCHE
JAUNES	JAUNES		GRIS	GRISE
VERTS	VERTE		NOIR	NOIRE
BLEU	BLEUE		MARRON	MARRON
VIOLET	VIOLETTE			

Cahier d'activités, pp. 29–30, Act. 9–10

Travaux pratiques de grammaire, p. 22, Act. 12

21 Vrai ou faux?

Parlons Regarde l'image et dis si les phrases suivantes sont vraies ou fausses.

1. Claire a un sac jaune.
2. Claire et Thierry ont des tee-shirts bleus.
3. Claire a un short marron.
4. Thierry a des baskets bleues.
5. Thierry a un classeur rouge.
6. Claire et Thierry ont des shorts noirs.

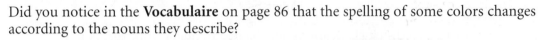

Grammaire

Adjective agreement and placement

Did you notice in the **Vocabulaire** on page 86 that the spelling of some colors changes according to the nouns they describe?

	Singular	*Plural*
Masculine	le classeur vert	les classeurs verts
Feminine	la gomme verte	les gommes vertes

- Usually, you add an **e** to make an adjective feminine; however, when an adjective ends in an unaccented **e,** you don't have to add another **e:** **le classeur rouge, la gomme rouge.**

- Some adjectives don't follow this pattern: **blanc, blanche; violet, violette.**

- Usually, you add an **s** to make an adjective plural; however, when an adjective ends in an **s,** you don't have to add another **s: les crayons gris.**

- Some adjectives don't change form. Two examples are **orange** and **marron.**

- Colors and many other adjectives are placed after the nouns they describe.

Grammaire supplémentaire, p. 96, Act. 7–8

Cahier d'activités, pp. 30–31, Act. 11–14

Travaux pratiques de grammaire, pp. 22–23, Act. 13–15

22 Grammaire en contexte

Ecrivons/Parlons Create a list of six objects. Ask your classmates if they have the items on your list. When you find someone who does, find out what color each item is and write the person's name next to the appropriate item.

un tee-shirt	une montre	un short
des baskets	une trousse	un stylo	un portefeuille	un pull-over

Vocabulaire

60 soixante	**70** soixante-dix	**71** soixante et onze	**72** soixante-douze	**80** quatre-vingts	**81** quatre-vingt-un
90 quatre-vingt-dix	**91** quatre-vingt-onze	**100** cent	**101** cent un	**200** deux cents	**201** deux cent un

CD-ROM 1
DVD 1

Cahier d'activités, pp. 32–33, Act. 15–17

Travaux pratiques de grammaire, p. 24, Act. 16–18

Grammaire supplémentaire, p. 97, Act. 9

---

23 Le top des radios

Ecoutons Listen to four French disc jockeys announce the dial frequencies of their radio stations. Then, match the frequencies to the station logos.

RADIOS ROCK

RCV
99 MHZ (LILLE)
a.

100.3 MHZ
b.

C'ROCK
89.5 MHZ (VIENNE)
c.

OUÏ FM
102.3 MHZ (PARIS)
d.

CANAL B
94 MHz
e.

Note culturelle

After a transition of three years, France changed its currency in 2002. It phased out its own French **franc** to replace it with the currency shared by most of the countries of Western Europe, the **euro.** That means that if you are traveling in Europe, you could use the same money in Spain, France, and Germany without having to convert to local currencies. Euro bills come in denominations of 5, 10, 20, 50, 100, 200, and 500 euros. Euro coins, called **cents** come in denominations of 1, 2, 5, 10, 20, and 50. There are one hundred cents in each euro. Belgium and Luxembourg are among the European countries that have adopted the euro.

24 Ça fait combien?

Parlons/Ecrivons How much money is shown in each illustration? Give the totals in French.

1.

2.

25 C'est combien?

Lisons Look at the drawing of the store display below. How much money does each of these customers spend in **Papier Plume?**

1. Alain achète deux stylos et une trousse.
2. Geneviève achète un classeur, un dictionnaire et un cahier.
3. Paul achète six crayons et un taille-crayon.
4. Marcel achète une règle, une gomme et un stylo.
5. Sarah achète deux cahiers et un dictionnaire.
6. Cécile achète une règle et une calculatrice.

26 Mon journal

Ecrivons Do you budget your money? Make a list of the items you've bought in the last month and the approximate price of each in euros. To convert American prices to euros, look up the current exchange rate in the newspaper or on the Web.

Comment dit-on...?

Getting someone's attention; asking for information; expressing and responding to thanks

To get someone's attention:

Pardon, monsieur/madame/ mademoiselle.

Excusez-moi, monsieur/madame/ mademoiselle.

To ask how much something costs:

C'est combien, s'il vous plaît?
How much is it, please?

To express and respond to thanks:

Merci.   *Thanks*
A votre service.   *You're welcome.*

Grammaire supplémentaire, p. 97, Act. 10–11

Cahier d'activités, p. 34, Act. 18–19

27 C'est combien?

Ecoutons/Ecrivons In a department store in France, you overhear shoppers asking salespeople for the prices of various items. As you listen to the conversations, write down the items mentioned and their prices.

Note culturelle

Prices expressed in euros can be said in two ways in French: either **quarante-cinq euros cinquante** or **quarante-cinq cinquante (45,50)**. Notice that prices are written in French with a comma where a decimal point would be used in American prices.

28 Jeu de rôle

Parlons You're buying school supplies in a French **librairie-papeterie.** For each item you want, get the salesperson's attention and ask how much the item costs. The salesperson will give you the price. Act out this scene with a partner. Then, change roles.

EXEMPLE   — Excusez-moi, madame. C'est combien, cette trousse bleue?
   — C'est six euros.
   — Merci.

29 De l'école au travail

Parlons You have a job with an international distributor of magazines selling subscriptions over the telephone to French-speaking customers. With a partner, take turns playing the roles of customer and salesperson, using the advertisement to discuss the prices of subscriptions in French.

Abonnez-vous à :

FEMME A LA MODE	(12 numéros) France 35 €
DECOUVERTE SCIENTIFIQUE	(22 numéros) France 75 €
L'AFRIQUE DE NOS JOURS	(12 numéros) France 40 €, Europe 40 €, Dom-Tom 40 €, Afrique 45 €
TELE-TUBE	(52 numéros) France et Dom-Tom 90 €, USA $140, Canada $180, Autres pays 130 €
LA VOIX DU MONDE	(52 numéros) France 110 €
LES GRANDS MOUVEMENTS DE L'ECONOMIE	(12 numéros) France 25 €
LA VIE SPORTIVE	(12 numéros) France 20 €

PRONONCIATION

The r sound

The French **r** is quite different from the American *r*. To pronounce the French **r**, keep the tip of your tongue pressed against your lower front teeth. Arch the back of your tongue upward, almost totally blocking the passage of air in the back of your throat.

A. A prononcer

Repeat the following words.

1. Raoul	rouge	roman	règle
2. crayon	trente	calculatrice	barbe
3. terrible	intéressant	Europe	quarante
4. poster	rare	vert	montre

B. A lire

Take turns with a partner reading the following sentences aloud.

1. Fermez la porte.
2. Regardez le livre de français.
3. Prenez un crayon.
4. Ouvrez la fenêtre.
5. Je voudrais une montre.
6. Je regrette. Je n'ai pas de règle.

C. A écrire

You're going to hear a short dialogue. Write down what you hear.

UNIVERS : TOUT POUR LA RENTRÉE

Stratégie pour lire

When you read material like this, you are generally looking for specific information—prices, colors, or sizes, for example. When that is your purpose, you don't have to read or understand every word. You can simply scan the material until you find what you are looking for.

A. At what time of year would you expect to see an advertisement like this?

B. When you buy school supplies, what is most important to you? Color? Price? Brand name?

C. Working with a partner, scan the ad for information about price, size, and quantity. Make a list of the words you find in the text that fit each of these categories.

D. What do you think **les 3** means?

E. The word **écolier** is used to describe the notebook. Do you recognize a word you've learned before in this word? What do you think **écolier** means?

F. What is the most expensive item? The least expensive?

UNIVERS
TOUT POUR LA RENTRÉE
VENEZ VOIR NOS PRIX REMARQUABLES!

ENSEMBLE D'ARDOISE: ardoise naturelle, éponge, crayon.

6,37€

0,68€

SURLIGNEUR FLUORESCENT divers coloris

4,18€

STYLO PLUME

0,95€

REGLE Graduation millimétrique, 30cm.

2,15€

COMPAS POINTE FIXE

BOITE DE GOUACHE 12 pastilles de 30 mm et un pinceau.

4,92€

5,76€

CALCULATRICE
8 chiffres, 4 opérations,
fonctions : mémoire, %,
√. Garantie 1 an.

0,63€

POT DE COLLE

2,55€

CLASSEUR ECOLIER
dim. 24 x 32

LES 3

RUBAN ADHESIF
TRANSPARENT
19 mm X 33 m.

0,44€

3,83€

SACHET DE
FEUTRES A DESSIN

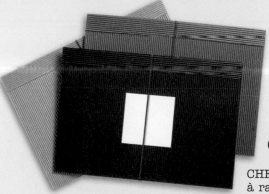

2,18€

CHEMISE
à rabat et élastique,
dim. 24 X 32 cm,
différents coloris.

0,80€

ROULEAU PROTEGE-LIVRES
en polypropylène, différents coloris
et transparent, dim. 0,50 X 2 m.

0,50 x 2m

G. What item(s) in this ad might each of these people ask for?
1. a secretary
2. an architect
3. an artist

H. Do you think these are good prices? How can you tell?

I. What do you think these cognates mean?

adhésif	coloris
éponge	transparent

J. There are probably some items in this advertisement that you don't normally buy for school. Match the French words for these items with the English definitions. Look at the text and the pictures if you need help.

1. rouleau protège-livres
2. ardoise
3. gouache
4. colle
5. stylo plume

a. a writing slate
b. glue
c. fountain pen
d. a roll of plastic material used to protect books
e. paint

K. If you had 10 € to spend on school supplies, which items in the ad would you buy? Remember, you need supplies for all of your classes.

Cahier d'activités, p. 35, Act. 20

quatre-vingt-treize **93**

Grammaire supplémentaire

 CD-ROM 1 DVD 1

 internet

go. hrw .com

ADRESSE: go.hrw.com
MOT-CLE: WA3 POITIERS-3

Première étape
Objectives Making and responding to requests; asking others what they need and telling what you need

1 Fill in the missing letters in the following words to find out what Amadou has on his desk. Then, write each word with the correct indefinite article. (**p. 81**)

EXEMPLE   C __ __ I __ R -> **un cahier**

1. L __ __ R __ S
2. T __ O __ __ S __
3. S T __ __ O __
4. C __ A __ __ N
5. C __ __ C __ L __ T __ __ C __
6. F __ __ I L __ __ S

2 Create sentences, using the words that are jumbled below. To complete your sentences, you'll need to add **un, une, des, de (d')**. Remember to use the correct form of **avoir.** (**p. 81**)

EXEMPLE   Anne/tu/avoir/montre?   —**Anne, tu as une montre?**

1. Hélène/tu/sac à dos/avoir?
2. Non/ne/avoir/je/pas/sac à dos
3. Raphaël et Philippe/feuilles de papier/avoir/vous?
4. Karine/taille-crayon/tu/avoir?
5. Valérie et Mireille/vous/calculatrices/avoir?
6. Moi/pas/trousse/je/avoir/ne

3 Mamadou is asking you what you need to bring to school. Answer his questions, using the appropriate words from the box. Use each noun only once and remember to add **un, une,** or **des. (pp. 81, 82)**

EXEMPLE   —Qu'est-ce qu'il te faut pour le sport?
      —**Il me faut un tee-shirt.**

feuilles de papier	calculatrice	règle
livre		
gomme	cahier	crayon

Alors, qu'est-ce qu'il te faut pour l'anglais?

Euh, il me faut un classeur et un sac aussi.

1. Qu'est-ce qu'il te faut pour la géométrie?
2. Qu'est-ce qu'il te faut pour l'anglais?
3. Qu'est-ce qu'il te faut pour l'algèbre?
4. Qu'est-ce qu'il te faut pour les arts plastiques?
5. Qu'est-ce qu'il te faut pour l'histoire?
6. Qu'est-ce qu'il te faut pour la chimie?

4   Choose the correct words (**me, te,** or **vous**) to complete the following conversations. Then, indicate whether each conversation is **logique** (logical) or **illogique** (illogical). Underline your choices. (**pp. 82, 84**)

1. —Serge, qu'est-ce qu'il (me/te) faut pour l'école?
   —Il (vous/me) faut un ordinateur, un poster et une pizza.
   Logique ou illogique?

2. —Géraldine et Nathalie, qu'est-ce qu'il (te/vous) faut pour les maths?
   —Des crayons, des gommes, deux calculatrices et des feuilles de papier.
   Logique ou illogique?

3. —Hervé, qu'est-ce qu'il (te/vous) faut pour le cours d'anglais?
   —Il (vous/me) faut un dictionnaire, des frites et un roman.
   Logique ou illogique?

4. —Alors, les garçons, qu'est-ce qu'il (vous/me) faut pour l'EPS?
   —Des baskets... c'est tout.
   Logique ou illogique?

5   You overheard these conversations at a school supplies store. Complete them with **ce, cet, cette,** or **ces.** (**p. 85**)

1. —Tu aimes _____ montre?
   —Oui, mais je préfère _____ bracelet.

2. —Vous aimez _____ jean?
   Oui, mais il me faut _____ tee shirt pour l'EPS.

3. —Je voudrais acheter _____ ordinateur.
   —Moi aussi, mais il te faut _____ calculatrice pour les maths.

4. —Comment tu trouves _____ baskets?
   —Super! J'aime _____ short aussi.

5. —Je voudrais acheter _____ cassette.
   —Moi, je préfère acheter _____ disque compact.

6. —Il me faut _____ feuilles de papier.
   —Moi aussi. Il me faut _____ règle aussi.

6 Match a verb from column A with a noun from column B, using each word only once. Then, write six logical sentences telling what you would like to do, using **je voudrais,** and **ce, cet, cette,** or **ces.** (**p. 85**)

EXEMPLE étudier roman **Je voudrais étudier ce roman.**

A	B
1. sortir avec	**a.** magazines
2. regarder	**b.** amis
3. lire	**c.** cours (m. pl.)
4. avoir	**d.** calculatrice
5. acheter	**e.** disque compact
6. écouter	**f.** vidéocassette

7 Unscramble the colors. Then, use them to describe the items you would like to have. Remember to add the appropriate endings to the colors if necessary. (**p. 87**)

EXEMPLE LEBU/des tee-shirts **Je voudrais des tee-shirts bleus.**

1. RARONM/des trousses
2. NLCAB/des calculatrices
3. ORUEG/des stylos
4. ETVR/une règle
5. RNIO/un sac
6. RIGS/des cahiers
7. OLEVIT/une gomme

8 You're telling the salesperson what school supplies you need to buy. Rewrite each sentence to include the given adjective in its correct form and position. (**p. 87**)

1. Il me faut une calculatrice. (gris)
2. Il me faut des baskets. (noir)
3. Il me faut des feuilles. (blanc)
4. Il me faut deux règles. (jaune)
5. Il me faut une trousse. (marron)

Objectives Getting someone's attention; asking for information; expressing and responding to thanks

9 Murielle needs to buy a calculator, two tee-shirts, three pencils, a dictionary, and a pair of sneakers for school. First, write out the total amount she will spend for each of these items. Remember that she is buying more than one of some of the items. Then, write out the total amount of all her purchases. (**p. 88**)

1. Une calculatrice—25,98 €: _____
2. Un tee-shirt—13,86 €: _____
3. Un crayon—1,80 €: _____
4. Un dictionnaire—35,76 €: _____
5. Des baskets—58,63 €: _____
   Total : _____

10 Complete this conversation with the appropriate form of the words in parentheses. (**pp. 81, 85, 87, 90**)

JULIE   Excusez-moi, madame. C'est combien, ___1___ (ce/cet/cette) montre ___2___ (gris)?

LA VENDEUSE   Vingt euros, mademoiselle. Elle vous plaît?

JULIE   Oui, beaucoup. J'aime aussi ___3___ (ce/cet/cette) télévision ___4___ (blanc). Et vous avez ___5___ (des/de/d') calculatrices ___6___ (violet)?

LA VENDEUSE   Non. Je regrette, mademoiselle. Je n'ai pas ___7___ (des/de/d') calculatrices.

11 Ask how much the following items cost, using **ce, cet, cette,** or **ces,** and the appropriate form of the adjectives. (**pp. 85, 87, 90**)

EXEMPLE   trousse/bleu **C'est combien, cette trousse bleue?**

1. crayons/noir
2. montre/violet
3. télévision/gris
4. classeurs/orange
5. bracelet/rose

CD-ROM **1**
DVD **1**

📡 internet

go.hrw.com
ADRESSE: go.hrw.com
MOT-CLE: WA3 POITIERS-3

1 You want to buy your friend a birthday gift. Listen as she gives you some ideas and then make a list of the things she would like.

2 You and a friend are browsing through a magazine. Point out several items you like and several you dislike.

25,15€
Sac shopping, 35X10X30 cm, 65 % polyester et 35 % coton.

5,34€
Classeur, 21X29,7 cm.

6,86€
Stylo plume.

3,43€
Chemise 3 rabats élastique, 24X32 cm.

29,73€
Sac à dos, 65 % polyester et 35 % coton.

9,07€
Portefeuille, 65 % polyester et 35 % coton.

3 Make a list in French of two or three of the items pictured above that you'd like to buy. Include the colors and prices of the items you choose.

4 Tell your partner about the items you've chosen in Activity 3. Give as much detail as you can, including the color and price.

5 Your friend has been passing notes to you during study hall. Write a response to each one.

> Il me faut un stylo!

> Qu'est-ce qu'il faut pour l'algèbre?

> Qu'est-ce qu'il faut pour la chimie?

6 If you were in France, what differences would you notice in these areas?

1. money   2. school supplies   3. stores

7

Ecrivons!

You're creating your own department store. First, make a list of possible names for your store. Then, create a list of items you would like to sell in your store, and begin thinking about how these items might be grouped together. Before you start, organize your ideas in a cluster diagram.

Stratégie pour écrire

Cluster diagrams are a helpful way to organize the ideas you develop in your brainstorming. Start by drawing a circle and label it with the name you chose for your store. Then draw two or three other circles, each connected to the first circle. In each of the new circles you draw, write the name of an item you plan to sell. Add more circles as you need them. Connect your circles with lines to group similar items together as they might be organized in a department store.

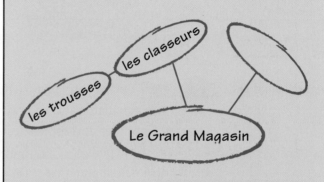

8

Jeu de rôle

Visit the "store" your partner created and decide on something you'd like to buy. Your partner will play the role of the salesperson. Get the salesperson's attention, tell what you want, ask the price(s), pay for your purchase(s), thank the salesperson, and say goodbye. Your partner should respond appropriately. Then, change roles, using the store you created. Remember to use **madame, monsieur,** or **mademoiselle,** and **vous.**

Que sais-je?

Can you use what you've learned in this chapter?

Can you make and respond to requests?
p. 80

1 How would you ask for the following items, using the verb **avoir?** How would you respond to someone's request for one of these items?

1.

2.

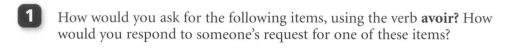

3.

Can you ask others what they need?
p. 82

2 How would you ask your friend what he or she needs for each of these school subjects?

1.

2.

3.

Can you tell what you need?
p. 82

3 How would you tell a friend that you need . . .
1. a calculator and an eraser for math?
2. a binder and some sheets of paper for Spanish class?
3. some pens and a notebook for English?
4. a pencil and a ruler for geometry?
5. a backpack and a book for history?

Can you tell what you'd like and what you'd like to do?
p. 85

4 How would you tell your friend that you'd like . . .
1. those white sneakers?
2. this blue bag?
3. that purple and black pencil case?
4. to listen to music and talk on the phone?
5. to go shopping?

Can you get someone's attention, ask for information, and express and respond to thanks?
p. 90

5 What would you say in a store to . . .
1. get a salesperson's attention?
2. politely ask the price of something?
3. thank a clerk for helping you?

Première étape

Vocabulaire

Making and responding to requests

Tu as... ?	Do you have . . . ?
Vous avez... ?	Do you have . . . ?
Voilà.	Here.
Je regrette.	Sorry.
Je n'ai pas de...	I don't have a/any . . .

Asking others what they need and telling what you need

Qu'est-ce qu'il vous faut pour... ?	What do you need for . . . ? (formal)
Qu'est-ce qu'il te faut pour... ?	What do you need for . . . ? (informal)
Il me faut...	I need . . .
un	a; an
une	a; an
des	some

School supplies

un cahier	notebook
une calculatrice	calculator
un classeur	loose-leaf binder
un crayon	pencil
des feuilles (f.) de papier	sheets of paper
une gomme	eraser
un livre	book
une règle	ruler
un sac (à dos)	bag; backpack
un stylo	pen
un taille-crayon	pencil sharpener
une trousse	pencil case

Other useful expressions

Zut!	Darn!

Deuxième étape

Telling what you'd like and what you'd like to do

Je voudrais...	I'd like . . .
Je voudrais acheter...	I'd like to buy . . .

For school and fun

des baskets (f.)	sneakers
un bracelet	bracelet
une cassette	cassette tape
un dictionnaire	dictionary
un disque compact/un CD	compact disc/CD
un jean	(a pair of) jeans
un magazine	magazine
une montre	watch
un ordinateur	computer
un portefeuille	wallet
un poster	poster
un pull-over	pullover
une radio	radio
un roman	novel
un short	(a pair of) shorts
un sweat-shirt	sweatshirt
un tee-shirt	T-shirt
une télévision	television
une vidéocassette	videotape
ce, cet, cette	this; that
ces	these; those
-là	there (noun suffix)

Colors

De quelle couleur est... ?	What color is . . . ?
blanc(he)	white
bleu(e)	blue
gris(e)	grey
jaune	yellow
marron	brown
noir(e)	black
orange	orange
rose	pink
rouge	red
vert(e)	green
violet(te)	purple

Troisième étape

Getting someone's attention; asking for information; expressing and responding to thanks

Pardon.	Pardon me.
Excusez-moi.	Excuse me.
C'est combien?	How much is it?
Merci.	Thank you.
A votre service.	At your service; You're welcome.
s'il vous/te plaît	please
un euro	(the European monetary unit)
soixante	sixty
soixante et un	sixty-one
soixante-dix	seventy
soixante et onze	seventy-one
soixante-douze	seventy-two
quatre-vingts	eighty
quatre-vingt-un	eighty-one
quatre-vingt-dix	ninety
quatre-vingt-onze	ninety-one
cent	one hundred
cent un	one hundred and one
deux cents	two hundred

Other useful expressions

Bien sûr.	Of course.

Allez, viens à Québec!

Capitale de la province du Québec

Population : plus de 600.000

Points d'intérêt : le château Frontenac, l'université Laval, la terrasse Dufferin, le musée du Québec, les fortifications de Québec, les chutes Montmorency, le mont Sainte-Anne, Québec Expérience

Québécois célèbres : Samuel de Champlain, François de Montmorency-Laval, le marquis de Montcalm

Ressources et industries : dérivés du bois, du cuir et de l'érable; tourisme

Spécialités : ragoût de boulettes, tourtière, cretons, soupe aux pois, tarte au sucre, tarte à la ferlouche

go.hrw.com
WA3 QUEBEC CITY

VIDEO

CD-ROM 1
DVD 1

Le château Frontenac ▶

Québec

Quebec City, one of the oldest cities in North America, is the capital of La Nouvelle-France, as the French-speaking province of Quebec used to be called. The Québécois people are fiercely proud of their heritage and traditions, and they work hard to maintain their language and culture. The narrow streets and quaint cafés of Vieux-Québec have an old-world feeling, but Quebec is also a dynamic, modern city — as exciting as any you'll find in North America!

1 **Le Vieux-Québec**
These are typical houses in the historical part of the city.

2 **Les chutes Montmorency**
Spectacular waterfalls are found just outside of the city.

3 **La Grande Allée**
A boulevard lined with businesses and cafés, it is the longest road in Quebec.

4 **La terrasse Dufferin**
This bustling six-kilometer boardwalk overlooks the St. Lawrence River.

5 **La rue du Trésor**
This street in the heart of the old section of town is very popular among tourists. Local artists sell their work here.

6 **Les plaines d'Abraham**
This 250-acre park was the site of the battle in which the English defeated the French on September 13, 1759.

In chapter 4, you will meet Leticia and her Canadian pen pal, Emilie. Emilie and her friends will take you on a video tour of Quebec City. You will also find out what activities they do at different times of the year.

7 **Le quartier Petit-Champlain**
This picturesque shopping district is filled with boutiques and cafés.

8 **Le Vieux-Québec**
Musicians, jugglers, and other entertainers frequently perform in the streets.

4

Sports et passe-temps

Objectives

In this chapter you will learn to

Première étape

- tell how much you like or dislike something

Deuxième étape

- exchange information

Troisième étape

- make, accept, and turn down suggestions

internet

ADRESSE: go.hrw.com
MOT-CLE:
        WA3 QUEBEC CITY-4

◀ **On aime faire du théâtre!**

Stratégie pour comprendre
Emilie is eager to get to know her American pen pal Leticia. What kind of information do you think Emilie might include in a letter to her new pen pal? Look at the photos she included, and see if you can guess what Emilie is telling Leticia. What sort of questions might Emilie ask Leticia?

Salut, Leticia!

Comment ça va? Juste une petite lettre pour accompagner ces photos, une brochure sur le mont Sainte-Anne, une montagne près de Québec et aussi une cassette vidéo sur Québec... et sur moi! Comme ça, tu as une idée des activités ici... C'est l'automne à Québec et il fait déjà froid! Heureusement, il y a du soleil, mais il y a du vent. Quel temps est-ce qu'il fait à San Diego? Est-ce qu'il fait froid aussi? J'aime beaucoup Québec. C'est très sympa. Il y a beaucoup de choses à faire. En automne, je fais du patin et de la natation. J'adore le sport. En été, je fais du deltaplane et de la voile. Au printemps, je fais de l'équitation et je joue au tennis. Et en hiver, bien sûr, je fais du ski. C'est super ici pour le ski. Il neige de novembre à avril! Tu imagines? Est-ce qu'il neige à San Diego? Qu'est-ce qu'on fait comme sport? Du ski? Du base-ball? Quand il fait trop froid, je regarde la télévision et j'écoute de la musique. J'adore le rock et la musique québécoise. Et toi? Qu'est-ce que tu écoutes comme musique? Qu'est-ce qu'on fait à San Diego les fins de semaine? J'ai aussi une autre passion : de temps en temps, je fais des films avec un caméscope. C'est l'fun! Tu sais, c'est super, Québec. Et la Californie, c'est comment? C'est l'fun ou pas?

A très bientôt

Emilie

1 Ça, c'est notre café préféré.

2 La musique, c'est super! Tu fais de la musique, toi?

3 Au printemps, on joue au tennis. J'adore!

4 C'est mon copain Michel. En été, on fait du vélo.

5 En automne, on fait de l'équitation.

6 C'est moi! En hiver, on fait du patin.

Cahier d'activités, p. 37, Act. 1

1 Tu as compris?

Answer the following questions about Emilie's letter to Leticia. Don't be afraid to guess.

1. What is Emilie sending to Leticia along with her letter?
2. What are some of Emilie's hobbies and pastimes?
3. What would she like to know about Leticia and San Diego?
4. What does Emilie tell Leticia about the city of Quebec?
5. What else have you learned about Emilie from her letter?

2 C'est Emilie?

Tell whether Emilie would be likely or unlikely to say each of the statements below.

1. «J'adore faire du sport.»
2. «Le ski? Ici on n'aime pas beaucoup ça.»
3. «Pour moi, Québec, c'est barbant en hiver.»
4. «Faire des films avec un caméscope, pour moi, c'est passionnant.»
5. «Je regarde la télé en hiver quand il fait trop froid.»
6. «La musique? Bof! Je n'aime pas beaucoup ça.»

3 Cherche les expressions

In *Nouvelles de Québec,* what does Emilie say to . . .

1. greet Leticia?
2. ask how Leticia is?
3. ask about the weather?
4. tell what she likes?
5. express her opinion about something?
6. inquire about California?
7. say goodbye?

> C'est super.　　Comment ça va?　　J'adore...
>
> A très bientôt.　　J'aime...　　C'est très sympa.
>
> Quel temps est-ce qu'il fait?　　Salut!
>
> C'est l'fun.　　Et la Californie, c'est comment?

4 Les saisons et les sports

D'après la lettre d'Emilie, quels sports est-ce qu'elle fait? En quelle saison? Choisis des sports pour compléter ces phrases.

1. Au printemps, Emilie fait...
2. En hiver, elle fait...
3. En automne, elle fait...
4. En été, elle fait...

> de l'équitation　　du ski　　de la voile
>
> du deltaplane　　du patin　　de la natation

5 Et maintenant, à toi

Emilie fait beaucoup de choses! Tu fais les mêmes choses? Pour chaque activité, réponds **Moi aussi** ou **Moi, non.**

1. Emilie fait du ski.
2. Elle écoute de la musique.
3. Emilie fait des films avec un caméscope.
4. Elle fait de l'équitation.
5. Quand il fait trop froid pour sortir, Emilie regarde la télé.
6. Emilie joue au tennis.

Rencontre culturelle

What do you know about Quebec?

What impressions do you get of Quebec when you look at these photos?

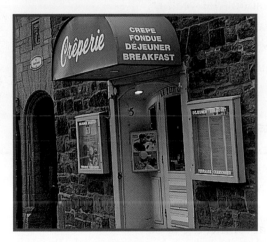

Qu'en penses-tu?

1. What things do you see that are typically American?
2. What do you see in these photos that you might not see in the United States?

Savais-tu que... ?

One of the first things you'll notice about Quebec City is its fascinating blend of styles—old and new, European and North American. Old Quebec (**le Vieux-Québec**) is filled with quaint neighborhood cafés and shops that maintain the old-world flavor of Europe. And yet, it is surrounded by a vibrant, modern city with high-rise hotels, office buildings, and a complex network of freeways. All of these elements together give the city its unique character.

Vocabulaire

Sports et activités

jouer au foot(ball)

jouer au football américain

faire de la vidéo

faire du roller en ligne

faire du patin à glace

faire du théâtre

faire de l'athlétisme

faire du vélo

faire de la natation*

You can probably guess what these activities are:

faire de l'aérobic	faire du ski (nautique)	jouer au basket(-ball)
faire du jogging	jouer aux cartes cards	jouer au golf
faire de la/des photo(s)	jouer au base-ball	jouer au hockey (oukay)
jouer à des jeux vidéo	jouer au tennis	jouer au volley(-ball)

Cahier d'activités, p. 38, Act. 4

Travaux pratiques de grammaire, p. 25, Act. 1–2

---

*Remember that **nager** also means *to swim*.

6 Pascal à la montagne

Ecoutons Listen to this conversation between Philippe and Pascal. List at least two activities Pascal likes and two he doesn't like.

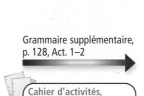

Expressions with *faire* and *jouer*

You use **faire** (*to make, to do*) followed by the preposition **de** with activities, including sports.

- When the sport is a masculine noun, **de** becomes **du.**

  faire **du** ski   faire **du** patin

- If the activity is plural, **de** becomes **des.**

  faire **des** photos

- The preposition **de** doesn't change before **la** or **l'.**

  faire **de la** natation   faire **de** l'aérobic

You use **jouer** (*to play*) with games or sports that you <u>play</u>. It is followed by the preposition **à.**

- When the game or sport is a masculine noun **à** becomes **au.**

  jouer **au** football

- When the game or sport is plural, **à** becomes **aux.**

  jouer **aux** cartes

- The preposition **à** doesn't change before **la, l'** or **des.**

Grammaire supplémentaire,
p. 128, Act. 1–2

Cahier d'activités,
p. 38, Act. 3

Travaux pratiques de
grammaire,
p. 26, Act. 3–4

---

7 ## Grammaire en contexte

Ecrivons Ariane et Serge parlent des activités qu'ils aiment faire après l'école. Fais une liste des activités suggérées par les images pour compléter leur conversation.

ARIANE   Qu'est-ce que tu aimes faire après l'école?

SERGE   Moi, j'aime avec mes copains. Et toi?

ARIANE   Moi, j'aime et j'adore .

SERGE   Tu aimes ? On va jouer à la plage demain. Tu viens?

ARIANE   Non, merci. J'aime mieux  avec des copains.

8 ## Grammaire en contexte

Parlons You and a Canadian student are discussing what you like to do after school on different days of the week. Create the conversation with one of your classmates.

EXEMPLE   —Qu'est-ce que tu aimes faire le lundi après l'école?
                 — J'aime jouer au basket le lundi. Et toi?
                 — Moi, j'aime faire du vélo.

Telling how much you like or dislike something

To tell how much you like something:
J'aime **beaucoup** le sport. *I like . . . a lot!*
J'aime **surtout** faire du ski. *I especially like . . .*

To tell how much you dislike something:
Je n'aime **pas tellement** le football. *I don't like . . . too much.*
Je n'aime **pas beaucoup** le volley-ball. *I don't like . . . very much.*
Je n'aime **pas du tout** la natation. *I don't like . . . at all.*

You can use the expressions in bold type alone as short answers:
—Tu aimes faire du sport?
—Oui, **beaucoup!** or
Non, **pas tellement.**

Cahier d'activités, p. 39, Act. 5

9 **Qu'est-ce qu'ils aiment?**

Ecoutons On a school trip to Quebec, you listen to your classmate talk to a Canadian student. Write down at least one sport or game each speaker likes and one each speaker dislikes.

10 **Pas d'accord!**

Parlons You and a Canadian exchange student want to watch sports on TV, but you can't agree on what to watch. Each time one of you finds something you like, the other doesn't like it and changes the channel. Act this out with a partner.

EXEMPLE
—Oh! J'aime bien le football. Et toi, tu aimes?
—Pas beaucoup. Regarde, un match de tennis. Tu aimes le tennis?

le patin à glace

le hockey

le football américain

oui, beaucoup

le basket-ball

pas tellement

pas du tout

pas beaucoup

le ski

moi, si

la natation

11 Qu'est-ce qu'ils aiment faire?

Parlons The Canadian exchange student is visiting your school. He'd like to get to know your friends better, so he asks you about their interests. Tell him how much each of your friends likes or dislikes the activity pictured, using the cue provided.

EXEMPLE —Est-ce que Marc aime... ? —Non, il n'aime pas trop...

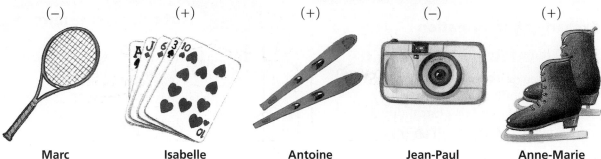

(–) Marc (+) Isabelle (+) Antoine (–) Jean-Paul (+) Anne-Marie

1. Est-ce que Marc aime... ?
2. Est-ce qu'Isabelle aime... ?
3. Et Antoine, est-ce qu'il aime... ?
4. Et Jean-Paul, est-ce qu'il aime... ?
5. Est-ce qu'Anne-Marie aime... ?

Grammaire

Question formation

You've already learned to make a yes-or-no question by raising the pitch of your voice at the end of a sentence. Another way to ask a yes-or-no question is to say **est-ce que** before a statement and raise your voice at the very end.

Est-ce que tu aimes faire du vélo?

Grammaire supplémentaire, p. 129, Act. 3

Cahier d'activités, p. 40, Act. 8

Travaux pratiques de grammaire, p. 27, Act. 5–6

12 Grammaire en contexte

Parlons Avec un camarade, discutez des sports et des passe-temps que vous aimez tous les deux. Posez des questions et répondez à tour de rôle. Variez vos questions.

EXEMPLE — Est-ce que tu aimes jouer au football américain?
— Non! J'aime mieux faire de l'aérobic, du théâtre et du roller en ligne.

Vocabulaire à la carte

faire un pique-nique	*to have a picnic*
faire de la randonnée	*to go hiking*
faire des haltères	*to lift weights*
faire de la gymnastique	*to do gymnastics*
faire du surf	*to surf*
faire de la voile	*to go sailing*

13 Grammaire en contexte

Parlons Poll five of your classmates about the sports and hobbies they like to do. Which activity is the most popular? Which is the least popular?

Comment dit-on...?

Exchanging information

To find out a friend's interests:

Qu'est-ce que tu fais comme sport?
What sports do you play?
Qu'est-ce que tu fais pour t'amuser?
What do you do to have fun?

To tell about your interests:

Je fais de l'athlétisme. *I do . . .*
Je joue au volley-ball. *I play . . .*
Je ne fais pas de ski. *I don't . . .*
Je ne joue pas au foot. *I don't play . . .*

Note de grammaire

Du, de la, and **de l'** usually become **de** (or **d'**) in a negative sentence.

Je ne fais pas **de** jogging.

Je ne fais pas **d'**athlétisme.

Cahier d'activités, p. 41, Act. 10

Grammaire supplémentaire, p. 129, Act. 4 →

Travaux pratiques de grammaire, p. 28, Act. 7–8

14 Grammaire en contexte

Parlons With a partner, take turns asking each other about your sports and hobbies.

EXEMPLE
— Qu'est-ce que tu fais pour t'amuser?
— Je fais du jogging et du ski. Et toi?
— Moi, je...

Grammaire

The verb *faire*

The irregular verb **faire** is used in many different expressions.

faire (fair)
(to do, to play, or *to make)*

Je	**fais**	Nous	**faisons**
Tu	**fais**	Vous	**faites**
Il/Elle/On	**fait**	Ils/Elles	**font**

Cahier d'activités, p. 41, Act. 11

Grammaire supplémentaire, pp. 129–130, Act. 5–6 →

Travaux pratiques de grammaire, p. 29, Act. 9–10

15 Grammaire en contexte

Ecrivons Complete the following conversation with the correct forms of the verb **faire.**

— Tu ___1___ quels sports?
— Moi, je ___2___ surtout du ski et du patin.
— Et tes copains, qu'est-ce qu'ils ___3___ comme sport?
— Michel ___4___ de la natation et Hélène ___5___ du roller en ligne.
— Hélène et toi, est-ce que vous ___6___ du sport ensemble?
— Oui, nous ___7___ souvent du vélo.

16 Grammaire en contexte

Parlons Jean and Luc are identical twins. They even enjoy the same activities.
Tell what activities they do, based on what you see in their room.

Grammaire

The pronoun *on*

- The subject pronoun **on** is used with the **il/elle** form of the verb.
  In conversational French, **on** usually means *we*.

    Le samedi, **on** fait du sport. *On Saturdays, we play sports.*

- **On** can mean *they* or *you* when it refers to people in general.

    En France, **on** parle français.

- You will have to use context, the surrounding words and phrases,
  to tell how a speaker is using **on.**

Grammaire supplémentaire, p. 130, Act. 7

Cahier d'activités, p. 41, Act. 9

Travaux pratiques de grammaire, p. 30, Act. 11

17 Grammaire en contexte

Parlons Tell whether you and your friends do or don't do the activities shown in the photos.

Mes copains et moi, on fait...

1.

2.

3.

4.

5.

Quel temps fait-il?

To make negative: il ne fait pas froid

Il fait beau.

Il fait chaud.

Il fait froid.

Il fait frais.

It's cool

Il pleut.

Il ne pleut pas

Il neige.

Travaux pratiques de grammaire, p. 30, Act. 12

il gèle, il fait mauvais
(icy) *il fait du vent*
il fait du Soleil = sun

---

18 **C'est agréable ou désagréable?**

Parlons Is each of these activities pleasant (**agréable**) or unpleasant (**désagréable**)?

1. faire du vélo quand il fait froid
2. faire de la natation quand il fait chaud
3. regarder la télé quand il neige
4. faire du jogging quand il fait frais
5. jouer au football américain quand il pleut

19 **Et toi?**

Ecrivons Qu'est-ce que tu aimes faire quand...

1. il fait froid?
2. il pleut?
3. il fait beau?
4. il neige?

Vocabulaire

Les mois de l'année

janvier   juillet

février   août

mars   septembre

avril   octobre

mai   novembre

juin   décembre

> Cahier d'activités,
> p. 44, Act. 17

> Travaux pratiques de
> grammaire, p. 31, Act. 13–14

Note culturelle

Francophone countries, like most other countries of the world, use the metric system, so temperature is measured in degrees centigrade or Celsius rather than Fahrenheit. This means that the freezing point of water is 0°C, and its boiling point is 100°C. A comfortable temperature would be 25°C (77°F). If the temperature were more than 35°C, it would be very hot. If the temperature were 18°C (64.4°F), you would probably need a jacket. If the temperature were 15°C, what month might it be?

---

20 Il fait quel temps?

Lisons/Parlons In these months, what is the weather usually like where you live?

1. en mai
2. en février
3. en juillet
4. en octobre
5. en avril
6. en décembre

> Il fait froid.   Il fait frais.   Il pleut.
>
> Il neige.
>
> Il fait beau.   Il fait chaud.

Tu te rappelles?

Do you remember the endings that you learned to use with the verb **aimer** in Chapter 1? Those endings are exactly the same for all regular **-er** verbs, which include many French verbs. Here's how the verb **jouer** fits the pattern.

jouer *(to play)*

Je **joue**
Tu **joues** ⎫ au tennis.
Il/Elle/On **joue** ⎭

Nous **jouons**
Vous **jouez** ⎫ au tennis.
Ils/Elles **jouent** ⎭

Grammaire supplémentaire,
p. 130, Act. 8

> Travaux pratiques de
> grammaire, p. 32, Act. 15

---

21 Qu'est-ce que vous faites en hiver?

Ecoutons Listen as a newspaper reporter asks three Canadian teenagers, Paul, Anne, and Julie, about their hobbies and pastimes. Then, answer the questions below.

1. Which teenagers don't watch TV? *Julie*
2. Which ones like to listen to music? *Paul Julie Anne*
3. Which ones play hockey? *Anne Paul*
4. Which ones like to dance? *Julie Anne*
5. Which teenagers like to go to the movies? *Anne*

22 Prisonnier des neiges

Ecrivons Imagine that you're snowed in during a winter storm. Write a note to a friend telling him or her about the weather, what you're doing to pass the time, and how you feel about the situation.

Qu'est-ce que tu fais...

en vacances?

le soir?

Vendredi	Samedi	Dimanche
1	②	③
8	9	10
15	16	17

le week-end?

en automne?

en hiver?

au printemps?

en été?

Cahier d'activités, p. 42, Act. 12–14

Travaux pratiques de grammaire, p. 32, Act. 16

---

23 **Un questionnaire**

Lisons/Parlons To help pair up campers for activities, a camp counselor has sent out the survey you see on the right. Give one answer in each category.

24 **J'aime faire...**

Parlons Dis à tes camarades de classe ce que tu fais à chaque saison et demande-leur ce qu'ils font. Essaie de trouver quelqu'un qui fait au minimum deux des choses que tu fais.

EXEMPLE — En hiver, je fais du patin à glace. Et toi?
— Moi, non! Quand il fait froid, j'écoute de la musique.

25 **Une lettre**

Ecrivons Tu prépares un voyage au Canada et tu as décidé d'écrire à ton correspondant canadien. Ecris un paragraphe pour lui demander quels sont ses sports et ses passe-temps préférés. Ecris aussi ce que tu fais et ce que tu ne fais pas.

---

1. En automne, je...
a. fais du patin à glace.
b. joue au hockey.
c. écoute de la musique.
d. fais du ski.
e. fais autre chose.

2. En hiver, je...
a. joue au football américain.
b. joue au foot.
c. fais du théâtre.
d. joue au volley.
e. fais autre chose.

3. Au printemps, je...
a. joue au base-ball.
b. fais de l'athlétisme.
c. fais du vélo.
d. fais de la vidéo.
e. fais autre chose.

4. En été, je...
a. fais de la natation.
b. fais du roller en ligne.
c. regarde la télé.
d. fais du ski nautique.
e. fais autre chose.

PANORAMA CULTUREL

Qu'est-ce que tu fais comme sport?

What sports do you play? Where do you go to practice them? We asked some young people about their favorite sports. Here's what they had to say.

Marius,
Côte d'Ivoire

«Je fais beaucoup de sport, mais surtout le football. Je fais le football et le skate, le patin à roulettes et puis j'aime aussi le tennis.»

Aljosa,
France

«Comme sport, j'aime bien faire le tennis. J'aime bien aller à la piscine, voilà. J'aime bien [le] bowling.»

Mélanie,
Québec

«Avec mes amies, moi je fais beaucoup de sport. Je fais partie de l'équipe interscolaire de volley-ball et de badminton de l'école. Je fais de la nata-tion. Je fais du patinage. Je fais de la course. Je fais du tennis aussi souvent l'été. L'hiver, je patine.»

Qu'en penses-tu?

1. Which of these students enjoy the same sports that you do?
2. Which sports that they mention are not played in your area?
3. Can you guess which sports are associated with the following events and places?*
   a. La Coupe du monde   c. Le Tour de France
   b. Le Grand Prix de Monaco d. Le stade Roland-Garros

Savais-tu que... ?

While schools in francophone countries do offer extracurricular sports, serious athletes often participate through clubs outside of school. Activities such as swimming, tennis, or volleyball are often organized by parent volunteers or communities. In France, recreation centers (**Maisons des jeunes et de la culture** or **MJC**) sponsor all kinds of social, cultural, and educa-tional activities for young people.

*a. soccer   b. auto racing   c. cycling   d. tennis (the French Open)

121

Comment dit-on...?

Making, accepting, and turning down suggestions

To make a suggestion:

On fait du patin?
  How about . . . ?
On joue au foot?
  How about . . . ?

To turn down a suggestion:

Désolé(e), mais je ne peux pas.
  Sorry, but I can't.
Ça ne me dit rien. — RUN TOGETHER
  That doesn't interest me.
Non, c'est barbant!

To accept a suggestion:

D'accord. *OK.*
→ **Bonne idée.** *Good idea.*
Oui, c'est génial!
Allons-y! *Let's go!*

KNOW ALL (Bunnyday)

Cahier d'activités, p. 45, Act. 19

---

26 **On joue au volley?**

Ecoutons Listen as Germain calls his friends Lise, Renaud, Philippe, and Monique to suggest activities for the weekend. Do his friends accept or turn down his suggestions?

27 **Qu'est-ce qu'on fait?**

Parlons Write down one or two things that you'd like to do this weekend. Then, find three classmates who'd like to join you.

EXEMPLE
— On fait du jogging ce week-end?
— Le jogging, c'est barbant! *or* D'accord. C'est génial, le jogging.

Grammaire

Adverbs of frequency

- To tell how often you do something, use **quelquefois** (*sometimes*), **de temps en temps** (*from time to time*), une **fois par semaine** (*. . . time(s) a week*), **souvent** (*often*), **d'habitude** (*usually*), **rarement** (*rarely*), and **ne... jamais** (*never*).

- Short adverbs usually come after the verb. Longer adverbs can be placed at the beginning or the end of a sentence. Put **d'habitude** at the beginning of a sentence and **une fois par semaine** at the end. Put **ne... jamais** around the verb, as you do with **ne... pas.**

  Je fais **souvent** du ski.   Je fais du ski **une fois par semaine.**
  D'habitude, je fais du ski au printemps.   Je **ne** fais **jamais** de ski.

Grammaire supplémentaire, p. 131, Act. 9–10

Cahier d'activités, pp. 45–46, Act. 20–22

Travaux pratiques de grammaire, pp. 33–34, Act. 18–20

28 Grammaire en contexte

Ecoutons Listen as Emile, a reporter for a school newspaper in Quebec City, interviews his classmates about sports. How often does each person practice sports?

 29 Grammaire en contexte

Parlons Pauline is an active, French-Canadian teenager. Based on her calendar, take turns with a partner asking about her activities and how often she does them.

EXEMPLE — Est-ce qu'elle fait de l'aérobic?
— Oui, de temps en temps.

NOVEMBRE

DIMANCHE	LUNDI	MARDI	MERCREDI	JEUDI	VENDREDI	SAMEDI
		1 jogging	2 photo	3 jogging	4 théâtre	5 patin à glace
6 aérobic	7 jogging	8 photo	9	10 jogging	11	12 jogging
13 photo	14 jogging	15	16 aérobic	17 jogging	18 théâtre	19
20 patin à glace	21 jogging	22 jogging	23 photo	24 ski	25	26 aérobic
27 jogging	28	29 jogging	30 photo			

 30 Grammaire en contexte

Parlons With a partner, discuss your favorite pastimes and how often you do them. Ask questions to keep the conversation going.

EXEMPLE — Qu'est-ce que tu fais pour t'amuser?
— En été, je fais souvent du ski nautique. Et toi?
— Je fais du vélo. Et toi? Tu fais du vélo... ?

le week-end?
en vacances?
en été?
quand il fait froid?
quand il fait beau?

31 **Sondage**

 a. **Ecrivons** Make a chart like the one shown here. In the left-hand column, list the activities you enjoy. In the middle column, tell when you do them, and in the right-hand column, tell how often.

ACTIVITE	SAISON	FREQUENCE
Je fais du ski. Je fais…	en hiver	de temps en temps

b. **Parlons** Now, share this information with three other classmates. Ask questions to find out what you have in common and what you don't.

> EXEMPLE — **Je fais du ski de temps en temps.**
>
> — **Pas moi! Je ne fais jamais de ski.**

32 **Le sportif**

Lisons/Parlons Your French pen pal Lucien is coming to visit soon. Read his letter and tell whether he would answer **D'accord** or **Ça ne me dit rien** if you were to suggest the following activities.

1. On fait de la vidéo ce week-end?
2. On fait du ski nautique?
3. On joue au foot?

4. On fait de la natation ce soir?
5. On joue au football américain ce week-end?

> Salut!
> J'espère que ça va. Moi, ça va bien. Je fais beaucoup de sport maintenant. Et toi, tu aimes faire du sport? Moi, j'aime jouer au foot, mais je n'aime pas trop le football américain; c'est barbant. D'habitude, le week-end, je joue au tennis ou je fais de la natation. La natation, c'est génial. Mais je n'aime pas faire du ski nautique; c'est nul. Quand il fait froid, je fais de l'aérobic. A part le sport, quelquefois, je fais de la vidéo. Et toi? Qu'est-ce que tu fais le week-end? Ecris-moi vite!
> A bientôt,
> Lucien

33 **Cher Lucien, …**

 Ecrivons Now, answer Lucien's letter. Be sure to …

• tell him what activities you like and why you like them.

• tell him when and how often you do each activity.

• tell him what you don't like to do and why not.

• suggest one or two things you might do together and when.

De l'école au travail

 Ecrivons/Parlons Some well-known athletes from Canada are training in your town for the summer. You've been working as an intern for the local newspaper, and a reporter needs your help to interview one of the French-speaking athletes. Work with a partner to create a list of interview questions in French. You may want to ask what sports he or she likes to do, what the weather is like in Canada during the winter and the summer, and what he or she likes to do for fun. Then, choose the role of interviewer or athlete and practice the interview.

35 Mon journal

 Ecrivons Using the information in the chart you made for Activity 31, write about your favorite weekend and after-school activities and how often you do them. Give your opinions of the activities, too.

PRONONCIATION

The sounds [u] and [y]

The sound [u] occurs in such English words as *Sue, shoe,* and *too.* The French [u] is shorter, tenser, and more rounded than the vowel sound in English. Listen to these French words: **tout, nous, vous.** The sound [u] is usually represented by the letter combination **ou.**

The sound [y] is represented in the words **salut, super,** and **musique.** This sound does not exist in English. To pronounce [y], start by saying [i], as in the English word *me.* Then, round your lips as if you were going to say the English word *moon,* keeping your tongue pressed behind your lower front teeth.

A. A prononcer

Now, practice first the sound [u] and then [y]. Repeat these words.

1. vous	4. rouge	7. tu	10. étude
2. nous	5. cours	8. musique	11. une
3. douze	6. joue	9. nul	12. du

B. A lire

Take turns with a partner reading the following sentences aloud.

1. Salut! Tu t'appelles Louis?
2. J'ai cours aujourd'hui.
3. Tu aimes la trousse rouge?
4. Elle n'aime pas du tout faire du ski.
5. Nous aimons écouter de la musique.
6. Vous jouez souvent au foot?

C. A écrire

You're going to hear a short dialogue. Write down what you hear.

ALLEZ, C'EST A VOUS DE CHOISIR!

Stratégie pour lire

When you first glance at a reading selection, you might try to predict what information the article will give you. This will give you a better idea of what you're going to read. Remember to use headings, subheadings, and the organization of the text to help you understand what you're reading.

A. The title of this selection is **Allez, c'est à vous de choisir!** What do you think this title means? What do you think the article will be about?

B. Look at the organization of the article and the two major headings. What type of information do you think will be included under **Pour les artistes?** What about **Pour les sportifs?** What do you know about the activities in each category?

C. What type of information do you find in each section? Do all the sections have the same type of information? If not, how do they differ?

Pour les artistes

D. Scan the sections titled **La musique, Le théâtre,** and **La danse.** Make a list of the cognates you find. You should find at least ten.

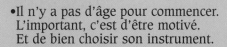

ALLEZ, C'EST A VOUS DE CHOISIR!

Cette année, c'est décidé, vous vous lancez dans une activité! Nous vous en proposons ici quelques exemples, à vous de choisir...

POUR LES ARTISTES

LA MUSIQUE

• Il n'y a pas d'âge pour commencer. L'important, c'est d'être motivé. Et de bien choisir son instrument.

• Vous devez avoir votre instrument. Au début, il est possible de le louer.

• Rythme : en général 1 heure de solfège par semaine et 1/2 h de cours d'instrument. Pour progresser, il faut prévoir 1/4 h de travail chaque jour.

LE THEATRE

• C'est souvent à l'adolescence qu'on commence. On découvre à la fois les joies (et les doutes) de l'improvisation et les grands auteurs.

• Rythme : entre 2 et 3 heures par semaine, plus des textes à apprendre.

• Renseignez-vous auprès de votre mairie ou à l'École de Musique, 4, rue Beaubourg, 75004 Paris. Tél : 01 42 71 25 07.

LA DANSE

• Peu de garçons s'inscrivent au cours de danse et c'est bien dommage car la danse apprend à aimer et maîtriser son corps... et à s'éclater aussi!

• Débutant à tout âge!

• Pour commencer, un caleçon chaud (pour les muscles) et un tee-shirt près du corps (pour que le prof voie vos mouvements) peuvent suffire. Et des chaussures ballerines ou rythmiques.

• Rythme : 1 heure et demie par semaine.

• Fédération française de danse : 12, rue Saint-Germain-d'Auxerrois, 75013 Paris. Tél : 01 42 36 12 61.

POUR LES SPORTIFS

LE TENNIS

- Des matchs sont organisés par les clubs. Ils permettent de se préparer à la compétition.

- Le coût varie selon les clubs et votre niveau. Choisissez un forfait qui comprend les cours et l'accès aux courts.

- Comptez au moins 38 euros pour une raquette de bonne qualité et choisissez des chaussures adaptées, pas les tennis mode que vous portez tous les jours!

- Rythme : 1 heure par semaine, plus les tournois. Si vous jouez beaucoup, faites un autre sport en complément, pour éviter les problèmes de dos.

- Fédération française de tennis : Stade Roland-Garros, 2, avenue Gordon Bennett, 75016 Paris. Tél : 01 47 43 48 00.

LE FOOTBALL

- Avec quelques copains et un ballon, on peut s'amuser presque partout. Mais pour jouer dans les règles de l'art, mieux vaut s'inscrire dans un club.

- Souvent, le short et le maillot sont fournis par le club, mais les chaussures à crampons vissés coûtent entre 23 et 137 euros.

- Rythme : en général 2 heures par semaine. Rencontres entre clubs le samedi ou le dimanche.

- Fédération française de football : 60 bis, avenue d'Iéna, 75763 Paris cédex 16. Tél : 01 44 31 73 00.

LE KARTING

- Il existe une formule de location de kart avec cours adaptés dès 12 ans.

- Coût : environ 457 euros par an, comprenant les cours et le matériel.

- Rythme : 1 heure par semaine, plus quelques courses (souvent le samedi ou le dimanche).

- Groupement national de karting : 203, rue Lafayette, 75010 Paris. Tél : 01 42 05 09 44.

E. What do you think the word **débutant** means? Can you think of any words in English that are related to this word?

F. At what age do people usually. . .
1. learn how to play an instrument
2. begin drama?
3. learn how to dance?

G. According to the article, how often do you need to practice playing an instrument to improve quickly?

Pour les sportifs

H. What do you think **Rythme** means? How do you know?

I. What do you think **Le Karting** means? Is this an activity that is popular in your area?

J. According to the article, how much does a tennis racket cost?

K. Which of these activities . . .
1. require(s) special shoes?
2. require(s) two or more hours a week?

L. For which activities is it recommended that you join a club?

M. Which activity costs the most to participate in? Why?

N. Conduct a survey among your classmates to see which of these activities are the most and least popular and why. You might also find out in how many of these activities your classmates have participated, which ones are the most interesting, and why. Make a list of questions you need to include in your survey.

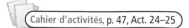
Cahier d'activités, p. 47, Act. 24–25

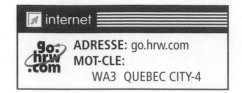
🖵 internet

ADRESSE: go.hrw.com
MOT-CLE:
WA3 QUEBEC CITY-4

Première étape **Objective** Telling how much you like or dislike something

1 Complète les conversations suivantes avec **faire** ou **jouer**. (**p. 113**)

1. —Corinne, est-ce que tu aimes _____ au golf?
   —Non. Je préfère _____ du ski.
2. —Frédéric et Arthur, est-ce que vous aimez _____ de la vidéo?
   —Pas tellement. Nous aimons mieux _____ du théâtre.
3. —Et Malika, est-ce qu'elle aime _____ aux cartes?
   —Pas du tout. Mais elle aime _____ de la natation.
4. —Georges, est-ce que tu aimes _____ du jogging?
   —Oui. Mais je préfère _____ au hockey.

2 According to their interests, what do Sandrine and her friends do in their spare time? Write six sentences telling what they do, using the verbs **faire** or **jouer** and an expression from the box in each sentence. Use each expression only once. (**p. 113**)

jeux vidéo	vélo	ski nautique
tennis	natation	ski
théâtre	football	patin à glace

EXEMPLE Ariane aime la piscine.
Elle aime faire de la natation.

1. Claude aime tellement la plage.
2. Suzanne aime les bicyclettes.
3. Olivier et Victor aiment les ordinateurs.
4. Moi, j'aime la neige.
5. Tu aimes le sport.
6. Marc et moi, nous aimons le foot.
7. Emilie et Michel aiment le hockey.
8. Louise aime Shakespeare et Molière.

3 You have made a list of the activities your classmates like to do. Double-check your list by asking your classmates if your information is correct, using **est-ce que,** and **tu** or **vous** as appropriate. (**p. 115**)

EXEMPLE   Paul et Aurélie aiment faire du ski.
Est-ce que vous aimez faire du ski?

1. Anne-Marie et Louise aiment jouer au foot.
2. Marc aime jouer à des jeux vidéo.
3. Elodie aime faire de la photo.
4. Jacques et Jules aiment jouer au tennis.
5. Alexandrine aime faire du ski nautique.
6. Véronique et Céline aiment faire de l'athlétisme.
7. Miriam aime faire du vélo.
8. Jean et Françoise aiment jouer aux cartes.

Deuxième étape   Objective Exchanging information

4 You're having a friend over who doesn't like to do anything. Answer the following questions as your friend would, based on the example. (**p. 116**)

EXEMPLE   Tu joues au volley?   **Non, je ne joue pas au volley.**
Tu fais du ski?   **Non, je ne fais pas de ski.**

1. Tu fais de la natation?
2. Tu joues à des jeux vidéo?
3. Tu fais de l'athlétisme?
4. Tu fais du jogging?
5. Tu joues aux cartes?
6. Tu fais des photos?
7. Tu fais du patin à glace?
8. Tu fais du roller en ligne?

5 Pauline et Louise ont des projets pour la soirée. Complète leur conversation avec les formes correctes de **faire.** (**p. 116**)

LOUISE   Dis, Pauline, on ___**1**___ de la natation ce soir?

PAULINE   Non. Quand il fait froid, moi, je ne ___**2**___ pas de natation! J'aime mieux ___**3**___ du patin à glace! Tu ___**4**___ du patin à glace, toi?

LOUISE   Non, ça ne me dit rien. En hiver, quand il neige, mes copines et moi, nous ___**5**___ du ski. C'est génial, le ski!

PAULINE   En été, Gilles et Félix ___**6**___ du ski nautique. J'adore le ski nautique! Mais ce soir, moi, je ___**7**___ du patin à glace. C'est décidé!

LOUISE   D'accord. Allons-y!

Grammaire supplémentaire

6 Odile is asking her friends if they play certain sports. Based on their answers, what are her questions? Remember to use the correct forms of **faire**. (**p. 116**)

EXEMPLE
        ODILE **Vous faites du vélo?**
   JEREMY ET VALENTINE Oui, on adore faire du vélo.

1. ODILE _____
  SYLVIE Oui, j'aime beaucoup faire du jogging.

2. ODILE _____
  PIERRE Oui, Sophie et Marie adorent faire de l'aérobic.

3. ODILE _____
  DAVID Oui, Arthur aime faire de la natation.

4. ODILE _____
 MARION ET Oui, nous aimons bien faire du ski.
 FRANCINE

5. ODILE _____
  VANESSA Oui, Elodie et Jérôme aiment beaucoup faire du roller en ligne.

6. ODILE _____
  CHRISTINE Oui, Thérèse aime faire de la randonnée.

7 Rewrite the following sentences, replacing the subject with the pronoun **on.** Be sure to make any necessary changes. (**p. 117**)

1. Nous adorons le théâtre.
2. Marcel et moi aimons faire de la natation après l'école.
3. Est-ce que vous faites du ski nautique au Texas?
4. Vous jouez aux cartes?
5. Nous faisons de l'aérobic.
6. Est-ce que nous faisons du roller en ligne ce week-end?
7. Est-ce que vous faites du théâtre dans votre école?

8 Complete the following sentences with the activity most appropriate for the weather condition or time of year stated. (**p. 119**)

> jouer au football américain regarder la télé
>
>   jouer au tennis
>
> jouer au hockey nager jouer à des jeux vidéo

1. En automne, mon frère _____.
2. Quand il fait chaud, les enfants _____.
3. Quand il neige, Jacqueline _____.
4. Quand il pleut, je _____.
5. Quand il fait frais, mon frère et moi _____.

9 François is asking Janine how often she plays certain sports. Rewrite their conversation, using the fragments below. Remember to use the correct form of the verb and to put the adverb in the correct position. (**p. 122**)

FRANÇOIS tu/est-ce que/souvent/faire/de la natation

JANINE faire/de la natation/je/souvent/au printemps/oui

FRANÇOIS faire/du ski/de temps en temps/tu/est-ce que

JANINE faire/du ski/oui/je/quand il neige

FRANÇOIS quelquefois/tu/est-ce que/jouer/au foot

JANINE ne...jamais/jouer/non/au foot/je

10 Vanessa has taken a survey to find out how often teenagers play certain sports. Rewrite her notes, using the adverbs from the box. The meaning of the sentences should remain the same. Use each adverb only once. (**p. 122**)

EXEMPLE Camille fait du vélo trois fois par semaine.
Camille fait souvent du vélo.

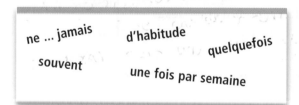

ne ... jamais   d'habitude   quelquefois
souvent   une fois par semaine

1. Koffi joue au tennis de temps en temps.
2. Estelle et Olivia font du patin à glace le samedi matin.
3. Quand il pleut, Fatima ne fait pas de jogging.
4. Sébastien joue au golf tous les jours au printemps.

CD-ROM **1**
DVD **1**

☐ internet

go.hrw.com

ADRESSE: go.hrw.com
MOT-CLE:
WA3 QUEBEC CITY-4

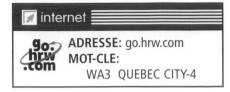

1 Listen to this radio commercial for the **Village des Sports,** a resort in Quebec. List at least one activity offered in each season.

2 You've decided to spend part of your vacation at the **Village des Sports.** Read the information you've received about the resort. Then, answer the questions that follow.

Village des Sports

c'est l'fun fun fun!

en hiver comme en été

Le plus grand centre du sport au Canada offre du plaisir pour toute la famille.
Services d'accueil, de restauration et de location sur place.

EN ETE
- le tennis
- le volley
- l'athlétisme
- le base-ball
- le roller en ligne
- le ski nautique
- la natation
- l'équitation
- la voile

EN AUTOMNE
- le football
- l'équitation
- la randonnée
- le volley

EN HIVER
- le hockey
- le ski
- le patin à glace
- la luge

AU PRINTEMPS
- le base-ball
- la randonnée
- le roller en ligne
- le tennis

Village des Sports
1860, boul. Valcartier
(418) 844-3725
à 24 km du centre-ville de Québec via
la route 371 Nord

1. Would the **Village des Sports** be good for a family vacation? Why or why not?

2. According to the brochure, in what season(s) can you go . . .
   a. in-line skating?   c. hiking?
   b. water skiing?   d. horseback riding?

3. You have a friend who doesn't like cold weather. What three activities could your friend do at the **Village des Sports?**

3
   a. You've arrived at the **Village des Sports.** You meet your three roommates, get to know them, and ask them about the activities they enjoy.

   b. You and your roommates decide to participate in an activity together. Each of you suggests an activity until you all agree on one.

4 What differences are there between the way students in your area and students in Quebec spend their free time?

5 ## Ecrivons!

You're going to write a letter to your French class back home describing your activities at the **Village des Sports.** Organizing your ideas using the strategy below will help you create your letter.

Stratégie pour écrire

Arranging ideas logically is a helpful way to organize your ideas before you begin writing.

1. Divide a sheet of paper into three separate columns.
2. Label the first column on your paper **J'aime...** , the next column **Je n'aime pas...** , and the third column **Le temps.**
3. In the first column, list the activities that you like to participate in at the **Village des Sports.** In the next column, list the activities you dislike, and in the third column, tell what the weather is like there.
4. Now you are ready to write your letter.

J'aime	Je n'aime pas	Le temps
faire du ski		Il fait froid.

6 ## Jeu de rôle

You're a famous Canadian athlete. Your partner, a reporter for the local television station, will interview you about your busy training routine. Tell the interviewer what you do at different times of the year, in various weather conditions, and how often. Then, take the role of the reporter and interview your partner, who will assume the identity of a different Canadian athlete.

Can you use what you've learned in this chapter?

Can you tell how much you like or dislike something?
p. 114

1 Can you tell someone how much you like or dislike these activities?

1.　　　　2.　　　　3.　　　　4.　　　　5.

2 Can you tell someone which sports and activities you enjoy a lot? Which ones you don't enjoy at all?

Can you exchange information?
p. 116

3 How would you tell someone about a few of your sports and hobbies, using the verbs **jouer** and **faire?**

4 How would you find out if someone plays these games?

1.　　　　　　　　2.　　　　　　　　3.

5 How would you tell someone in French . . .
1. what you do in a certain season?
2. what you like to do in a certain month?
3. what you do in certain weather?
4. what you like to do at a certain time of day?

Can you make, accept, and turn down suggestions?
p. 122

6 How would you suggest that . . .
1. you and a friend go waterskiing?
2. you and your friends play baseball?

7 If a friend asked you to go jogging, how would you accept the suggestion? How would you turn it down?

Première étape

Telling how much you like or dislike something

Beaucoup.	*A lot.*
surtout	*especially*
Pas tellement.	*Not too much.*
Pas beaucoup.	*Not very much.*
Pas du tout.	*Not at all.*

Sports and hobbies

faire de l'aérobic	*to do aerobics*
de l'athlétisme	*to do track and field*
du jogging	*to jog*

de la natation	*to swim*
du patin à glace	*to ice-skate*
de la photo	*to do photography*
des photos	*to take pictures*
du roller en ligne	*to in-line skate*
du ski	*to ski*
du ski nautique	*to water-ski*
du théâtre	*to do drama*
du vélo	*to bike*
de la vidéo	*to make videos*
jouer au base-ball	*to play baseball*
au basket(-ball)	*to play basketball*
au foot(ball)	*to play soccer*

au football américain	*to play football*
au golf	*to play golf*
au hockey	*to play hockey*
à des jeux vidéo	*to play video games*
au tennis	*to play tennis*
au volley(-ball)	*to play volleyball*
aux cartes	*to play cards*

Other useful expressions

Est-ce que	*(introduces a yes-or-no question)*

Deuxième étape

Exchanging information

Qu'est-ce que tu fais comme sport?	*What sports do you play?*
Qu'est-ce que tu fais pour t'amuser?	*What do you do to have fun?*
Je fais...	*I play/do . . .*
Je joue...	*I play . . .*
Je ne fais pas de...	*I don't play/do . . .*
Je ne joue pas...	*I don't play . . .*
faire	*to do, to play, to make*
jouer	*to play*

Weather

Quel temps fait-il?	*What's the weather like?*

Il fait beau.	*It's nice weather.*
Il fait chaud.	*It's hot.*
Il fait frais.	*It's cool.*
Il fait froid.	*It's cold.*
Il pleut.	*It's raining.*
Il neige.	*It's snowing.*

Seasons, months, and times

Qu'est-ce que tu fais...	*What do you do . . .*
le week-end?	*on weekends?*
le soir?	*in the evening?*
en vacances?	*on vacation?*
au printemps?	*in the spring?*
en été?	*in the summer?*
en automne?	*in the fall?*
en hiver?	*in the winter?*
en janvier?	*in January?*

en février?	*in February?*
en mars?	*in March?*
en avril?	*in April?*
en mai?	*in May?*
en juin?	*in June?*
en juillet?	*in July?*
en août?	*in August?*
en septembre?	*in September?*
en octobre?	*in October?*
en novembre?	*in November?*
en décembre?	*in December?*

Other useful expressions

on	*we, they, you*

Troisième étape

Making, accepting, and turning down suggestions

On...?	*How about . . . ?*
D'accord.	*OK.*
Bonne idée.	*Good idea.*
Allons-y!	*Let's go!*
Oui, c'est...	*Yes, it's . . .*
Désolé(e), mais je ne peux pas.	*Sorry, but I can't.*

Ça ne me dit rien.	*That doesn't interest me.*
Non, c'est...	*No, it's (that's) . . .*

Expressions of frequency

quelquefois	*sometimes*
...fois par semaine	*. . . time(s) a week*
de temps en temps	*from time to time*

souvent	*often*
rarement	*rarely*
ne... jamais	*never*
d'habitude	*usually*

Allez, viens
à Paris!

Capitale de la France

Population : plus de 2.150.000; région parisienne : plus de 10.000.000

Points d'intérêt : la tour Eiffel, l'Arc de triomphe, la cathédrale Notre-Dame, le centre Georges Pompidou, la basilique du Sacré-Cœur

Musées : l'Orangerie, le musée du Louvre, le musée d'Orsay, le musée de l'Homme, le musée Rodin

Parcs et jardins : le jardin du Luxembourg, le Champ-de-Mars, les Tuileries

Parisiens célèbres : Charles Baudelaire, Colette, Victor Hugo, Edith Piaf, Auguste Rodin, Jean-Paul Sartre

Industries : haute couture, finance, technologie, transport, tourisme

go.
hrw
.com
WA3 PARIS

VIDEO

CD-ROM 2
DVD 1

L'avenue des Champs-Elysées et l'Arc de triomphe ▶

Paris

Paris is a city that has no equal. It is the intellectual and cultural capital of the French-speaking world and also the largest city in Europe, if you include the greater Parisian area. Whether you like to visit museums, go to the theater, sit in cafés, or stroll along tree-lined boulevards, there's something for everyone here. Paris is one of the world's most beautiful and exciting cities!

↗ internet

go.
hrw
.com **ADRESSE:** go.hrw.com
MOT-CLE: WA3 PARIS

1 **Le centre Georges Pompidou**
The public space Parisians call **Beaubourg** houses a major library and the National Museum of Modern Art. Outside, you can see jugglers, magicians, and all kinds of entertainers. It is one of Paris's most popular tourist attractions.

2 **Montmartre**
Many of the streets in this district are lined with artists who sell their work and will even paint your portrait.

3 **La cathédrale Notre-Dame**
In the shadow of this cathedral, booksellers, called **bouquinistes,** sell rare books and posters along the banks of the river Seine.

4 Les cafés
In Paris, the terrace of a café is a wonderful place to sit and watch the world go by.

In chapters 5, 6, and 7, you'll meet some Parisians. Paris is a very old city; it is thought to be named after a tribe called the Parisii that settled there 2,300 years ago. Many of the buildings around Paris are several hundred years old, giving it a special character completely different from that of most American cities. At the same time, Paris has all the amenities of a large modern city—a transportation system that is the envy of the world, well-maintained public phones, and streets that are cleaned every morning, for example.

5 La tour Eiffel
This iron skyscraper was erected as a temporary exhibit for the Centennial Exposition in 1889 and has been the object of controversy ever since. It is 320.75 meters tall, including the television antenna added in 1957. To reach the top platform, ride one of the hydraulic elevators or climb the 1,792 stairs!

6 Le stade Roland-Garros
The famous French Open tennis tournament takes place in this stadium every summer.

7 Le métro
The Paris subway is one of the world's most efficient mass-transit systems.

5

On va au café?

Objectives

In this chapter you will learn to

Première étape

- make suggestions
- make excuses
- make a recommendation

Deuxième étape

- get someone's attention
- order food and beverages

Troisième étape

- inquire about and express likes and dislikes
- pay the check

🔲 internet ▭▭▭▭▭▭

go.
hrw
.com   ADRESSE: go.hrw.com
        MOT-CLE: WA3 PARIS-5

◀ On va au café?

MISE EN TRAIN · *Qu'est-ce qu'on prend?*

Stratégie
pour comprendre

Where does this story take place? What do you expect Chloé, Cécile, Thomas, and Sébastien to talk about in that setting? What could happen at the end to make them upset?

 Chloé

 Thomas

 Cécile

 Le serveur

1   **Chloé :**   Allô? Sébastien? Salut. C'est Chloé. Dis, on va au café. Tu viens avec nous?

2   **Chloé :**   Sébastien ne peut pas venir avec nous. Il a des devoirs à faire. Bon. On y va?

3   **Thomas :**   Qu'est-ce que vous prenez?
        Cécile :   Je vais prendre une menthe à l'eau.
        Chloé :   Euh... je ne sais pas.
      Thomas :   Moi, je vais prendre une glace.

4   **Thomas :**   C'est combien, les coupes Melba?
        Chloé :   Trois trente-cinq.

5

Le serveur : Vous avez choisi?

Cécile : Apportez-moi une menthe à l'eau, s'il vous plaît.

6

Thomas : Tu aimes le fromage?

Chloé : Oui.

Thomas : Prends un croque-monsieur.

Chloé : D'accord. Un croque-monsieur pour moi, s'il vous plaît!

7

Chloé : Qu'est-ce que vous avez comme jus de fruit?

Le serveur : Nous avons du jus d'orange, du jus de pomme...

Chloé : Un jus d'orange, s'il vous plaît.

8

Le serveur : Une coupe Melba, une coupe Melba, une menthe à l'eau, une eau minérale, un croque-monsieur et un jus d'orange. Bon appétit!

9

Thomas : Monsieur! L'addition, s'il vous plaît.

10

Chloé : Eh, je ne trouve pas mon porte-monnaie! Je n'ai pas d'argent!

Cécile : C'est pas vrai!

Cahier d'activités, p. 49, Act. 1

1 Tu as compris?

Answer the following questions about *Qu'est-ce qu'on prend?*

1. What is the relationship between the teenagers in *Qu'est-ce qu'on prend?*
2. Where are they at the beginning of the story?
3. Where do they decide to go?
4. Who has trouble deciding what to order?
5. What is the problem at the end of the story?

2 Mets en ordre

Mets les phrases suivantes en ordre d'après *Qu'est-ce qu'on prend?*

1. Cécile commande une menthe à l'eau.
2. Thomas demande l'addition.
3. Chloé invite Sébastien à aller au café.
4. Chloé ne retrouve pas son argent.
5. Le serveur dit «Bon appétit!».
6. Chloé commande un jus d'orange.

3 Les deux font la paire

Choisis la bonne réponse d'après *Qu'est-ce qu'on prend?*

1. On va au café?
2. Qu'est-ce que vous prenez?
3. C'est combien, les coupes Melba?
4. Qu'est-ce que vous avez comme jus de fruit?

a. Nous avons du jus d'orange, du jus de pomme...
b. Je vais prendre une menthe à l'eau.
c. Désolé. J'ai des devoirs à faire.
d. Trois trente-cinq.

4 Cherche les expressions

Look back at *Qu'est-ce qu'on prend?* What do the students say to . . .

1. give an excuse for someone?
2. ask if someone's ready to order?
3. order food?
4. ask what kind of fruit juice the restaurant serves?
5. ask how much something costs?
6. ask for the check?

> Apportez-moi...
>
> Vous avez choisi?
>
> Il a des devoirs à faire.
>
> L'addition, s'il vous plaît.
>
> Je vais prendre...
>
> C'est combien,... ?
>
> Qu'est-ce que vous avez comme jus de fruit?

5 Et maintenant, à toi

Chloé is in an embarrassing situation. What do you think she is going to do? Take turns with a partner suggesting ways Chloé and her friends might resolve their problem.

Comment dit-on...?

Making suggestions; making excuses

To make suggestions:

On va au café? *How about going to the café?*
On fait du ski?
On joue au base-ball?

To make excuses:

Désolé(e). J'ai des devoirs à faire. *Sorry. I have homework to do.*
J'ai des courses à faire. *I have errands to do.*
J'ai des trucs à faire. *I have some things to do.*
J'ai des tas de choses à faire. *I have lots of things to do.*
Je ne peux pas parce que... *I can't because . . .*

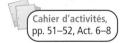
Cahier d'activités, pp. 51–52, Act. 6–8

6 **Qu'est-ce que tu as envie de faire?**

Ecoutons Listen to the following dialogues. Do the speakers accept or turn down the suggestions?

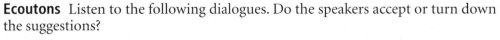

Tu te rappelles?

Do you remember the following ways to accept a suggestion?

D'accord.

Bonne idée.

Do you remember the following ways to turn down a suggestion?

Ça ne me dit rien. J'aime mieux...

Désolé(e), mais je ne peux pas.

7 **Qu'est-ce qu'on fait?**

Parlons Suggest to your friends that you all do these activities after class. They will either accept your suggestions or turn them down and make excuses. Take turns making suggestions.

EXEMPLE   —On... ?

—D'accord,... *or* Désolé(e),...

1.

2.

3.

4.

5.

8 **Un petit mot**

Ecrivons You and your friend have agreed to go to the café on Saturday. You can't make it. Write your friend a note. Say that you can't go, make an excuse, and suggest another activity at another time.

Mon ami (e),
Je suis désolé(e), mais...

Cahier d'activités,
p. 50, Act. 3

Travaux pratiques de grammaire,
pp. 35–36, Act. 1–4

un coca avec

CD-ROM 2
DVD 1

J'ai soif. Je voudrais...

un coca

un jus de pomme

un citron pressé

un jus d'orange

un sirop de
fraise à l'eau

une eau minérale

un chocolat

une limonade   sprite/7up

un café

J'ai faim! Je voudrais...

des crêpes

un croque-monsieur

un sandwich au jambon

un sandwich au saucisson   salami

de la quiche

une omelette

un steak-frites

un sandwich au fromage

un hot-dog

9 Qu'est-ce qu'il commande?

Ecoutons Look at the picture. As the boys tell the waiter what they would like, decide which boy is ordering.

Didier   Minh   Paul   Mamadou   Nabil

10 Vous désirez?

Ecrivons Now, take the role of the server in Activity 9. Write down each boy's order.

11 La fête internationale

Ecrivons Your French class is going to participate in an international food fair at school. You've been assigned to poll your classmates about the types of food and drink they would like to have at the fair. Make a list of five questions you might ask.

Comment dit-on...?

Making a recommendation

To recommend something to eat or drink:

> **Prends** une limonade. (informal) *Have* . . .
> **Prenez** un sandwich. (formal) *Have* . . .

> Travaux pratiques de grammaire, p. 36, Act. 5

The verb *prendre*

Prendre is an irregular verb.

prendre *(to take; to have food or drink)*

Je	**prends**	Nous	**prenons**
Tu	**prends**	Vous	**prenez**
Il/Elle/On	**prend**	Ils/Elles	**prennent**

Tu **prends** des frites?
Nous **prenons** un croque-monsieur.

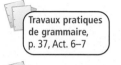

Travaux pratiques de grammaire, p. 37, Act. 6–7

Grammaire supplémentaire, p. 160, Act. 1–2

Cahier d'activités, p. 51, Act. 5; p. 52, Act. 9

---

12 ## Grammaire en contexte

Ecrivons You and your friends are deciding what to have in a café. Complete the conversation with the appropriate forms of the verb **prendre.**

—Alors, qu'est-ce que vous ___1___ ?
—Moi, j'ai très faim, je ___2___ un steak-frites.
—Et toi, Anne, qu'est-ce que tu ___3___ ?
—Michel et moi, nous ___4___ une pizza.
—Et Isabelle, qu'est-ce qu'elle ___5___ ?
—Isabelle et Sylvie n'ont pas faim, mais elles ont très soif. Alors elles ___6___ un coca.

DE BONS CONSEILS

Resist the temptation to match English with French word-for-word. In many cases, it doesn't work. For example, in English you say *I am hungry,* while in French you say **J'ai faim** (literally, *I have hunger*).

13 ## Au café

Parlons What are these people having?

Paul et Julie

Sandrine

Eric

Michel

Fabienne

Où retrouves-tu tes amis?

Where do you go to meet with your friends? Here's what some francophone students had to say about where they go and what they do.

Déjan,
France

«J'aime bien aller au café après l'école. On va jouer un peu au baby, au flipper et après, je rentre chez moi faire les devoirs. On a un parc à côté de chez nous et on rencontre tous nos amis.»

Clémentine,
France

«Nous allons dans des cafés ou chez d'autres amis. Quand il fait beau, [on va] à la piscine. Ça dépend du temps qu'il fait.»

Armande,
Côte d'Ivoire

«Je vais à la maison, soit chez moi, ou bien chez eux [mes amis]. Puis on va à l'Alocodrome, enfin pour prendre un peu d'aloco, puis on revient à la maison.»

Qu'en penses-tu?

1. Where do these students go to meet their friends?
2. Do you and your friends like to go to the same places and do the same things as these teenagers? Where do you go? What do you do?

Savais-tu que… ?

Many cultures have a particular kind of place where people gather. In many francophone countries, a café is more than just a place to eat; it's a social institution! Cafés primarily serve beverages. They may also serve bread (**pain**) or flaky crescent rolls (**croissants**) in the morning, and some cafés serve lunch. If you order something, you may stay in most cafés as long as you like. In some African countries, people like to go to open-air restaurants called **maquis.** They usually open only in the evening and serve traditional snack foods such as fried plantains (**aloco**), as well as full meals.

Comment dit-on...?

Getting someone's attention; ordering food and beverages

To get the server's attention:

> **Excusez-moi.**
> **Monsieur! Madame! Mademoiselle!**
> **La carte, s'il vous plaît.** *The menu, please.*

The server may ask:

> **Vous avez choisi?** *Have you decided/chosen?*
> **Vous prenez?** *What are you having?*

You might want to ask:

> **Vous avez** des jus de fruit?
> **Qu'est-ce que vous avez comme boissons?** *What kind of drinks do you have?*
> **Qu'est-ce qu'il y a à boire?** *What is there to drink?*

To order:

> **Je voudrais** un hamburger.
> **Je vais prendre** un coca, **s'il vous plaît.** *I'll have . . . , please.*
> Un sandwich, **s'il vous plaît.** . . . , *please.*
> **Donnez-moi** un hot-dog, **s'il vous plaît.** *Please give me . . .*
> **Apportez-moi** une limonade, **s'il vous plaît.** *Please bring me . . .*

> Cahier d'activités, p. 53, Act. 10–12;
> p. 54, Act. 14; p. 55, Act. 16–17

---

14 **C'est le serveur ou le client?**

 Ecoutons Listen to these remarks and decide whether the server (**le serveur/la serveuse**) or the customer (**le client/la cliente**) is speaking.

---

15 **Méli-mélo!**

 Lisons/Parlons Unscramble the following conversation between a server and a customer. Then, act it out with a partner.

> —Qu'est-ce qu'il y a comme sandwiches?
>
> —Bien sûr.
>
> —Eh bien, donnez-moi un sandwich au fromage, s'il vous plaît.
>
> —Vous avez choisi?
>
> —Il y a des sandwiches au jambon, au saucisson, au fromage...

À la française

If you need time to think during a conversation, you can say **Eh bien...** and pause for a moment before you continue speaking.

> —**Vous prenez, mademoiselle?**
> —**Eh bien... un steak-frites, s'il vous plaît.**

At first you'll have to make a conscious effort to do this. The more you practice, the more natural it will become.

16 **On prend un sandwich?**

Lisons/Parlons You've stopped at a café for lunch. Get the server's attention, look at the menu, and order. Take turns playing the role of the server.

LA MAISON DU SANDWICH

NOS SANDWICHES

au jambon de Paris	3,00€	au gruyère	3,00€
au jambon de pays	3,50€	au camembert	3,00€
au saucisson	3,00€	au saumon	4,50€
au pâté	3,50€	au crabe	4,00€
mixte (jambon et gruyère)	3,50€	végétarien	3,50€

Grammaire

The imperative

Did you notice the subject **vous** isn't used in **Donnez-moi...** and **Apportez-moi...** ? When you give a command in French, you leave off the subject pronoun **tu** or **vous,** just as we leave off the subject pronoun *you* in English commands.

- When you write the **tu form** of a regular **-er** verb as a command, drop the final **s** of the usual verb ending.

  Tu écoutes... → **Ecoute!**

  Tu regardes... → **Regarde!**

- If the verb isn't a regular **-er** verb, the spelling of the command form doesn't change.

  Tu fais... → **Fais** les devoirs!

  Tu prends... → **Prends** un hot-dog, Paul!

- Remember to use the **tu** form when you talk with family members and people your own age or younger. Use the **vous form** when you talk with people older than you or with more than one person.

  Prenez un coca, Marc et Eve.

Grammaire supplémentaire, pp. 161–162, Act. 3–6

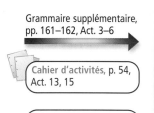

Cahier d'activités, p. 54, Act. 13, 15

Travaux pratiques de grammaire, p. 38, Act. 8–10

17 **Grammaire en contexte**

Parlons Your friends can't decide how they want to spend their Saturday afternoon. You're the one they always turn to for advice. Respond to each of their statements below by telling them what they should do.

EXEMPLE —Nous avons faim.

—**Prenez un sandwich.**

1. Nous avons soif.
2. J'aime beaucoup la musique.
3. Il fait beau aujourd'hui.
4. Nous avons un examen demain.
5. Il fait frais.
6. Je voudrais faire du sport.

18 Grammaire en contexte

Parlons You don't know what to order at the café. The server makes some suggestions for you, but you don't like the suggestions. Take turns playing the server.

EXEMPLE
—**Prenez un sandwich au fromage.**

—**Non, je n'aime pas le fromage.**

—**Alors, prenez un sandwich au jambon.**

—**Non, apportez-moi un hot-dog, s'il vous plaît.**

19 A la crêperie

Lisons/Parlons You and some friends get together at a **crêperie.** Look at the menu and order. Take turns playing the server.

La Crêperie Normande

Crêpes salées :

Jambon - fromage . . . . .4,50€

Epinards - crème fraîche . . . . .4,50€

Champignons . . . . .5,00€

Crêpes sucrées :

Sucre . . . . .3,50€

Banane - Chantilly . . . . .4,50€

Chocolat . . . . .4,00€

Glace vanille - sauce noisette . . . . .5,00€

---

20 Mon journal

Ecrivons Make a list of the foods and drinks you like to have when you go out with your friends. Then, mention several items you'd try if you were at a café in France.

Comment dit-on...?

Inquiring about and expressing likes and dislikes

To ask how someone likes the food or drink:

Comment tu trouves ça? *How do you like it?*

To say you like your food/drink:

C'est... *It's . . .*
bon! *good!*
excellent! *excellent!*
délicieux! *delicious!*
pas mauvais. *pretty good.*

To say you don't like your food/drink:

C'est... *It's . . .*
pas bon. *not good.*
pas terrible. *not so great.*
dégoûtant. *gross.*
mauvais. *bad.*

Cahier d'activités, pp. 56–57, Act. 19–21

Travaux pratiques de grammaire, p. 39, Act. 11–12

21 **C'est bon, ça?**

Ecoutons Listen to the following remarks. Do the speakers like or dislike the food they've been served?

Note culturelle

French speakers have a tendency to use understatement **(la litote).** For instance, if the food were bad, they might say **C'est pas terrible.** Similarly, rather than saying something is good, they would say **C'est pas mauvais.**

22 **A mon avis...**

Parlons The school cafeteria is thinking of adding some items to the menu. A poll is being taken among the students. Discuss each of the items below with a partner.

1. 2. 3. 4.

23 Ça, c'est bon.

Parlons You and your partner are in a café. Ask if your partner has decided what to order and tell what you think of his or her choice.

EXEMPLE
— Tu as choisi? Qu'est-ce que tu vas prendre?
— Euh... je vais prendre un hot-dog.
— Un hot-dog? C'est dégoûtant! *or* Bonne idée. C'est délicieux.

24 Chère correspondante

Ecrivons Your French pen pal Cécile asked you what teenagers in America eat or drink when they get together. Write a brief note in French telling her what you and your friends have when you go out and what you think of each item.

Comment dit-on...?

Paying the check

L'addition, s'il vous plaît.

Tout de suite, madame.

CD-ROM **2**
DVD **1**

To ask for the check:

L'addition, s'il vous plaît.
The check, please.

The server might answer:

Oui, tout de suite. *Yes, right away.*
Un moment, s'il vous plaît.

To ask how much something is:

C'est combien, un sandwich?
Ça fait combien, s'il vous plaît?
How much is it, . . . ? (total)

C'est huit **euros.**
Ça fait cinquante **euros.**
It's . . . euros. (total)

> Cahier d'activités,
> pp. 57–58, Act. 23–24

> Grammaire supplémentaire,
> p. 163, Act. 9 →

25 Au restaurant

Ecoutons Listen to the following remarks. Are the speakers ordering or getting ready to pay the check?

Tu te rappelles?

Do you remember the numbers from 20–100?

20 **vingt**	50 **cinquante**	80 **quatre-vingts**
30 **trente**	60 **soixante**	90 **quatre-vingt-dix**
40 **quarante**	70 **soixante-dix**	100 **cent**

> Travaux pratiques de grammaire,
> pp. 39–40, Act. 13–14

> Grammaire supplémentaire,
> p. 163, Act. 7–8 →

26 **Ça fait combien?**

 Parlons You and your friend have just finished eating at a café. Look at this check, tell what you had (**Moi, j'ai pris...**), and figure out how much each of you owes.

EXEMPLE —Moi, j'ai pris...

—Ça fait... euros.

Note culturelle

In cafés and restaurants, a 15% tip is included in the check if the words **service compris** are posted or written on the menu. If you're not sure, it's acceptable to ask **Le service est compris?** It's customary, however, to leave a little extra if the service is particularly good.

```
      LA GIRAFE
   Port de Cavalaire
  Tél : 04 94 64 40 31

28-09-02

CROQUE-MONSIEUR    3,50€
STEAK-FRITES       4,50€
EAU MINERALE       1,50€
COCA               2,00€

TOTAL             11,50€

  La Direction souhaite
  que cet instant de
  détente vous ait été
      AGREABLE
```

27 **Qu'est-ce qu'on dit?**

 Ecrivons Write what you think the people in this scene are saying. Then, with a partner, compare what you both have written.

 28  **De l'école au travail**

 Parlons During the summer you found a job as a waitperson at the Café Sport. Ask your customers if they have decided what to order and what they would like to eat and drink. They'll tell you what they like to eat and you'll suggest dishes according to their tastes. At the end, tell them how much they have to pay and hand them the check.

CAFÉ SPORT

Sandwiches		BOISSONS	
Fromage	2,50 €	Jus de fruit	2,00 €
Jambon	3,00 €	orange, pomme, pamplemousse	
Saucisson	3,00 €		
Hamburger	3,50 €	Limonade	1,50 €
Hot-dog	2,50 €	Café	1,50 €
Steak-frites	5,00 €	Cola	2,00 €
Croque-monsieur	3,50 €	Eau minérale	1,50 €
Pizza	3,50 €	Chocolat	2,50 €
Frites	1,50 €		
Glace	1,50 €		

The nasal sound [ã]

Listen carefully to the vowel sounds in the following words: **ans, en.** These words contain the nasal sound [ã]. It's called a nasal sound because part of the air goes through the back of your mouth and nose when you make the sound. Listen to the English word *sandwich,* and the French **sandwich.** Is the first syllable pronounced the same in the two words? The sound in French is a pure nasal sound, with no trace of the *n* sound in it. In English you say *envy,* but in French you say **envie.** The nasal sound [ã] has four possible spellings: **an, am, en,** and **em.**

These letter combinations don't always represent a nasal sound. If another vowel follows the **n** or the **m,** or if the **n** or **m** is doubled, there may not be a nasal sound. You'll have to learn the pronunciation when you learn the word.

Listen to the following pairs of words and compare the sounds.

*Fr*an*ce/*an*imal*   pr*end*/pr*enez*   *jamb*on*/*am*i*   *env*ie/*enn*emi*

A. A prononcer

Repeat the following words.

en France	attendez	comment	soixante
anglais	dimanche	jambon	temps
orange	tellement	vent	souvent

B. A lire

Take turns with a partner reading the following sentences aloud.

1. Il a cent francs.
2. J'ai un excellent roman allemand.
3. Elle a danse et sciences nat vendredi.
4. Moi, je vais prendre un sandwich au jambon.

C. A écrire

You're going to hear a short dialogue. Write down what you hear.

Des menus de cafés

A. When you look at menus, what information are you usually looking for? Can you find this type of information on these menus?

B. French cuisine is enjoyed the world over. However, you can often find dishes from other cultures at French cafés and restaurants.

   1. Which items on the menus are typical American dishes?

   2. What French words might you find on American menus?

   3. What other French words do you know that are related to food and restaurants?

C. In the Café des Lauriers, what ingredients do the **salade niçoise,** the **salade mexicaine,** and the **salade sicilienne** have in common?

SNACK • BAR
Café
DES LAURIERS

Salade verte . . . . 3,00€

Salade niçoise . . . . 5,75€
   *(salade verte, tomates, œufs,
   haricots verts, thon, olives)*

Salade mexicaine . . . . 6,00€
   *(salade verte, tomates, maïs,
   poivrons, thon, olives)*

Salade sicilienne . . . . 6,00€
   *(salade verte, tomates, basilic,
   mozzarella, huile d'olive)*

Assiette anglaise . . . . 6,75€
   *(jambon blanc, saucisson,
   rôti de porc, beurre)*

Sandwiches
   jambon blanc . . . . .4,25€
   saucisson . . . . .4,25€
   pâté . . . . .4,50€
   fromage . . . . .4,00€

Croque-monsieur . . . . 4,00€

Portion fromage . . . . .2,75€

Pizza . . . . .4,50€

Quiche . . . . 4,50€

Hamburger . . . . .4,50€

FONTAINE ELYSÉE

SANDWICHES
Jambon cru	4,50€
Jambon de Paris	4,00€
Pâté	4,00€
Mixte	5,50€
Roquefort aux noix	4,50€

OMELETTES
Jambon	5,50€
Fromage	5,50€
Mixte	6,00€

PLATS DIVERS
Croque-monsieur	4,50€
Escargots (les 6)	7,75€
Hot-Dog 1 Saucisse	4,50€
Hot-Dog 2 Saucisses	8,50€

BOISSONS CHAUDES
Café express	2,25€
Décaféiné	2,25€
Café ou chocolat viennois	4,50€
Café crème	4,00€
Cappuccino	4,75€

BOISSONS FRAICHES
Eau minérale, limonade	4,25€
Cola	4,50€
Jus de fruit	4,50€
raisin, poire, abricot, pamplemousse, ananas	

SPECIALITES
COUPE CHAMPS-ELYSEES :	
Chocolat - Pistache - Caramel - Sauce Chocolat - Mandarine Impériale - Chantilly	8,00€
BANANA SPLIT :	
Glace -Vanille - Chocolat - Banane Fruit - Sauce Chocolat - Chantilly	6,25€
COUPE MELBA :	
Vanille - Pêche Fruit - Chantilly - Sauce Fraise	6,25€

D. Which café lists the beverages served? Do you recognize any of them? What is the difference between **BOISSONS FRAICHES** and **BOISSONS CHAUDES?**

E. How many different cognates can you find on the menus? (You should be able to find at least ten!)

F. Read the following statements about your friends' likes and dislikes. Which café would you recommend to each one?

1. **Chantal a soif, mais elle n'a pas faim. Elle aime les jus de fruit.**
2. **Michel adore la glace.**
3. **Jean-Paul est végétarien.**
4. **Mai voudrait une omelette.**
5. **Alain aime les quiches.**

G. Judging from the menus, what are the differences between the two cafés? What are the specialties of each one?

H. If you were invited to go out and were given a choice, which café would you choose? Why? Which one would you choose if you had to pay?

I. If you had 15 € to spend, what would you order?

J. Now, make your own menu. Plan what you want to serve and how you want the menu to look. Will you have any illustrations? Don't forget to include prices.

Cahier d'activités, p. 59, Act. 26

Première étape   **Objectives** Making suggestions; making excuses; making a recommendation

1 Choose the appropriate completion for each sentence. (**p. 149**)

1. Guillaume et Ludovic...   **a.** prend un jus de pomme; elle a soif.
2. Paul...   **b.** prenons des hot-dogs.
3. Anne et Lucie...   **c.** prenez un chocolat.
4. Marie-Lise et toi...   **d.** prennent du jus d'orange; elles ont très soif.
5. André et moi...   **e.** prends un croque-monsieur.
6. Alice...   **f.** prennent un sandwich.
7. Moi, je...   **g.** prend un steak-frites; il a faim.

2 You and your friends are deciding what to order in a café. Complete the sentences that follow with the correct forms of **prendre.** (**p. 149**)

1. Tu ———— un jus de pomme?
2. Eric ———— un hot-dog.
3. Vous ———— un café?
4. Moi, je ———— une limonade.
5. Elles ———— des sandwiches.
6. Nous ———— des cocas.
7. Jean et Alphonse ———— un steak-frites.
8. Le professeur ———— un croque-monsieur.

3 You and your friends are browsing through a basket full of items on sale. Tell your friends what to get (**prendre**) based on what they tell you about their favorite colors. (**p. 152**)

> un jean noir   des baskets bleues
>
> des sweat-shirts orange   un tee-shirt rouge
>
> des pull-overs verts
>
> un short blanc   un bracelet rose

EXEMPLE   Céline : J'aime le rouge. **Prends le tee-shirt rouge!**

1. Valentine et Sophie : On adore l'orange.
2. Jérôme : Moi, j'aime bien le noir.
3. Clément : Moi, j'aime le blanc.
4. Anne et Lydie : On aime bien le bleu.
5. Aurélie : Moi, j'aime le rose.
6. Marcel et Pascal : On adore le vert.

4 A physical education teacher is encouraging her students to exercise. Based on their objections, write what she had told them to do. (**p. 152**)

EXEMPLE   —Faites du sport!
     —Mais on n'aime pas faire du sport!

1. —Mais je n'aime pas faire de la natation!
2. —Mais on n'aime pas faire du jogging!
3. —Mais on n'aime pas jouer au basket!
4. —Mais je n'aime pas jouer au tennis!
5. —Mais nous n'aimons pas jouer au football!
6. —Mais je n'aime pas faire du roller en ligne!

5 Rewrite the following requests, using the imperative of the verbs in parentheses followed by **-moi**. (p. 152)

EXEMPLE —Monsieur, je voudrais un café, s'il vous plaît. (apporter)

—**Apportez-moi un café**, s'il vous plaît.

1. —Maman, je voudrais une limonade, s'il te plaît. (apporter)

   —_____, s'il te plaît.

2. —Jérémy, je voudrais un sandwich au fromage, s'il te plaît. (donner)

   —_____, s'il te plaît.

3. —Monsieur, je voudrais une eau minérale, s'il vous plaît. (donner)

   —_____, s'il vous plaît.

4. —Mademoiselle, je voudrais un coca, s'il vous plaît. (apporter)

   —_____, s'il vous plaît.

5. —Bérénice, je voudrais un chocolat, s'il te plaît. (apporter)

   —_____, s'il te plaît.

6 Mr. and Mrs. Laforge are in a restaurant with their two children. Complete their conversation below with the correct forms of the verbs in parentheses. (pp. 149, 151, 152)

ERIC   Maman, j'____1____ (avoir) faim. Est-ce que je peux ____2____ (prendre) une pizza?

MME LAFORGE   Oui, c'est une bonne idée. Et toi, Emilie, tu ____3____ (avoir) faim?

EMILIE   Non, mais j'____4____ (avoir) soif. Est-ce que je peux ____5____ (prendre) un coca?

MME LAFORGE   Non. ____6____ (Prendre) un jus de fruit, ils sont délicieux ici. Et toi, Marc, tu ____7____ (prendre) un croque-monsieur ou tu ____8____ (préférer) un sandwich au fromage?

M. LAFORGE   Un sandwich au fromage. Et toi, Marie?

MME LAFORGE   Moi, j'____9____ (adore) les œufs. Je ____10____ (prendre) une omelette.

LE SERVEUR   Vous ____11____ (avoir) choisi?

M. LAFORGE   Oui, ____12____ (apporter)-nous une pizza, une omelette, un sandwich au fromage, deux jus d'orange et deux eaux minérales, s'il vous plaît.

7 Maud would like to know how much the following items cost. Write the waiter's answers to her questions. The prices are given in parentheses. Write out the amounts in French. (**p. 155**)

EXEMPLE   C'est combien, la pizza suprême? (10, 50 €) **C'est dix euros cinquante.**

1. C'est combien, le steak-frites? (6,50 €)
2. C'est combien, l'omelette au jambon? (5,75 €)
3. C'est combien, la salade niçoise? (7,75 €)
4. C'est combien, trois sandwiches au rosbif? (13,25 €)
5. C'est combien, le couscous? (11,50 €)
6. C'est combien, le croque-monsieur et le café? (9,75 €)

8 Write out in French the number that would come next in each of the series below. (**p. 155**)

1. vingt-deux, quarante-quatre, soixante-six...
2. seize, trente-deux, quarante-huit...
3. onze, trente et un, cinquante et un...
4. quatre-vingt-quinze, quatre-vingt-dix, quatre-vingt-cinq...
5. soixante-dix, quatre-vingts, quatre-vingt-dix...
6. vingt-cinq, trente-cinq, quarante-cinq...

9 Choose the correct form of the verb. (**pp. 151, 152, 155**)

1. C'_____ combien un hamburger?

    a. est
    b. a
    c. es

2. Mathieu, _____ ton hot-dog.

    a. manges
    b. mange
    c. mangez

3. Sabine et Laure, _____ une pizza.

    a. prends
    b. prenez
    c. prendre

4. _____-moi un coca, s'il vous plaît.

    a. Apportez
    b. Apportes
    c. Apporter

5. Comment tu _____ ça?

    a. trouves
    b. trouve
    c. trouvez

6. Ça _____ combien?

    a. fait
    b. fais
    c. faire

Mise en pratique

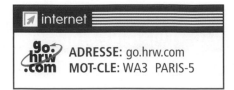
internet

go.hrw.com
ADRESSE: go.hrw.com
MOT-CLE: WA3 PARIS-5

1 In which café would you most likely hear these conversations?

Café de Paris

15, Place du Palais - 75004 Paris
Téléphone 01-43-54-20-21

Nos glaces

Coupe Melba	7,50
Coupe Nougat	7,00
Banana Split	6,50

Nos boissons

Eau minérale	2,00
Jus de fruit	2,25
Café	1,75
Thé	1,25

SERVICE COMPRIS 15%

87, Avenue Victor Hugo -
75017 Paris
Tél. 01-45-62-52-53

Sandwiches

Croque-monsieur	4,50
Sandwich au jambon	3,75
Sandwich au fromage	3,00
Sandwich au rosbif	3,75

Boissons

Orangina, Coca	1,50
Eau minérale	1,75
Café	1,25
Jus de fruit	2,00

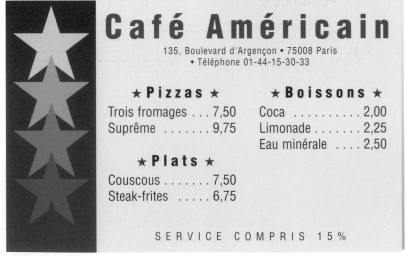

Café Américain

135, Boulevard d'Argençon • 75008 Paris
• Téléphone 01-44-15-30-33

★ **Pizzas** ★

Trois fromages	7,50
Suprême	9,75

★ **Boissons** ★

Coca	2,00
Limonade	2,25
Eau minérale	2,50

★ **Plats** ★

Couscous	7,50
Steak-frites	6,75

SERVICE COMPRIS 15%

2 You and your partner are hungry. Suggest that you go to a café, decide what you both want to eat, and choose one of the cafés above.

3 From what you know about French cafés, are these statements true or false?

1. If you don't see **service compris** on the menu, you should leave a tip.

2. To call the waiter, you should say **Garçon!**

3. It is usually acceptable to stay in a French café for a long time, as long as you've ordered something to eat or drink.

4. If a French person says **C'est pas mauvais,** he or she doesn't like the food.

4

Ecrivons!

The French Club at your school is going to have a picnic to raise money. Plan the picnic with two classmates and then create your own poster announcing it.

First, create a name and catchy slogan to attract attention to your event. Determine the time and place of the picnic, the food, and the activities planned. Include a brief description of the purpose of the event. You should also decide how much each item will cost. Jot down all of your decisions.

Stratégie pour écrire

Arranging ideas spatially is a useful way to organize information before you write. It's a way of creating a type of blueprint to show how your finished product will look.

Now, you're ready to create your blueprint. On a sheet of paper, draw a box for each item that you will include on your poster (title, slogan, date, time, place, food, and so on) in the place where you want the information to appear. Label each box with the type of information that will go in that space.

Next, using the blueprint you've developed, create your poster promoting the French Club picnic. Use what you've learned in this chapter, such as commands. You might add drawings or magazine cutouts to illustrate your poster.

Title

Slogan

5

Jeu de rôle

The day of the French Club picnic has arrived. One person in your group will act as host, the others will be the guests. The host will ask people what they want. Guests will tell what they want and talk about how they like the food and drink. After eating, suggest activities and decide which one you'll participate in.

Que sais-je?

Can you use what you've learned in this chapter?

Can you make suggestions, excuses, and recommendations?
pp. 145, 148

1 How would you suggest to a friend that you . . .
1. go to the café?   **2.** play tennis?

2 How would you turn down a suggestion and make an excuse?

3 How would you recommend to a friend something . . .
1. to eat?   **2.** to drink?

Can you get someone's attention and order food and beverages?
p. 151

4 In a café, how would you . . .
1. get the server's attention?
2. ask what kinds of sandwiches they serve?
3. ask what there is to drink?

5 How would you say that you're . . .
1. hungry?   **2.** thirsty?

6 How would you order . . .
1. something to eat?   **2.** something to drink?

7 How would you tell what people are having, using the verb **prendre**?

   1. il   **2. tu**   **3. nous**   **4. ils**

Can you inquire about and express likes and dislikes?
p. 154

8 How would you ask a friend how he or she likes a certain food?

9 How would you tell someone what you think of these items?

   1.   **2.**   **3.**   **4.**

Can you pay the check?
p. 155

10 How would you ask how much each item in number 9 costs?

11 How would you ask for the check?

12 How would you ask what the total is?

Première étape

Making suggestions; making excuses

On va au café?	How about going to the café?
On... ?	How about . . . ?
Désolé(e). J'ai des devoirs à faire.	Sorry. I have homework to do.
J'ai des courses à faire.	I have errands to do.
J'ai des trucs à faire.	I have some things to do.
J'ai des tas de choses à faire.	I have lots of things to do.
Je ne peux pas parce que...	I can't because . . .

Foods and beverages

un croque-monsieur	toasted ham and cheese sandwich
un sandwich au jambon	ham sandwich
au saucisson	salami sandwich
au fromage	cheese sandwich
un hot-dog	hot dog
un steak-frites	steak and French fries
une quiche	quiche
une omelette	omelet
une crêpe	very thin pancake
une eau minérale	mineral water
une limonade	lemon soda
un citron pressé	lemonade
un sirop de fraise (à l'eau)	water with strawberry syrup
un coca	cola
un jus d'orange	orange juice
un jus de pomme	apple juice
un café	coffee
un chocolat	hot chocolate

Making a recommendation

Prends/Prenez...	Have . . .
prendre	to take; to have food or drink

Other useful expressions

avoir soif	to be thirsty
avoir faim	to be hungry

Deuxième étape

Getting someone's attention

Excusez-moi.	Excuse me.
Monsieur!	Waiter!
Madame!	Waitress!
Mademoiselle!	Waitress!
La carte, s'il vous plaît.	The menu, please.

Ordering food and beverages

Vous avez choisi?	Have you decided/chosen?
Vous prenez?	What are you having?
Vous avez... ?	Do you have . . . ?
Qu'est-ce que vous avez comme boissons?	What do you have to drink?
Qu'est-ce qu'il y a à boire?	What is there to drink?
Je voudrais...	I'd like . . .
Je vais prendre... , s'il vous plaît.	I'll have . . . , please.
... , s'il vous plaît.	. . . , please.
Donnez-moi... , s'il vous plaît.	Please give me . . .
Apportez-moi... , s'il vous plaît.	Please bring me . . .

Troisième étape

Inquiring about and expressing likes and dislikes

Comment tu trouves ça?	How do you like it?
C'est...	It's . . .
bon!	good!
excellent!	excellent!
délicieux!	delicious!
pas mauvais!	pretty good!
pas bon.	not good.
pas terrible.	not so great.
dégoûtant.	gross.
mauvais.	bad.

Paying the check

L'addition, s'il vous plaît.	The check, please.
Oui, tout de suite.	Yes, right away.
Un moment, s'il vous plaît.	One moment, please.
C'est combien,... ?	How much is . . . ?
Ça fait combien, s'il vous plaît?	How much is it, please?
C'est... euros.	It's . . . euros.
Ça fait... euros.	It's . . . euros.

6

Amusons-nous!

Objectives

In this chapter you will learn to

Première étape

- make plans

Deuxième étape

- extend and respond to invitations

Troisième étape

- arrange to meet someone

📡 internet ▤▤▤▤▤▤

go.
hrw.
.com

ADRESSE: go.hrw.com
MOT-CLE: WA3 PARIS-6

◀ **Ici, les Parisiens se relaxent dans le jardin devant le palais du Luxembourg.**

MISE EN TRAIN · *Projets de week-end*

DVD VIDEO

Stratégie pour comprendre
What do you think the title of this episode means? What do you think Mathieu and Isabelle are talking about? Can you guess from what you see in the photos?

Isabelle   Mathieu

Vendredi après-midi...

1

Mathieu : Salut, Isabelle. Dis, qu'est-ce que tu vas faire demain?

Isabelle : Oh, pas grand-chose. Le matin, je vais aller à mon cours de danse. L'après-midi, je vais faire les magasins. Mais le soir, je suis libre.

2

Mathieu : Il y a un concert super à Bercy : Patrick Bruel. J'aimerais bien y aller. Tu veux venir avec moi?

Isabelle : Oh non, je n'ai pas envie d'aller à un concert.

Mathieu : Ah, dommage...

3

Mathieu : Et dimanche après-midi, tu es libre?

Isabelle : Dimanche? Oui, je n'ai rien de prévu.

Mathieu : Tu veux aller au zoo?

Isabelle : Ah, non, je déteste les zoos.

4

Mathieu : Alors, allons au Louvre.

Isabelle : Non, je n'aime pas trop les musées.

5 **Mathieu :** Qu'est-ce que tu veux faire, alors?

6 **Isabelle :** S'il fait beau, on peut faire une promenade au palais de Chaillot. On peut même monter au sommet de la tour Eiffel.

Mathieu : Bof.

7 **Isabelle :** J'ai une idée! Tu ne veux pas aller faire un tour dans un bateau-mouche?

Mathieu : Ça, non. C'est pas terrible.

8 **Isabelle :** On va au Sacré-Cœur?

Mathieu : Non, je n'ai pas envie.

9 **Mathieu :** On peut tout simplement aller au cinéma. Tu veux?

Isabelle : D'accord. Je veux bien. Qu'est-ce que tu veux voir comme film?

Mathieu : Moi, je propose *Dracula*. Ça passe à 16h40 et à 18h55.

10 **Isabelle :** Oh non, je n'aime pas les films d'horreur. Je préfère aller voir un film comique.

Mathieu : Oh non! Encore un film comique?! Tu sais, c'est bizarre. On n'est jamais d'accord!

 Cahier d'activités, p. 61, Act. 1–2

1 Tu as compris?

Answer the following questions according to *Projets de week-end.* Don't be afraid to guess.

1. What are Isabelle's plans for tomorrow?
2. What day and time of day is it?
3. Can you name three places where Mathieu suggests they go?
4. Can you name three things that Isabelle prefers to do?
5. What do they finally agree to do? What problem remains?

2 Vrai ou faux?

1. Isabelle aime aller au zoo.
2. Isabelle a un cours de danse.
3. Mathieu aime la musique de Patrick Bruel.
4. Isabelle aime bien les musées.
5. Isabelle veut voir un film d'horreur dimanche après-midi.

3 Mets en ordre

Mets les phrases en ordre d'après *Projets de week-end.*

1. Isabelle propose d'aller au palais de Chaillot.
2. Mathieu propose d'aller au zoo.
3. Isabelle propose d'aller au Sacré-Cœur.
4. Mathieu ne veut pas faire de promenade.
5. Isabelle refuse d'aller au concert.
6. Isabelle accepte d'aller au cinéma.

4 Où est-ce qu'on veut aller?

Choisis les activités qu'Isabelle veut faire et les activités que Mathieu préfère.

aller voir un film comique   aller voir un film d'horreur   faire une promenade au palais de Chaillot
aller à un concert   aller au musée
aller au zoo   faire un tour en bateau   aller au Sacré-Cœur

5 Invitations et refus

Match Mathieu's suggestions for weekend activities with Isabelle's refusals.

Tu veux...

1. aller au concert de Patrick Bruel?
2. aller au Louvre?
3. aller au zoo?
4. aller voir *Dracula*?

Désolée, mais...

a. je déteste les zoos.
b. je préfère aller voir un film comique.
c. je n'aime pas trop les musées.
d. je n'ai pas envie.

6 Et maintenant, à toi

How would you react to Mathieu and Isabelle's suggestions for the weekend? Which would you choose to do? Why? Compare your answers with a partner's.

Comment dit-on...?

Making plans

To ask what a friend's planning to do:

WHAT ?
Qu'est-ce que tu vas faire demain? *What are you going to do . . . ?*
Tu vas faire quoi ce week-end? *What are you going to do . . . ?*

To tell what you're going to do:

Vendredi, **je vais** faire du vélo.
Samedi après-midi, **je vais** aller au café. } *I'm going to . . .*
Dimanche, **je vais** regarder la télé.
Pas grand-chose. *Not much.*
Rien de spécial. *Nothing special.*

7 Les projets de Thérèse

Ecoutons Listen as Sophie asks Thérèse about her plans for the weekend. Write down at least three things Thérèse plans to do.

Vocabulaire

regarder un match	*to watch a game (on TV)*
manger quelque chose	*to eat something*
voir un film	*to see a movie*
aller voir un match	*to go see a game*
voir une pièce	*to see a play*
faire une promenade	*to go for a walk*
FAIRE DU LÈCHE-VITRINE **faire les vitrines**	*to window-shop*
faire un pique-nique	*to have a picnic*
aller à une boum PARTY	*to go to a party*

Travaux pratiques de grammaire, p. 41, Act. 1–2

Note de grammaire

If you want to say that you do an activity regularly on a certain day of the week, use the article **le** before the day of the week.

Je fais du patin à glace **le mercredi** (*on Wednesdays*).

To say that you are doing something only on one particular day, use the day of the week without an article before it.

Je vais faire du patin à glace **mercredi** (*on Wednesday*).

Travaux pratiques de grammaire, p. 42, Act. 3–4

Grammaire supplémentaire, p. 190, Act. 1–2

8 Grammaire en contexte

a. **Ecrivons** Ecris trois activités que tu vas faire cette semaine.

b. **Parlons** Maintenant, dis à ton/ta camarade ce que tu vas faire et demande-lui ce qu'il/elle va faire.

EXEMPLE   Cette semaine, je vais faire de l'athlétisme et jouer au football. Vendredi soir, je vais voir un film. Et toi, qu'est-ce que tu vas faire?

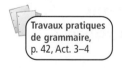

Grammaire

The verb *aller*

Aller is an irregular verb.

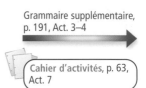

aller *(to go)*

Je	**vais**	Nous	**allons**
Tu	**vas**	Vous	**allez**
Il/Elle/On	**va**	Ils/Elles	**vont**

Grammaire supplémentaire,
p. 191, Act. 3–4 →

- You can use a form of the verb **aller** with the infinitive of another verb to say that you're *going to do something* in the future.

  Je vais jouer au base-ball demain.

- To say that you're not going to do something in the near future, put **ne... pas** around the conjugated form of the verb **aller.**

  Je ne vais pas jouer au base-ball demain.

Cahier d'activités, p. 63,
Act. 7

Travaux pratiques de
grammaire,
p. 43, Act. 5–6

9 Grammaire en contexte

Ecoutons Listen to the following sentences and decide whether the people are talking about what they're doing or what they're going to do.

10 Grammaire en contexte

Parlons You have a busy weekend planned! Tell what you're going to do and on what day you plan to do it.

1.

2.

3.

4.

5.

6.

11 Qu'est-ce qu'ils vont faire?

Parlons/Ecrivons What are these people going to do?

1. Elles

2. Ils

3. Je

4. Nous

5. Vous

6. Elle

A la française

The French often use the present tense of a verb to say that something will happen in the near future, just as we do in English.

Samedi matin, je vais jouer au tennis. *Saturday morning, I'm going to play tennis.*

Samedi matin, je joue au tennis. *Saturday morning, I'm playing tennis.*

12 Enquête

Parlons Ask the members of your group what they're going to do this weekend and tell them what you're planning. Then, tell the class what you're all planning to do.

EXEMPLE   —Qu'est-ce que tu fais ce week-end, Nicole?

—Samedi, je vais faire du ski nautique. Et toi?

—Moi, je vais à une boum.

—Je vais à une boum et Nicole va faire du ski nautique samedi.
(to the class)

Where do you and your friends like to go in your spare time?

au restaurant

au cinéma

au parc

au stade

au zoo

au centre commercial

à la plage

à la piscine

au musée

à la Maison des jeunes

au théâtre

à la bibliothèque

Cahier d'activités, pp. 63–64, Act. 6, 8   Travaux pratiques de grammaire, pp. 44–45, Act. 7–9

13 Où vas-tu?

Lisons Où est-ce que tu vas pour faire ces activités?

1. Je vais faire de la natation...
2. Je vais faire les vitrines...
3. Je vais voir un film...
4. Je vais manger quelque chose...
5. Je vais voir un match...
6. Je vais voir une pièce...

a. au cinéma.
b. au théâtre.
c. au centre commercial.
d. à la piscine.
e. au café.
f. au stade.

Grammaire

Contractions with *à*

The preposition **à** usually means *to* or *at*.
When you use **à** before **le** or **les,** make the following contractions:

> **à + le = au**   Je vais **au** stade.
>
> **à + les = aux**   Martine va aller **aux** Tuileries.

The preposition **à** doesn't contract with **l'** or **la:**

   Cet après-midi, on ne va pas **à la** Maison des jeunes. On va **à l'**école.

Grammaire supplémentaire,
pp. 191–192, Act. 5–6

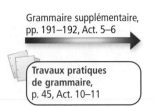

Travaux pratiques
de grammaire,
p. 45, Act. 10–11

14 ## Grammaire en contexte

Lisons/Ecrivons Christine et Alain parlent des endroits où ils aiment aller le week-end. Regarde les images et complète leur conversation.

CHRISTINE Moi, j'adore aller avec mes copains. Après, on va

souvent . Et toi?

ALAIN Moi, j'aime mieux aller . J'adore le sport. J'aime bien

aller aussi. On y joue souvent au foot.

CHRISTINE Qu'est-ce que tu vas faire ce week-end? On va ?

ALAIN Ah, non, je n'aime pas trop nager. Tu veux aller ?

15 ## Qu'est-ce qu'on fait?

Parlons You're trying to decide what to do after school. With a partner, take turns suggesting places to go. Then, accept or reject each other's suggestions.

> le café   le musée   la piscine   le parc
>
> la piscine   la Maison des jeunes   le zoo
>
> la bibliothèque   le centre commercial

16 ## Mon journal

Ecrivons Tu as des projets pour le week-end? Qu'est-ce que tu vas faire? Où vas-tu? Quand?

EXEMPLE   **Vendredi après-midi, je vais faire mes devoirs. Samedi, je...**

PANORAMA CULTUREL

Qu'est-ce que tu fais quand tu sors?

When you go out with your friends, where do you go? What do you do? We asked some French-speaking students what they like to do on weekends with their friends. Here's what they said.

Julie,
Côte d'Ivoire

«Quand je sors, je me balade. Je vais manger un peu. Souvent, on va jouer de la musique. On joue au tennis... souvent, au basket aussi.»

Arnaud,
France

«Je vais au cinéma. Je vais dans une discothèque. J'achète des disques.»

Céline,
Viêt-nam

«Je vais à la patinoire, ou [je vais] faire les boutiques, ou [je vais] au restaurant, enfin dans les fast-foods, ou alors je vais faire du sport, du tennis. Je vais nager.»

Qu'en penses-tu?

1. Do you and your friends like to do any of the things these teenagers mentioned?
2. Do they mention anything that you wouldn't do? Why wouldn't you do these things?
3. What do you and your friends like to do that these teenagers haven't mentioned?

Savais-tu que...?

Teenagers around the world generally like to do the same things. They usually have favorite places where they go to meet with their friends, just as you do. In most towns, students can find films, plays, concerts, and **discothèques** to go to in their free time. Dance parties (**boums**) are very popular. Most cities in France also have a **Maison des jeunes et de la culture (la MJC)** where a variety of activities, such as photography, music, dance, drama, arts and crafts, and computer science, is available to young people.

Comment dit-on...?

Extending and responding to invitations

To extend an invitation:

Allons au parc! *Let's go . . . !*
Tu veux aller au café **avec moi?** *Do you want to . . . with me?*
Je voudrais aller faire du vélo. **Tu viens?** *Will you come?*
On peut faire du ski. *We can . . .*

To accept an invitation:

D'accord.
Bonne idée.
Je veux bien. *I'd really like to.*
Pourquoi pas? *Why not?*

To refuse an invitation:

Ça ne me dit rien.
J'ai des trucs à faire.
Désolé(e), je ne peux pas.
Désolé(e), je suis occupé(e).
  Sorry, I'm busy.

Cahier d'activités, pp. 65–66, Act. 11–14

Les loisirs préférés	15-25 ans
Cinéma	90
Discothèque	69
Fête foraine	58
Concert de rock	42
Parc d'attractions	37
Match (payant)	36
Monument historique	31
Bal public	30
Musée	27
Théâtre	17
Concert de jazz	11
Cirque	10
Concert classique	6
Spectacle de danse	5
Opéra	3

17 **On accepte ou on refuse?**

Ecoutons Ecoute ces dialogues. Est-ce qu'on accepte ou refuse l'invitation?

18 **Et toi? Tu veux?**

Lisons Choisis la bonne réponse.

1. J'ai faim.
2. Je voudrais faire un pique-nique.
3. Tu ne viens pas?
4. Je voudrais voir un match de foot.
5. Tu veux voir une pièce?

  a. Allons au parc!
  b. J'ai des trucs à faire.
  c. Pourquoi pas? Allons au théâtre!
  d. Tu veux aller au café?
  e. Allons au stade!

19 **Tu acceptes?**

Parlons Your partner will invite you to participate in some of the following activities. Accept or refuse, telling where you're going or what you're going to do instead. Then, reverse roles.

1.

2.

4.

5.

3.

6.

Grammaire

The verb *vouloir*

Vouloir is an irregular verb.

vouloir (*to want*)

Je	**veux**	Nous	**voulons**
Tu	**veux**	Vous	**voulez**
Il/Elle/On	**veut**	Ils/Elles	**veulent**

Je voudrais (*I would like*) is a more polite form of **je veux**.

Grammaire supplémentaire, p. 192, Act. 7–8

Cahier d'activités, pp. 66–67, Act. 15–16

Travaux pratiques de grammaire, p. 46, Act. 12–13

20 Grammaire en contexte

Parlons Qu'est-ce qu'on veut faire ce soir?

1. Pierre et Marc

2. Alain

3. Moi, je...

4. Elodie et Guy

5. Mes copains et moi, nous...

6. David et Monique

21 Invitations pour le week-end

Parlons You're making plans for the upcoming weekend. Take turns with a partner suggesting activities and accepting or politely refusing the suggestions.

22 Vous voulez faire quoi?

Parlons You and your friends can't decide what to do this weekend. Each of you makes a suggestion, and the others react to it. See if you can find three things you'd all like to do.

EXEMPLE
—Vous voulez faire du vélo?

—Oui, je veux bien.

—Moi, je ne veux pas. Je n'aime pas faire du vélo.

23 A la boum!

Lisons/Parlons Le Cercle Français organise une fête. Tu vas inviter trois camarades. Avant d'accepter ou de refuser ton invitation, ils veulent savoir quelles activités tu veux faire. Dis-leur ce que tu veux faire et tes camarades vont accepter ou refuser.

> danser
>
> parler français avec des copains
>
> manger des escargots
>
> écouter de la musique québécoise
>
> voir un film français

> **L'ambiance sera extra!**
>
> Le Cercle Français
> t'invite
> à une fête
>
> le 10 mai
>
> de 7h à 10h
>
> **Si tu viens, ce sera plus sympa!**

Qu'en penses-tu?

1. Judging from these photos, how would you describe a typical date in France?
2. Do American teenagers usually go out on dates in groups or in couples? Which do you think is preferable? Why?
3. What do you think is the best age to begin dating? Why?

Savais-tu que... ?

French teenagers tend to go out in groups. They usually do not "date" in the same way American teenagers do. They do not generally pair off into couples until they are older. Those who do have a boyfriend or girlfriend still go out with a group — but they almost always pay their own way.

Comment dit-on...?

Arranging to meet someone

To ask when:

Quand?
Quand ça?

To tell when:

Lundi./Demain matin./Ce week-end.
Tout de suite. *Right away.*

To ask where:

Où?

Où ça?

To tell where:

Au café. *At the . . .*
Devant le cinéma. *In front of . . .*
Dans le café. *In . . .*
Au métro Saint-Michel. *At the . . . subway stop.*
Chez moi. *At . . . house.*

To ask with whom:

Avec qui?

To tell with whom:

Avec Ahmed et Nathalie.

To ask at what time:

A quelle heure?

To tell at what time:

A dix heures du matin. *At ten in the morning.*
A cinq heures de l'après-midi. *At five in the afternoon.*
A cinq heures et quart. *At quarter past five.*
A cinq heures et demie. *At half past five.*
Vers six heures. *About six o'clock.*

To ask the time:

Quelle heure est-il? *What time is it?*

To give the time:

Il est six heures. *It's six o'clock.*
Il est six heures moins le quart.
It's a quarter to six.
Il est six heures dix. *It's ten after six.*
Il est midi. *It's noon.*
Il est minuit. *It's midnight.*

To confirm:

Bon, on se retrouve à trois heures.
OK, we'll meet . . .
Rendez-vous mardi au café. *We'll meet . . .*
Entendu. *OK.*

Cahier d'activités,
pp. 68–69, Act. 19–20

Travaux pratiques de grammaire,
pp. 47–48, Act. 14–17

24 L'invitation de Sylvie

Ecoutons While you're waiting to use a public phone in Paris, you overhear a young woman inviting a friend to go out. Listen to the conversation and then choose the correct answers to these questions.

1. Sylvie parle avec qui?
   - **a.** Marc
   - **b.** Anna
   - **c.** Paul

2. Elle va où?
   - **a.** au musée
   - **b.** au parc
   - **c.** au stade

3. A quelle heure?
   - **a.** 1h30
   - **b.** 10h15
   - **c.** 12h00

4. Où est-ce qu'ils se retrouvent?
   - **a.** au métro Solférino
   - **b.** dans un café
   - **c.** devant le musée

Note culturelle

You've already learned that train, airline, school, and other official schedules use a 24-hour system called **l'heure officielle.** When you look in an entertainment guide such as *Pariscope,* you may see that a movie starts at 20h00, which is 8:00 P.M. In everyday conversation, however, people use a 12-hour system. For example, for 1:30 P.M., you may hear, **une heure et demie de l'après-midi,** rather than **treize heures trente.** Expressions such as **et demie, et quart,** and **moins le quart** are used only in conversational time, never in official time.

25 A quelle heure?

Parlons Où est-ce que Christian et Noëlle vont aujourd'hui? Qu'est-ce qu'ils vont faire? A quelle heure?

1. 9h00   2. 12h00   3. 5h45   4. 8h30

26 Qui et où?

Ecoutons Listen to these three messages on your answering machine and write down who they're from and where you're being invited to go. Listen a second time and write down the meeting time and place.

27 **Qu'est-ce que tu vas faire ce soir?**

a. **Ecrivons** Fais une liste de trois choses que tu vas faire ce soir. Dis à quelle heure et où tu vas les faire.

b. **Parlons** Maintenant, demande à ton/ta camarade ce qu'il/elle va faire ce soir. Ensuite, continue à lui poser des questions sur ses projets.

Grammaire

Information questions

There are several ways to ask information questions in French.

- People often ask information questions using only a question word or phrase. They will sometimes add **ça** after the question word to make it sound less abrupt.

    Où ça?
    Quand ça?

- Another way to ask an information question is to attach the question word or phrase at the end of a statement.

    Tu vas **où?**
    Tu veux faire **quoi?**
    Tu vas au cinéma **à quelle heure?**
    Tu vas au parc **avec qui?**

- Still another way is to begin an information question with the question word or phrase, followed by **est-ce que** (**qu'**).

    Où est-ce que tu vas?
    Qu'est-ce que tu veux faire ce soir?
    Avec qui est-ce que tu vas au cinéma?
    A quelle heure est-ce qu'on se retrouve?

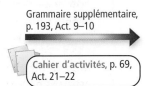

Grammaire supplémentaire, p. 193, Act. 9–10

Cahier d'activités, p. 69, Act. 21–22

Travaux pratiques de grammaire, pp. 49–50, Act. 18–21

28 **Grammaire en contexte**

Parlons Some friends are inviting you to join them. Ask questions to get more information about their plans. Complete the conversation with the appropriate question words or phrases.

— Tu veux aller au cinéma?

—

— Demain soir.

—

— Vers six heures.

—

— Au cinéma Gaumont.

—

— Avec Catherine et Michel.

— D'accord!

— Bon, on se retrouve...

29 Grammaire en contexte

Ecrivons You'd like to find out more about what teenagers in France normally do. Write down at least six questions to ask your pen pal about his or her classes, activities, and hobbies.

30 Allons au cinéma!

Parlons Look at the movie schedule below. Choose a movie you want to see and invite your partner to go with you. When you've agreed on a movie to see, decide at which time you want to go and arrange a time and place to meet.

Le Beaumont — 15, Bd des Italiens • 75002 PARIS

- **Astérix chez les Bretons,** *v.f. Séances : 12h, 14h15, 16h30, 18h45, 21h00*
- **Les Randonneurs,** *v.f. Séances : 11h55, 13h55, 15h55*
- **Roméo et Juliette,** *v.f. Séances : 13h40, 16h15, 18h55, 21h30*
- **La Guerre des étoiles,** *v.o. Séances : 11h30, 14h, 16h30, 19h, 21h30*
- **Mon chien Skip,** *v.f. Séances : 13h30, 15h, 16h30*
- **Les 101 Dalmatiens,** *v.o. Séances : 11h05, 13h45, 16h20, 19h, 21h35*
- **Hercule,** *v.f. Séance : 21h*
- **Les Visiteurs,** *v.f. Séances : 13h30, 16h30*
- **Le Journal d'Anne Frank,** *v.f. Séances : 12h30, 14h, 16h*
- **Casablanca,** *v.o. Séances : 16h30, 19h*

31 Ça te dit?

Ecrivons A friend has written you this note suggesting some things to do this weekend. Write an answer, accepting the invitations or making suggestions of your own.

> Salut ! Ça va ? Tu veux faire quoi ce week-end ? Moi, je voudrais faire les magasins vendredi soir et jouer au tennis samedi après-midi. On va au ciné samedi soir vers huit heures et demie. Tu viens ? Et dimanche matin, tu veux aller au café ? Qu'est-ce que tu en penses ? Fabienne

32 | **De l'école au travail**

Parlons This summer you're working as a camp counselor. You're trying to set up a group meeting some time during the evening this week, and you need to find out when is a good time and place for everyone to meet. Work with a partner and find out what he or she is planning on doing each evening and at what time. Agree on a possible day and time to schedule the meeting.

PRONONCIATION

The vowel sounds [ø] and [œ]

The vowel sound [ø] in **veux** is represented by the letter combination **eu.** It is pronounced with the lips rounded and the tongue pressed against the back of the lower front teeth. To produce this sound, first make the sound **è,** as in **algèbre,** and hold it. Then, round the lips slightly to the position for closed **o,** as in **photo.** Repeat these words.

> jeudi   veux   peu   deux

The vowel sound [œ] in the word **heure** is similar to the sound in **veux** and is also represented by the letters **eu.** This sound is more open, however, and occurs when these letters are followed by a consonant sound in the same syllable. To produce this sound, first make the sound **è,** as in **algèbre,** and hold it. Then, round the lips slightly to the position for open **o,** as in **short.** Repeat these words.

> classeur   feuille   heure

A. A prononcer

Repeat the following words.

1. jeudi	déjeuner	peux
2. deux	veut	mieux
3. ordinateur	jeunes	heure
4. feuille	classeur	veulent

B. A lire

Take turns with a partner reading each of the following sentences aloud.

1. Tu as deux ordinateurs? On peut étudier chez toi jeudi?

2. Tu veux manger des escargots? C'est délicieux!

3. On va à la Maison des jeunes? A quelle heure?

4. Tu as une feuille de papier? Je n'ai pas mon classeur.

C. A écrire

You're going to hear a short dialogue. Write down what you hear.

TROISIEME ETAPE

cent quatre-vingt-sept   **187**

Parcs d'attractions

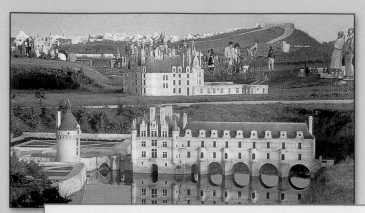

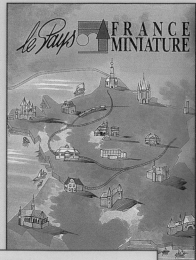

Le Pays FRANCE MINIATURE, c'est la France comme vous ne l'avez jamais vue! Sur une immense carte en relief, sont regroupées les plus belles richesses de notre patrimoine : 166 monuments historiques, 15 villages typiques de nos régions, les paysages et les scènes de la vie quotidienne à l'échelle 1/30ème... au cœur d'un environnement naturel extraordinaire.

CALENDRIER :
Ouverture : 15 mars au 15 novembre.
Tous les jours de 10h à 19h.

TARIFS :
Individuels : Adultes : 12 €.
Enfants : 8 € (de 11 à 16 ans).

RESTAURATION
Deux restaurants de 300 places chacun et 2 kiosques proposent des menus de différentes régions de France (un restaurant ouvert le samedi soir).
Aire de pique-nique aménagée.

Parcs d'attractions

Stratégie pour lire

When you run across a word you don't know, use context to guess the meaning of the word. You automatically use this strategy in your own language. For example, you may not know the English word *dingo*, but when you see it in a sentence, you can make an intelligent guess about what it means. Read this sentence: *He thought that the kangaroos and the koala bears were cute, but that the dingos were mean-looking.* You can guess that a dingo is a possibly vicious animal found in Australia. It is, in fact, a wild dog.

Where do you like to go on the weekend? Look at these brochures to see where Parisians go for fun.

A. What kinds of places do these brochures describe?

B. One of your friends visited **France Miniature** and told you about it. Check the brochure to see if what he said was accurate or not.

1. "I saw more than 150 monuments!"
2. "There were twenty villages represented."
3. "The size of everything was on a scale of 1/25."
4. "It was more expensive than **Parc Astérix.**"
5. "We stayed until midnight."
6. "We went on my birthday, June 15th."

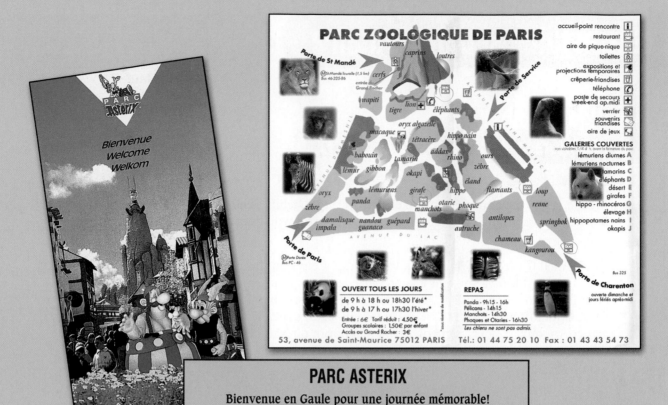

PARC ASTERIX

Bienvenue en Gaule pour une journée mémorable!

Pour passer une journée partagée entre l'émotion et l'aventure.
Pour retrouver cette bonne humeur légendaire et communicative.
Pour faire un voyage mémorable en Gaule, au pays du bien-vivre
et de l'histoire...

Venez au Parc Astérix! Astérix et tous ses amis vous y attendent...

Départ de Paris les mercredis et samedis à 9h, du 10 avril au
2 octobre. Retour du site à 18h et arrivée à Paris vers 19h30.

Prix par personne : 52 €
Enfants de 3 à 11 ans inclus : 40 €
Le prix inclut l'hébergement.

C. Look at the brochure for **Parc Astérix** and answer the following questions.

1. During which months would you not be able to go on this trip?

2. On which days of the week can you take this trip to **Parc Astérix?**

3. If you took the trip in the advertisement, at what time would you leave Paris?

4. At what time would you leave the park for the trip back?

5. If you go with three friends and one of you brings your ten-year-old sister, how much will it cost?

D. Imagine you and a friend want to go to the **Parc zoologique de Paris.**

1. Is the park open on Sundays? Is there a restaurant?

2. How much is it going to cost? Will it make a difference if you're students?

3. How late can you stay in the summer? In the winter?

4. What are some of the animals you'll get to see?

5. At what time do the pelicans eat? The pandas?

6. How many picnic areas are there? What is near the first-aid station? Where can you buy a gift?

E. Which of these places would you like to go to most? Why?

Cahier d'activités, p. 71, Act. 24

Grammaire supplémentaire

internet
go.hrw.com
ADRESSE: go.hrw.com
MOT-CLE: WA3 PARIS-6

Première étape   Objective Making plans

1 Malika is leaving a message on Axel's answering machine. Complete her message with **le** when appropriate. Be careful! In some cases, you won't need to add anything. (**p. 173**)

Salut, Axel! C'est moi, Malika! Ça va? Ecoute! On va au Café Américain ___1___ lundi soir. Tu viens? On va souvent à la crêperie ___2___ lundi, mais cette semaine, on va aller au café. Bonne idée, non? ___3___ mercredi après-midi, on va aller voir une pièce. On va quelquefois au théâtre ___4___ mercredi. C'est super, le théâtre! Est-ce que tu peux venir? Ah, oui, ___5___ samedi, on va à la boum de Nadine. Qu'est-ce que tu fais d'habitude ___6___ samedi soir? Tu veux venir avec nous? Eh bien, à bientôt peut-être. Tchao!

2 Véronique and Elodie are trying to choose a convenient time to go to the movies. Complete Elodie's responses according to her schedule below. (**p. 173**)

LUNDI	MARDI	MERCREDI	JEUDI	VENDREDI	SAMEDI	DIMANCHE
sortie de l'école 17h15	sortie de l'école 16h00	sortie de l'école 12h15	sortie de l'école 17h15	sortie de l'école 16h00	sortie de l'école 11h15	
devoirs! étudier pour l'examen	18h00–19h30 danse	14h00–16h00 natation	18h00–19h30 danse	20h00 dîner au restaurant	14h00–16h00 natation	
					20h00 boum de Michèle	20h30 concert de I AM

1. J'ai danse _____ et _____ de 18h00 à 19h30.

2. _____ soir, j'ai des devoirs à faire.

3. _____ la sortie de l'école est à 12h15, mais j'ai natation à 14h00.

4. _____ et _____, j'ai natation de 14h00 à 16h00.

5. Je vais au restaurant _____ soir.

6. _____ soir, il y a le concert de I AM.

7. Tu es libre _____ après-midi?

3 Fernand and Michèle are discussing what to do this coming Saturday. Complete their conversation with the correct forms of **aller. (p. 174)**

FERNAND   Dis, Michèle, tu ___1___ faire quoi demain?

MICHELE   Bof. Rien de spécial. D'habitude, le samedi, je fais les vitrines.

FERNAND   Eric et moi, on ___2___ faire un pique-nique. Tu viens avec nous?

MICHELE   Désolée, mais ça ne me dit rien, les pique-niques.

FERNAND   Mais écoute, Michèle! Les pique-niques, c'est génial! Tous les copains ___3___ venir! On ___4___ jouer au foot! Julien et Juliette ___5___ apporter des hot-dogs! Nous ___6___ nous amuser!

MICHELE   D'accord. Pourquoi pas? On se retrouve où?

FERNAND   Devant la MJC. Vers trois heures.

MICHELE   Entendu. Je ___7___ passer chez toi vers deux heures et demie.

4 Fais une phrase avec les mots proposés. Utilise la forme correcte du verbe **aller. (p. 174)**

EXEMPLE   Marc et Li/faire les vitrines   **Marc et Li vont faire les vitrines.**

1. Toi, tu/aller au café
2. Moi, je/aller au théâtre
3. Marc/voir un film
4. Simone et moi, nous/voir un match
5. Pascal et Maurice, vous/faire une promenade
6. Michèle et François/aller à une boum
7. Nous/faire un pique-nique
8. Vous/manger quelque chose

5 Christelle and Alain are talking about what they like to do during their free time. Complete the following sentences according to the photos. **(p. 177)**

1. Je vais  pour faire du jogging.

2. J'aime aller  pour nager.

3. En été, j'aime aller  .

4. Mes amis et moi, nous aimons aller  .

Grammaire supplémentaire

6 Imagine que tu vas faire un voyage à Paris avec tes amis cet été. Utilise **à, à la, au,** et **aux** pour compléter les phrases suivantes. (**p. 177**)

1. Christine va aller ___ cathédrale (f.).
2. Nous allons aller ___ théâtre et ___ restaurant.
3. Marc va aller ___ concerts de rock du festival de la musique.
4. Moi, je vais ___ Maison des jeunes.
5. Les garçons ne vont pas aller ___ centre commercial.
6. Je vais voir un film français ___ cinéma.
7. Et Mark et Jeanne vont voir un match de foot ___ stade.

Deuxième étape   Objective Extending and responding to invitations

7 Complète les phrases suivantes avec la forme correcte du verbe **vouloir.** (**p. 180**)

1. Mes copines _____ aller au restaurant.
2. Mais moi, je _____ aller au café.
3. Et vous, vous _____ manger quelque chose?
4. Non. Nous _____ voir un film.
5. Et toi, Eric, tu _____ faire quoi?
6. Patricia et moi, on _____ faire les vitrines.

8 Based on their preferences, write what the following students want to do. Be sure to use the appropriate subject pronoun, the correct form of **vouloir,** and an expression from the box. Use each expression only once. (**p. 180**)

voir un film	regarder un match de foot à la télé	voir une pièce	manger quelque chose
aller à une boum		aller à la bibliothèque	aller à la piscine

EXEMPLE   Marianne a faim. **Elle veut manger quelque chose.**

1. Suzanne et Monique adorent nager.
2. J'aime lire.
3. Vous adorez le théâtre.
4. Gilles aime bien le cinéma.
5. Anne et moi, nous aimons danser.
6. Tu aimes le football.

9 Complète la conversation suivante avec la réponse correcte. (**p. 185**)

> Avec Lise.   A sept heures et demie.
>
> Chez moi.   Ce soir.

DIANE   Tu viens manger avec nous, Isabelle?
ISABELLE   Oui. Je veux bien. Quand ça?
DIANE   ___1___
ISABELLE   Où est-ce qu'on se retrouve?
DIANE   ___2___
ISABELLE   Avec qui on va manger?
DIANE   ___3___
ISABELLE   On se retrouve à quelle heure?
DIANE   ___4___

10 Fais correspondre la réponse de la colonne A à la question posée dans la colonne B. (**p. 185**)

A	B
1. Mireille et Matthieu.	**a.** Où est-ce qu'on se retrouve?
2. On va voir *Les Randonneurs.*	**b.** Qu'est-ce tu vas voir?
3. Demain, à deux heures et demie.	**c.** Tu vas avec qui?
4. Je vais voir un film.	**d.** Quand ça?
5. Au cinéma Beaubourg.	**e.** Qu'est-ce que tu vas faire ce week-end?

La tour Eiffel est le monument parisien le plus connu au monde. Elle a été construite pour l'Exposition universelle de 1889. Jusqu'à la construction de l'Empire State Building de New York en 1931, la tour Eiffel était la plus haute tour du monde avec ses 320 mètres, antenne comprise. La tour a trois étages. Il y a un restaurant au premier et au deuxième étages. Le troisième étage offre un superbe point de vue sur la ville. Horaires : 9h30 à 23h. Tarifs : 3 € à 8,50 €.

Le musée d'Orsay a été installé dans l'ancienne gare d'Orsay, construite par Victor Laloux et inaugurée en 1900 au moment de l'Exposition universelle. C'est en 1977 qu'un Conseil des ministres a décidé de transformer la gare et son hôtel en un musée consacré à la création artistique du XIXe siècle (1848-1914). Collections : Arts Décoratifs, Histoire, Littérature, Mobilier, Peinture, Photographie, Sculpture. L'intérieur a été réalisé par l'architecte italienne Gae Aulenti. 1, rue de Bellechasse, 7e. Tél. : 01 40 49 48 14. Métro : Solférino. Horaires : tous les jours sauf le lundi de 10h-18h, le jeudi jusqu'à 21h45. Tarifs : 5,50 €.

Notre-Dame de Paris est un chef-d'œuvre de l'art gothique français, construite entre 1163 et 1330. La façade principale est composée de trois gigantesques portails. Visite guidée et gratuite de la cathédrale tous les jours : à 12h du lundi au vendredi, à 14h30 le samedi, à 14h le dimanche. Visite payante des tours tous les jours de 10h à 17h30. Concerts gratuits tous les dimanches à 17h45. Pas de visite les jours fériés.
Tél : 01 42 34 56 10.
Tarifs : Visite des tours : 5 €.

1 Look over the advertisements and answer the questions below.

1. Which place(s) offer(s) a view of Paris?

2. Where can you go to a free concert? On what day?

3. Are any of these places open in the evening? If so, which ones?

4. Where can you see nineteenth-century French art?

5. Which attraction is closed on holidays?

6. Which places list their prices?

7. Which attraction is closed on Mondays?

8. Which attraction costs the most to visit?

9. At which place can you buy something to eat?

2 Your French friends are discussing which Paris attraction to visit. Listen to their conversation and write down the attraction they decide on. Listen again and tell when and where they agree to meet.

3 Using what you've learned about French culture, answer the following questions.

1. Where do French teenagers like to go to have fun?

2. Would a French teenager be surprised at American dating customs? Why?

4 # Ecrivons!

You have one day in Paris to do whatever you like. Write a note to your French class back home telling everyone what you plan to do during your day in Paris.

> ## Stratégie pour écrire
> Arranging your ideas chronologically is helpful when planning activities for the day. To do this, take a sheet of paper, turn it sideways, and divide it into five columns. Label the first column **de 8h à 10h,** the second column **de 10h à midi,** and so on, in two-hour increments up to 6:00 in the evening. Next, decide what you would like to do at these times and write the information in the appropriate columns.

de 8h à 10h	de 10h à midi	de midi à 2h
aller au café	aller au zoo	
faire une promenade dans le jardin des Tuileries.		

Now, using the information from the chart you've prepared, write the note to your French class. Tell everyone what you plan to see and do throughout the day. Here are some connecting words that may help your writing flow more smoothly: **d'abord** *(first)*, **ensuite** *(next)*, and **après ça** *(after that)*.

5 # Jeu de rôle

Get together with some classmates. Choose one place in Paris you'd all like to visit and decide on a meeting time and place. Make sure that the Paris attraction you choose to visit will be open when you plan to go. Act this out with your group.

Que sais-je?

Can you use what you've learned in this chapter?

Can you make plans?
p. 173

1 How would you say that these people are going to these places?

1. Je   2. Nous   3. Anne et Etienne

2 How would you tell what you're planning to do this weekend?

Can you extend and respond to invitations?
p. 179

3 How would you invite a friend to . . .
1. go window shopping?
2. go for a walk?
3. go see a basketball game?
4. go to the café?

4 How would you accept the following invitations? How would you refuse them?
1. Je voudrais aller faire du ski. Tu viens?
2. Allons à la Maison des jeunes!
3. On va au restaurant. Tu viens?
4. Tu veux aller au cinéma?

5 How would you say that the following people want to go to these places?

1. Ahmed   2. Isabelle et Ferdinand   3. Mon amie et moi

Can you arrange to meet someone?
p. 183

6 If someone invited you to go to the movies, what are three questions you might ask to find out more information?

7 What are some possible answers to the following questions?
1. Où ça?
2. Avec qui?
3. A quelle heure?
4. Quand ça?

Première étape

Making plans

Qu'est-ce que tu vas faire... ?	What are you going to do . . . ?
Tu vas faire quoi...?	What are you going to do . . . ?
Je vais...	I'm going . . .
Pas grand-chose.	Not much.
Rien de spécial.	Nothing special.

Things to do

aller à une boum	to go to a party
faire une ` promenade	to go for a walk
faire un pique-nique	to have a picnic

faire les vitrines	to window-shop
manger quelque chose	to eat something
regarder un match	to watch a game (on TV)
voir un film	to see a movie
aller voir un match	to go see a game
voir une pièce	to see a play

Places to go

la bibliothèque	library
le centre commercial	mall
le cinéma	movie theater

la Maison des jeunes et de la culture (MJC)	recreation center
le musée	museum
le parc	park
la piscine	swimming pool
la plage	beach
le restaurant	restaurant
le stade	stadium
le théâtre	theater
le zoo	zoo

Other useful expressions

aller	to go
au/à la/à l'/aux	to, at

Deuxième étape

Extending invitations

Allons... !	Let's go . . . !
Tu veux... avec moi?	Do you want . . . with me?
Tu viens?	Will you come?
On peut...	We can . . .

Accepting invitations

D'accord.	OK.

Bonne idée.	Good idea.
Je veux bien.	I'd really like to.
Pourquoi pas?	Why not?

Refusing invitations

Ça ne me dit rien.	I don't feel like it.
J'ai des trucs à faire.	I've got things to do.

Désolé(e), je ne peux pas.	Sorry, I can't.
Désolé(e), je suis occupé(e).	Sorry, I'm busy.

Other useful expressions

je voudrais...	I'd like . . .
vouloir	to want

Troisième étape

Arranging to meet someone

Quand (ça)?	When?
tout de suite	right away
Où (ça)?	Where?
dans	in
devant	in front of
au (métro)...	at the . . . (metro stop)
chez...	at . . . ('s) house
Avec qui?	With whom?
avec...	with . . .
A quelle heure?	At what time?

A cinq heures.	At five o'clock.
et demie	half past
et quart	quarter past
moins le quart	quarter to
moins cinq	five to
Quelle heure est-il?	What time is it?
Il est midi.	It's noon.
Il est minuit.	It's midnight.
Il est midi (minuit) et demi.	It's half past noon (midnight).

vers	about
Bon, on se retrouve...	OK, we'll meet . . .
Rendez-vous...	We'll meet . . .
Entendu.	OK.

Other useful expressions

ce week-end	this weekend
demain	tomorrow
est-ce que	(introduces a yes-no question)

Objectives

In this chapter you will learn to

Première étape

- identify and introduce people

Deuxième étape

- describe and characterize people

Troisième étape

- ask for, give, and refuse permission

🖥 internet ▬▬▬▬▬

go.hrw.com ADRESSE: go.hrw.com
MOT-CLE: WA3 PARIS-7

◀ **Elle est comment, ta famille?**

MISE EN TRAIN · *Sympa, la famille!*

Stratégie pour comprendre

Look at the people pictured in the photo album. Can you guess how they're related to Isabelle?

Thuy   **Isabelle**

1
Thuy : Tiens, j'adore regarder les photos. Je peux les voir?
Isabelle : Bien sûr!

2 Ce sont mes grands-parents. Ils sont heureux sur cette photo. Ils fêtent leur quarantième anniversaire de mariage.

Ma tante   Loïc   Mon oncle
Julie   Patricia

4

Là, c'est mon oncle et ma tante, le frère de ma mère et sa femme. Et au milieu, ce sont leurs enfants, mes cousins. Ils habitent tous en Bretagne. Ça, c'est Loïc. Il a 18 ans. C'est Julie. Elle a 8 ans. Elle est adorable. Et elle, c'est ma cousine Patricia. Elle est très intelligente. En maths, elle a toujours 18 sur 20!

3 C'est une photo de Papa et Maman.

5 Là, c'est moi. Quel amour de bébé, n'est-ce pas? Je suis toute petite... peut-être un an et demi.

6 C'est mon frère Alexandre. Il a 11 ans. Il est parfois pénible.

7 C'est ma tante du côté de mon père. Elle s'appelle Véronique. Ça, c'est son chat Musica. Elle adore les animaux. Elle a aussi deux chiens!

8

Isabelle :	Et toi, tu n'as pas de frères ou de sœurs?
Thuy :	Non. Je suis fille unique.
Isabelle :	Tu as de la chance.

Cahier d'activités, p. 73, Act. 1

1 Tu as compris?

Réponds aux questions suivantes sur *Sympa, la famille!*

1. What are Isabelle and Thuy talking about?
2. Does Isabelle have brothers or sisters? If so, what are their names?
3. How many cousins does she have?
4. Who are some of the other family members she mentions?
5. How does Isabelle feel about her family? How can you tell?

2 Vrai ou faux?

1. Julie a huit ans.
2. Julie est blonde.
3. Les cousins d'Isabelle habitent à Paris.
4. Tante Véronique n'a pas d'animaux.
5. Thuy a un frère.

3 Quelle photo?

De quelle photo est-ce qu'Isabelle parle?

1. Il a onze ans.
2. En maths, elle a toujours 18 sur 20.
3. J'ai un an et demi, je crois...
4. Elle a huit ans.

a.

b.

c.

d.

4 Cherche les expressions

In *Sympa, la famille!,* what does Isabelle or Thuy say to . . .

1. ask permission?
2. identify family members?
3. describe someone?
4. pay a compliment?
5. tell someone's age?
6. complain about someone?

> Je peux... ? C'est...
> Elle est très intelligente.
> Elle est adorable. Il/Elle a... ans.
> Ce sont...
> Il est parfois pénible. Ils sont heureux.

5 Et maintenant, à toi

Est-ce que la famille d'Isabelle est comme les familles que tu connais? Est-ce qu'elle est différente? Pourquoi?

Comment dit-on...?

Identifying people

To identify people:

C'est ma tante Véronique.
Ce sont mes cousins Loïc et Julie. *These/Those are . . .*
Voici mon frère Alexandre. *Here's . . .*
Voilà Patricia. *There's . . .*

---

6 **C'est qui?**

Parlons Avec un(e) partenaire, inventez des identités pour les personnes qui sont sur cette photo.

Les membres de la famille d'Isabelle

Other family relationships:
la femme *wife*
le mari *husband*
la fille *daughter* (fee)
le fils *son* (fees)
l'enfant *child*
le parent *parent, relative*

Ma grand-mère et mon grand-père,
Eugénie et Jean-Marie Ménard

Ma tante
Véronique, la
sœur de mon
père

Mon père et ma mère, Raymond
et Josette Guérin

Mon oncle et ma tante, Guillaume
et Micheline Ménard

Mon frère
Alexandre

C'est moi!

Mes cousines Patricia et Julie, et mon cousin Loïc

Mon chien   Mon chat

Mon canari   Mon poisson

Cahier d'activités, pp. 74–75, Act. 2a, 4a

Travaux pratiques de grammaire, p. 51, Act. 1–2

Note de grammaire

Use **de** (**d'**) to indicate relationship or ownership.

C'est la mère **de** Paul.
That's Paul's mother.
Voici le chien **d'**Ophélie.
Here's Ophélie's dog.
C'est un ami **du** prof.
That's the teacher's friend.

Grammaire supplémentaire, p. 218, Act. 1

Cahier d'activités,
pp. 74, 76,
Act. 2b, 7b

Travaux pratiques
de grammaire,
p. 52, Act. 3–4

7 Grammaire en contexte

Parlons Quels membres de la famille d'Isabelle sont décrits dans les phrases suivantes?

EXEMPLE Le frère de Véronique, c'est Raymond.

1. C'est le père d'Alexandre.
2. C'est la femme de Guillaume.
3. C'est le grand-père de Julie.
4. C'est la mère de Patricia.
5. Ce sont les sœurs de Loïc.
6. C'est le cousin de Patricia.

8 La famille d'Alain

Ecoutons Alain montre des photos de sa famille à Jay. De quelle photo est-ce qu'il parle?

a.   b.   c.   d.   e.

Grammaire

Possessive adjectives

	Before a masculine singular noun	Before a feminine singular noun	Before a plural noun
my	**mon**	**ma**	**mes**
your	**ton**	**ta**	**tes**
his/her/its	**son** } frère	**sa** } sœur	**ses** } frères
our	**notre**	**notre**	**nos**
your	**votre**	**votre**	**vos**
their	**leur**	**leur**	**leurs**

- **Son, sa,** and **ses** may mean either *her* or *his.*

  C'est **son** père.   That's *her* father. *or* That's *his* father.

  C'est **sa** mère.   That's *her* mother. *or* That's *his* mother.

  Ce sont **ses** parents.   Those are *her* parents. *or* Those are *his* parents.

- **Mon, ton,** and **son** are used before all singular nouns that begin with a vowel sound, whether the noun is masculine or feminine.

  C'est **ton amie** Marianne?

  C'est **mon oncle** Xavier.

- Liaison is always made with **mon, ton,** and **son,** and with all the plural forms.

  mon‿école   nos‿amis

- Use **ton, ta,** and **tes** with people you would normally address with **tu.** Use **votre** and **vos** with people you would normally address with **vous.**

Grammaire supplémentaire, pp. 218–219, Act. 2–4

Cahier d'activités, pp. 75–76, Act. 6–7a

Travaux pratiques de grammaire, p. 53, Act. 5–7

9 Grammaire en contexte

Ecoutons Listen to Roland and Odile. Are they talking about their own pets or someone else's? Then, listen again to find out what kind of pets they're talking about.

Family life plays an important role in French society. Although modern times have brought changes to the family's daily life (more working mothers, less time for family activities, more divorces, and so on), France is working hard to maintain the family unit. To do this, the French government provides subsidies (**allocations familiales**) to all families with two or more children. Other social benefits also encourage larger families in a country with an ever-decreasing birth rate. These benefits include a paid maternity leave of at least 14 weeks, a renewable maternity or paternity leave of one year, free day-care, and a birth allowance (**allocation de naissance**) for every child after the second. Families also receive subsidies for each child attending school or college.

10 **Grammaire en contexte**

Parlons Tu habites avec une famille française. Tu montres une photo de ta famille à ton/ta camarade. Explique-lui qui sont les personnes sur la photo. Il/Elle va te poser des questions. Ensuite, changez de rôle.

EXEMPLE

—C'est qui, ça?

—C'est ma sœur.

—Elle joue souvent au tennis?

—Oui. Une fois par semaine.

11 **Devine!**

Parlons Identifie les personnes sur les images suivantes et explique leurs relations. Travaille avec un(e) camarade, puis changez de rôle.

EXEMPLE   C'est Nadine et son grand-père.

Hassan

Thierry

Monique et Annie

Nadine

Liliane

Introducing people

To introduce someone to a friend:

C'est Jean-Michel.
Je te présente mon ami Jean-Michel.
I'd like you to meet . . .

To introduce someone to an adult:

Je vous présente Jean-Michel.

To respond to an introduction:

Salut, Jean-Michel. **Ça va?**
Bonjour.
Très heureux (heureuse).
Pleased to meet you. (formal)

très heureux se=F
enchanté = pleased to meet you

Cahier d'activités, p. 76, Act. 8

Mlle Martin, je vous présente mon ami Jean-Michel.

Bonjour, Jean-Michel!

---

12 Les présentations

Ecoutons Are the people in these conversations identifying someone or introducing someone?

13 Je te présente...

Parlons Il y a un(e) nouvel(le) élève français(e) dans ton école. Il/Elle te demande comment tes camarades s'appellent et quel âge ils ont. Travaillez en groupe et faites les présentations. Ensuite, changez de rôle.

14 Mon journal

Ecrivons Ecris un paragraphe sur ta famille. Donne le nom et l'âge de chaque personne et explique ce que cette personne aime bien faire. Si tu préfères, tu peux aussi inventer une famille ou décrire une famille célèbre ou une famille de la télé.

Tu te rappelles?

Do you remember how to ask for and give people's name and age?

—Elle s'appelle comment?
—Magali.
—Elle a quel âge?
—Seize ans.

Vocabulaire à la carte

Here are some other words you might need to talk about your family.

des petits-enfants	*grandchildren*
un demi-frère	*stepbrother; half brother*
une demi-sœur	*stepsister; half sister*
un(e) enfant unique	*an only child*
une belle-mère	*stepmother/mother-in-law*
un beau-père	*stepfather/father-in-law*
un petit-fils	*grandson*
une petite-fille	*granddaughter*
une nièce	*niece*
un neveu	*nephew*

Deuxième étape

Objective Describing and characterizing people

WA3 PARIS-7

Vocabulaire

Ils sont comment?

PETITE   GRAND

BRUNE   BLOND   ROUX

JEUNE   AGÉE

MINCE   GROS(se)

You can also use these descriptive words:

mignon(mignonne)(s) *cute*   **ne... ni grand(e)(s) ni petit(e)(s)** . . . *neither tall nor short*

You can use these words to characterize people:

amusant(e)(s)	*funny*	**intelligent(e)(s)**	*smart*	**embêtant(e)(s)**	*annoying*
timide(s)	*shy*	**content(e)(s)**	*happy*	**pénible(s)**	*a pain in the neck*
gentil(le)(s)	*nice*	**fort(e)(s)**	*strong*	**méchant(e)(s)**	*mean*
sympathique(s)/sympa(s)	*nice*				

Cahier d'activités, p. 77, Act. 9–10

Travaux pratiques de grammaire, p. 54, Act. 8–9

DE BONS CONSEILS

Organizing vocabulary in various ways can help you remember words. Group words by categories, like foods, sports, numbers, colors, and so forth. Try to associate words with a certain context, such as school (school subjects, classroom objects) or a store (items for sale, salesperson). Try to use associations like opposites, such as **petit—grand** or **gros—mince**.

15 **De qui est-ce qu'on parle?**

 Ecoutons Match the descriptions you hear with the students' names.

Roger	Denise	Julie	Martin	Carmen
3	5	1	2	4

Comment dit-on...?

Describing and characterizing people

To ask what someone is like:

Il est comment? *What is he like?*
Elle est comment? *What is she like?*
Ils/Elles sont comment? *What are they like?*

To describe someone:

Il n'est ni grand **ni** petit.
Elle est brune.
Ils/Elles sont âgé(e)s.

To characterize someone:

Il est pénible.
Elle est timide.
Ils/Elles sont amusant(e)s.

Cahier d'activités, p. 78, Act. 13

 16 **Les cousins d'Ariane**

Ecoutons Ariane is telling a friend about her cousins. Does she have a favorable or unfavorable opinion of them?

Domin. fav.   Gabriel fav.
André unfav.   Daniel
Joël. fav.

 17 **Des familles bizarres**

Parlons Comment sont les membres de ces familles?

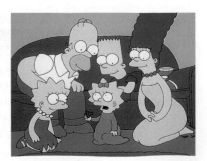

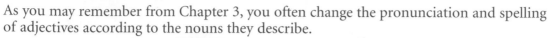

Adjective agreement

As you may remember from Chapter 3, you often change the pronunciation and spelling of adjectives according to the nouns they describe.

- If the adjective describes a feminine noun, you usually add an **e** to the masculine form of the adjective.
- If the adjective describes a plural noun, you usually add an **s** to the singular form, masculine or feminine.
- If an adjective describes both males and females, you always use the masculine plural form.
- Some adjectives have special (irregular) feminine or plural forms. Here are some irregular adjectives that you've seen in this chapter.

Il est **roux.**	Elle est **rousse.**
Ils sont **roux.**	Elles sont **rousses.**
Il est **mignon.**	Elle est **mignonne.**
Ils sont **mignons.**	Elles sont **mignonnes.**
Il est **gentil.**	Elle est **gentille.**
Ils sont **gentils.**	Elles sont **gentilles.**
Il est **gros.**	Elle est **grosse.**
Ils sont **gros.**	Elles sont **grosses.**
Il est **sympa.**	Elle est **sympa.**
Ils sont **sympas.**	Elles sont **sympas.**

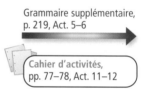

Grammaire supplémentaire,
p. 219, Act. 5–6

Cahier d'activités,
pp. 77–78, Act. 11–12

- In the masculine forms, the final consonant sound is silent. In the feminine forms, the final consonant sound is pronounced.

Travaux pratiques de
grammaire,
pp. 55–57, Act. 10–14

- A few adjectives don't ever change. Here are some that you've already seen.

marron **orange** **cool** **super**

18 ### Grammaire en contexte

Parlons Frédéric et Denise sont frère et sœur. Regarde l'image et dis s'ils sont semblables ou différents.

> **EXEMPLE** **Frédéric est grand,
> mais Denise est petite.**

19 ### Grammaire en contexte

Parlons Décris ton/ta meilleur(e) ami(e) à un(e) camarade. Dis comment il/elle est physiquement. Décris sa personnalité et ce qu'il/elle aime. Ensuite, changez de rôle.

Grammaire

The verb *être*

Etre is an irregular verb.

être *(to be)*

Je	**suis** intelligent(e).		Nous	**sommes** intelligent(e)s.
Tu	**es** intelligent(e).		Vous	**êtes** intelligent(e)(s).
Il/Elle/On	**est** intelligent(e).		Ils/Elles	**sont** intelligent(e)s.

CD-ROM **2**
DVD **1**

Grammaire supplémentaire,
pp. 220–221, Act. 7–9

Cahier d'activités,
pp. 78–79, Act. 14–15

Travaux pratiques
de grammaire,
pp. 57–58, Act. 15–17

---

20 **Grammaire en contexte**

Ecrivons Albain décrit tout le monde. Complète ses descriptions avec la forme appropriée du verbe **être**.

Je ___1___ blond, mais Rénato et Jacob, ils ___2___ bruns. Francette et Babette, vous ___3___ rousses. Et toi, Francette, tu ___4___ grande aussi. Rénato aussi ___5___ grand, et pénible. Babette ___6___ très gentille et mignonne. Mais les différences ne ___7___ pas importantes. Nous ___8___ tous intelligents.

---

21 **Grammaire en contexte**

Parlons Décris un membre de la famille Louvain à un(e) camarade. Attention! Ne dis pas comment il/elle s'appelle. Ton/Ta camarade doit deviner de qui tu parles. Ensuite, changez de rôle.

M. Louvain
Chantal
Gabrielle
Mme Louvain
M. Louvain
Mme Louvain
Emile
Philou et Chouchou
Luc

---

22 **Mon journal**

Ecrivons Ecris un paragraphe pour décrire une personne de ta famille que tu admires. Dis ce qu'il/elle aime faire et où il/elle aime aller. Si tu préfères, tu peux décrire un personnage de la télé.

Tu as un animal domestique? Il est comment?

We talked to some French-speaking people about their pets. Here's what they had to say.

Olivier, Martinique

«Oui, j'ai un animal à la maison, un chien. Son nom, c'est Chopine. Il n'est pas trop gros, [il est] vivant. Il aime beaucoup s'amuser et beaucoup manger aussi.»

Onélia, France

«J'ai un chat. Il s'appelle Fabécar. Il a trois ans. C'est un mâle. On le voit assez rarement. On le voit seulement quand il veut manger, sinon il se promène dans les jardins. Il est très affectueux.»

Marie-Emmanuelle, France

«J'ai un cheval. Il est grand. Il fait 1 mètre 78 au garrot. Il est brun. Il s'appelle Viêt. Et on fait des balades à cheval.»

Qu'en penses-tu?

1. What names do these people give their pets?
2. Do you take your pets out in public? Why or why not? If so, where?
3. What kind of system is used in the United States to identify lost pets?

Savais-tu que...?

More than half of French households have pets. City dwellers often take them along when they shop. In many francophone countries, people sometimes carry small animals in baskets (**paniers**) made just for them! It isn't unusual to see dogs and cats on trains or in subways, restaurants, department stores, and other public places. Most pet owners have their four-legged friends tattooed with a number that allows them to be identified in case they are lost. Various groups in France have launched poster campaigns to encourage dog owners to teach their pets to use the gutter instead of the sidewalk: **Apprenez-leur le caniveau!**

Comment dit-on...?

Asking for, giving, and refusing permission

To ask for permission:

> Je voudrais aller au cinéma. **Tu es d'accord?**
> *Is that OK with you?*
> **(Est-ce que) je peux** sortir? *May I . . .*

To give permission: *tu peux* / vous pouvez

> **Oui, si tu veux.** *Yes, if you want to.*
> **Pourquoi pas?**
> **Oui, bien sûr.**
> **D'accord, si tu** fais **d'abord** la vaisselle.
> *OK, if you . . . first.*

c'est entendu

To refuse permission:

> **Pas question!** *Out of the question!*
> **Non, c'est impossible.** *No, that's impossible.*
> **Non, tu dois** faire tes devoirs.
> *No, you've got to . . .*
> **Pas** ce soir. *Not . . .*

pas du tout
pas question!   oh la vache
                  (what a pain in the but)

plus tard   peut-être (pas)
              may be (not)

pas ce soir
pas cet après-midi

Grammaire supplémentaire,
p. 221, Act. 10

Cahier d'activités,
p. 81, Act. 21

---

23 **Je peux... ?**

 Ecoutons Listen to these people ask for permission. Are they given or refused permission?

Vocabulaire

débarrasser la table	*to clear the table*
faire les courses	*to do the shopping*
faire le ménage	*to clean house*
faire la vaisselle	*to do the dishes*
garder ta petite sœur	*to look after . . .*
laver la voiture	*to wash the car*
passer l'aspirateur	*to vacuum*
promener le chien	*to walk the dog*
ranger ta chambre	*to pick up your room*
sortir la poubelle	*to take out the trash*
tondre le gazon	*to mow the lawn*

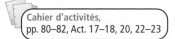
Cahier d'activités,
pp. 80–82, Act. 17–18, 20, 22–23

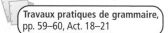
Travaux pratiques de grammaire,
pp. 59–60, Act. 18–21

24 **Permission donnée ou refusée**

Ecoutons Listen to some French teenagers ask permission to go out with their friends. Which picture represents the outcome of each dialogue?

a.

b.

c.

d.

e.

f.

25 **Qui doit le faire?**

Parlons Demande à un(e) camarade qui fait les corvées ménagères dans sa famille. Ensuite, changez de rôle.

EXEMPLE —Qui promène le chien?
—Mon frère. Et moi aussi quelquefois.

26 **Tu es d'accord?**

Ecrivons Qu'est-ce que ces personnes disent?

1.

2.

3.

4.

27 **Et toi?**

Parlons Donne la permission ou refuse la permission dans les situations suivantes.

1. Ta petite sœur ou ton petit frère veut écouter ta cassette.

2. Ton ami(e) veut lire ton livre.

3. Ta petite sœur ou ton petit frère veut aller avec tes amis et toi au cinéma.

28 **De l'école au travail**

 Parlons This summer, you're going to work for a French family as a babysitter. Your partner is going to play the role of one of the children, and he is going to ask you permission to do different things this weekend. Give permission for some activities and say no for others. Explain why you gave or refused permission. Then, change roles.

PRONONCIATION

The nasal sounds [ɔ̃], [ɛ̃], and [œ̃]

In Chapter 5 you learned about the nasal sound [ã]. Now listen to the other French nasal sounds [ɔ̃], [ɛ̃], and [œ̃]. As you repeat the following words, try not to put a trace of the consonant **n** in your nasal sounds.

on   hein   un

How are these nasal sounds represented in writing? The nasal sound [ɔ̃] is represented by a combination of **on** or **om.** Several letter combinations can represent the sound [ɛ̃], for example, **in, im, ain, aim, (i)en.** The nasal sound [œ̃] is spelled **un** or **um.** A vowel after these groups of letters or, in some cases, a doubling of the consonant **n** or **m** will result in a non-nasal sound, as in **limonade** and **ennemi.**

A. A prononcer

Repeat the following words.

1. ton	blond	pardon	nombre
2. cousin	impossible	copain	faim
3. un	lundi	brun	humble

B. A lire

Take turns with a partner reading the following sentences aloud.

1. Ils ont très faim. Ils vont prendre des sandwiches au jambon. C'est bon!

2. Allons faire du patin ou bien, allons au concert!

3. Ce garçon est blond et ce garçon-là est brun. Ils sont minces et mignons!

4. Pardon. C'est combien, cette montre?

C. A écrire

You're going to hear a short dialogue. Write down what you hear.

En direct des refuges

EN DIRECT DES REFUGES

Stratégie pour lire

When you read something, it's important to separate the main idea from the supporting details. Sometimes the main idea is clearly stated at the beginning, other times it's just implied.

A. Which completion best expresses the main idea of these articles?

These articles are about . . .

1. animals that are missing.
2. animals that have performed heroic rescues.
3. animals that are up for adoption.
4. animals that have won prizes at cat and dog shows.

B. Now that you've decided what the main idea of the reading is, make a list of the kinds of details you expect to find in each of the articles.

C. How is Mayo different from the other animals? What is the main idea of the article about him? What other details are given?

D. Each of the articles includes a description of the animal. Look at the articles again and answer these questions.

1. Which animal is the oldest? The youngest?
2. Which animals get along well with children?

IL VOUS ATTEND, ADOPTEZ-LE

CAMEL, 5 ANS

Ce sympathique bobtail blanc et gris est arrivé au refuge à la suite du décès accidentel de son maître. Il est vif, joyeux, a bon caractère et s'entend très bien avec les enfants. En échange de son dévouement et de sa fidélité, ce sportif robuste demande un grand espace afin de pouvoir courir et s'ébattre à son aise.

Cet animal vous attend au refuge de la Société normande de protection aux animaux, 7 bis, avenue Jacques-Chastellain, Ile Lacroix 76000 Rouen. Tél.: (02) 35.70.20.36. Si Camel a été adopté, pensez à ses voisins de cage.

Continuez à nous écrire, et envoyez-nous votre photo avec votre protégé, une surprise vous attend!

ELLE VOUS ATTEND, ADOPTEZ-LA

DADY, 2 ANS

Toute blanche, à l'exception de quelques petites taches et des oreilles noires bien dressées, Dady a un petit air de spitz, opulente fourrure en moins. Gentille, enjouée, très attachante, elle a été abandonnée après la séparation de ses maîtres et attend une famille qui accepterait de s'occuper d'elle un peu, beaucoup, passionnément.

Cet animal vous attend au refuge de l'Eden, Rod A'char, 29430 Lanhouarneau. Tél.: (02) 98.61.64.55. Colette Di Faostino tient seule, sans aucune subvention, ce havre exemplaire mais pauvre. Si Dady a été adoptée, pensez à ses compagnons de malchance !

Mayo a trouvé une famille

Mayo a été adopté à la SPA de Valenciennes par Françoise Robeaux qui rêvait d'un chat gris ! Il a ainsi rejoint l'autre «fils» de la famille, un superbe siamois âgé de 13 ans.

ELLE VOUS ATTEND, ADOPTEZ-LA

POUPETTE, 3 ANS

Cette jolie chatte stérilisée au regard tendre et étonné a été recueillie à l'âge de quelques semaines par une vieille dame, dont elle a été la dernière compagne. Sa maîtresse est malheureusement décédée après un long séjour à l'hôpital. Poupette, l'orpheline, ne comprend pas ce qui lui arrive et commence à trouver le temps long ! Elle a hâte de retrouver un foyer «sympa», des bras caressants et une paire de genoux pour ronronner.

Cet animal vous attend avec espoir au refuge Grammont de la SPA 30, av. du Général-de-Gaulle 92230 Gennevilliers. Tél.: (01) 47.98.57.40. Rens. sur Minitel: 36.15 SPA. Si Poupette est déjà partie, pensez aux autres!

IL VOUS ATTEND, ADOPTEZ-LE

JUPITER, 7 MOIS

Cet adorable chaton tigré et blanc vient tout juste d'être castré et est dûment tatoué. Très joueur et affectueux, il a été recueilli au refuge parce que, malheureusement, sa maîtresse a dû être hospitalisée pour un séjour de longue durée. Sociable, il s'entend très bien avec les jeunes enfants et accepterait volontiers un chien pour compagnon.

Cet animal vous attend au refuge de la fondation Assistance aux animaux, 8, rue des Plantes 77410 Villevaudé. Tél.: (01) 60.26.20.48 (l'après-midi seulement).

ELLE VOUS ATTEND, ADOPTEZ-LA

FLORA, 3 ANS

C'est une pure braque Saint Germain roux et blanc. Elle ne pense qu'à jouer, s'entend bien avec les enfants et témoigne d'une gentillesse infatigable. Flora a été abandonnée car elle ne s'intéressait pas à la chasse. Son sport passion : la course derrière la «baballe».

Elle vous attend au refuge de l'Eden, Rod A'char, 29430 Lanhouarneau. Tél.: (02) 98.61.64.55. Colette Di Faostino tient seule, sans aucune subvention, ce havre exemplaire mais pauvre. Si Flora a déjà été adoptée, pensez à ses compagnons !

Vous avez recueilli un animal par notre intermédiaire ? Envoyez-nous votre photo avec votre protégé, une surprise vous attend!

3. Which animal needs a lot of space?

4. Which animals love to play?

E. Make a list of all the adjectives of physical description that you can find in the articles. Now, list the adjectives that describe the animals' characteristics.

F. Each article also explains why these animals were sent to the animal shelter.

1. Which animal wasn't interested in hunting?

2. Whose owner was involved in an accident?

3. Whose owner had to go to the hospital for a long time?

4. Whose family got separated?

G. A third kind of detail tells where you can go to adopt these animals. Can you find the French word for *animal shelter*?

H. Now, write your own classified ad to try to find a home for a lost pet. Remember to give the animal's name and age, tell what the animal looks like, and describe his or her character.

or

Write a letter to the animal shelter telling them what kind of pet you would like to adopt.

1. First, make a list of all of the characteristics you're looking for in a pet. Will you choose to adopt a cat or a dog? What will he or she look like? Act like? Like to do?

2. Write a short letter, including all the important information about your desired pet.

3. Don't forget to give your address and telephone number!

Cahier d'activités, p. 83, Act. 25

Première étape

Objectives Identifying and introducing people

1 Ahmed est nouveau dans ton quartier. Aide-le à identifier certaines personnes. Pour répondre à ses questions, utilise **c'est** et **ce sont** et les mots entre parenthèses dans l'ordre où ils se trouvent. (**pp. 203, 204**)

> **EXEMPLE** —C'est qui, Karim et Mohammed? (les oncles/Samira)
> —**Ce sont les oncles de Samira.**

1. C'est qui, Claudette? (la grand-mère/Guy)
2. C'est qui, Arnaud et Martin? (les frères/Marie)
3. C'est qui, Mourad? (le fils/Fatima)
4. C'est qui, Jacqueline et Jeanne? (les tantes/Paul)
5. C'est qui, Ismaïl? (le grand-père/Saïdou)
6. C'est qui, Hélène? (la fille/Jean)
7. C'est qui, Stéphane? (le petit-fils/Mme Lominé)

2 Sabine and Claire are asking their younger brother Luc to bring them some items they forgot in their room. Complete their statements with the appropriate possessive adjectives. (**p. 205**)

> **EXEMPLE** Luc, apporte-nous **nos** calculatrices, s'il te plaît!

1. Apporte-nous _____ stylos, s'il te plaît!
2. Apporte-moi _____ trousse, s'il te plaît!
3. Apporte-moi _____ cahiers, s'il te plaît!
4. Apporte-nous _____ dictionnaire, s'il te plaît!
5. Apporte-moi _____ calculatrice, s'il te plaît!
6. Apporte-nous _____ sacs, s'il te plaît!

3 Luc ne trouve pas ce que ses sœurs veulent. Il leur demande où ces choses se trouvent. Complète ses questions avec les adjectifs possessifs appropriés. (**p. 205**)

1. (à Claire et à Sabine) Ils sont où, _____ stylos?
2. (à Claire) Elle est où, _____ trousse?
3. (à Sabine) Ils sont où, _____ cahiers?
4. (à Sabine et à Claire) Il est où, _____ dictionnaire?
5. (à Claire) Elle est où, _____ calculatrice?
6. (à Sabine et à Claire) Ils sont où, _____ sacs?

4 Mazarine et Jean-Luc parlent de leurs animaux domestiques. Complète leurs phrases avec les adjectifs possessifs appropriés. (**p. 205**)

MAZARINE   Il a quel âge, ____1____ chien, Jean-Luc?

JEAN-LUC   ____2____ chien? Je n'ai pas de chien. Par contre, j'ai des poissons rouges!

MAZARINE   Ah, c'est cool, ça! Ils s'appellent comment, ____3____ poissons?

JEAN-LUC   Elvis et Presley. Tu aimes les poissons rouges, toi?

MAZARINE   Oui, beaucoup, mais j'aime mieux les chats et les canaris.
           ____4____ sœur a deux chats et trois canaris.

JEAN-LUC   Ils sont comment, les chats de ____5____ sœur?

MAZARINE   Très mignons!

JEAN-LUC   Et ____6____ canaris?

MAZARINE   Eh bien, ils sont jaunes.

JEAN-LUC   Ah! Très drôle! Est-ce que ____7____ parents aiment bien les animaux?

MAZARINE   Oui. Chez moi, tout le monde adore les animaux.

Deuxième étape   Objective Describing and characterizing people

5 Déchiffre chaque adjectif, et ensuite, fais l'accord avec le sujet, si c'est nécessaire. (**p. 210**)

1. Daniel est UNBR.
2. Ses amis sont LNBOD.
3. Ses tantes sont NILTEG.
4. Ses frères sont OFRT.
5. Ses sœurs sont TNSUAMA.
6. Son chien est BNTAMEET.
7. Sa grand-mère est ETPIT.
8. Ses chats sont ROGS.
9. Sa mère est XRUO.
10. Son cousin est ENBLEPI.

6 Complète chaque phrase avec l'adjectif approprié et fais l'accord nécessaire. (**p. 210**)

1. J'aime beaucoup ta cousine Mathilde. Elle est _____. (pénible/sympa)
2. Cette quiche est _____! (super/timide)
3. Tes yeux sont _____. (orange/marron)
4. J'aime bien ta grand-mère. Elle est _____. (embêtant/amusant)
5. Ta mère est _____, non? (roux/orange)

7 Complète chaque phrase logiquement. (**p. 211**)

1. Je...
2. Elles...
3. Tu...
4. Julien et moi, on...
5. Jeanne...
6. Alice et moi, nous...
7. Mes frères...
8. Marie et toi, vous...

   a. est très gentille.
   b. suis grand et fort.
   c. sont embêtants.
   d. sommes très minces.
   e. es méchant!
   f. êtes un peu pénibles!
   g. est roux.
   h. sont intelligentes.

8 Choose the expression from the box below that completes each sentence logically. Be sure to consider adjective agreement while making your choices. (**p. 211**)

1. _____ rousses mais toi, tu es blonde.
2. _____ très gentille. Tu l'invites à ma boum, d'accord?
3. _____ très cool. Je peux les écouter?
4. _____ brun mais toi, tu es blonde.
5. _____ mignon comme tout! Viens ici, Médor.
6. _____ timides et ne parlent jamais.
7. _____ orange. C'est bizarre.

> Ton chien est
> Tes CD sont
> Ton père est
> Ta sœur est
> Tes baskets sont
> Tes cousines sont
> Tes amis sont

9 Emma veut savoir comment sont les personnes qui sont dans l'album de photos de Gustave. Ecris ses questions en utilisant la forme correcte du verbe **être** et l'adjectif possessif approprié. **(pp. 205, 211)**

EXEMPLE   GUSTAVE   Ça, ce sont mes cousines Arianne et Aurélie.

EMMA   **Elles sont comment, tes cousines?**

1. Ça, c'est mon cousin Jean-Pierre.

2. Voilà mes tantes Yvette et Claudette.

3. Ça, ce sont mes oncles André et Auguste.

4. Voilà mes grands-parents.

5. Voilà ma sœur Rosalie.

Troisième étape   Objective Asking for, giving, and refusing permission

10 Onélia veut faire beaucoup de choses, mais, d'abord, elle doit demander la permission à ses parents. Complète ses questions avec la forme appropriée du verbe **être**. **(pp. 211, 213)**

1. Je voudrais sortir avec mes copains. Tu _____ d'accord, Maman?

2. Je voudrais aller au cinéma. Vous _____ d'accord?

3. Je voudrais aller à la MJC. Tu _____ d'accord, Papa?

4. Je _____ invitée à la boum de Pierre. Vous _____ d'accord?

11 Mme Ménard demande à ses enfants de l'aider. Complète leurs réponses avec la forme correcte du verbe **être**. **(pp. 211, 213)**

1. MME MÉNARD   Fabienne, tu fais les courses, s'il te plaît?

FABIENNE   Désolée, je _____ occupée. J'ai des devoirs à faire.

2. MME MÉNARD   Anne et Eva, vous faites la vaisselle, s'il vous plaît?

ANNE ET EVA   Désolées, nous _____ occupées.

3. MME MÉNARD   Paul et Eric, vous pouvez débarrasser la table?

PAUL ET ERIC   Désolés, on _____ occupés. On a des trucs à faire.

4. MME MÉNARD   Lise, tu peux promener le chien?

LISE   Oui, bien sûr!

MME MÉNARD   Merci. Tu _____ très gentille!

Mise en pratique

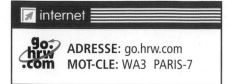

internet

go.hrw.com
ADRESSE: go.hrw.com
MOT-CLE: WA3 PARIS-7

1 Ecoute Nathalie qui va te parler de sa famille. Puis, réponds aux questions.

1. Comment s'appelle le frère de Nathalie?

2. Il a quel âge?

3. Est-ce qu'elle a un chien ou un chat?

4. Comment est son animal?

2 D'abord, lis ces documents rapidement. Ensuite, relis chaque document et réponds aux questions suivantes.

1. What kind of document is this? How do you know?

2. Who is Michel Louis Raymond?

3. Who are Denise Morel-Tissot and Raymond Tissot?

4. What happened on May 20, 2003?

Nous avons la joie de vous annoncer la naissance de notre fils

Michel Louis Raymond
20 mai 2003

Denise Morel-Tissot
Raymond Tissot

Christelle et Nicolas

ont le plaisir de vous faire part de leur mariage

qui aura lieu le quinze février 2003 à 15 heures, en la Mairie de Saint-Cyr-sur-Loire

M. et Mme Lionel Desombre
305 Rue des Marronniers
37540 Saint-Cyr-sur-Loire

5. What kind of document is this? How do you know?

6. Who are Christelle and Nicolas?

7. What happened on February 15, 2003, at three o'clock?

8. Who do you think M. and Mme Lionel Desombre are?

3 Est-ce que ces phrases décrivent la culture française, la culture américaine ou les deux?

1. Dogs are not allowed in restaurants or department stores.

2. The government gives money to all families with two or more children.

3. Pets are tattooed with an identification number.

4. Women have a paid maternity leave of 14 weeks.

 4

Ecrivons!

Write a paragraph describing the family in the picture. Give French names to all the family members, tell their ages, give brief physical descriptions, say something about their personalities, and mention one or two things they each like to do.

Stratégie pour écrire

Using details to describe people will enable you to help your reader develop a clearer mental picture of what you're writing about. The more detailed the writing, the sharper the mental image the reader gets of the subject.

A cluster diagram, like the one you created in Chapter 3, will help you organize your thoughts. Make a large circle for each family member, then attach smaller circles for age, physical description, and so on.

Using the information you organized in your cluster diagram, write a paragraph describing the family in the picture. Imagine that your readers have never seen this picture before. After reading your paragraph, they should feel as if they know the members of the family personally. Be sure to use descriptive words you learned in this chapter, but remember those you've learned in previous chapters as well!

 5

Jeu de rôle

Your friends arrive at your door and suggest that you go out with them. Your parent tells them that you can go out if you finish your chores, so your friends offer to help. As you work around the house, you discuss where to go and what to do. Create a conversation with your classmates. Be prepared to act out the scene, using props.

Can you use what you've learned in this chapter?

Can you identify people?
p. 203

1 How would you point out and identify Isabelle's relatives? How would you give their names and approximate ages? See page 204.
1. her grandparents
2. her uncle
3. her cousin Loïc
4. her brother

Can you introduce people?
p. 207

2 How would you introduce your friend to . . .
1. an adult relative?
2. a classmate?

Can you describe and characterize people?
p. 209

3 How would you describe these people?

1.

2.

4 How would you . . .
1. tell a friend that he or she is nice?
2. tell several friends that they're annoying?
3. say that you and your friend are intelligent?

Can you ask for, give, and refuse permission?
p. 213

5 How would you ask permission to . . .
1. go to the movies?
2. go out with your friends?
3. go shopping?
4. go ice-skating?

6 How would you give someone permission to do something? How would you refuse?

7 What are three things your parents might ask you to do before allowing you to go out with your friends?

Identifying people

C'est...	This/That is . . .
Ce sont...	These/those are . . .
Voici...	Here's . . .
Voilà...	There's . . .

Family members

la famille	family
le grand-père	grandfather
la grand-mère	grandmother
la mère	mother
le père	father
le parent	parent, relative
la femme	wife
le mari	husband
la sœur	sister
le frère	brother
la fille	daughter
le fils	son
l'enfant (m./f.)	child
l'oncle (m.)	uncle
la tante	aunt
la cousine	girl cousin
le cousin	boy cousin
le chat	cat
le chien	dog
le canari	canary
le poisson	fish

Possessive adjectives

mon/ma/mes	my
ton/ta/tes	your
son/sa/ses	his, her
notre/nos	our
votre/vos	your
leur/leurs	their

Introducing people

C'est...	This is . . .
Je te/vous présente...	I'd like you to meet . . .
Très heureux (heureuse).	Pleased to meet you. (formal)

Other useful expressions

de	of (indicates relationship or ownership)

Deuxième étape

Describing and characterizing people

Il est comment?	What is he like?
Elle est comment?	What is she like?
Ils/Elles sont comment?	What are they like?
Il est...	He is . . .
Elle est...	She is . . .
Ils/Elles sont...	They're . . .
amusant(e)	funny
content(e)	happy
embêtant(e)	annoying
fort(e)	strong
gentil (gentille)	nice
intelligent(e)	smart
méchant(e)	mean
pénible	annoying; a pain in the neck
sympa(thique)	nice
timide	shy
âgé(e)	older
blond(e)	blond
brun(e)	brunette
grand(e)	tall
gros (grosse)	fat
jeune	young
mince	slender
mignon (mignonne)	cute
ne... ni grand(e) ni petit(e)	neither tall nor short
petit(e)	short
roux (rousse)	redheaded
être	to be

Troisième étape

Asking for, giving, and refusing permission

Tu es d'accord?	Is that OK with you?
(Est-ce que) je peux... ?	May I . . . ?
Oui, si tu veux.	Yes, if you want to.
Pourquoi pas?	Why not?
Oui, bien sûr.	Yes, of course.
D'accord, si tu... d'abord...	OK, if you . . . first.
Pas question!	Out of the question!
Non, c'est impossible.	No, that's impossible.
Non, tu dois...	No, you've got to . . .
Pas...	Not . . .

Chores

débarrasser la table	to clear the table
faire la vaisselle	to do the dishes
faire le ménage	to clean house
faire les courses	to do the shopping
garder...	to look after . . .
laver la voiture	to wash the car
passer l'aspirateur	to vacuum
promener le chien	to walk the dog
ranger ta chambre	to pick up your room
sortir la poubelle	to take out the trash
tondre le gazon	to mow the lawn

Allez, viens
à Abidjan!

Ville principale de la République de Côte d'Ivoire

Population : plus de 2.100.000

Points d'intérêt : l'Assemblée nationale, le palais du Président, le parc national du Banco, le Musée national

Abidjanais célèbres : Bernard Dadié, Goffi Jadeau, Amon d'Aby, Abdoulaye Traoré

Ressources et industries : café, cacao, bananes, textiles, bois

Spécialités : foutou, aloco, kedjenou, attiéké, sauce arachide, sauce graine, sauce claire

N

MALI

BURKINA FASO

GUINEE

Korhogo

CÔTE D'IVOIRE

Bouaké

Yamoussoukro

GHANA

LIBERIA

Abidjan

Océan Atlantique

go.
hrw
.com
WA3 ABIDJAN

VIDEO

CD-ROM 2
DVD 2

La ville d'Abidjan ▶

Abidjan

Cette ville moderne est située sur la baie de Cocody en Côte d'Ivoire. C'est une ville pleine d'animation qu'on appelle souvent «le creuset de l'Afrique». Les bureaux et les hôtels du quartier du Plateau contrastent avec Treichville, un quartier pittoresque et très animé qui est le centre culturel d'Abidjan.

📡 internet

go.
hrw
.com

ADRESSE: go.hrw.com
MOT-CLE: WA3 ABIDJAN

1 **Les tissus colorés**
La Côte d'Ivoire est connue pour ses tissus très colorés.

2 **Les masques traditionnels**
On peut voir beaucoup de masques traditionnels au Musée national d'Abidjan.

3 **Le Plateau**
C'est le centre des affaires et du gouvernement à Abidjan.

5 Treichville

C'est le principal quartier commerçant d'Abidjan. On y découvre toutes sortes de couleurs, de sons et d'arômes. Ce quartier animé est un vrai plaisir pour les sens.

commercial neighborhood

ebony mahagony

4 Le parc Banco

1926

C'est un parc national depuis 1953, et une très belle réserve naturelle située dans la forêt tropicale.

Au chapitre 8, on va faire la connaissance de Djeneba, de sa famille, de sa prof d'anglais et d'Aminata. Djeneba nous fait visiter le marché d'Abidjan et on apprend comment faire du foutou qui est une spécialité de Côte d'Ivoire. Abidjan est une ville de contrastes. C'est une grande ville moderne, mais riche en traditions africaines.

6 Le port d'Adjamé

C'est un des ports les plus importants de l'Afrique occidentale.

Objectives

In this chapter you will learn to

Première étape

• express need

Deuxième étape

• make, accept, and decline requests
• tell someone what to do

Troisième étape

• offer, accept, or refuse food

☑ internet

go.
hrw
.com   **ADRESSE:** go.hrw.com
        MOT-CLE: WA3 ABIDJAN-8

◀ **Un marché d'Abidjan**

MISE EN TRAIN · *Une invitée pour le déjeuner*

DVD

VIDEO

Stratégie pour comprendre
Where does Djeneba go to do the grocery shopping? Do you recognize any of the food items she buys?

Djeneba

Mme Diomandé

Aminata

Le matin chez les Diomandé, à Abidjan. C'est l'heure du petit déjeuner.

1 kilo de riz
250 grammes de pâte d'arachide
1 poisson
7 oignons
1 douzaine de tomates
3 citrons
un paquet de beurre
du pain

①

Mme Diomandé :	Encore du pain, Aminata?
Aminata :	Non, merci. Je n'ai plus faim.
Mme Diomandé :	Je pense faire du foutou avec de la sauce arachide pour le déjeuner.

②

Plus tard...

Mme Diomandé :	Tiens, te voilà, Djeneba. Tu me fais le marché?
Djeneba :	Volontiers! Qu'est-ce qu'il te faut?

③

Mme Diomandé :	Il me faut des légumes, du riz, du poisson... Tu me rapportes aussi du pain... Et prends de la pâte de tomates.
Djeneba :	Bon, d'accord.

4 Djeneba va au marché...

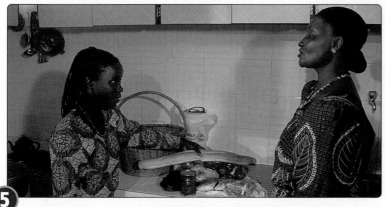

5 ... puis, elle rentre chez elle.

Djeneba : Voilà le poisson, les 250 grammes de pâte d'arachide, les oignons, les tomates et les citrons. J'ai aussi acheté un paquet de beurre, de la pâte de tomates, du pain et du riz.

Mme Diomandé : Merci, chérie.

6 Mme Diomandé fait la cuisine.

7 Mme Diomandé : Viens. Goûte voir. C'est bon?

Djeneba : Oui, très bon.

8 *Toc toc toc!*

9 Djeneba : Ah, j'ai oublié... Devine qui j'ai vu au marché.

Mme Diomandé : Aucune idée... Va voir qui est à la porte.

Cahier d'activités, p. 85, Act. 1–2

1 Tu as compris?

1. What time of day is it?
2. What does Mme Diomandé want Djeneba to do? Why?
3. What are some of the things Djeneba buys?
4. What happens at the end of the story?
5. Judging from the story title, what do you think Djeneba forgot to tell Mme Diomandé?

2 Vrai ou faux?

1. Aminata va au marché.
2. Mme Diomandé va faire du foutou avec de la sauce arachide.
3. Djeneba ne veut pas aller au marché.
4. Djeneba achète des bananes au marché.
5. Djeneba oublie le pain.

3 Choisis la photo

Choisis les photos qui représentent ce que Djeneba a acheté.

1. du poisson   2. des tomates   3. des oignons   4. des citrons   5. du pain

a.   b.   c.   d.   e.

4 C'est qui?

1. «Non, merci. Je n'ai plus faim.»
2. «Tu me fais le marché?»
3. «J'ai aussi acheté un paquet de beurre, de la pâte de tomates, du pain et du riz.»
4. «Ah, j'ai oublié... »
5. «Va voir qui est à la porte.»

5 Cherche les expressions

In *Une invitée pour le déjeuner,* how does . . .

1. Mme Diomandé offer more food to Aminata?
2. Aminata refuse the offer?
3. Mme Diomandé ask Djeneba to do the shopping?
4. Mme Diomandé tell Djeneba what she needs?
5. Djeneba agree to do what Mme Diomandé asks?

> Volontiers!   Tu me fais le marché?
>
> Non, merci. Je n'ai plus faim.
>
> Bon, d'accord.
>   Il me faut...
>   Encore du pain?

6 Et maintenant, à toi

Qui fait les courses dans ta famille? Où est-ce que vous faites les courses?

Vocabulaire

Qu'est-ce qu'on trouve au marché? Au supermarché?

un céléri
une betterave = beets

Légumes

du maïs

des petits pois (m.)

des pommes de terre (f.)
(l'apple of the earth)

un aubergine = eggplant
un potiron
une citrouille
Pumpkin
un artichaut

des carottes (f.)

des gombos (m.)

Produits laitiers *= dairy products*

du beurre

du fromage

du lait

Viandes *du veau = veal*

du porc

du poulet

du bœuf

Fruits *(similar to how you say les fruites)*

des fraises (f.)

des poires (f.)

des noix de coco (f.)

des citrons (m.)

des goyaves (f.)

des papayes (f.)

des pommes (f.)

des mangues (f.) *(mang)*

un begine eggplant

du raisin

des ananas (m.)   *de l'anan*
singular still has an "s"

---

des yaourts (m.) *yogurt*	**du sucre** *sugar*	**des tomates** (f.) *tomatoes*
des œufs (m.) *eggs*	**de la confiture** *jam*	**des avocats** (m.) *avocados* *(Joywer)*
du poisson *fish*	**des gâteaux** (m.) *cakes*	**une/de la salade** *a/some salad*
du riz *rice*	**de la tarte** *pie*	**des salades** (f.) *heads of lettuce*
du pain *bread*	**des oranges** (f.) *oranges*	**des oignons** (m.) *onions* *no appros.*
de la farine *flour*	**des bananes** (f.) *bananas*	**des haricots verts** (m.) *green beans*
	des pêches (f.) *peaches*	**des champignons** (m.) *mushrooms*

un pamplemousse (grapefruit)
un melon (general)
un abricot
une cerise = cherries

une prune
un pastèque = (more specific => watermelon)
une figue

une orange

Travaux pratiques de grammaire, pp. 61–62, Act. 1–4

Cahier d'activités, pp. 86–87, Act. 3–5

7 Qu'en penses-tu?

Ecoutons Listen to the dialogues and decide if the people are talking about fruit, vegetables, fish, or poultry.

Grammaire

The partitive and indefinite articles

You already know how to use **un** and **une** with singular nouns and **des** with plural nouns. Use **du, de la, de l'**, or **des** to indicate *some of* or *part of* something.

> Je voudrais **du** gâteau.
> Tu veux **de la** salade?
> Elle va prendre **de l'**eau minérale.
> Il me faut **des** oranges.

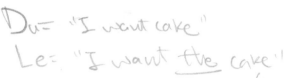

Du= "I want cake"
Le= "I want the cake"
(known, specific).

- If you want to talk about a whole item, use the indefinite articles **un** and **une**.

Il achète **une** tarte.

Il prend **de la** tarte.

Grammaire supplémentaire,
p. 252, Act. 1–3

- In a negative sentence, **du, de la, de l'**, and **des** change to **de/d'** (*none* or *any*).

—Tu as **du** pain?
—Désolée, je n'ai pas **de** pain.

—Tu prends **de la** viande?
—Merci, je ne prends jamais **de** viande.

Cahier d'activités,
p. 87, Act. 6

Travaux pratiques de
grammaire,
pp. 63–65, Act. 5–9

- You can't leave out the article in French as you do in English.
  Elle mange **du** fromage. *She's eating cheese.*

8 Grammaire en contexte

Lisons/Ecrivons Complète ce dialogue avec **du, de la, de l', de, d',** ou **des.**

ASSIKA   Dis, Maman, qu'est-ce qu'on mange à midi? J'ai très faim!

MAMAN   ___1___ poisson, ___2___ riz et ___3___ haricots verts.

ASSIKA   Est-ce qu'on a encore ___4 du___ pain?

MAMAN   Non. Et on n'a pas ___5 de___ bananes non plus. Est-ce que tu peux aller en acheter?

ASSIKA   Bon, d'accord. C'est tout?

MAMAN   Non. Prends aussi ___6 des___ yaourts, ___7 de la___ farine et ___8 du___ sucre. Je vais faire un gâteau pour ce soir.

ASSIKA   Super!

MAMAN   Merci, ma chérie.

9 **Grammaire en contexte**

Parlons Qu'est-ce que Prisca, Clémentine et Adjoua achètent au marché?

1.   2.   3.

Note culturelle

Shopping at a market in Côte d'Ivoire can be an exciting and colorful experience. Every city, town, and village has an open- air market where people come to buy and sell food, cloth, housewares, medicine, and herbal remedies.

Although French is the official language in Côte d'Ivoire, more than 60 different African languages are spoken there. To make shopping easier for everyone, there is a common market language called **Djoula**. Here are a few phrases in **Djoula**.

í ní sɔ̀gɔ̀ma	(ee nee so*goma*)	*Good morning.*
í ní wúla	(ee *nee* woulah)	*Good afternoon./Hello.*
í ká kɛ́nɛ wá?	(ee kah keh*neh* wah)	*How are you?/How's it going?*
n ká kɛ́nɛ kósobɛ	(nnkah keh*neh* kuh*sohbeh*)	*I'm fine.*

ETIENNE NANGBO

10 **Qu'est-ce qu'il y a dans le chariot?**

Parlons Ton/Ta camarade ne trouve plus son chariot. Il y a cinq autres chariots dans le magasin. Les listes suivantes décrivent le contenu des chariots. Demande à ton/ta camarade ce qu'il y a dans son chariot pour deviner quel est son chariot. Ensuite, changez de rôle.

EXEMPLE
— Tu as acheté des tomates?   — Non.
— Tu as acheté du poisson?   — Oui.
— Ton chariot, c'est le numéro... ?   — Oui.

1. du poisson
des tomates
des bananes
du fromage
du lait

2. du pain
des œufs
des oignons
du poisson
des haricots verts

3. du sucre
des ananas
du lait
du maïs
des tomates

4. des tomates
des haricots verts
des œufs
du sucre
du maïs

5. des ananas
des bananes
du fromage
des oignons
des haricots verts

6. des bananes
des œufs
du poisson
du pain
des tomates

Comment dit-on...?

Expressing need

(handwritten: Il ne me faut pas de /)

— **Qu'est-ce qu'il te faut?**
— **Il me faut** des bananes, du riz et de l'eau minérale.

— **De quoi est-ce que tu as besoin?** *What do you need?*
— **J'ai besoin de** riz pour faire du foutou. *I need . . .*

 Cahier d'activités, p. 88, Act. 8

Note de grammaire

The expression **avoir besoin de** can be followed by a noun or a verb. The partitive article is not used with this expression.

Tu **as besoin de** tomates?
Nous **avons besoin d'**œufs pour l'omelette.
J'**ai besoin d'**aller au marché.

(handwritten: J'ai besoin d'un livre / J'ai besoin d'une pomme / J'ai besoin de farine — ONLY FOR PARTITIVES / de la / du / des → de or d')

Cahier d'activités, p. 88, Act. 9

Grammaire supplémentaire, p. 253, Act. 4 →

Travaux pratiques de grammaire, p. 65, Act. 10

---

11 Grammaire en contexte

Lisons/Parlons Sandrine fait une fête, mais le menu est secret. Regarde les listes suivantes et devine ce qu'elle prépare.

1. J'ai besoin de salade, de tomates, de carottes, d'oignons...

2. J'ai besoin de fromage, de pain, de jambon...

3. J'ai besoin d'œufs, de champignons, de fromage, de lait...

4. J'ai besoin de bananes, de pommes, d'oranges...

> une tarte aux pommes
> un banana split   une salade de fruits
> un sandwich
> une salade   une omelette

12 Grammaire en contexte

Ecrivons Tu as besoin de quoi pour faire...

1. un bon sandwich?
2. une quiche?
3. une salade?
4. une salade de fruits?
5. un banana split?

A la française

Many French expressions involve foods: **On est dans la purée** *(We're in trouble)*; **C'est pas de la tarte** *(It's not easy)*. Can you guess what **C'est du gâteau** means?*

13 Que faut-il?

 Parlons Tu veux préparer un repas pour ta famille française. D'abord, fais un menu. Ensuite, va au supermarché et achète ce qu'il te faut. Ton/ta camarade va jouer le rôle du/de la marchand(e). Ensuite, changez de rôle.

Vocabulaire à la carte

Here are some additional words you may want to know:

du concombre	*cucumber*
des cornichons (m.)	*pickles*
de la mayonnaise	*mayonnaise*
de la moutarde	*mustard*
des noix (f.)	*nuts*
du poivre	*pepper*
du sel	*salt*

---

* It means *It's easy; it's a piece of cake.*

Où est-ce que tu aimes faire des provisions?

Where does your family go to shop for groceries? People in francophone countries have several options. We asked these people where they shop. Here's what they had to say.

Louise, France

«Je vais le plus souvent au supermarché, mais je préfère le marché, parce que le marché, c'est dehors et puis, l'ambiance est meilleure.»

Angèle,
Côte d'Ivoire

«Je préfère aller au supermarché pour aller faire des achats parce que là-bas, c'est plus sûr et bien conservé.»

Micheline,
Belgique

«Je préfère aller au marché, chez les petits commerçants, parce qu'il y a le contact personnel, il y a le choix, il y a les odeurs, les couleurs, le plaisir de la promenade aussi dans le marché.»

Qu'en penses-tu?

1. Where do these people shop for groceries?
2. What are the advantages and disadvantages of shopping in these different places?
3. Are there outdoor farmers' markets in your community? What can you buy there?
4. Does your family sometimes shop in small specialty stores? If so, what do they buy there?

Savais-tu que... ?

Many people in francophone countries grocery shop in supermarkets (**supermarchés**) or hypermarkets (**hypermarchés**) because it's convenient. Others prefer to shop in small grocery stores (**épiceries**) or outdoor markets (**marchés en plein air**). **Supermarchés** are similar to their American counterparts. **Hypermarchés** are very large stores that carry just about anything you can imagine—all under one roof! Americans may be surprised to learn, however, that stores are not open 24 hours a day or even late in the evening. **Epiceries** are usually closed between 12:30 P.M. and 4 P.M. and all day on either Sunday or Monday.

Comment dit-on...?

Making, accepting, and declining requests; telling someone what to do

To make requests:

> **Tu peux** aller faire les courses?
> *Can you . . . ?*
> **Tu me rapportes** des œufs?
> *Will you bring me . . . ?*

To accept:

> **Pourquoi pas?**
> **Bon, d'accord.**
> **Je veux bien.** *Gladly.*
> **J'y vais tout de suite.**
> *I'll go right away.*

To tell someone what to do:

> **Rapporte(-moi)** du beurre.
> *Bring (me) back . . .*
> **Prends** du lait. *Get . . .*
> **Achète(-moi)** du riz. *Buy (me) . . .*
> **N'oublie pas d'**acheter le lait.
> *Don't forget to . . .*

To decline:

> **Je ne peux pas maintenant.**
> **Je regrette, mais je n'ai pas le temps.**
> *I'm sorry, but I don't have time.*
> **J'ai des trucs à faire.**
> **J'ai des tas de choses à faire.**

Cahier d'activités, p. 89, Act. 10–12

14 Un petit service

a. Ecoutons Listen to these dialogues. Is the first speaker making a request or telling someone what to do?

b. Ecoutons Now, listen again. Does the second speaker accept or decline the request or command?

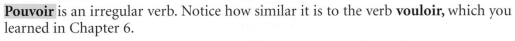

A la française

You already know that the verb **faire** means *to do*. What do you think the verb **refaire** might mean? The prefix **re-** in front of a verb means *to redo* something; to do something again. Use **r-** in front of a verb that begins with a vowel.

Tu dois **re**lire ce livre. *You need to reread this book.*

On va **r**acheter du lait. *We'll buy milk again.*

Rouvre la porte, s'il te plaît. *Reopen the door, please.*

Does this same rule apply in English?

Grammaire

The verb *pouvoir*

Pouvoir is an irregular verb. Notice how similar it is to the verb **vouloir,** which you learned in Chapter 6.

pouvoir *(to be able to, can, may)*

Je	**peux**	Nous	**pouvons**
Tu	**peux**	Vous	**pouvez**
Il/Elle/On	**peut**	Ils/Elles	**peuvent**

Cahier d'activités, p. 90, Act. 13–14

Travaux pratiques de grammaire, p. 66, Act. 11–12

Grammaire supplémentaire, p. 253, Act. 5–6

15 Grammaire en contexte

Lisons/Ecrivons Complète la conversation avec les formes appropriées du verbe **pouvoir.**

M. BONFILS Sim, tu ___1___ aller au marché pour moi?

SIM Non, je ne ___2___ pas. J'ai des trucs à faire!

ARMANDE Papa, Julie et moi, nous ___3___ y aller si tu veux.

M. BONFILS Merci, les filles. Vous ___4___ me prendre un ananas et des mangues? Ah, et du pain aussi.

JULIE On ___5___ acheter les fruits, mais Sim et Marius ne font jamais rien. Ils ___6___ bien acheter le pain pour une fois!

16 Grammaire en contexte

Parlons Demande à tes camarades s'ils peuvent faire les choses suivantes pour toi ou avec toi.

regarder la télé après l'école

aller nager

faire des courses avec moi

me rapporter un sandwich

jouer au foot demain

sortir ce soir

EXEMPLE —Vous pouvez écouter de la musique après l'école?

—Non, nous ne pouvons pas.

Always followed by DE

Vous en voulez combien?

(not masculine)
UNE LIVRE

gender different in French w/book

un kilo(gramme) de pommes de terre et **une livre d'**oignons

(bottle)

une bouteille d'eau minérale
bottle

une douzaine d'œufs
(or de)

une boîte de tomates
can

un paquet de sucre
de la farine

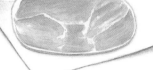

une tranche de jambon
slice of

but not w/ pizza

un morceau de fromage
piece of   gâteaux

un litre de lait
liter
milliliter
(all liquids)

Cahier d'activités, pp. 90–91, Act. 15–17

Travaux pratiques de grammaire, p. 67, Act. 13

Note de grammaire

Notice that you use **de** or **d'** after these expressions of quantity.

Une tranche **de** jambon, s'il vous plaît.

Je voudrais un kilo **d'**oranges.

Travaux pratiques de grammaire, pp. 67–68, Act. 14–16

Grammaire supplémentaire, pp. 253–254, Act. 7–8

★ Always put 'de' after quantity (even w/ negative)

OR just un

Note culturelle

The metric system was created shortly after the French Revolution and has since been adopted by nearly all countries in the world. Although the United States is officially trying to convert to the metric system, many people aren't yet used to it. In the metric system, lengths are measured in centimeters and meters, rather than inches and yards. Distances are measured in kilometers. Grams and kilograms are the standard measures of weight. **Une livre** is half a kilogram. Liquids, including gasoline, are measured in liters. To convert metric measurements, use the following table:

1 centimeter = .39 inches	1 gram = .035 ounces
1 meter = 39.37 inches	1 kilogram = 2.2 pounds
1 kilometer = .62 miles	1 liter = 1.06 quarts

17 Vous en voulez combien?

Ecoutons Listen to Sophie as she does her shopping. Write down the items and the quantities she asks for.

18 Grammaire en contexte

Lisons/Ecrivons Ta mère et ta grand-mère préparent un dîner. Elles te demandent d'aller au marché. Complète la conversation suivante avec une quantité logique de chaque article. Utilise les expressions proposées.

une boîte de/d'

une douzaine de/d'

un morceau de/d'

un litre de/d'

une bouteille de/d'

un paquet de/d'

une livre de/d'

un kilo de/d'

—Alors, Maman, qu'est-ce qu'il te faut?
—Il me faut ____1____ bœuf, ____2____ fromage et ____3____ eau minérale.
—Et pour le dessert?
—Achète-moi ____4____ farine, ____5____ pêches et ____6____ œufs.
—Et toi, Mémé, de quoi est-ce que tu as besoin?
—Rapporte-moi ____7____ oignons et ____8____ lait, s'il te plaît.
—D'accord. A tout à l'heure.

 19 Allons au marché!

Parlons Tu fais les courses. Achète les articles sur ta liste. Demande une quantité logique pour chaque article. Ton/Ta camarade joue le rôle du/de la marchand(e). Ensuite, changez de rôle.

Vous avez choisi?   Voilà.

Et avec ça?

C'est tout?

Vous désirez?

Je voudrais...   Il me faut...

Je prends...

avocats
tomates
vinaigre
oignons
œufs
pain
huile d'olive
fromage
riz
haricots verts
raisin
sucre

 20 Jeu de rôle

Parlons Tu fais des courses pour des personnes âgées. Fais une liste des articles que tu dois acheter. Donne aussi les quantités. Ton/Ta camarade va jouer le rôle de la personne âgée que tu aides. Ensuite, changez de rôle.

◀ **Le foutou,** the national dish of Côte d'Ivoire, is a paste made from boiled plantains, manioc, or yams. It is eaten with various sauces, such as peanut sauce or palm oil nut sauce.

▼ **La sauce arachide** is one of the many sauces eaten in Côte d'Ivoire. It is made from peanut butter with beef, chicken, or fish, hot peppers, peanut oil, garlic, onions, tomato paste, tomatoes, and a variety of other vegetables. It is usually served over rice.

▶ **L'aloco,** a popular snack food in Côte d'Ivoire, is a dish of fried plantain bananas. It is usually eaten with a spicy sauce (**sauce pimentée**).

Qu'en penses-tu?

1. Do these dishes resemble any that are eaten in the United States?

2. Which ingredients in these dishes can you find in your neighborhood grocery store? Which ingredients are unfamiliar?

3. What dishes are typical of your part of the country? Why are they more common than others?

Savais-tu que... ?

Yams (**ignames**) and plantains are abundant in the Republic of Côte d'Ivoire, which explains why **foutou** is a popular dish. A typical lunch consists of one main course — often **foutou,** rice, or **attiéké** (ground manioc root) with a sauce, and a dessert, usually tropical fruits such as guavas, pineapples, or papayas. Lunch is traditionally followed by an hour-long siesta. To accommodate this custom, stores are closed from noon until 3:00 P.M., even in large cities such as Abidjan. Unlike lunch, dinner tends to be a much lighter meal. Heavy foods are rarely eaten in the evening.

Vocabulaire

Qu'est-ce qu'on mange au...

petit déjeuner?

déjeuner? *main meal*

goûter?

dîner?

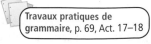
Travaux pratiques de grammaire, p. 69, Act. 17–18

Cahier d'activités, p. 92, Act. 19–20

Le petit déjeuner

Ecoutons Listen to these people tell what they have for breakfast. Match each speaker with his or her breakfast.

a.

b.

c.

Note culturelle

In the morning, most people in francophone countries have a very light breakfast. Coffee with hot milk **(café au lait)** and hot chocolate are the drinks of choice. They are usually served with bread or croissants, butter, and jam. Children may eat cereal for breakfast as well, sometimes with warm milk. The largest meal of the day, **le déjeuner,** has traditionally been between noon and 1:00 P.M. Dinner **(le dîner)** is eaten after 7:00 P.M.

22 Un repas typique

Parlons Regarde les images suivantes et dis à quel(s) repas tu manges chaque plat. Ensuite, décide si ces plats sont typiquement américains, français ou les deux.

1.

2.

3.

4.

5.

6.

Quel repas?

 Parlons Décris un des repas suivants à ton/ta camarade. Il/Elle doit deviner quelle image tu décris. Ensuite, changez de rôle.

EXEMPLE Il y a du poulet,...

1.   2.   3.

 Devine!

 Ecrivons/Parlons Fais des menus pour tes trois repas de demain. Utilise le **Vocabulaire** de la page 235. Ton/Ta camarade fait aussi trois menus. Ensuite, devinez le contenu de vos menus.

EXEMPLE —Au petit déjeuner, tu vas manger... ?
—Oui, c'est ça. *or* Non, pas de...

Comment dit-on...?

Offering, accepting, or refusing food

To offer food to someone:

Tu veux du riz?
Vous voulez de l'eau minérale?
Vous prenez du fromage?
Tu prends du fromage?
Encore du pain? *More . . . ?*

To accept:

Oui, s'il vous/te plaît.
Oui, j'en veux bien.
  Yes, I'd like some.
Oui, avec plaisir.
  Yes, with pleasure.

To refuse:

Non, merci.
Je n'en veux plus. *I don't want any more.*
Non, merci. Je n'ai plus faim.
  No thanks. I'm not hungry anymore.

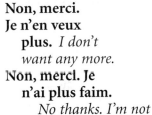

Cahier d'activités, pp. 92–93, Act. 21–22

 A table

 Ecoutons Is the speaker offering, accepting, or refusing food?

Le panier
Le chariot

26 Encore du pain?

Parlons Un élève ivoirien dîne chez toi. Tu veux qu'il goûte plusieurs plats. Encourage-le. Ton ami accepte ou refuse poliment.

- Est-ce qu'elle a du lait
- Oui, Elle en a un litre (She has a leter of something)

Tu as un kilo des tomates
Oui, j'en ai un kilo

Grammaire

The pronoun *en*

Je n'en ai pas (un paquet)

+ the object

En takes the place of a phrase beginning with **du, de la, de l', des,** or **de** to avoid repetition. **En** usually means *some (of it/of them)* or simply *it/them*.

— Tu veux **des mangues?**
— Oui, j'**en** veux bien.
— Tu manges **des légumes?**
— Oui, j'**en** mange souvent. →Before Verb

Je n'en ai pas
J'en ai

In a negative sentence, **en** means *any* or *none*.
— Tu veux **du beurre?**
— Merci, je n'**en** veux pas.

Tu en veux = Would you like some?
Vous en prenez = Would you like to take some

Grammaire supplémentaire, pp. 254–255, Act. 9–12

Cahier d'activités, p. 93, Act. 23

Travaux pratiques de grammaire, p. 70, Act. 19–20

EN
De la
des
du

(take, some)
before verb
it modifies

Nous prenons des légumes
Ils prennent des cacahuètes
Ils en prennent
Ils vont en prendre → Ils ne vont pas en prendre
infinitive

Elle va en acheter un litre
goes behind what it's modifying

27 Grammaire en contexte

Lisons/Écrivons Regarde les articles dans le panier d'Aïssata. Combien est-ce qu'elle en a? Donne la quantité de chaque article.

EXEMPLE Des haricots? **Elle en a un kilo.**

1. Du lait?
2. Du beurre?
3. Des tomates?
4. Du riz?
5. Des œufs?
6. De l'eau minérale?
7. Des ananas?

Je n'en ai pas besoin
J'en ai besoin = I need some
Il m'en faut = I need some
ne m'en faut pas.

CHAPITRE 8   Au marché

28 **Grammaire en contexte**

 Parlons Demande à un(e) camarade s'il ou si elle aime les plats de l'activité 26. Utilise le pronom **en** dans tes questions. Ensuite, changez de rôle.

EXEMPLE
— **Tu manges du poulet?**
— **Oui, j'en mange souvent.**

29   **De l'école au travail**

 Parlons/Ecrivons You work part-time in a French restaurant where the chef speaks mostly French. The chef, Pierre Leroux, asks you to go to the supermarket to buy some items he needs to prepare certain dishes. Make a list of what he needs and verify that you have all of the items. Your partner will play the role of the chef. Then switch roles.

PRONONCIATION

The sounds [o] and [ɔ]

The sound [o] is similar to the vowel sound in the English word *boat*. To make the sound [o], hold your mouth in a whistling position. Keep the lips and tongue steady to avoid the glide heard in *boat*. Repeat each of these words: **trop, kilo, mot.** The spellings **au, eau, ô,** and sometimes **o** represent the sound [o]. Now, repeat these words: **jaune, chaud, beau, rôle.**

The sound [ɔ] is between the vowel sounds in the English words *boat* and *bought*. Usually, this sound is followed by a consonant sound in the same syllable. The sound [ɔ] is more open, so hold your mouth in a semi-whistling position to produce it. This sound is usually spelled with the letter **o.** Now, repeat these words: **bof, donne, fort, carotte.**

A. A prononcer

Repeat the following words and phrases.

1. au revoir	un stylo jaune	au restaurant
2. un gâteau	moi aussi	des haricots verts
3. des pommes	d'abord	une promenade
4. encore	dormir	l'école

B. A lire

Take turns with a partner reading each of the following sentences aloud.
1. Elle a une gomme violette et un stylo jaune.
2. Tu aimes les carottes? Moi, j'adore. J'aime bien aussi les escargots et le porc.
3. Elle est occupée aujourd'hui. Elle a informatique et biologie.
4. Il me faut un short parce qu'il fait trop chaud.
5. Tu peux sortir si tu promènes d'abord le chien.

C. A écrire

You're going to hear a short dialogue. Write down what you hear.

LA CUISINE AFRICAINE

Stratégie pour lire

Remember to look for cognates to help you figure out what you're reading. Occasionally, you will encounter false cognates, words that look alike in two languages but have different meanings.

Context clues can sometimes help you recognize false cognates. An example of a false cognate is the French phrase **fruits de mer. Fruits de mer** may make you think of the English word *fruit*, but it means *seafood*.

A. You already know a few false cognates. Try to figure out the meaning of the false cognates in the sentences below.

1. Je vais à San Francisco à 11h00. Maintenant, il est 10h40, et **j'attends** le train.

   a. I'm attending

   b. I'm late for

   c. I'm waiting for

2. J'adore les sciences. Ce soir, je vais **assister** à une conférence sur l'ozone.

   a. to attend

   b. to assist

   c. to teach

la cuisine autour du monde
LA CUISINE AFRICAINE

Les desserts ——————————

Croissants au coco et au sésame   ✕ ⚭
(Afrique occidentale)   Prép. : 30 mn. - Cuiss. : 10 mn.
Repos : 1 h. - 8 pers.

2 œufs	170 g de farine
140 g de sucre	Vanille en poudre
190 g de noix de coco râpée	Graines de sésame.

Mélanger la noix de coco râpée, le sucre, la vanille et les œufs entiers. Incorporer la farine. Travailler la pâte. Former une boule. Laisser reposer 1 heure au frais.

Etaler la pâte sur 1/2 cm. Découper en croissants. Les rouler dans le sésame. Cuire au four à 200 °C, (th. 6-7), 10 minutes.

Signification des symboles accompagnant les recettes

Recettes

✗ élémentaire

✗✗ facile

✗✗✗ difficile

Recettes

◯ peu coûteuse

◯◯ raisonnable

◯◯◯ chère

—————————————————————— *Les entrées*

Mousseline africaine de petits légumes   ✗ ◯◯

(Afrique occidentale - Bénin - Togo)

Prép. : 40 mn. - Cuiss. : 15 mn.

4 pers.

2 petits concombres	1 avocat
Ail	1 épi de maïs
1 lime	Graines de carvi
1 radis noir	4 petites brioches
1/2 papaye	Sel.

Eplucher les concombres. Les détailler en dés. Faire la même chose avec l'avocat.

Débarrasser l'épi de maïs des feuilles et des barbes. Le faire cuire durant 15 minutes à l'eau bouillante. Saler en fin de cuisson.

Egréner le maïs. Débarrasser la papaye de ses graines. La découper en petits dés. Emincer le radis noir. Parfumer de graines de carvi et d'ail haché. Arroser la salade de jus de lime.

Retirer le chapeau des brioches. Les évider. Les garnir de la salade parfumée.

Les brioches ne doivent pas être sucrées. Si on les fabrique, il convient d'ôter le sucre. Ne pas saler l'épi de maïs au début de la cuisson mais à la fin afin d'éviter qu'il durcisse.

B. With a partner, scan the reading and write down all of the cognates you can find in these selections.

C. Did you find any false cognates? Were you able to figure out what they mean? If so, how?

D. Where would you expect to find these reading selections? Where are these dishes from?

E. Which of the dishes would make a good dessert?

F. Are these dishes easy or difficult to make? How do you know? Are they expensive or inexpensive to make? How do you know?

G. To make **croissants,** how long do you need to chill the dough? At what temperature do you bake them? What temperature is that on the Fahrenheit scale? (To convert from Celsius to Fahrenheit, multiply by $\frac{9}{5}$ and add 32.)

H. To make **mousseline,** how long do you have to cook the corn? Do you think this dish would taste sweet or salty? How many people does this dish serve?

I. Now, with a partner, write the instructions for an easy recipe that you know how to make. Include the ingredients, the steps required to prepare the dish, and the cooking and preparation time required.

Cahier d'activités, p. 95, Act. 25

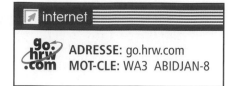
Première étape   Objective **Expressing need**

1 Eric is planning a party and has made a list of what he needs to do to get ready. Complete his list with **du, de la, de l', and des** as needed. (**p. 236**)

Pour ma boum, je vais faire des sandwiches, alors je vais acheter ___1___ pain, ___2___ fromage et ___3___ jambon. Mes amis aiment manger ___4___ salade. Dans la salade, je vais mettre ___5___ tomates, ___6___ maïs et ___7___ champignons. Pour le dessert, je vais préparer une salade de fruits avec ___8___ oranges, ___9___ bananes et ___10___ pommes.

2 Lis les recettes ci-dessous. Ensuite, écris une note pour te rappeler les choses que tu dois acheter au marché. Utilise les articles **du, de la, de l'** et **des**. (**p. 236**)

EXEMPLE   **Il me faut de la farine...**

1.
Les crêpes bretonnes
500 g de farine
3 œufs
20 g de beurre
3 g de sel
5 g de levure
1 cl de jus de pomme
1/4 litre de lait

2.
La sauce arachide
4 oignons
2 tomates
5 cl d'huile d'arachide
100 g de pâte d'arachide
100 g de pâte de tomates
10 g de sel
3 piments rouges

3 Anne and Odile are talking about items they have to bring to a picnic. Complete their conversation with the partitive or indefinite articles. (**p. 236**)

— Alors, moi, j'ai ___1___ raisin, ___2___ pommes et ___3___ tomates. Je n'ai pas ___4___ avocats. Et toi, qu'est-ce que tu as?

— J'ai ___5___ confiture, ___6___ pain et ___7___ fromage. Je n'ai pas ___8___ jus de pomme, mais j'ai ___9___ eau minérale. Est-ce que tu veux acheter ___10___ tarte?

—Oui, c'est une bonne idée.

4 Rewrite the following sentences, using the expressions **avoir besoin de** or **il me/te faut** and the partitive article. (**pp. 236, 238**)

> **EXEMPLE** Il me faut des bananes. **J'ai besoin de bananes.**
> Tu as besoin de lait? **Il te faut du lait?**

1. Il me faut des noix de coco.
2. Il te faut des papayes?
3. Tu as besoin de confiture?
4. Il me faut du raisin.
5. J'ai besoin d'eau minérale.
6. Il te faut des ananas?
7. Tu as besoin de sucre?
8. Il te faut de la farine?
9. Il me faut des œufs, aussi.
10. Tu as besoin de pêches?

Deuxième étape **Objectives** Making, accepting, and declining requests; telling someone what to do

5 Combine les expressions des deux colonnes pour faire des phrases complètes. (**p. 241**)

A	B
1. Est-ce que tu...	a. ne peuvent pas aller au cinéma ce soir. Ils sont occupés.
2. Elle...	b. ne peux pas sortir la poubelle. Je n'ai pas le temps.
3. Nous...	c. peux débarrasser la table, s'il te plaît?
4. Angèle et toi, vous...	d. ne pouvons pas faire la vaisselle. Nous avons des trucs à faire.
5. Moi, je...	e. ne peut pas sortir avec ses copines. Elle a des devoirs à faire.
6. Mes copains...	f. pouvez promener le chien?

6 Ton ami(e) et toi, vous allez faire une fête. Ecrivez les choses que les invités peuvent apporter. Utilise les formes correctes du verbe **pouvoir.** (**p. 241**)

1. Isabelle _____ acheter des avocats et des tomates.
2. Moi, je _____ acheter des tartes.
3. Henri, tu _____ acheter des fraises et des citrons?
4. Carol et Sylvain, vous _____ acheter de la salade et du pain.
5. Barbara, Serge et Françoise _____ acheter des boissons.

7 Unscramble the names of the food items. Then, combine the fragments to create sentences that tell Djeneba what to get you from the market. (**pp. 242**)

> **EXEMPLE** RUERBE / un paquet de/s'il te plaît/prends
> **Prends un paquet de beurre, s'il te plaît!**

1. ITESPT OSPI / une boîte de/rapporte-moi/s'il te plaît
2. NDVAIE / s'il te plaît/un morceau de/achète-moi
3. EFOSU D' / prends/une douzaine
4. SJU ASANAN D' / une bouteille de/acheter/n'oublie pas de
5. AMCHNONPIGS / tu peux/s'il te plaît/une livre de/acheter
6. IRNAFE / un kilo de/s'il te plaît/rapporte-moi

8 Your mom has asked you to pick up some items at the neighborhood grocery store. Write a sentence for each of the items on the list that you will need to purchase. Choose the appropriate quantity from the box for each item you request. (**p. 242**)

EXEMPLE   **Il me faut un paquet de sucre./J'ai besoin d'un paquet de sucre.**

une tranche	un litre	un morceau
un kilo	un paquet	
		une boîte
une douzaine	une bouteille	

sucre
farine
fromage
lait
eau minérale
œufs
pommes de terre
jambon

Troisième étape   Objective Offering, accepting, or refusing food

9 Tu demandes à Didier ce que sa famille aime manger. Ecris les réponses de Didier. Utilise **en** et le verbe **prendre**. (**pp. 149, 248**)

EXEMPLE   Tu prends du café au lait au petit déjeuner?
       Oui, j'en prends.

1. Tu prends du lait au dîner? Non, ...
2. Tes parents prennent du pain avec leur fromage? Oui, ...
3. Ta sœur prend des légumes au déjeuner? Oui, ...
4. Ton petit frère prend des gâteaux au goûter? Non, ...
5. Ta cousine et toi, vous prenez de la viande au déjeuner? Non, ...
6. Tu prends de la sauce arachide avec ton riz? Oui, ...

10 Joël dîne avec sa famille française pour la première fois. Mets les morceaux de phrases dans le bon ordre pour recréer la conversation du dîner. Mets les formes correctes des verbes et ajoute les articles nécessaires. N'oublie pas la ponctuation! (**pp. 236, 247, 248**)

1. — petits pois/vouloir/tu
2. — en/bien/je/oui/vouloir
3. — vouloir/pain/tu
4. — plaisir/oui/avec
5. — tu/poulet/vouloir
6. — vouloir/ne...plus/merci/en/je/non
7. — vouloir/fromage/tu
8. — merci/je/non/laitiers/manger/ne...pas/produits

11 Lis les quatre phrases ci-dessous pour avoir des informations sur les amis d'Armelle. Utilise ces informations pour écrire leurs réponses aux questions d'Armelle. Utilise **en** et le verbe **vouloir** dans chaque réponse. (**p. 248**)

> Marius n'a plus faim, mais il a très soif.
>
> Irène aime les fruits, mais elle n'aime pas tellement le fromage.
>
> Isabelle n'aime pas la viande, mais elle adore le poisson.
>
> Léopold a très faim, mais il n'a plus soif.

EXEMPLE   Irène, encore du fromage? **Non, merci. Je n'en veux plus.**

1. Marius, tu veux de l'eau?
2. Irène, tu veux des pêches?
3. Isabelle, encore du rosbif?
4. Léopold, tu veux du gâteau?
5. Isabelle, tu veux du poisson?
6. Marius, encore du riz?

12 A nutritionist is visiting your school to interview students about their eating habits and to advise them on how to have a well-balanced diet. Complete the following sentences with the necessary articles. (**pp. 236, 238, 248**)

—Est-ce que tu manges ___1___ fruits?

—Oui, j'___2___ mange souvent.

—Est-ce que tu manges ___3___ bœuf?

—Non, je ne mange pas ___4___ viande, mais je mange ___5___ œufs de temps en temps.

—Est-ce que tu aimes ___6___ lait?

—Non, je n'___7___ bois jamais, mais je mange ___8___ yaourt et ___9___ fromage.

—Est-ce que tu bois ___10___ eau?

—Oui. J'___11___ bois beaucoup. Je bois au moins un litre ___12___ eau par jour.

—Bon, tu manges très bien, mais tu as besoin de manger ___13___ légumes.

Mise en pratique

internet
go.hrw.com
ADRESSE: go.hrw.com
MOT-CLE: WA3 ABIDJAN-8

 1 Listen to this supermarket advertisement. List four of the foods that are on sale. Then, listen again for the prices of the four items you listed.

 2

LES GROUPES D'ALIMENTS

Les aliments sont regroupés en 6 catégories selon leurs caractéristiques nutritionnelles :

- **Le lait et les produits laitiers** sont nos principaux fournisseurs de calcium.
- **Viandes, poissons et œufs** sont nos sources essentielles de protéines de bonne qualité.
- **Le groupe du pain, des féculents et des légumes secs** apporte les «glucides lents» libérant progressivement l'énergie nécessaire à notre organisme.
- **Légumes et fruits** sont nos sources de fibres, vitamines et minéraux.
- **Les matières grasses** sont les sources énergétiques les plus importantes pour notre corps.
- **Le sucre et ses dérivés** apportent les «glucides rapides» nécessaires au bon fonctionnement cérébral et musculaire.

Groupe	Lait Produits Laitiers	Viandes Poissons Œufs	Pains Féculents	Fruits Légumes	Matières Grasses	Sucre Dérivés
Intérêt Principal	Calcium	Protéines	Glucides	Fibres Vitamines A et B	Lipides	Glucides
Intérêt Secondaire	Protéines Vitamines A, B, D	Fer Vitamine B	Fibres	Glucides	Vitamines (A, E, selon mat. grasses)	

L'ensemble de ces catégories permet, au sein d'une alimentation diversifiée, de couvrir tous nos besoins.

1. What kind of chart is this?

2. What do the six categories listed mean?

3. According to the chart, what are some of the nutrients found in . . .

    a. produits laitiers?   **d.** fruits et légumes?

    b. viandes?   **e.** matières grasses?

    c. pain?   **f.** sucre et ses dérivés?

4. Give some examples of foods you know in French that fall into each category.

5. Name three foods that are high in protein and three that are high in calcium.

3 Quelles différences est-ce qu'il y a entre les repas africains, français et américains?

4 # Ecrivons!

Imagine that you're the producer of a certain food item that you're trying to market. Write an ad that encourages people to buy the item, telling when they might eat it and why it's good. Consider who would be likely to buy your product. Include logos and pictures in your ad as well.

Persuasive writing encourages people to do a certain thing or to think a certain way. Advertisements are a type of persuasive writing because advertisers try to convince people that their products are better than any others.

Stratégie pour écrire

Arranging your ideas spatially is a good way to organize ideas for your advertisement. First, brainstorm some catchy phrases and convincing arguments you might write in your ad to persuade people to buy your product. Also, decide what types of illustrations you might use (photos, logos, and so on) and where to place them in your ad. Then, create a sketch of how you want your ad to look.

Using the sketch you prepared, create the ad for your product. Structure is very important in persuasive writing. You should choose what you feel is the greatest benefit or most appealing characteristic of the product and draw attention to it. You can do this by writing it in larger print or in an eye-catching color. Less attention should be drawn to what you feel are your product's weaker points. However, try to avoid relying too heavily on illustrations and layout; your ad should be informative as well as eye-catching. Be sure to use descriptive terms that illustrate the qualities of your product.

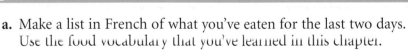

5 # Jeu de rôle

a. Make a list in French of what you've eaten for the last two days. Use the food vocabulary that you've learned in this chapter.

b. Now, you go to a nutrition counselor. The counselor will evaluate your diet, telling you what you need to eat more of and what you shouldn't eat anymore. Act out this scene with a partner. Then, change roles.

Que sais-je?

WA3 ABIDJAN-8

Can you use what you've learned in this chapter?

Can you express need?
p. 238

1 How would you tell someone that you need these things?

1.

2.

3.

4.

5.

Can you make, accept, and decline requests and tell someone what to do?
p. 240

2 How would you . . .
1. ask someone to go grocery shopping for you?
2. tell someone to bring back some groceries for you?

3 How would you accept the requests in Activity 2? How would you refuse?

4 How would you ask for a specific quantity of these foods?
1. œufs
2. lait
3. oranges
4. beurre
5. jambon
6. eau minérale

Can you offer, accept, or refuse food?
p. 247

5 How would you offer someone these foods?
1. some rice
2. some oranges
3. some milk

6 How would you accept the foods listed in number 5 if they were offered? How would you refuse them?

7 How would you tell someone what you have for . . .
1. breakfast?
2. lunch?
3. an afternoon snack?
4. dinner?

Expressing need

Qu'est-ce qu'il te faut?	*What do you need?*
Il me faut...	*I need . . .*
De quoi est-ce que tu as besoin?	*What do you need?*
J'ai besoin de...	*I need . . .*
du, de la, de l', des	*some*

Foods; Shopping

des ananas (m.)	*pineapples*
des avocats (m.)	*avocados*
des bananes (f.)	*bananas*
du beurre	*butter*
du bœuf	*beef*
des carottes (f.)	*carrots*
des champignons (m.)	*mushrooms*
des citrons (m.)	*lemons*
de la confiture	*jam*
de la farine	*flour*
des fraises (f.)	*strawberries*

du fromage	*cheese*
des fruits (m.)	*fruit*
des gâteaux (m.)	*cakes*
des gombos (m.)	*okra*
des goyaves (f.)	*guavas*
des haricots verts (m.)	*green beans*
du lait	*milk*
des légumes (m.)	*vegetables*
du maïs	*corn*
des mangues (f.)	*mangoes*
des noix de coco (f.)	*coconuts*
des œufs (m.)	*eggs*
des oignons (m.)	*onions*
des oranges (f.)	*oranges*
du pain	*bread*
des papayes (f.)	*papayas*
des pêches (f.)	*peaches*
des petits pois (m.)	*peas*
des poires (f.)	*pears*
du poisson	*fish*

des pommes (f.)	*apples*
des pommes de terre (f.)	*potatoes*
du porc	*pork*
du poulet	*chicken*
des produits (m.) laitiers	*dairy products*
du raisin	*grapes*
du riz	*rice*
une/de la salade	*a/some salad*
des salades	*heads of lettuce*
du sucre	*sugar*
de la tarte (f.)	*pie*
des tomates (f.)	*tomatoes*
de la viande	*meat*
des yaourts (m.)	*yogurt*
le marché	*market*
le supermarché	*supermarket*

Deuxième étape

Making, accepting, and declining requests

Tu peux... ?	*Can you . . . ?*
Tu me rapportes... ?	*Will you bring me . . . ?*
Bon, d'accord.	*Well, OK.*
Je veux bien.	*Gladly.*
J'y vais tout de suite.	*I'll go right away.*
Je regrette, mais je n'ai pas le temps.	*I'm sorry, but I don't have time.*

Je ne peux pas maintenant.	*I can't right now.*

Telling someone what to do

Rapporte(-moi)...	*Bring (me) back . . .*
Prends...	*Get . . .*
Achète(-moi)...	*Buy (me) . . .*
N'oublie pas de...	*Don't forget to . . .*
pouvoir	*to be able to, can, may*

Quantities

une boîte de	*a can of*
une bouteille de	*a bottle of*
une douzaine de	*a dozen*
un kilo(gramme) de	*a kilogram of*
un litre de	*a liter of*
une livre de	*a pound of*
un morceau de	*a piece of*
un paquet de	*a package/box of*
une tranche de	*a slice of*

Troisième étape

Offering, accepting, or refusing food

Tu veux... ?	*Do you want . . . ?*
Vous voulez... ?	*Do you want . . . ?*
Vous prenez... ?	*Will you have . . . ?*
Tu prends... ?	*Will you have . . . ?*
Encore de... ?	*More . . . ?*
Oui, s'il vous/te plaît.	*Yes, please.*

Oui, j'en veux bien.	*Yes, I'd like some.*
Oui, avec plaisir.	*Yes, with pleasure.*
Non, merci.	*No, thank you.*
Je n'en veux plus.	*I don't want any more.*
Non, merci. Je n'ai plus faim.	*No thanks. I'm not hungry anymore.*

en	*some, of it, of them, any*

Meals

le petit déjeuner	*breakfast*
le déjeuner	*lunch*
le goûter	*afternoon snack*
le dîner	*dinner*

Allez, viens en Arles!

Population : plus de 50.000

Points d'intérêt : la place Richelme, la place du Forum, les arènes romaines, les thermes de Constantin, les Alyscamps, le théâtre antique

Aux environs d'Arles : les Baux-de-Provence, les Antiques à St-Rémy-de-Provence, le moulin d'Alphonse Daudet

Personnages célèbres : Alphonse Daudet, Vincent Van Gogh, Frédéric Mistral

Musées : le musée Réattu, le musée de l'Arles Antique, le Museon Arlaten

Industries : riz, papier, industries chimiques et métalliques

go.
hrw
.com

WA3 ARLES

VIDEO

CD-ROM 3
DVD 2

La ville d'Arles ▶

Arles

Les Grecs ont fondé la ville d'Arles au cinquième siècle avant Jésus-Christ. Arles était la plus grande ville de Provence et la capitale de la Gaule ancienne. Arles est devenu une ville française en 1481. En 1888, Vincent Van Gogh est venu habiter en Arles. Il y a peint beaucoup de tableaux très célèbres. Aujourd'hui, Arles attire toujours les artistes, les historiens et les archéologues. De nombreux visiteurs viennent aussi en Arles chaque année pour ses festivals, ses musées et pour visiter ses environs. Arles est une ville très spéciale qu'on appelle souvent «le cœur de la Provence».

🏹 internet

go.hrw.com ADRESSE: go.hrw.com
            MOT-CLE: WA3 ARLES

1 Les Alyscamps
C'est un ancien cimetière chrétien très célèbre. Vincent Van Gogh et Paul Gauguin ont peint les Alyscamps dans plusieurs de leurs tableaux.

2 Les arènes romaines
C'est un des plus anciens amphithéâtres romains. Les arènes romaines sont aussi parmi les plus grandes du monde. Elles mesurent 136 mètres de long et 107 mètres de large et peuvent contenir 12.000 spectateurs.

3 La Camargue

La Camargue est une région de marais magnifique. *swamp* C'est un endroit protégé qui est célèbre pour ses flamants roses et ses chevaux sauvages. *and flocks of flamingos*

Aux chapitres 9, 10 et 11, tu vas faire la connaissance d'Hélène, de Magali et de leurs amis Florent et Ahmed. Ils vont te faire visiter la très belle ville d'Arles qui est située en Provence, dans le sud de la France. C'est une ville très ancienne, célèbre pour ses ruines romaines, mais aussi pour ses nombreux festivals et ses traditions provençales...

5 Le théâtre antique

On utilise encore aujourd'hui ce théâtre construit au premier siècle avant Jésus-Christ. Le Festival d'Arles, les Rencontres internationales de la photographie et d'autres spectacles ont lieu au théâtre antique.

4 les festivals

Arles est une ville célèbre pour ses nombreux festivals. On peut y admirer des danseurs en costumes traditionnels qui viennent de toute la Provence.

CHAPITRE

9
Au téléphone

Objectives

In this chapter you will learn to

Première étape

- ask for and express opinions
- inquire about and relate past events

Deuxième étape

- make and answer a telephone call

Troisième étape

- share confidences and console others
- to ask for and give advice

◀ En France, les cabines téléphoniques sont nombreuses.

MISE EN TRAIN · *Un week-end spécial*

Stratégie
pour comprendre

Before you watch the video, think about the title of the story and look at the photos on these two pages. What is the subject of Hélène and Magali's telephone conversation? How did you figure that out?

Hélène   **Magali**   **Florent**   **Ahmed**

Hélène et Magali sont au téléphone et racontent ce qu'elles ont fait pendant le week-end. Magali a fait beaucoup de choses. La conversation dure...

①

> **Hélène :** Allô?
> **Magali :** Hélène? C'est Magali à l'appareil. Tu as passé un bon week-end?
> **Hélène :** Bof, ça a été. Je n'ai rien fait de spécial.

② **Hélène :** Samedi, j'ai fait mes devoirs.

③ **Hélène :** Dimanche, j'ai regardé la télévision...

④ **Hélène :** ...et j'ai lu un peu.

5

Hélène : Et toi? Tu as passé un bon week-end?
Magali : Excellent! J'ai passé un week-end super!
Hélène : Ah oui? Qu'est-ce que tu as fait?
Magali : Je suis allée au théâtre antique avec Florent.

6 **Magali :** Il m'a présenté un garçon très sympa. Il s'appelle Ahmed. Il est super gentil.

7 **Magali :** Nous avons beaucoup parlé. Tu sais, il adore le sport. Il aime le tennis, comme moi.

8 **Magali :** Dimanche, nous sommes tous allés aux Baux-de-Provence.

9

Hélène : Qu'est-ce que vous avez fait là-bas?
Magali : Je vais te raconter une histoire incroyable!
Hélène : Je t'écoute.
Magali : Attends une seconde... Ecoute, Hélène, mon père veut téléphoner. Je te rappelle plus tard.

10 **Hélène :** Mais, qu'est-ce qui s'est passé aux Baux-de-Provence?

Cahier d'activités, p. 97, Act. 1

1 Tu as compris?

1. How was Hélène's weekend?
2. Did Magali have a good weekend? Why? Why not?
3. Do you think Magali likes Ahmed? How can you tell?
4. Why does Magali have to hang up?

2 Magali ou Hélène?

Qui a fait ça, Magali ou Hélène?

1. aller aux Baux
2. faire ses devoirs
3. lire
4. aller au théâtre antique
5. regarder la télévision
6. ne rien faire de spécial

3 Mets en ordre

Put Magali's activities in order according to *Un week-end spécial.*

1. Elle est allée au théâtre antique.
2. Elle est allée aux Baux-de-Provence.
3. Elle a parlé avec Hélène au téléphone.
4. Elle a rencontré un garçon sympa.

4 C'est qui?

A quelle personne correspond chaque phrase?

Magali

Hélène

Ahmed

le père de Magali

1. Cette personne veut téléphoner.
2. Cette personne a passé un bon week-end.
3. Cette personne est super gentille.
4. Pendant le week-end, cette personne n'a rien fait de spécial.
5. Cette personne va téléphoner plus tard.

5 Cherche les expressions

According to *Un week-end spécial,* what do you say in French . . .

1. to answer the phone?
2. to identify yourself on the phone?
3. to ask if someone had a good weekend?
4. to ask what someone did?
5. to tell someone to hold?
6. to ask what happened?

> C'est... à l'appareil.
>
> Attends une seconde.
>
> Allô?
>
> Qu'est-ce qui s'est passé?
>
> Qu'est-ce que tu as fait?
>
> Tu as passé un bon week-end?

6 Et maintenant, à toi

What do you think happened to Magali at les Baux?

Première étape

Objectives Asking for and expressing opinions; inquiring about and relating past events

go.
hrw
.com

WA3 ARLES-9

Comment dit-on...?

Asking for and expressing opinions

To ask for someone's opinion:

Tu as passé un bon week-end?
to spend
Did you have a good weekend?

To express satisfaction:

Oui, très chouette. *Yes, super.*
Oui, excellent.
Oui, très bon.

To express indifference:

Oui, ça a été. *Yes, it was OK.*
Oh, pas mauvais.
– *ça va*

To express dissatisfaction:

Très mauvais.
C'était épouvantable.
It was horrible.

> Cahier d'activités, p. 98, Act. 2

C'était _génial_____ (It was)
mauvais

7 **Le week-end!**

Ecoutons Listen to these people talk about their weekend. Tell if they had a really good time, a mildly good time, or no fun at all.

8 **Tu as passé un bon week-end?**

Parlons Demande à tes camarades s'ils ont passé un bon week-end ou pas. Ensuite, dis-leur si toi, tu as passé un bon week-end ou pas.

Inquiring about and relating past events

To inquire about past events:

Qu'est-ce qui s'est passé (hier)?
What happened (yesterday)?

Qu'est-ce que tu as fait vendredi?
What did you do . . . ?

Et après? *And then?*

Tu es allé(e) où? *Where did you go?*

To relate past events:

Nous avons parlé. *We talked.*

D'abord, j'ai fait mes devoirs.
First, . . .

Ensuite, j'ai téléphoné à un copain.
Then, . . .

Après, je suis sorti(e).
Afterwards, I went out.

Et après ça, j'ai téléphoné à Luc.
And after that, . . .

Finalement/Enfin, je suis allé(e)
chez Paul.
Finally, I went . . .

Cahier d'activités, p. 98, Act. 3

9 **Méli-mélo!**

Lisons Remets la conversation entre Albert et Marcel dans le bon ordre.

4 —Vendredi et samedi, rien de spécial.

hey i say!

9 —Et après ça?

3 —Pas mal. Dis, qu'est-ce que tu as fait ce week-end?

1 —Salut, Marcel! Ça va?

7 —Vous êtes allés où?

10 —Après, nous sommes allés au café et nous avons parlé jusqu'à minuit.

6 —Dimanche, j'ai téléphoné à Gisèle et nous avons décidé de sortir.

First

5 —Et dimanche?

8 —D'abord, nous avons fait un pique-nique. Ensuite, nous sommes allés au cinéma.

2 —Oui, ça va bien. Et toi?

Grammaire

The *passé composé* with *avoir*

To tell what happened in the past, use the **passé composé** of the verb. The **passé composé** is composed of two parts: *(a)* a present-tense form of the helping verb **avoir** or **être**—which you've already learned—and *(b)* the past participle of the verb you want to use. You use **avoir** as the helping verb with most verbs. Only with a small number of French verbs, like **aller,** do you use **être** as the helping verb. You'll learn more about these verbs later.

Participe paré [handwritten]

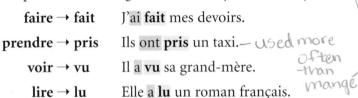

Helping Verb	+	Past Participle

J'	**ai**	
Tu	**as**	
Il/Elle/On	**a**	**parlé** au téléphone.
Nous	**avons**	
Vous	**avez**	
Ils/Elles	**ont**	

- To form the past participle of a verb that ends in **-er,** drop the **-er** and add **-é.**
- To make a verb in the **passé composé** negative, put **ne (n')... pas** around the helping verb.

Je **n'ai pas** étudié.

- Some French verbs have irregular past participles—that is, they don't follow a regular pattern. You'll have to memorize them when you learn the verb. Here are the past participles of some irregular verbs that you've already seen.

Grammaire supplémentaire, pp. 284–285, Act. 1–3 →

Cahier d'activités, pp. 98–99, Act. 4, 6–7

Travaux pratiques de grammaire, pp. 71–74, Act. 1–7

faire → **fait**	J'ai **fait** mes devoirs.	
prendre → **pris**	Ils **ont** **pris** un taxi. — *used more often than mangé* [handwritten]	
voir → **vu**	Il **a** **vu** sa grand-mère.	
lire → **lu**	Elle **a** **lu** un roman français.	

dormi [handwritten]

---

10 Grammaire en contexte

Ecoutons Listen to these conversations and decide whether the speakers are talking about what they did last weekend or what they're going to do next weekend.

11 Grammaire en contexte

Parlons Qu'est-ce que Claire et ses amis ont fait à la plage?

1.

2.

3.

12 **Qu'est-ce qu'on a fait?**

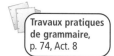 **Parlons** Avec un camarade, parlez de ce que vous avez fait et de ce que vous n'avez pas fait le week-end dernier. Ensuite, raconte le week-end de ton camarade à un troisième élève.

EXEMPLE J'ai promené le chien samedi matin.

faire mes devoirs	laver la voiture	sortir la poubelle	promener le chien
acheter une montre		ranger ma chambre	prendre un café avec mes amis
	faire le ménage		
voir un film français		faire un pique-nique	lire un roman

Note de grammaire

When you use the **passé composé** with adverbs such as **trop, beaucoup, pas encore** *(not yet)*, **bien** *(well)*, **mal** *(badly)*, and **déjà** *(already)*, place the adverb before the past participle of the verb.

J'ai **déjà** mangé.

Nadine n'a **pas encore** vu ce film.

Travaux pratiques de grammaire, p. 74, Act. 8

Grammaire supplémentaire, p. 285, Act. 4–5

 **Note culturelle**

Arles est situé sur le Rhône, un fleuve du sud de la France. Pendant les premiers siècles après Jésus-Christ, Arles est devenu le port le plus important de la province romaine du sud de la Gaule appelée Provincia. Arles est aussi devenu le plus grand centre de commerce. Aujourd'hui, on peut toujours voir l'influence romaine en Arles. On peut y visiter l'amphithéâtre romain, un ancien théâtre, qui est toujours utilisé et les plus grands thermes de Provence.

13 Grammaire en contexte

Parlons Donne une raison logique pour expliquer pourquoi chaque chose est arrivée. Utilise les mots dans la boîte et le **passé composé.**

EXEMPLE Céline a gagné le match de tennis.

Elle a bien joué.

1. Marie-Louise a eu 18 à son interro de maths!
2. Jérôme n'a pas d'énergie.
3. Sabine veut aller voir *Les Misérables.*
4. Luc n'a plus faim.
5. Etienne ne veut pas lire *Le Petit Prince.*

bien	étudier	travailler
déjà	voir	pas encore
trop	manger	lire	beaucoup

Qu'est-ce que tu as fait aujourd'hui?

J'ai raté le bus.

J'ai trouvé vingt euros.

J'ai oublié mes devoirs.

J'ai déjeuné à la cantine.

J'ai rencontré une fille (un garçon) sympa.

J'ai chanté dans la chorale.

J'ai acheté un CD.

J'ai travaillé au fast-food.

Here are some other verbs and expressions you may want to use to talk about what you've done during your day.

apporter	*to bring*	**passer un examen**	*to take an exam*
chercher	*to look for*	**rater une interro**	*to fail a quiz*
commencer	*to begin, to start*	**répéter**	*to rehearse, to practice music*
dîner	*to have dinner*	**retrouver**	*to meet with*
gagner	*to win, to earn*	**visiter**	*to visit (a place)*
montrer	*to show*		

Travaux pratiques de grammaire, p. 75, Act. 9–10

14 **Le week-end dernier**

Parlons Dis ce que les personnes suivantes ont fait le week-end dernier.

1.

2.

3.

4.

5.

6.

15 **Pierre a fait quoi?**

Parlons Pierre a passé une semaine dans une colonie de vacances. Regarde les activités dans la boîte. Qu'est-ce qu'il a fait à ton avis? Qu'est-ce qu'il n'a pas fait?

> chanter avec des copains
> rater le bus
> gagner un match   nager
> faire du ski nautique   acheter un CD
> rater un examen   manger des escargots

DE BONS CONSEILS

French words that look similar are often related in meaning, so you can use words you already know to guess the meanings of new words. If you already know what **chanter** means, you can probably guess the meaning of **une chanteuse**. You know what **commencer** means, so what do you think le **commencement** means? Likewise, you should be able to figure out **le visiteur** from the verb **visiter**.

16 **Tu as déjà fait ça?**

Ecrivons/Parlons Make a list of ten activities that you or a classmate might have done last week. Then, try to find a classmate who did each activity. When you find someone who did one of the activities, write his or her name on your list next to the activity. Try to find a different person for each activity.

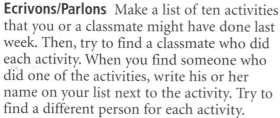

Activités	Nom
1. J'ai gagné cent dollars.	Jeff
2. J'ai chanté dans la chorale.	Lisa

17 **Mon journal**

Write down five things you did last weekend. Be sure to tell when you did each activity, with whom, and add as many other details as you can think of.

—Allô, Anita?
—Oui. C'est moi.
—Salut. C'est François.

—Allô? C'est Michel. Véronique est là, s'il vous plaît?
—Une seconde.
—Merci.

—Allô? Est-ce que Xuan est là, s'il vous plaît?
—Non, il est chez Robert.
—Est-ce que je peux laisser un message?
—Bien sûr.
—Vous pouvez lui dire qu'Emmanuelle a téléphoné?
—D'accord.
—Merci.

18 Au téléphone

Parlons Answer these questions about the conversations.

1. What do the people say to begin the conversation?
2. Who has to wait a few seconds to speak to his or her friend?
3. Who gets to talk right away to the person he or she is calling?
4. Who isn't home?

Making and answering a telephone call

To make a phone call:

Bonjour.
Je suis bien chez Véronique?
Is this . . . 's house?

C'est Michel.   *ici ____ (here)*
(Est-ce que) Véronique **est là, s'il vous plaît?**

Je peux parler à Véronique?
Je peux laisser un message?
May I leave a message?

Vous pouvez lui dire que j'ai téléphoné?
Can you tell her/him that I called?

To answer a phone call:

Allô?
Qui est à l'appareil?
Who's calling?

Vous pouvez rappeler plus tard?
Can you call back later?
téléphone-lui/-leur plus tard
rappele-moi

Une seconde, s'il vous plaît.
D'accord.

elle n'est pas à la maison

Bien sûr.

Here are some additional phrases you may need:

Ne quittez pas. *Hold on.*

Ça ne répond pas. *There's no answer.*

C'est occupé. *It's busy.*

vous pouvez lui dire que Madame Moreau a téléphoné

CD-ROM **3**
DVD **2**

Cahier d'activités,
p. 102, Act. 13–14

Travaux pratiques
de grammaire,
p. 76, Act. 11–12

le répondeur = answering machine
est-ce tu peux rappeler dans un heure?

19 **Un coup de fil**

Ecoutons Ecoute ces conversations téléphoniques. Qui téléphone? A qui voudrait-il/-elle parler?

télé
Françoise – Michel
Jean – Terry
Danièle – Anne

Trouver le plus grand choix de télécartes ?

Télécarte 50

Au Bureau National de Vente des Télécartes de France Télécom.
Vente par correspondance, au moyen d'un mensuel :
TÉLÉCARTE
ACTUALITÉ
Pour tous renseignements :
Bureau National de Vente des Télécartes (BNVT)
BP 456 - 54001 Nancy Cedex
Tél. : (33) 83 34 85 30 - Fax : (33) 83 90 14 15
Minitol 3614 Télécarte
France Telecom

Télécarte
50 unités
Cette carte ne peut être vendue
que sous emballage scellé ou
par distributeur automatique.
France Telecom
B44048001
Régie T
La Communication sur la Télécarte
133 av. des Champs-Elysées
75409 Paris Cedex 08

En France, quand on veut téléphoner, on peut aller à la poste. Il y a toujours des cabines téléphoniques à la poste. On peut aussi téléphoner d'une cabine publique. Pour réduire le vandalisme, France Télecom remplace de plus en plus les téléphones à pièces par des publiphones à cartes. Ces téléphones modernes utilisent des télécartes. On peut acheter sa télécarte à la poste ou dans un bureau de tabac. Chaque carte contient un certain nombre d'unités. Pour téléphoner, on met sa télécarte dans le publiphone. On utilise plusieurs unités à chaque fois. Le publiphone a un écran qui dit combien d'unités il reste sur la télécarte. On utilise plus d'unités si on téléphone loin ou longtemps. Quand on a utilisé toutes les unités d'une télécarte, il faut en acheter une autre.

20 Méli-mélo!

Lisons Mets cette conversation dans le bon ordre.

D'accord.

Allô?

C'est Aurélie.

Tu peux lui dire que j'ai téléphoné?

Salut, Aurélie. Désolée, elle n'est pas là.

Allô, bonjour. Je peux parler à Nicole?

Qui est à l'appareil?

Bien sûr.

Est-ce que je peux laisser un message?

21 Messages téléphoniques

Ecoutons During your exchange visit to France, you stay with a French family, **les Tissot.** You're the only one at home today. Several of their friends call and leave messages. Write down the messages and compare your notes with a classmate's.

22 Jeu de rôle

Parlons Tu téléphones à un(e) ami(e) mais il/elle n'est pas à la maison. Laisse un message pour ton ami(e). Ton (ta) camarade va jouer la rôle du père ou de la mère de ton ami(e). Ensuite, changez de rôle.

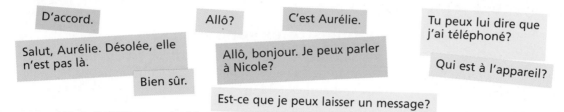

Grammaire

-re verbs

Like **-er** verbs, most verbs that end in **-re** follow a regular pattern. Drop the **-re** from the infinitive and add the endings indicated in the box to the right. Notice that you don't add an ending to the **il/elle/on** form of the verb.

répondre *(to answer)*	
je répon**ds**	nous répond**ons**
tu répon**ds**	vous répond**ez**
il/elle/on répon**d**	ils/elles répond**ent**

- **Répondre** is followed by a form of the preposition **à**.
  Nathalie répond **à** Lucas. Je réponds **au** professeur.

- Some other **-re** verbs you might want to use are **vendre** *(to sell)*, **attendre** *(to wait for)*, and **perdre** *(to lose)*.

- To form the past participle of an **-re** verb, drop the **-re** and add **-u.**
  Il a **répondu** à sa lettre.   Nous avons **perdu** nos cahiers.

Grammaire supplémentaire, p. 286, Act. 6–8

Cahier d'activités, p. 103, Act. 15–16

Travaux pratiques de grammaire, p. 77, Act. 13–14

23 Grammaire en contexte

Ecrivons Sébastien overhears the following comments before class. Complete the comments with the appropriate forms of the verbs **répondre, vendre, attendre,** and **perdre.**

1. «Nous _____ le professeur. Il est en retard.»

2. «Attention, Luc! Tu _____ ton argent. Tu dois fermer ton sac à dos.»

3. «Ils _____ toujours bien aux questions du professeur!»

4. «Est-ce qu'on _____ des calculatrices à la Papeterie Simonet? Il me faut une calculatrice.»

5. «Je _____ à la lettre de Marianne. Elle est à Nice avec sa famille.»

6. «On va _____ des tee-shirts pour gagner de l'argent pour le Cercle français.»

Tu aimes téléphoner?

How often do you call your friends? We asked some francophone teenagers about their telephone habits. Here's what they told us.

Nicole,
Martinique

«Oui, j'aime beaucoup téléphoner. Mes parents rouspètent souvent parce que je reste longtemps au téléphone, parce que ça coûte cher, le téléphone, et donc ils me demandent d'éviter de parler trop souvent au téléphone, de rester moins longtemps. Le plus souvent, je téléphone à peu près une heure de temps.»

Virgile,
France

«Ah oui, j'aime beaucoup téléphoner. Ça permet de discuter, de prendre des nouvelles un peu partout. C'est pratique.»

Marie,
France

«Ben, j'aime bien téléphoner... Ça dépend à qui, mes copines, mes copains. J'aime bien parce que j'aime bien leur parler, surtout à ma meilleure amie Caroline. J'aime beaucoup lui parler. On reste très longtemps. Mais sinon, téléphoner aux gens que je connais pas, j'aime pas trop.»

Qu'en penses-tu?

1. How do your phone habits compare with those of these people?
2. How might your life be different if you did or didn't have a phone in your room?
3. What restrictions on the use of the phone do you have at your house?

Savais-tu que... ?

The French telecommunications network is one of the best in the world. However, talking on the telephone in France and other francophone countries is still expensive, even when calling locally. For this reason, teenagers are not usually allowed to spend long periods of time on the phone, and most do not have a phone in their room.

Comment dit-on...?

Sharing confidences and consoling others; asking for and giving advice

CD-ROM 3
DVD 2

To share a confidence:

J'ai un petit problème. *I've got a little problem.*
Je peux te parler? *Can I talk to you?*
Tu as une minute? *Do you have a minute?*

[handwritten: vous] *[handwritten: j'ai un petit problème]*

To console someone:

Je t'écoute. *I'm listening.*
Qu'est-ce que je peux faire?
What can I do?
Ne t'en fais pas! *Don't worry!* *[handwritten: Ne vous en faites pas]*
Ça va aller mieux! *It's going to get better!*

To ask for advice:

A ton avis, qu'est-ce que je fais?
In your opinion, what do I do?
Qu'est-ce que tu me conseilles?
What do you advise me to do?

[handwritten: Je pense que = I think that]
[handwritten: il faut]
[handwritten: Tu as besoin de < infinitive / pronoun → verb infinitive (lui parler)]

To give advice:

Oublie-le/-la/-les! *Forget him/her/it/them!*
Téléphone-lui/-leur! *Call him/her/them!*
Tu devrais lui/leur parler.
You should talk to him/her/them.
Pourquoi tu ne téléphones pas?
Why don't you . . . ? *[handwritten: lui parles]*

[handwritten: Quitte-la = dump her] *[handwritten: parle-lui]*
[handwritten: amène-la à l'hôpital]
[handwritten: donne-lui (un bon gâteau)]

Cahier d'activités, pp. 104–105, Act. 18–22

24 Des conseils

Ecoutons Are these people giving advice or asking for advice?

[handwritten: J'ai essayé de lui parler]
[handwritten: Il n'a pas voulu me répondre]

Note de grammaire

In the expressions above, **le**, **la**, and **les** *(him, her, it, them)* are object pronouns that refer to people or things. The pronouns **lui** *(to him, to her)* and **leur** *(to them)* refer only to people. You will learn more about these pronouns later.

Travaux pratiques de grammaire, p. 78, Act. 15–16

Grammaire supplémentaire, p. 287, Act. 9–10

DE BONS CONSEILS

Many language students feel nervous about speaking. You might be worried about making mistakes, or you might think you won't sound right. To sharpen your speaking skills, practice aloud at home in French, using situations and material covered in class. You could role-play two friends talking on the phone about a problem that one person has. What would each person say? This is a good time to incorporate grammar points (like the object pronouns) that you covered in class in your conversation. These practice conversations will help prepare you to speak confidently in class.

25 Grammaire en contexte

Ecoutons Ecoute cette conversation entre Mireille et Simone. Simone a un problème. Quel est son problème?

[handwritten: il ne m'a pas attendu; didn't wait for me]

26 J'ai un petit problème

Lisons Trouve la solution logique à chaque problème.

1. Mon frère ne me parle plus depuis cinq jours.
2. Je veux acheter un vélo, mais je n'ai pas d'argent.
3. J'ai oublié mes devoirs.
4. Je vais rater l'interro d'anglais.

a. Tu devrais étudier plus souvent.
b. Pourquoi tu ne travailles pas?
c. Refais-les!
d. Parle-lui!

27 Pauvre Hervé!

Ecrivons Console Hervé.

1.

2.

3.

28 Et à ton avis?

Parlons Your friend phones and asks to speak to you. He or she has some problems and wants to ask your advice about them. Console your friend and offer some advice. Then, change roles.

Il/Elle...

n'a pas d'argent pour acheter des baskets.

n'a pas acheté de cadeau pour l'anniversaire de sa sœur.

n'aime pas le prof de biologie.

n'a pas parlé avec son petit ami (sa petite amie) depuis 3 jours.

ne peut pas trouver de travail pour l'été.

a raté un examen.

veut faire une boum, mais ses parents ne sont pas d'accord.

veut rencontrer de nouveaux copains.

n'a pas gagné son match de tennis.

29

 De l'école au travail

Parlons You're the host of a radio talk show called *A l'écoute des jeunes.* You receive many calls from teenagers asking for your advice. Your job is to answer the phone, listen to their problems, ask them questions, and console them or give them some advice.

The vowel sounds [e] and [ɛ]

Listen to the vowels in the word **préfère.** How are they different? The first one is pronounced [e], and the second one [ɛ]. To make the vowel sound [e], hold your mouth in a closed, smiling position. Keep your lips and tongue steady to avoid the glide, as in the English word *day.* Repeat these words.

été   désolé   occupé   répondre

Now, take a smiling position once again, but this time open your mouth wider. This will produce the vowel sound [ɛ]. Repeat these words.

règle   algèbre   achète   frère

In the examples, you can see that **é** represents the sound [e], while **è** represents the sound [ɛ] in writing. You've probably noticed that **e** with no accent and some other letter combinations can represent these sounds as well. Repeat these words.

apportez   trouver

You see that the spellings **ez** and **er** normally represent the sound [e]. This is true of all infinitives ending in **-er.**

Some spellings of the vowel sound [ɛ] are **ait, ais, ei,** and **ê.** An unaccented **e** is pronounced as open [ɛ] when it is followed by a double consonant, such as **ll** or **tt,** when followed by **x,** and, in most cases, when followed by **r,** or by any pronounced consonant. Now repeat these words.

fait   français   neige   bête

elle   cassette   examen   cherche

A. A prononcer

Repeat the following words.

1. délicieux   méchant   théâtre   vélo
2. après-midi   père   mère   très
3. février   chanter   chez   prenez
4. cette   française   treize   pêches

B. A lire

Take turns with a partner reading each of the following sentences aloud.

1. Ne quittez pas! Je vais chercher mon frère.
2. Marcel a visité Arles en mai. Il est allé au musée, à la cathédrale et aux arènes.
3. Elle n'aime pas trop l'algèbre et la géométrie, mais elle aime bien l'espagnol.
4. Tu ne peux pas aller au cinéma. Tu n'as pas fait la vaisselle.

C. A écrire

You're going to hear a short dialogue. Write down what you hear.

Je passe ma vie au téléphone

A. Skim the article. What kind of information do you expect to find?

B. What is the purpose of each section? How does the second section differ from the others?

Emmanuelle

C. How old was Emmanuelle when she started using the telephone? How did her parents feel about her using the telephone?

D. Read Emmanuelle's statement and list all the cognates you find. Then, match these terms with their English equivalents.

1. carte téléphonique	**a.** stationery
2. réprimander	**b.** phone card
3. remboursement	**c.** reprimand
4. cabine téléphonique	**d.** reimbursement
5. papier à lettres	**e.** telephone booth

Et moi, et moi...et eux!

Je passe ma vie au téléphone

Il y en a qui chantent : «Qui a eu cette idée folle, un jour, d'inventer l'école?» Moi, si j'en avais le talent, je chanterais : «Qui a eu cette idée folle, un jour, d'inventer le phone?»

Je ne pouvais plus me passer du téléphone. Et pourtant, j'ai tout essayé : punitions des parents, remboursement des communications, cures de quinze jours et plus en colonie... J'en ai découvert l'usage à dix ou onze ans, l'utilisation quasi quotidienne à treize ans. Et cela pour n'importe quel motif : discuter du travail scolaire, appeler les copains de colo qui habitent parfois à plus de 100 km de chez moi...

C'est à ce moment-là que mes parents sont intervenus. Au début, mes coups de fil ne se voyaient pas sur la note car mes parents restent assez longtemps, eux aussi, au téléphone. Mais du coup, j'ai pris l'habitude des longues conversations et des cris se sont fait entendre. Jusqu'au jour où, las de me réprimander, ils ont décidé de m'acheter une carte téléphonique et des timbres. J'ai vite eu la flemme d'aller à la cabine téléphonique et j'ai donc jeté mon dévolu sur le papier à lettres. En écrivant, j'utilise ma petite cervelle et quel plaisir de recevoir en retour une lettre que je peux lire et relire où et quand je veux!

**Emmanuelle:
«Qui a eu l'idée, un jour, d'inventer le phone?»**

Il ne se passe pas une journée sans que je reçoive ma lecture préférée, celle qui vient du fond du cœur, celle des copains. D'accord, le téléphone est rapide et chaleureux, mais la lettre l'est peut-être encore plus. Bref, le téléphone est une gâterie à consommer avec modération.

Emmanuelle, 15 ans

Le bon usage du téléphone passe par une certaine maîtrise de l'appareil. Il faut savoir se présenter, être clair, précis, articuler... Après quelques années de pratique s'installe une véritable relation avec le combiné magique, merveilleux messager des peines et des espoirs. On attend une soirée entière une hypothétique sonnerie, on sursaute à chaque «Dring!», redoutant que Sylvain annule le rendez-vous pour lequel il a fallu passer trois heures dans la salle de bains. Combien de fois ai-je tourné, hésitante, autour de cet objet mystérieux au clavier soudain terrifiant? Combien de fois a-t-il, avec patience et sans jamais rien dire, recueilli mes rires et mes larmes? C'est pourquoi, aujourd'hui, je tiens à confesser publiquement et solennellement que j'aime mon téléphone!

Géraldine, 17 ans

Géraldine: «Je le confesse: mon téléphone, je l'aime!»

Pour dire bonjour, pour un rien...

Un quart d'heure, une demi-heure, une heure pendus au bout du fil... L'opération se répète quotidiennement. «Mes enfants téléphonent à leurs amis pour un rien, pour se dire bonjour et parfois pour faire leurs devoirs. Ça commence dès qu'ils rentrent du lycée et ça peut durer très longtemps... C'est à croire qu'ils sont nés avec un téléphone à l'oreille!», confie Véronique. Comme le dit Aurélie : «De retour chez soi, la seule façon de conserver un lien avec ceux qu'on vient de quitter, c'est le téléphone.»

> **Le téléphone, c'est un fil qui vous relie au monde, qui rassure sur l'amitié des copains. Et c'est ce qui est le plus important.**

Au sens propre comme au sens figuré, l'appareil est un fil qui vous relie au monde, qui vous rassure sur l'amitié des copains. C'est-à-dire sur ce qui est le plus important. Parce que dans l'amitié, on trouve la confiance, le respect, la tolérance et la sécurité dont on a tant besoin, à tout moment. Faute de lien, le risque est de se retrouver seul face à ses angoisses.

D'ailleurs, peu importe parfois qui vous appelez; quand l'interlocuteur décroche, vous finissez toujours par trouver quelque chose à raconter ou une confidence à partager.

E. How did Emmanuelle break her telephone addiction? How does she communicate with her friends now? Why does she prefer this means of communication?

Géraldine

F. What advice does Géraldine give at the beginning of her statement? How does she describe her relationship with the telephone?

G. Who might have made each of the following statements?

"My telephone is my best friend."

"Finally, Arlette answered the letter I wrote her last week!"

"You may not make any more long-distance calls!"

H. Which people give the following reasons for talking on the phone?

1. to say hello to friends
2. to do homework

Pour dire bonjour, pour un rien...

I. In this section, Véronique and Aurélie each make a statement. Which person is a parent? How do you know?

J. Read the selection again and find three reasons why people enjoy talking on the phone. Which reason do you think is most important?

K. In English, write a statement similar to Emmanuelle's and Geraldine's in which you tell how you feel about the telephone. Give examples to show why you feel the way you do.

Cahier d'activités, p. 107, Act. 25

Grammaire supplémentaire

CD-ROM 3
DVD 2

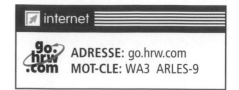

internet

go.hrw.com

ADRESSE: go.hrw.com
MOT-CLE: WA3 ARLES-9

Première étape

Objectives Asking for and expressing opinions; inquiring about and relating past events

1 Emmanuelle téléphone à Julie pour lui raconter son week-end. Pour compléter leur conversation, utilise le passé composé des verbes entre parenthèses. (**p. 271**)

EMMANUELLE Salut Julie. Tu ___1___ (passer) un bon week-end?

JULIE Oh, oui. J' ___2___ (regarder) un match de tennis, j' ___3___ (parler) avec ma grand-mère et j' ___4___ (lire) un roman. Et toi? Qu'est-ce que tu ___5___ (faire)?

EMMANUELLE J' ___6___ (prendre) la voiture de ma mère, et ma sœur et moi, nous ___7___ (voir) un film.

2 Complète ce que Pierre a écrit dans son journal à propos de son week-end. Utilise le passé composé des verbes entre parenthèses. (**p. 271**)

Hier, j' ___1___ (retrouver) mes amis Jean et Françoise au

café. Nous ___2___ (déjeuner) ensemble, puis, nous

___3___ (parler) de notre week-end. Samedi, Françoise

___4___ (lire) un livre et Jean ___5___ (étudier).

Le soir, ils ___6___ (acheter) un billet de loto mais ils

___7___ (ne pas gagner). Dimanche, j' ___8___

(voir) un bon film et ensuite, j' ___9___ (faire) mes devoirs.

3 Edouard veut toujours faire ce que Milo a fait. Lis ce qu'Edouard va faire et ensuite, dis ce que Milo a fait hier. Mets les verbes au passé composé et fais les changements nécessaires. (**p. 271**)

EXEMPLE   Demain, je vais acheter des baskets.
Hier, Milo a acheté des baskets.

1. Je vais laver la voiture de mon père demain. Hier,...
2. Je vais déjeuner à la cantine demain. Hier,...
3. Demain, je vais retrouver mes copains. Hier,...
4. Demain, je vais répéter avec la chorale. Hier,...
5. Je vais dîner avec ma grand-mère demain. Hier,...
6. Demain, je vais ranger ma chambre. Hier,...

4 Complète chaque phrase avec l'adverbe approprié. (**pp. 271, 272**)

1. Hélène a (demain / pas encore / trop) mangé hier soir.
2. Tu vas parler avec Sullivan (demain / ce matin / hier)?
3. J'ai (bientôt / déjà / hier) fait mes devoirs.
4. Marianne et Roger, vous avez (maintenant / bien / hier) lu ce roman?
5. Les Saint-Martin ont pris un taxi pour aller à la gare (demain / maintenant / ce matin).

5 La maman d'Elissa lui demande si elle et ses frères et sœurs ont fait leur tâches domestiques. Réponds pour Elissa. Dans tes réponses, utilise **déjà** ou **ne (n')... pas encore**. N'oublie pas de faire tous les changements nécessaires. (**p. 272**)

EXEMPLE   MAMAN   Tu as passé l'aspirateur?
ELISSA   **Non, je n'ai pas encore passé l'aspirateur.**

1. MAMAN   Claire et toi, vous avez rangé vos chambres?
   ELISSA   Non, _____
2. MAMAN   Tu as débarrassé la table?
   ELISSA   Oui, _____
3. MAMAN   Et Guillaume, est-ce qu'il a fait les courses?
   ELISSA   Oui, _____
4. MAMAN   Est-ce que tu as promené le chien?
   ELISSA   Non, _____
5. MAMAN   Est-ce que Claire et Sophie ont fait le ménage?
   ELISSA   Non, _____

Deuxième étape Objective Making and answering a telephone call

6 Ecris six phrases logiques en utilisant des mots de chaque colonne. Utilise le passé composé et n'oublie pas de faire tous les changements nécessaires. (**p. 277**)

Toi, tu		devant le cinéma
Moi, je	prendre	le bus de 10 h
Tes cousins	répondre	le téléphone
La mère de Serge	vendre	la question du professeur
Vous	perdre	la voiture
Nous	attendre	mon portefeuille
		pendant 15 minutes

7 Pierre, David et Yves parlent de ce que leurs amis vont faire aujourd'hui. Complète leur conversation avec les formes correctes des verbes **répondre** et **attendre.** (**p. 277**)

PIERRE Tiens, salut! Vous ___1___ le bus? *to answer   to wait for*

YVES Non, nous ___2___ Paul. Il va au stade avec nous.

PIERRE Où est Lise?

DAVID Elle est chez elle. Elle ___3___ sa mère pour aller au musée.

PIERRE Ah oui! C'est vrai. Et Bruno, qu'est-ce qu'il fait ce matin?

YVES Il ___4___ à la lettre de son correspondant américain. Et toi, qu'est-ce que tu fais, alors?

PIERRE Rien de spécial.

DAVID Tu ___5___ Paul avec nous?

PIERRE Oui, pourquoi pas?

8 Mets chaque phrase dans un ordre logique. Utilise le passé composé quand c'est nécessaire. (**p. 277**)

1. hier/Paul/perdre/son portefeuille/au centre commercial

2. nous/répondre/au téléphone/quand/notre père/travailler

3. ne/pas/perdre/votre argent

4. mes parents/vendre/leur voiture/bleu/la semaine dernière

5. Michel/vendre/des bonbons/pour/gagner de l'argent

Objectives Sharing confidences and consoling others; asking for and giving advice

9 Léon appelle Magali pour lui demander son avis. Complète leur conversation avec **le, la, l',** ou **lui. (p. 279)**

MAGALI Allô?

LEON Salut, Magali, ça va? J'ai un petit problème. Tu as une minute?

MAGALI Oui. Bien sûr. Je t'écoute.

LEON Ben, hier, au café, j'ai rencontré une fille. On a parlé pendant deux heures. Ce matin, elle m'a téléphoné pour me dire qu'elle veut sortir avec moi. A ton avis, qu'est-ce que je fais?

MAGALI Elle est comment, cette fille? Tu ___1___ (l', les) aimes bien?

LEON Oui. Je ___2___ (l', la) aime beaucoup. Elle est super sympa.

MAGALI Qu'est-ce que tu ___3___ (lui, leur) as répondu, alors?

LEON Je ne ___4___ (la, lui) ai pas répondu. A ton avis, qu'est-ce que je fais?

MAGALI Téléphone- ___5___ (lui, leur) tout de suite!

LEON Mais je ne trouve plus son numéro de téléphone!

MAGALI Cherche- ___6___ (le, leur)!

LEON Non, c'est pas possible. Je ne peux pas ___7___ (le, lui) téléphoner. Je suis trop timide!

MAGALI Ah, bon! Alors, oublie- ___8___ (la, les)!

10 Ton ami Max et toi, vous donnez des conseils à Odile. Répète les conseils de Max et utilise les pronoms **le, la, les, lui** ou **leur. (p. 279)**

EXEMPLE MAX Achète les pommes rouges!
TOI **Oui. Achète-les!**

1. Téléphone à tes copains!
2. Prends la trousse violette!
3. Apporte tes disques compacts!
4. Oublie ce garçon!
5. Attends les vacances!
6. Ecris à Caroline!
7. Parle à tes parents!
8. Achète ces stylos!

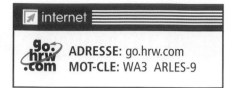
 1 A friend has left a message on your answering machine telling you what he did over the weekend. Listen, then decide if these sentences are true or false.

1. Martin a passé un mauvais week-end.

2. Il est allé à la plage.

3. Il a fait beau pendant le week-end.

4. Il a joué au football samedi.

5. Il n'a pas joué au tennis.

6. Dimanche, il a fait de l'aérobic.

2 D'abord, lis ces lettres rapidement. Ensuite, relis chaque lettre plus attentivement. De quoi est-ce que ces lettres parlent? Qui est Agnès? Ensuite, réponds aux questions suivantes.

Chère Agnès	Il me dit qu'il veut sortir avec moi. Est-ce vrai?	Toute ma famille me déteste.
Agnès vous comprend. Vous pouvez lui confier tous vos problèmes. Elle trouve toujours une solution!	Chère Agnès, J'aime beaucoup un garçon, Pierre, qui me dit, dans une lettre très tendre, qu'il veut sortir avec moi. Mais il ne m'appelle jamais. Se moque-t-il de moi? Aide-moi car je suis dingue de lui! --Monique...	Chère Agnès, J'ai 14 ans et j'ai un problème : tout le monde dans ma famille me déteste, sauf ma mémé. Mes parents et ma sœur se moquent toujours de moi et me disent que je suis laide. Je suis très déprimée. Au secours! --S
	Ne te décourage pas! Tu aimes ce garçon et il t'aime également. Tu t'imagines qu'il se moque de toi, mais lui aussi doit se demander s'il a ses chances. A toi d'aller vers lui. Bonne chance!	Ah S...! N'écoute pas ce que ta famille te dit. Et puis, il y a toujours ta mémé qui t'aime. Tu as 14 ans et tes parents ont sûrement peur de perdre leur petite fille. Parle-leur de tes sentiments et tu verras, tout ira mieux.

1. What is Monique's problem?

2. How does Agnès respond?

3. Who is S having difficulties with?

4. What does Agnès advise her to do?

3 D'après ce que tu sais sur le système de téléphone français, est-ce que les phrases suivantes sont vraies ou fausses?

1. The only way to make a call from a public phone in France is to use coins.

2. You can generally find a public phone at the post office.

3. You can't buy phone cards at the post office.

4. Card-operated phones are being replaced by coin-operated ones.

5. If you make a call using a phone card, you will be charged based on the distance and duration of the call.

4 Ecrivons!

Think of a problem that many teenagers face. Describe the problem in a letter to Agnès and ask her to give you some advice. Then, exchange letters with a classmate and write a response offering advice about his or her problem as if you were Agnès.

Prewriting

On a sheet of paper, brainstorm ways to explain the problem by asking yourself the "W" questions. Who is involved in the problem? What exactly is the problem? Where do you see the problem? At home? At school? When is the problem most evident? Why do you think this problem occurs?

Stratégie pour écrire

Answering the five "W" questions (Who? What? Where? When? Why?) can help you clarify your ideas. It can also help you make sure you don't leave out important information for your readers.

Writing

Using the answers to your "W" questions, write a letter to Agnès describing the problem. Be as specific as you can in your description. However, don't try to use vocabulary and expressions you don't know or aren't familiar with. Use what you know as effectively as you can; other words and expressions will come later.

Now, exchange letters with a classmate. Each of you should write a response to the other's letter, offering advice on the problem. In writing your response, try to use some of the expressions you've learned for giving advice. After your classmate has read your response, have him or her return it to you, along with the letter you wrote. You're now ready for the final step of the writing process.

Revising

Evaluating your work is another important part of writing. This process involves several steps:

1. **Self-evaluation:** Reread both your letter and the response you wrote. Are they both arranged well? Are they easy to understand? Are they too wordy, or are they lacking information?

2. **Proofreading:** Now, go over your writing again. This time, look just for misspelled words, punctuation errors, and grammatical mistakes.

3. **Revising:** Make any changes you feel are necessary.

After these steps are completed, you can submit or publish the final copy of your work.

5 Jeu de rôle

You haven't seen your friend in a while. You want to find out what he or she has been doing. Phone and ask to speak to your friend. Talk about what you both did last weekend. Find out also what your friend is planning to do next summer. Act this out with a partner.

Que sais-je?

Can you use what you've learned in this chapter?

Can you ask for and express opinions?
p. 269

1 How would you ask a friend how his or her weekend went?

2 How would you tell someone that your weekend was . . .
1. great?
2. OK?
3. horrible?

Can you inquire about and relate past events, using the passé composé?
p. 270

3 If you were inquiring about your friend's weekend, how would you ask . . .
1. what your friend did?
2. where your friend went?
3. what happened?

4 How would you tell someone that you did these things?

1. 2. 3.

Can you make and answer a telephone call?
p. 276

5 If you were making a telephone call, how would you . . .
1. tell who you are?
2. ask if it's the right house?
3. ask to speak to someone?
4. ask to leave a message?
5. ask someone to say you called?
6. tell someone the line's busy?

6 If you were answering a telephone call, how would you . . .
1. ask who's calling?
2. ask someone to hold?
3. ask someone to call back later?

Can you share confidences, console others, and ask for and give advice?
p. 279

7 How would you approach a friend about a problem you have?

8 What would you say to console a friend?

9 How would you ask a friend for advice?

10 How would you tell a friend what you think he or she should do?

Asking for and expressing opinions

Tu as passé un bon week-end?	Did you have a good weekend?
Oui, très chouette.	Yes, super.
Oui, excellent.	Yes, excellent.
Oui, très bon.	Yes, very good.
Oui, ça a été.	Yes, it was OK.
Oh, pas mauvais.	Oh, not bad.
Très mauvais.	Very bad.
C'était épouvantable.	It was horrible.

Inquiring about and relating past events

Qu'est-ce qui s'est passé (hier)?	What happened (yesterday)?
Nous avons parlé.	We talked.
Qu'est-ce que tu as fait... ?	What did you do . . . ?
D'abord,...	First, . . .
Ensuite,...	Then, . . .

Après, je suis sorti(e).	Afterwards, I went out.
Et après (ça)...	And after (that) . . .
Finalement/Enfin,...	Finally, . . .
Tu es allé(e) où?	Where did you go?
Je suis allé(e)...	I went . . .
j'ai fait	I did, I made
j'ai pris	I took
j'ai vu	I saw
j'ai lu	I read
déjà	already
bien	well
mal	badly
ne... pas encore	not yet
acheter	to buy
apporter	to bring
chanter	to sing
chercher	to look for
commencer	to begin, to start
déjeuner à la cantine	to have lunch at the cafeteria

dîner	to have dinner
gagner	to win, to earn
montrer	to show
oublier	to forget
passer un examen	to take an exam
rater le bus	to miss the bus
rater une interro	to fail a quiz
rencontrer	to meet for the first time
répéter	to rehearse, to practice music
retrouver	to meet with
travailler au fast-food	to work at a fast-food restaurant
trouver	to find
visiter	to visit (a place)
une fille	girl
un garçon	boy

Making and answering a telephone call

Allô?	Hello?
Je suis bien chez...?	Is this . . . 's house?
Qui est à l'appareil?	Who's calling?
(Est-ce que)... est là, s'il vous plaît?	Is . . . there, please?
Une seconde, s'il vous plaît.	One second, please.

(Est-ce que) je peux parler à...?	May I speak to . . . ?
Bien sûr.	Certainly.
Vous pouvez rappeler plus tard?	Can you call back later?
Je peux laisser un message?	May I leave a message?
Vous pouvez lui dire que j'ai téléphoné?	Can you tell her/him that I called?

Ne quittez pas.	Hold on.
Ça ne répond pas.	There's no answer.
C'est occupé.	It's busy.
attendre	to wait for
perdre	to lose
répondre (à)	to answer
vendre	to sell

Sharing confidences and consoling others

J'ai un petit problème.	I've got a little problem.
Je peux te parler?	Can we talk?
Tu as une minute?	Do you have a minute?
Je t'écoute.	I'm listening.
Qu'est-ce que je peux faire?	What can I do?
Ne t'en fais pas!	Don't worry!

Ça va aller mieux!	It's going to get better!

Asking for and giving advice

A ton avis, qu'est-ce que je fais?	In your opinion, what do I do?
Qu'est-ce que tu me conseilles?	What do you advise me to do?
Oublie-le/-la/-les!	Forget him/her/it/ them!

Téléphone-lui/ -leur!	Call him/her/them!
Tu devrais lui/leur parler.	You should talk to him/her/them.
Pourquoi tu ne... pas?	Why don't you . . . ?
le	him, it
la	her, it
les	them
lui	to him, to her
leur	to them

10
Dans un magasin de vêtements

Objectives

In this chapter you will learn to

Première étape

- ask for and give advice

Deuxième étape

- express need
- inquire

Troisième étape

- ask for an opinion
- pay a compliment
- criticize
- hesitate
- make a decision

 internet

go.hrw.com

ADRESSE: go.hrw.com
MOT-CLE: WA3 ARLES-10

◄ **Je ne sais pas quoi mettre pour aller à la boum.**

MISE EN TRAIN • *Chacun ses goûts*

Stratégie pour comprendre
What event are Hélène and Magali discussing at the beginning of the story? Where does Magali go? Why do you think Hélène doesn't go with her?

Magali   **Hélène**   **La vendeuse**

①

Magali : Oh là là! Je ne sais pas quoi mettre demain. C'est l'anniversaire de Sophie. J'ai envie d'acheter quelque chose de joli. Et toi, qu'est-ce que tu vas mettre?

Hélène : Oh, je ne sais pas. Sans doute un jean et un tee-shirt.

②

Magali : Pourquoi est-ce que tu ne trouves pas quelque chose d'original? De mignon?

Hélène : Ecoute, Magali. Moi, j'aime bien être en jean et en tee-shirt. C'est simple et agréable à porter. Chacun ses goûts.

③

Au magasin...

La vendeuse : Bonjour. Je peux vous aider?

Magali : Je cherche quelque chose pour aller à une fête. J'aimerais quelque chose d'original et pas trop cher.

④

La vendeuse : Qu'est-ce que vous faites comme taille?

Magali : Je fais du 38.

La vendeuse : Nous avons des jupes, si vous voulez. Tenez, celle-ci fait jeune. Comment la trouvez-vous?

Magali : Bof. C'est pas tellement mon style.

Magali : J'aime bien cette jupe-ci. Est-ce que vous l'avez en vert?

La vendeuse : Elle est jolie, n'est-ce pas? Nous l'avons en bleu, en rouge et en vert. La voilà en 38.

Magali essaie la jupe...

La vendeuse : Très joli. Ça vous va très bien.

Magali : Oui, c'est pas mal, mais elle est un peu large, non? Est-ce que vous l'avez en 36?

Quelques minutes plus tard...

La vendeuse : Ah, très chic! C'est tout à fait votre style.

Magali : Vous trouvez? Mais, je ne sais pas quoi mettre avec.

La vendeuse : Nous avons ces chemisiers, si vous aimez. Taille unique. Ça va très bien avec la jupe.

Cahier d'activités, p. 109, Act. 1

1 Tu as compris?

1. Why does Magali want to buy something new?
2. What is Hélène going to wear? Why?
3. What type of clothing is Magali looking for?
4. What outfit does Magali like?

2 C'est qui?

Qui parle? C'est Magali, Hélène ou la vendeuse?

1. «J'aimerais quelque chose d'original et pas trop cher.»
2. «Je peux vous aider?»
3. «Moi, j'aime bien être en jean et en tee-shirt. C'est simple et agréable à porter.»
4. «Qu'est-ce que vous faites comme taille?»
5. «Chacun ses goûts.»
6. «Est-ce que vous l'avez en vert?»
7. «C'est tout à fait votre style.»
8. «Ce n'est pas tellement mon style.»

3 Chacun ses goûts

Qu'est-ce que Magali dit de ces vêtements?

1. le jean et le tee-shirt d'Hélène
2. la première jupe que la vendeuse propose.
3. la jupe verte en 38

4 Qu'est-ce qu'elle répond?

Qu'est-ce que Magali répond à la vendeuse?

1. Qu'est-ce que vous faites comme taille?
2. Comment la trouvez-vous?
3. Je peux vous aider?
4. Ah, très chic! C'est tout à fait votre style.

a. Vous trouvez? Mais, je ne sais pas quoi mettre avec.
b. Je fais du 38.
c. Je cherche quelque chose pour aller à une fête.
d. Bof. Ce n'est pas tellement mon style.

5 Cherche les expressions

According to *Chacun ses goûts,* how would you . . .

1. express indecision?
2. express satisfaction with your clothes?
3. tell a salesperson what you want?
4. tell what size you wear?
5. express dissatisfaction with clothes?
6. ask for a certain color or size?

> Je fais du...
>
> C'est simple et agréable à porter.
>
> Je ne sais pas quoi mettre.
>
> J'aimerais quelque chose de...
>
> C'est pas tellement mon style.
>
> Est-ce que vous l'avez en... ?

6 Et maintenant, à toi

Est-ce que tu préfères le style de Magali ou d'Hélène? Qu'est-ce que tu aimes comme vêtements?

WA3 ARLES-10

Les vêtements

la cabine d'essayage

un imperméable
- à rayures (striped)
- une salopette : overalls
- à carreaux => checkered/plaid

la cagoule

le maillot de bain bleu et rouge 18,15€

la chemise blanche ou bleue 19,65€

la veste bleue 109,75€

le chemisier blanc 22,70€

la robe verte à fleurs 66,90€

le blouson bleu ou noir 141€

la jupe grise 30,35€

le blouson marron ou noir 176,80€

chosoore

les chaussures (f.) marron 47,10€

les bottes noires 76,05€

Accessoires

noires blanches bleues

les lunettes de soleil (f.) 9,35€

les boucles d'oreilles (f.) 37,95€

pêche

les chaussettes 1,55€ la paire

la cravate bleue à rayures 12,65€

la montre noire 68,40€

l'écharpe rose et blanche 15,45€

la ceinture noire ou marron 15,20€

le chapeau gris 38,85€

la casquette rouge 24,50€

Here are some other words you may want to use to talk about what you're wearing.

un bracelet   un manteau *coat*   des sandales (f.)

un cardigan   un pantalon   un short

un jean   un pull(-over)   un sweat-shirt

style marin (V-neck)

> **Travaux pratiques de grammaire,** pp. 79–80, Act. 1–3

> **Cahier d'activités,** pp. 110–111, Act. 2–5

7 **Qu'est-ce qu'Armelle a acheté?**

Ecoutons Listen as Armelle tells her friend about her big shopping trip. Then, choose the illustration that represents her purchases.

a.

b.

c.

8 **Des cadeaux**

Parlons Regarde l'image et dis ce que Lise a acheté pour sa famille.

EXEMPLE **Elle a acheté... pour...**

 9 **Pas de chance!**

Ecrivons Imagine que tu voyages en France. A l'arrivée, tu ne trouves pas tes bagages. Alors, la compagnie aérienne te donne 500 dollars pour acheter de nouveaux vêtements. Fais une liste de ce que tu vas acheter.

EXEMPLE **D'abord, je vais acheter...**

10 **La fête**

Parlons Tu es invité(e) à une fête. Dis quels vêtements tu vas porter. Choisis des articles de la liste de l'activité 9. Est-ce que tu vas avoir besoin d'autres vêtements?

EXEMPLE **Je vais mettre...**

The verbs *mettre* and *porter*

Mettre is an irregular verb.

(I'm wearing)

(to put on, not physically wearing)

mettre *(to put, to put on, to wear)*

all sound the same

Je	**mets**	Nous	**mettons**
Tu	**mets**	Vous	**mettez**
Il/Elle/On	**met**	Ils/Elles	**mettent** *(mett)*

never pronounce "s"

(may)

- **Mets** and **met** are pronounced alike. You don't pronounce the final consonant(s) **ts** and **t**.
- The past participle of **mettre** is **mis**: Elle **a mis** une jupe. *no "s"*
- You can also use the regular **-er** verb **porter** to tell what someone is wearing: Elle **porte** une robe.

Grammaire supplémentaire, p. 314, Act. 1–3

Cahier d'activités, p. 112, Act. 6–7

Travaux pratiques de grammaire, pp. 80–81, Act. 4–6

11 ### Grammaire en contexte

Parlons Dis ce que les personnes suivantes mettent pour sortir.

1. **Pour aller à l'école, Sophie...**

2. **Pour aller à une boum, elles...**

3. **Pour aller au café, toi, tu...**

4. **Pour aller au stade, nous...**

12 ### Grammaire en contexte

Parlons Demande à ton/ta camarade quels vêtements il/elle a mis hier et dis-lui ce que toi, tu as mis.

DE BONS CONSEILS

Although it's common to feel a little uncomfortable when speaking a new language, the best way to overcome it is to talk and talk and talk. Whenever you answer a question or have a conversation with a partner, try to keep the conversation going as long as possible. Don't worry about making a mistake. The more you think about making mistakes, the less likely you will be to talk.

Comment dit-on...?

Asking for and giving advice

To ask for advice:

Je ne sais pas quoi mettre pour
aller à la boum. *I don't know
what to wear for (to) . . .*
Qu'est-ce que je mets? *What shall
I wear?*

To give advice:

**Pourquoi est-ce que tu ne mets
pas** ta robe? *Why don't you
wear . . . ?*
Mets ton jean. *Wear . . .*

Cahier d'activités,
p. 112, Act. 8–9

JE NE SAIS PAS QUOI METTRE POUR ALLER VOIR NICOLE!

POURQUOI EST-CE QUE TU NE METS PAS MA CRAVATE AVEC CETTE CHEMISE?

---

13 **Des conseils**

Ecoutons Are these people asking for or giving advice?

---

14 **Harmonie de couleurs**

Parlons Demande à ton/ta camarade ce que tu devrais mettre avec les vêtements suivants. Il/Elle va te donner des conseils. Ensuite, changez de rôle.

EXEMPLE   —Qu'est-ce que je mets avec ma jupe noire?
          —Pourquoi est-ce que tu ne mets pas ton pull gris?

1. Avec mon pantalon bleu?   3. Avec mes baskets violettes?   5. Avec mon short orange?
2. Avec ma chemise rouge?   4. Avec mon pull gris?   6. Avec ma veste verte?

---

15 **Qu'est-ce que je mets?**

Parlons Cette année, tu vas habiter avec une famille française. Dis à ton/ta camarade où tu vas aller en France et explique ce que tu vas faire. Demande-lui quels vêtements tu devrais porter pour les occasions suivantes. Il/Elle va te donner des conseils. Ensuite, changez de rôle.

EXEMPLE   —Pour aller au café, qu'est-ce que je mets?
          —Mets un jean et un sweat-shirt.

pour aller à une boum

pour aller à la plage

pour aller au café

pour dîner dans un restaurant élégant

pour jouer au football

pour aller au parc

pour aller au théâtre

pour aller au musée

pour faire du patin à glace

pour faire du ski

---

16 **Mon journal**

Ecrivons Décris les vêtements que tu mets pour aller au lycée, pour aller à des fêtes, pour sortir avec tes amis et pour les grandes occasions.

Comment dit-on...?

Expressing need; inquiring

The salesperson might ask you:

Que faites-vous comme taille? or *Que comme tailles faites-vous*

Vous désirez?
(Est-ce que) je peux vous aider?
May I help you?

la cabine d'essayage

To express need, you might answer:

Oui, il me faut un chemisier vert.
Oui, vous avez des chapeaux?
Je cherche quelque chose pour
    aller à une boum.
    I'm looking for something to . . .
J'aimerais un chemisier **pour aller**
    avec ma jupe.
    I'd like . . . to go with . . .
Non, merci, je regarde.
    No, thanks, I'm just looking.
Je peux l'/les essayer?
    Can I try it/them on?
Je peux essayer le/la/l'/les
    bleu(e)(s)?
    Can I try on the . . . ?

To inquire about prices:

C'est combien,... ?
Ça fait combien?

Quel est le prix

To ask about sizes, colors, and fabrics:

Vous avez ça en (taille) 36?
    Do you have that in (size) . . . ?
en bleu?
en coton? *cotton?*
en jean? *denim?*
en cuir? *leather?*

ça ne mets
vas pas
it docaj
c'est trop

> Travaux pratiques de
> grammaire, p. 82, Act. 7

> Cahier d'activités,
> p. 113, Act. 10–11

Note de grammaire

You can use colors and other adjectives as nouns by putting **le, la,** or **les** before them. Change their spelling according to the things they refer to: **le bleu, la bleue** = *the blue one;* **les verts, les vertes** = *the green ones.*

> Travaux pratiques de
> grammaire,
> p. 82, Act. 8

> Grammaire supplémentaire,
> p. 315, Act. 4 →

> Cahier d'activités, p. 114, Act. 12

DON'T REPEAT NAMES OF ARTICLES

17 **Qui parle?**

Ecoutons Listen and decide whether a customer or salesperson is speaking.

18 **Couleur, prix ou taille?**

Ecoutons Listen and decide whether these people are talking about the color, price, or size of the items they're looking at.

19 **Méli-mélo!**

Lisons Mets cette conversation dans le bon ordre.

—C'est combien?

—Oui. Nous les avons en bleu, en rouge et en orange.

—Voilà, ces maillots de bain sont très chic.

—Oh là là! C'est trop cher, ça!

—Je peux vous aider?

—C'est 68 €.

—Euh, je n'aime pas trop la couleur. Vous les avez en bleu?

—Oui, je cherche un maillot de bain.

20 **Grammaire en contexte**

Lisons/Ecrivons Blondine et Claire se préparent pour aller à une fête. Complète leur conversation avec **le, la, l'** ou **les** et une couleur.

—Et avec ma jupe bleue, est-ce que je mets mon chemisier orange ou mon chemisier blanc?

—Pas l'orange! Mets plutôt ____1____.

—Et pour les chaussures? ____2____ vont mieux avec ma jupe, non?

—Mais non. Mets ____3____.

—Et mon sac rose ou le noir? Le rose, non?

—Mmm... je n'aime pas ____4____. Tu as une ceinture noire?

—Oui, mais j'ai aussi une ceinture jaune.

—Ah non! Pas la jaune! Mets ____5____.

21 **Préférences**

Parlons Tu regardes des vêtements dans un catalogue avec ton/ta camarade. Dites quels articles vous aimez et en quelle couleur.

EXEMPLE —J'aime bien ce polo bleu. Et toi?

—Moi, j'aime mieux le noir.

COLLECTION D'ETE

LES POLOS à 24€

LES JEANS à 37€

rouge
jaune
bleu

blanc

orange

noir

noir

blanc

bleu

Note culturelle

The French don't use the same clothing sizes as Americans. Look at this size conversion chart to find the size you'd ask for if you were shopping in France.

TABLE DE COMPARAISON DE TAILLES

Robes, chemisiers et pantalons femmes.

France	34	36	38	40	42	44
USA	3	5	7	9	11	13

Chaussures femmes.

France	36	37	38	38½	39	40
USA	5-5½	6-6½	7-7½	8	8½	9

Tricots, pull-overs, pantalons hommes.

France	36	38	40	42	44	46
USA	26	28	30	32	34	36

Chemises hommes.

France	36	37	38	39	40	41
USA	14	14½	15	15½	16	16½

Chaussures hommes.

France	39	40	41	42	43	44
USA	6½-7	7½	8	8½	9-9½	10-10½

22 Jeu de rôle

Parlons Tu as besoin de quelque chose pour aller avec les vêtements proposés. Dis au vendeur/à la vendeuse ce que tu veux. Pose des questions sur les prix et sur les tailles. Joue cette scène avec ton/ta camarade. Ensuite, changez de rôle.

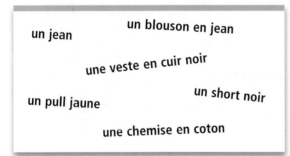

un jean
un blouson en jean
une veste en cuir noir
un pull jaune
un short noir
une chemise en coton

Vocabulaire à la carte

à rayures	*striped*	**en laine**	*wool*
à carreaux	*checked*	**en rayonne**	*rayon*
à pois	*polka dot*	**en lin**	*linen*
à fleurs	*flowered*	**en soie**	*silk*
bleu clair	*light blue*	**bleu foncé**	*dark blue*

Grammaire

-ir verbs

You've already learned the forms of regular **-er** and **-re** verbs. There is one more regular verb pattern for you to learn. Here are the forms of regular **-ir** verbs.

choisir *(to choose, to pick)*

Je	**choisis**	Nous	**choisissons**
Tu	**choisis**	Vous	**choisissez**
Il/Elle/On	**choisit**	Ils/Elles	**choisissent**

Je **choisis** un manteau noir.

- The past participle of regular **-ir** verbs ends in **-i:** Elle a choisi une belle robe.
- Other regular **-ir** verbs you might want to use when talking about clothes are: **grandir** *(to grow)*, **maigrir** *(to lose weight)*, and **grossir** *(to gain weight)*.

Grammaire supplémentaire, pp. 315–316, Act. 5–7

Cahier d'activités, p. 115, Act. 14–16

Travaux pratiques de grammaire, pp. 83–84, Act. 9–12

23 **Grammaire en contexte**

Parlons Qu'est-ce qu'ils choisissent pour aller avec leurs vêtements?

1. Elle...   2. Nous...   3. Il...   4. Vous...

24 **Ça ne me va plus!**

Parlons Pourquoi ces vêtements ne vont plus? Utilise le passé composé dans tes réponses.

1.

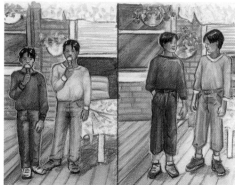

2.

3.

4.

25 **Dans un grand magasin**

Parlons Avec un(e) camarade, joue une scène entre un(e) client(e) et un vendeur/une vendeuse dans un grand magasin. Le/La client(e) va en vacances d'hiver. Il/Elle dit au vendeur/à la vendeuse ce qu'il/elle cherche. Il/Elle pose aussi des questions sur les tailles, les couleurs, les styles, les tissus et les prix. Il/Elle veut essayer plusieurs articles. Le vendeur/la vendeuse répond au/à la client(e). Ensuite, changez de rôle.

Qu'est-ce que tu aimes comme vêtements?

We asked some francophone people what they like to wear. Here's what they said.

Marie-Emmanuelle,
France

«J'aime bien mettre des jeans, des tee-shirts, des affaires simples, mais de temps en temps, j'aime bien être originale et porter des jupes longues, ou euh... quelque chose de plus classique ou plus moderne.»

Thomas,
France

«J'aime les jeans, les chemises, les grosses chaussures et les casquettes aussi.»

Aminata,
Côte d'Ivoire

«J'adore beaucoup les jupes droites, les robes, les pagnes. J'aime beaucoup me mettre aussi en tissu.»

Qu'en penses-tu?

1. How do you and your friends like to dress? How is this different from the way these people like to dress?

2. Which of these people share your tastes in clothing?

Savais-tu que...?

In France and other francophone countries, it is common to see people dressed quite well on the streets, on trains, at work, and in restaurants, even fast-food restaurants. In Africa, women commonly drape themselves in brightly-colored fabrics called **pagnes.** Martinique is famous for its **madras** patterns, and southern France is known for its pretty **provençal** prints. Although Paris has the reputation of being a fashion capital, ordinary Parisians don't wear fashions created by well-known designers. Most young people like to wear jeans, just like American teenagers.

Comment dit-on...?

Asking for an opinion, paying a compliment, and criticizing

To ask for an opinion:

> **Comment tu trouves... ?**
> **Elle me va,** cette robe?
> *Does ... suit me?*
> **Il te/vous plaît,** ce jean?
> *Do you like ... ?*
> **Tu aimes mieux** le bleu **ou** le noir?

ça te va bien

ÇA ME VA, CE JEAN?

IL VOUS VA TRÈS BIEN. C'EST TOUT À FAIT VOTRE STYLE!

Est-ce que ce pull est va bien? *It te vas bien*

To pay a compliment:

> **C'est parfait.** *It's perfect.*
> **C'est tout à fait ton/votre style.**
> *It looks great on you.*
> **Elle te/vous va très bien,** cette jupe.
> *... suits you really well.*
> **Il/Elle va très bien avec** ta chemise.
> *It goes very well with ...*
> **Je le/la/les trouve...** *I think it's/they're ...*
> > **très à la mode.** *in style.*
> > **chic.**
> > **mignon(mignonne)(s).** *cute.*
> > **sensationnel(le)/sensass.** *fantastic.*
> > **rétro.**

ce n'est pas ton style

ça ne va pas ensemble

To criticize:

> **Il/Elle ne te/vous va pas du tout.** *That doesn't look good on you at all.*
> **Il/Elle est (Ils/Elles sont) trop serré(e)(s).** *It's/They're too tight.*
> > **large(s).** *baggy.*
> > **petit(e)(s).** *small.*
> > **grand(e)(s).** *big.*
> > **court(e)(s).** *short.*
> > **long(longue)(s).** *long.*
> **Il/Elle ne va pas du tout avec** tes chaussures. *That doesn't go at all with ...*
> **Je le/la/les trouve moche(s).** *I think it's/they're tacky.*
> > **démodé(e)(s).** *out of style.*
> > **horrible(s).** *terrible.*

à l'aise (mal)

specific article : -il More general : -ce

Cahier d'activités,
pp. 116–117, Act. 17–20

Travaux pratiques de grammaire,
pp. 85–86, Act. 13–15

26 Compliment ou critique?

Ecoutons Listen to the following conversations and decide if the speakers are complimenting or criticizing each other's clothing.

27 Un après-midi au grand magasin

Parlons Tu es vendeur/vendeuse au magasin Le Printemps. Ces personnes ont besoin de conseils. Qu'est-ce que tu leur dis?

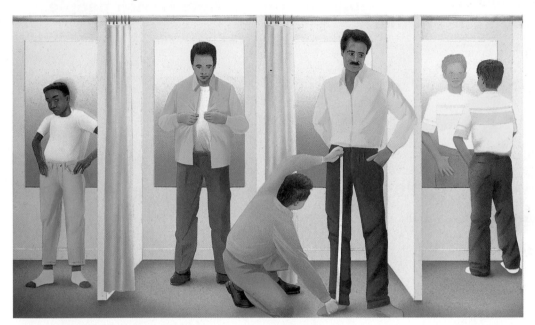

28 Sondage

Lisons/Parlons Fais ce petit test d'un magazine de mode français. Combien de points est-ce que tu as au total? Comment es-tu d'après le test? Compare ton résultat avec le résultat d'un(e) camarade.

ENQUETE : LA MODE

Es-tu à la mode?

Fais notre petit test pour savoir si tu es vraiment à la dernière mode.

En général, quelle sorte de vêtements est-ce que tu portes?
a. Des vêtements super chic. (3 points)
b. Ça dépend de l'occasion. (2 points)
c. Des jeans, des tee-shirts et des baskets. (1 point)

Tu achètes de nouveaux vêtements...
a. très souvent. (3 points)
b. quelquefois. (2 points)
c. presque jamais. (1 point)

Quand tu achètes des vêtements, en général, tu...
a. achètes ce qui est à la dernière mode. (3 points)
b. achètes quelque chose que tu aimes. (2 points)
c. achètes ce qui est en solde. (1 point)

Dans un magazine de mode, tu vois que les chemises en plastique fluorescentes sont très populaires. Tu...
a. achètes 4 chemises de 4 couleurs différentes. (3 points)
b. attends patiemment pour voir si les autres en portent. (2 points)
c. refuses d'en acheter! Tu ne veux pas être ridicule! (1 point)

Réponses :
10 -12 points : Tu es vraiment à la mode! Attention! Tu risques de perdre ton originalité.
5 - 9 points : Parfaitement raisonnable! Tu es à la mode tout en gardant ton propre style.
0 - 4 points : Tu ne t'intéresses pas à la mode! Tu sais, il y a quelquefois des styles uniques. Essaie de les trouver.

NE PRENDS PAS CE TEST TROP AU SERIEUX!

Read the following dialogues to find out how French people compliment one another.

—J'aime bien ta chemise.
—Ah oui?
—Oui, elle est pas mal.
—Tu trouves? Tu sais, c'est une vieille chemise.

—Il est super, ce chapeau!
—Tu crois?
—Oui, il te va très bien.
—C'est gentil.

—Tu es ravissante aujourd'hui!
—Vraiment? Je n'ai rien fait de spécial.

Qu'en penses-tu?

1. How do these people react to a compliment?
2. How do you usually react to a compliment? How is that different from the French reactions you've just read?

Savais-tu que...?

The French do not compliment freely and generally do so only in exceptional cases. It is common to respond to compliments with **Merci.** However, French people will often respond with a modest expression of disbelief, such as **Vraiment? Tu crois? Tu trouves? Ah oui?** or a comment downplaying the importance of the item complimented, such as **Oh, c'est vieux.**

29 **Fais des compliments!**

Parlons Fais des compliments à une(e) camarade sur deux vêtements qu'il/elle porte. Il/Elle va te répondre à la française.

EXEMPLE —Elles sont sensass, tes baskets!

—Vraiment?

—Oui, elles sont très à la mode!

pronouns go after verbs
Only in commands
positive

Grammaire

The direct object pronouns *le*, *la*, and *les*

The pronouns **le**, *him* or *it*, **la**, *her* or *it*, and **les**, *them*, refer to people or things. In the sentences below, what do the pronouns **le, la,** and **les** refer to?*

— Ce pull, il te plaît? — Oui, je **le** trouve assez chic.

— Comment tu trouves cette robe? — Je **la** trouve démodée.

— Vous aimez ces chaussures? — Oui, je vais **les** prendre.

• You normally place the direct object pronouns <u>before</u> the conjugated verb.

Je **le** prends. Je l'ai pris.

Je ne **la** prends pas. Ne **les** prends pas!

• There are two exceptions to this rule. You place the direct object pronoun <u>after</u> the conjugated verb in a positive command and before an infinitive.

Prends-**le**!

Je vais **la** prendre.

• When **le** or **la** comes before a verb that starts with a vowel sound, it changes to **l'**.

Je vais essayer **le pull.** Je vais **l'**essayer.

———————

* the pullover, the dress, the shoes

Grammaire supplémentaire,
pp. 316–317, Act 8–9

Cahier d'activités,
pp. 117–118,
Act. 21–22

Travaux pratiques de grammaire,
pp. 86–87, Act. 16–17

Je voudrais le/la/les prendre

Je ne la prends pas   Je ne vais pas les prendre

In negative

Ne le prenez pas
la
les

30 **Qu'en penses-tu?**

Lisons/Ecrivons Elise et Karim font des courses. Complète leur conversation avec **le, la, l',** et **les.**

ELISE Dis, Karim, tu aimes ce pantalon, toi?

KARIM Bof... Je __1__ *le* trouve un peu démodé, mais enfin...

ELISE Et cette chemise-là?

KARIM Oui, je __2__ *l'* aime bien. Eh! Tu as vu ces chaussures? Elles sont super, non?

ELISE Oui! Tu vas __3__ *les* prendre?

KARIM Oh, je sais pas... *les*

ELISE Si, allez! Prends- __4__ *les* !

KARIM Bon. Je vais __5__ *les* essayer. Et toi, essaie la chemise. Je __6__ *la* trouve vraiment chouette.

ELISE D'accord. Mmm... et ce pull violet, il est beau, non?

KARIM Oui, mais je __7__ *le* préfère en bleu.

Comment dit-on...?

Hesitating; making a decision

When the salesperson asks you:

Vous avez choisi?
Vous avez décidé de prendre ce pantalon?
Have you decided to take . . . ?
Vous le/la/les prenez?
Are you going to take it/them?

To hesitate, say:

Je ne sais pas.
Euh... J'hésite. *(j'ésite)*
Oh, I'm not sure.
Il/Elle me plaît, mais il/elle est cher/chère.
I like it, but it's expensive.

Elle me plaisent (plais) *lui Ellêteplaît*

To make a decision, say:

Je le/la/les prends.
I'll take it/them.
C'est trop cher.
It's too expensive.

bon marché

Cahier d'activités, p. 118, Act. 22

Note de grammaire

- Use **il/elle/ils/elles** when you are referring to a specific item.
  Comment tu trouves cette robe? **Elle** est chouette, non?

- Use **c'est** when you are speaking in general about an action or something that happened.

  J'aime porter des pantalons parce que **c'est** pratique.

  J'ai réussi à mon examen de maths! **C'est** super!

In the sentences above, **c'est** refers to the general ideas of wearing pants and passing a test.

Travaux pratiques de grammaire, p. 87, Act. 18

Grammaire supplémentaire, p. 317, Act. 10

Cahier d'activités, p. 118, Act. 23

---

31 **Oui ou non?**

Ecoutons Listen to these exchanges between a customer and a salesperson. Tell whether the customer takes the item, doesn't take it, or can't decide.

32 **Qu'est-ce qu'ils disent?**

Ecrivons/Parlons Ecris ce que tu crois que ces personnes disent. Ensuite, compare tes réponses avec les réponses d'un(e) camarade.

1.   2.   3.   4.

Parlons Tu travailles au rayon vêtements du grand magasin Le Printemps, à Paris. Un client/Une cliente veut acheter des vêtements pour aller à un mariage. Il/elle hésite, alors tu vas l'aider à trouver quelque chose et lui donner des conseils.

PRONONCIATION

The glides [j], [w], and [ɥ]

As you listen to people speak French, you may notice a sound that reminds you of the first sound in the English word *yes*. This sound is called a *glide*, because one sound glides into another. Now, try making the sound [j] in these common French words: **mieux, chemisier, bien.** Did you notice that this gliding sound often occurs when the letter **i** is followed by **e?** The sound is also represented by the letters **ill** in words such as **maillot** and **gentille.**

There are two more glides in French. [w] sounds similar to the *w* sound you hear in *west wind*. Listen to these French words: **moi, Louis, jouer.**

The last glide sound is the one you hear in the French word **lui.** It sounds like the French vowel sounds [y] and [i] together. This sound is often written as **ui.** Listen to the glide [ɥ] in these words: **cuir, huit, juillet.**

A. A prononcer

Repeat the following words.

1. travailler	monsieur	combien	conseiller
2. pouvoir	soif	poires	moins
3. suis	minuit	suite	juillet

B. A lire

Take turns with a partner reading each of the following sentences aloud.

1. J'aime bien tes boucles d'oreilles. Elles sont géniales!

2. Il me faut des feuilles de papier, un taille-crayon et un cahier.

3. Elle a choisi un blouson en cuir et une écharpe en soie. C'est chouette!

4. Tu as quoi aujourd'hui? Moi, j'ai histoire et ensuite, je vais faire mes devoirs.

5. —Tu veux promener le chien avec moi?

  —Pourquoi pas?

C. A écrire

You're going to hear a short dialogue. Write down what you hear.

LA MODE AU LYCÉE

A. Think for a moment about the role fashion plays in your life.

  1. Do you follow trends you see in magazines or at school?

  2. How much influence do your parents have on your wardrobe?

  3. Do you think clothing is a reflection of a person's personality or lifestyle?

B. How would you categorize styles that are popular at your school or in your town? What words would you use to describe them?

C. What can you tell about the people who wrote these essays?

D. Which of the students consider fashion important? Which consider it unimportant?

LA MODE AU LYCÉE

Mélanie
- **15 ans. En seconde au lycée Théodore Aubanel, Avignon.**

Ce que je trouve dommage aujourd'hui, c'est que les filles ressemblent de plus en plus à des garçons. Au lycée, presque toutes mes copines portent des jeans ou des pantalons avec des sweat-shirts. Moi aussi, j'aime bien les jeans, mais de temps en temps, je préfère m'habiller «en fille» avec des robes ou des jupes. Je porte aussi beaucoup de bijoux, surtout des boucles d'oreilles; j'adore ça. Et puis en même temps, ça fait plaisir à mes parents quand je suis habillée comme ça; ils préfèrent ça au look garçon manqué.

Christophe
- **17 ans. En terminale au lycée Henri IV, Paris.**

Moi, ce qui m'énerve avec la mode, c'est que si tu ne la suis pas, tout le monde te regarde d'un air bizarre au lycée. Moi, par exemple, le retour de la mode des années 70, les pattes d'eph et le look grunge, c'est vraiment pas mon truc. Je trouve ça horrible. Alors, je ne vois pas pourquoi je devrais m'habiller comme ça, simplement parce que c'est la mode. Je préfère porter des pantalons à pinces, des blazers et des chemises avec des cravates. Mes copains trouvent que ça fait trop sérieux, trop fils-à-papa, mais ça m'est égal. Je suis sûr que dans quelques années, quand ils travailleront, ils seront tous habillés comme moi et quand ils regarderont des photos de terminale, ils rigoleront bien en voyant les habits qu'ils portaient à 18 ans!

Serge

- **16 ans. En première au lycée Ampère de Lyon.**

Pour moi, ce qui est vraiment important, c'est d'avoir des vêtements confortables. Je suis très sportif et j'aime pouvoir bouger dans mes habits. Mais, je veux aussi des trucs cool. Pas question de porter des vêtements très serrés ou très chers, par exemple. Je ne vois pas l'intérêt d'avoir un blouson qui coûte 610 €. Je préfère un blouson bon marché dans lequel je peux jouer au foot avec les copains. Comme ça, si je tombe ou si je l'abîme, c'est pas tragique. En général, je mets des jeans parce que c'est pratique et sympa. En été, je porte des tee-shirts très simples et en hiver, des sweat-shirts. Et comme chaussures, je préfère les baskets.

Emmanuelle

- **17 ans et demi. Lycée Mas de Tesse, Montpellier.**

Pour moi, la façon dont quelqu'un s'habille est un reflet de sa personnalité. Au lycée, j'étudie les arts plastiques, et comme on le dit souvent, les artistes sont des gens originaux et créatifs. Je n'aime pas dépenser beaucoup pour mes vêtements. Je n'achète jamais de choses très chères, mais j'utilise mon imagination pour les rendre plus originales. Par exemple, j'ajoute toujours des accessoires sympas : bijoux fantaisie que je fabrique souvent moi-même, foulards, ceintures, sacs... Parfois, je fais même certains de mes vêtements, surtout les jupes car c'est facile. Et comme ça, je suis sûre que personne ne portera la même chose que moi!

E. Although many people consider France a fashion capital, the U.S. also influences fashion. What English words can you find in the essays?

F. Look for the words in the box below in the essays. Then, try to match them with their English equivalents.

1. bijoux	**a.** fashion
2. la mode	**b.** things
3. pattes d'eph	**c.** ruin
4. bouger	**d.** jewelry
5. abîme	**e.** to move
6. les trucs	**f.** bell-bottoms

G. Which student . . .
1. likes clothes that are practical and comfortable?
2. makes some of his or her clothing and jewelry?
3. doesn't buy expensive clothes?
4. thinks girls should wear feminine clothes sometimes?

H. Which of the following sentences are facts and which are opinions?
1. En été, je porte des tee-shirts.
2. Les artistes sont des gens originaux et créatifs.
3. Les filles ressemblent de plus en plus à des garçons.
4. Je n'achète jamais de choses très chères.
5. La façon dont on s'habille est un reflet de sa personnalité.

I. Write a short paragraph in French telling what you like to wear. Mention colors and any other details you feel are important.

Cahier d'activités, p. 119, Act. 25

Grammaire supplémentaire

Première étape
Objective Asking for and giving advice

1 Complète les phrases suivantes avec le présent du verbe **mettre**. (**p. 299**)

1. Qu'est-ce que je M E T S pour la boum de Charles?
2. Pourquoi tu ne M E T S pas ta robe blanche?
3. Odile et Béatrice M E T I E N T souvent des robes à fleurs.
4. Boris et moi, nous M E T I O N S des lunettes de soleil pour aller à des boums.
5. Vous M E T I E Z des lunettes de soleil quand il pleut comme ça?
6. Oui, on M E T toujours des lunettes de soleil et des baskets.

2 Complète les phrases suivantes avec le sujet approprié. (**p. 299**)

je/j'	vous	nous
Sylvie	mes parents	Jeannette

1. _Sylvie_ a mis une robe rouge pour aller à l'opéra.
2. _Mes parents_ portent toujours des jeans le week-end.
3. Pour aller nager, _Jeannette_ met son maillot de bain rose et blanc.
4. A la plage, _nous_ portons toujours des lunettes de soleil.
5. _Vous_ mettez des bottes quand il pleut?
6. Il faisait froid hier, alors _j'ai_ ai mis mon cardigan noir pour aller à l'école.

3 Marie-France demande à Patricia ce qu'elle devrait porter pour aller au théâtre. Complète leur conversation avec la forme correcte des verbes entre parenthèses. N'oublie pas d'utiliser le **passé composé** quand c'est nécessaire. (**p. 299**)

MARIE-FRANCE Je ne sais pas quoi ___mettre___1___ (mettre) pour aller au théâtre.

PATRICIA ___mets___2___ (mettre) ta jupe noire avec ton chemisier blanc.

MARIE-FRANCE Non, ce n'est pas très chic. Et j' ___ai mis___3___ (déjà mettre) mon chemisier blanc avec ma veste cette semaine. déjà

PATRICIA Pourquoi tu ne ___mets___4___ (mettre) pas ton chemisier bleu avec une écharpe alors?

MARIE-FRANCE Non, j' ___ai déjà porté___5___ (déjà porter) mon écharpe à la boum de Jean-Marc.

PATRICIA ___Mets___6___ (mettre) ta robe noire.

MARIE-FRANCE Bonne idée. Et je vais ___mettre___7___ (mettre) aussi mes chaussures noires. Enfin, c'est décidé.

4 Nadia demande à Clara ce qu'elle devrait mettre pour aller à la boum de Raphaël. Utilise le verbe **mettre** à l'impératif et la forme correcte de l'adjectif entre parenthèses. (**pp. 299, 301**)

EXEMPLE   NADIA   Je mets ma robe violette? (gris)
    CLARA   Je la trouve trop serrée. **Mets la grise!**

1. NADIA   Je mets mes sandales jaunes? (blanc)
   CLARA   Je les trouve un peu démodées. _____

2. NADIA   Je mets mon cardigan orange? (noir)
   CLARA   C'est pas ton style. _____

3. NADIA   Je mets mon écharpe rouge? (rose)
   CLARA   Elle ne te va pas. _____

4. NADIA   Je mets ma ceinture verte? (bleu)
   CLARA   Elle ne va pas avec ta robe. _____

5. NADIA   Je mets mes boucles d'oreilles marron? (vert)
   CLARA   Je les trouve trop grosses. _____

5 D'après ce que les personnes suivantes aiment porter, dis ce qu'elles vont mettre pour aller à la boum de Mélanie. Dans tes réponses, utilise le verbe **choisir** et n'oublie pas de faire tous les changements nécessaires. (**p. 303**)

EXEMPLE   Suzanne aime les jupes courtes. **Elle choisit une jupe courte.**

1. Pierre et Philippe aiment bien les cravates à pois.
2. Armelle adore les robes rétro.
3. Moi, j'aime les boucles d'oreilles noires.
4. Tu préfères les chemisiers à fleurs.
5. Elsa et toi, vous aimez bien les chaussures en cuir.
6. Toi et moi, nous adorons les blousons en jean.

6 Ecris des phrases complètes avec les mots suivants. N'oublie pas de mettre les verbes au présent et de faire tous les changements nécessaires. (**p. 303**)

1. vous/ne/pas/grossir/parce que/vous/faire du sport
2. on/grandir/si/on/manger/assez
3. tu/maigrir/parce que/tu/jouer au foot/tous les jours
4. nous/grossir/facilement/si/nous/ne/pas/faire du jogging
5. je/grossir/parce que/je/manger/beaucoup de gâteaux
6. mes petites sœurs/grandir/tous les jours
7. il/maigrir/si/il/ne/pas/manger/trois fois par jour
8. vous/grandir/quand/vous/manger vos légumes
9. ma sœur/maigrir/facilement/quand/elle/faire de l'aérobic
10. tu/manger/beaucoup/mais/tu/ne/jamais/grossir

7 Dis pourquoi les personnes suivantes ne peuvent plus mettre leurs vêtements. Utilise le **passé composé** des verbes entre parenthèses. (**p. 303**)

    EXEMPLE   Armelle, ce cardigan ne te va plus. (grandir)   **J'ai grandi.**

1. Sophie, ce pantalon ne te va plus. (maigrir)
2. Pierre et Jean, ces chemises ne vous vont plus. (grandir)
3. Valentine, cette robe ne te va plus. (grossir)
4. Ce pantalon ne me va plus. (grandir)
5. Ahmed et Karim, ces vestes ne vous vont plus. (maigrir)
6. Dis donc, ce blouson ne me va plus. (grossir)

Troisième étape

Objectives Asking for an opinion; paying a compliment; criticizing; hesitating; making a decision

8 Tu fais les magasins avec une amie et elle te demande ton avis sur les vêtements qu'elle voudrait acheter. Dans tes réponses, utilise **le, la, les** et **l'.** (**p. 309**)

1. Est-ce que tu aimes cette robe?
2. Comment tu trouves ce pantalon?
3. Je veux acheter cette veste, mais j'hésite.
4. J'aime bien cette veste, mais elle est chère et un peu grande.
5. Qu'est-ce que tu penses de ces chaussures?

9 Anne est dans un magasin de vêtements. Complète la conversation qu'elle a avec le vendeur. Utilise le pronom approprié **le, la, les** ou **l'** dans tes réponses. (**p. 309**)

EXEMPLE   ANNE   Ces bottes vont très bien avec mon manteau.
Je peux les essayer?
VENDEUR   Elles vous vont très bien, mademoiselle!
Vous les prenez?
ANNE   Oui. **Je les prends.**

1.   ANNE   Ce blouson va très bien avec mon pantalon noir.
_____?
VENDEUR   Il vous va très bien, mademoiselle.
_____?
ANNE   Oui. _____.

2.   ANNE   Ces sandales vont très bien avec ma jupe en jean.
_____?
VENDEUR   Elles vous vont très bien, mademoiselle.
_____?
ANNE   Euh... J'hésite... Non. _____. Elles sont trop chères.

3.   ANNE   Cette robe va très bien avec mes chaussures.
_____?
VENDEUR   Elle vous va très bien, mademoiselle.
_____?
ANNE   Elle me plaît beaucoup. Oui. _____.

4.   ANNE   Ces lunettes de soleil vont très bien avec mon maillot de bain. _____?
VENDEUR   Elles vous vont très bien, mademoiselle.
_____?
ANNE   Elles sont super cool. Oui. _____.

10 Complète les phrases suivantes avec **il est, elle est** ou **c'est**.
(**p. 310**)

1. Comment tu trouves ce chapeau? _____ sensass, non?
2. Moi, j'aime beaucoup porter un chapeau parce que _____ sympa.
3. Cédric porte souvent une casquette. _____ en cuir, sa casquette. Très chic!
4. Tu aimes les choses en cuir, toi? Moi, non. Je préfère le jean. _____ plus pratique!
5. Tu dis? Ah, oui. J'adore le look rétro. _____ chouette, le rétro!
6. Moi, j'ai une chemise rétro! _____ super cool!
7. Je vais essayer le pull vert, mais je pense que/qu' _____ trop grand.
8. J'aime porter des jeans et des tee-shirts parce que _____ toujours à la mode.

internet

go.hrw.com

ADRESSE: go.hrw.com
MOT-CLE: WA3 ARLES-10

1 Listen to this conversation between Philippe and a saleswoman at a French department store. Then, answer these questions.

1. What does Philippe want to buy?

2. What colors does he prefer?

3. What does the salesperson say about the first item Philippe tries on?

4. How does Philippe feel about the way the item fits?

5. Does he end up buying it?

2 Look over the advertisement below. Then, answer the questions that follow.

NOUVELLE COLLECTION ARIELLE DE LA BRETTINIERE

FEMME : Pantalon à pinces uni, 100 % soie. Du 36 au 44, **60€.** Existe en vert, bleu, rouge, blanc et noir. **Cardigan** en coton, taille unique, **45,50€.** Existe en noir et blanc cassé. **Tee-shirt** cache-cœur noir, manches courtes, **19,50€. Boucles d'oreilles** et **bracelet** fantaisie, **6,80€** et **9,90€. ENFANT : Robe** bleu clair à fleurs multicolores, 100 % coton. De 2 à 8 ans, **12€. Tee-shirt** uni rose, 100 % coton, **4,40€.** De 2 à 8 ans. Existe en 17 coloris. **Sandales** en cuir blanc, **18,10€.** Du 24 au 34. **HOMME : Pantalon** à pinces, 100 % lin. Du 38 au 52, **66,90€.** Existe en noir, bleu marine, beige et marron. **Chemise** en jean, manches longues. Du 2 au 6, **39,40€. Pull** rouge, 100 % coton. Du 2 au 6, **45,50€.**

VENDUE DANS LES GRANDS MAGASINS

1. Who does **Arielle de la Brettinière** make clothes for?

2. How many colors does the child's T-shirt come in?

3. The women's pants are available in what sizes?

4. What material is the men's shirt made of?

5. What's the most expensive men's item on the page? The most expensive women's item?

3 From what you know about French culture, are these statements true or false?

1. The French are famous for giving lots of compliments.

2. The French tend to downplay the compliments they receive.

3. **Merci** is the only appropriate response to a compliment.

4. A common French way to respond to a compliment on something you're wearing is to say **Tu trouves?**

4 **Ecrivons!**

You've been hired by a French magazine to write about fashion trends among American teenagers today. Interview two or three classmates about their tastes in clothing. Then, write a short article in French based on your interviews.

Prewriting

First, brainstorm a list of interview questions that you might ask your classmates about their fashion preferences. You might ask what they like to wear, what they wear to parties **(les boums),** what colors they like, and what their favorite article of clothing is. Arrange your questions in a logical order. You may want to arrange them so that you begin with more general questions and progress to more specific ones.

> **Stratégie pour écrire**
>
> Paraphrasing is a useful tool for organizing and simplifying information for your readers. To paraphrase a quote or other piece of information you collect, you state the main points in your own words. At the same time, be sure you don't change the meaning of what was said.

Next, conduct your interview with two or three classmates. Be sure to take notes on their responses to each of your questions.

Before you begin your article, rearrange the information you've collected into a logical order. For example, you might group different answers to each question together.

Writing

Expository writing is a process of converting information you've collected into a readable or easily understandable form. Newspaper and magazine articles are good examples of expository writing. Reporters collect information on newsworthy events, fashion trends, etc., and then take that information and turn it into articles that readers can easily understand.

Now, referring to the information you've collected and organized, write a short article that reveals what you found out. It's not necessary to include every detail of the information you collect. For example, if a quote from your interview is too long, you may paraphrase the main points of the quote in your own words.

Revising

Peer evaluation is another helpful step in the evaluation process. Give your article to a classmate and have him or her give you suggestions on how to improve it. After your classmate evaluates your article, make any revisions you feel are necessary, including those you find in proofreading. Now you're ready to submit your finished article.

5 **Jeu de rôle**

Choose one of the items from the advertisement on page 318 and ask the salesperson about it. Do they have it in your size? Can you try it on? The salesperson should compliment the way it looks, and you should decide whether to buy it or not. Take turns playing the role of the salesperson.

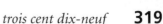

Que sais-je?

WA3 ARLES-10

Can you use what you've learned in this chapter?

Can you ask for and give advice?
p. 300

1 How would you ask a friend what you should wear to a party?

2 How would you advise a friend to wear these clothes, using the verb **mettre**?

1.   2.

Can you express need and inquire?
p. 301

3 How would you tell a salesperson . . .
1. that you're just looking?
2. what you would like?

4 How would you ask a salesperson . . .
1. if you can try something on?
2. if they have what you want in a different size?
3. if they have what you want in a particular color?
4. how much something costs?

5 How would you tell what these people are choosing?

Charles   Jean-Marc et Farid   Astrid   Delphine et Camille

Can you ask for an opinion, pay a compliment, and criticize?
p. 306

6 If you were shopping with a friend, how would you ask . . .
1. if your friend likes what you have on?
2. if something looks good on you?
3. if it's too short?

7 How would you compliment a friend's clothing? How would you criticize it?

Can you hesitate and make a decision?
p. 310

8 How can you express your hesitation?

9 How would you tell a salesperson what you've decided to do?

320 *trois cent vingt*   CHAPITRE 10   Dans un magasin de vêtements

Clothes

un blouson	jacket
des bottes (f.)	boots
des boucles d'oreilles (f.)	earrings
un bracelet	bracelet
un cardigan	cardigan
une casquette	cap
une ceinture	belt
un chapeau	hat
des chaussettes (f.)	socks
des chaussures (f.)	shoes
une chemise	shirt (men's)
un chemisier	shirt (women's)
une cravate	tie
une écharpe	scarf
une jupe	skirt
des lunettes (f.) de soleil	sunglasses
un maillot de bain	bathing suit
un manteau	coat
un pantalon	(a pair of) pants
une robe	dress
des sandales (f.)	sandals
une veste	suit jacket, blazer
des vêtements (m.)	clothes

Qu'est-ce que je mets?	What shall I wear?
Pourquoi est-ce que tu ne mets pas... ?	Why don't you wear . . . ?
Mets...	Wear . . .
mettre	to put, to put on, to wear
porter	to wear

Asking for and giving advice

Je ne sais pas quoi mettre pour...	I don't know what to wear for (to) . . .

Deuxième étape

Expressing need; inquiring

Vous désirez?	What would you like?
(Est-ce que) je peux vous aider?	May I help you?
Je cherche quelque chose pour...	I'm looking for something to . . .
J'aimerais... pour aller avec...	I'd like . . . to go with . . .
Non, merci, je regarde.	No, thanks, I'm just looking.
Je peux l'/les essayer?	Can I try it/them on?
Je peux essayer le/la/les... ?	Can I try on the . . . ?
Vous avez ça... ?	Do you have that. . . ? (size, fabric, color)
en (taille)... ?	in size . . . ?
en bleu	in blue
en coton	cotton
en jean	denim
en cuir	leather

Other useful expressions

choisir	to choose, to pick
grandir	to grow
maigrir	to lose weight
grossir	to gain weight

Troisième étape

Asking for an opinion; paying a compliment; criticizing

Comment tu trouves... ?	How do you like . . . ?
Il/Elle me va?	Does . . . suit me?
Il/Elle te/vous plaît?	Do you like it?
C'est parfait.	It's perfect.
C'est tout à fait ton/votre style.	It looks great on you!
Il/Elle te/vous va très bien.	It suits you really well.
Il/Elle va très bien avec...	It goes very well with . . .
Il/Elle est (Ils/Elles sont) trop...	It's/They're too . . .
Je le/la/les trouve... très à la mode	I think it's/they're . . . in style
chic	chic
mignon(mignonne)(s)	cute
sensationnel(le)(s)/ sensass	fantastic
rétro	retro
serré(e)(s)	tight
large(s)	baggy
petit(e)(s)	small
grand(e)(s)	big
court(e)(s)	short
long(longue)(s)	long
moche(s)	tacky
démodé(e)(s)	out of style
horrible(s)	terrible
Il/Elle ne te/vous va pas du tout	It doesn't look good on you at all
Il/Elle ne va pas du tout avec...	It doesn't go at all with . . .

Hesitating; making a decision

Vous avez choisi?	Have you decided?
Vous avez décidé de prendre... ?	Have you decided to take . . . ?
Vous le/la/les prenez?	Are you taking it/them?
Je ne sais pas.	I don't know.
Euh... J'hésite.	Well, I'm not sure.
Il/Elle me plaît, mais il/elle est cher/chère.	I like it, but it's expensive.
Je le/la/les prends.	I'll take it/them.
C'est trop cher.	It's too expensive.

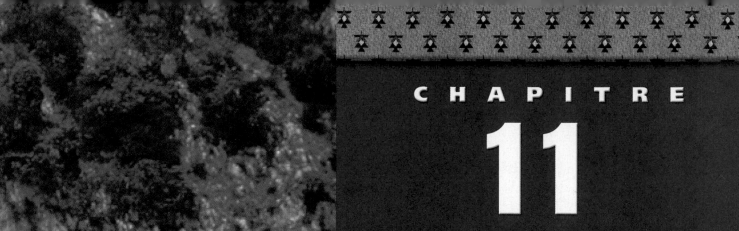

Objectives

In this chapter you will learn to

Première étape

- inquire about and share future plans
- express indecision
- express wishes
- ask for advice
- make, accept, and refuse suggestions

Deuxième étape

- remind
- reassure
- see someone off

Troisième étape

- ask for and express opinions
- inquire about and relate past events

🖅 internet ▦▦▦▦▦▦▦▦

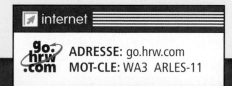
ADRESSE: go.hrw.com
MOT-CLE: WA3 ARLES-11

◄ **C'était formidable, les vacances en Provence!**

MISE EN TRAIN • *Bientôt les vacances!*

Stratégie pour comprendre
Judging from clues in this episode, what time of year is it? What do you think Magali, Florent, and Ahmed might be talking about? What is Florent's dilemma at the end?

Ahmed   **Florent**   **Magali**

1

Florent : Alors, les copains, qu'est-ce que vous allez faire pendant les vacances?

Magali : Moi, je pars en colonie de vacances.

Florent : C'est sympa!

2

Magali : Et en août, je vais voir mes cousins à la montagne. Ils habitent à Sisteron, dans les Alpes de Haute-Provence. C'est super joli là-bas.

3

Magali : Et toi, Ahmed, tu vas à l'étranger?

Ahmed : Non. En juillet, je vais faire du camping dans les gorges du Verdon.

4

Ahmed : En août, je travaille dans une station-service. J'aimerais bien acheter une mobylette.

Florent : C'est génial!

Magali : Et toi, Florent?

Florent : Je vais peut-être rester en Arles. J'ai envie d'être ici pour le Festival de la photographie. A part ça, je n'ai rien de prévu. Je n'ai pas encore décidé.

Ahmed : Pourquoi est-ce que tu ne travailles pas comme pompiste avec moi?

Florent : J'aimerais bien, mais je préfère partir en vacances.

5

Magali : Tu peux aller en colonie de vacances aussi.

Florent : C'est possible.

6

7

Magali : Bon, je dois m'en aller.

Ahmed : Moi aussi. Au revoir à tous!

Magali : Salut!

Florent : Tchao!

8

Florent : Qu'est-ce que je vais faire, moi?

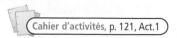

Cahier d'activités, p. 121, Act.1

MISE EN TRAIN

1 Tu as compris?

1. What time of year is it? How do you know?
2. Who is planning to travel during the vacation? Where?
3. Who is going to work during the vacation? Why?
4. What is Florent going to do?

2 C'est qui?

D'après *Bientôt les vacances!,* qui a l'intention de (d')...

Florent

Ahmed

Magali

aller dans les Alpes?

travailler en Arles?

rester en Arles?

partir en colonie de vacances?

aller voir ses cousins?

aller à la montagne?

faire du camping?

3 Vrai ou faux?

1. Les trois jeunes restent en France pendant les vacances.
2. Les cousins de Magali habitent à la montagne.
3. Ahmed va faire du camping dans les Alpes.
4. Ahmed va travailler dans un café.
5. Ahmed veut aller au Festival de la photographie.
6. Florent part en colonie de vacances.

4 Cherche les expressions

According to *Bientôt les vacances!,* what can you say in French. . .

1. to ask what someone is going to do?
2. to tell what a place looks like?
3. to express an opinion?
4. to express indecision?
5. to make a suggestion?
6. to express a preference?

C'est génial!   C'est super joli...   Je préfère...

Pourquoi est-ce que tu ne... pas?

Qu'est-ce que vous allez faire... ?

Je n'ai pas encore décidé.

5 Et maintenant, à toi

Quels projets de vacances est-ce que tu préfères? Pourquoi?

Objectives Inquiring about and sharing future plans; expressing indecision; expressing wishes; asking for advice; making, accepting, and refusing suggestions

Vocabulaire

CD-ROM **3**
DVD **2**

Où est-ce que tu vas aller pendant tes vacances?

à la montagne

à la campagne

au bord de la mer

en forêt

en colonie de vacances

chez mes grands-parents

Qu'est-ce qu'on peut y faire? On peut y...

faire du camping.

faire de la /des randonnée. *some*

une randonnée (a hike)

faire du bateau.

faire de la plongée.

faire de la planche à voile.

wind-surfing

faire de la voile.

Travaux pratiques de grammaire, pp. 88–89, Act. 1–4

Cahier d'activités, p. 122, Act. 2

---

6 **Les vacances**

Ecoutons Listen as Nathalie, Bruno, Pauline, and Emile tell about their vacation plans. What is each teenager going to do?

Although there are few hard-and-fast rules to help you remember if a noun is masculine or feminine, you can often predict the gender of a word by its ending. Some of the endings that usually indicate a feminine word are **-tion, -sion, -ie, -ette, -elle, -ine, -ude,** and **-ure.** Endings that often signal a masculine word are **-ment, -age, -oir, -ier, -et,** and **-eau.** But be careful! There are exceptions.

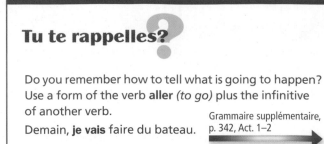

Tu te rappelles?

Do you remember how to tell what is going to happen? Use a form of the verb **aller** *(to go)* plus the infinitive of another verb.

Demain, **je vais** faire du bateau.

Grammaire supplémentaire, p. 342, Act. 1–2

Si tu as oublié the verb *aller* va à la page 174.

Cahier d'activités, p. 122, Act. 4

Travaux pratiques de grammaire, p. 90, Act. 5–6

7 En colonie de vacances

Parlons Qu'est-ce que Vincent et Roland vont faire en colonie de vacances?

1.

2.

3.

4.

5.

6.

Note culturelle

In francophone countries, many children and teenagers attend summer camps **(colonies de vacances),** where they learn folklore, folk dances, arts and crafts, foreign languages, and learn about many other subjects. Of course, they also participate in sports. The camps are usually run by young adults called **animateurs.** In France alone there are hundreds of **colonies de vacances.**

Comment dit-on...?

Inquiring about and sharing future plans; expressing indecision; expressing wishes

To inquire about someone's plans:

Qu'est-ce que tu vas faire cet été?
Où est-ce que tu vas aller pendant les vacances?

To share your plans:

En juillet, **je vais** travailler.
En août, **j'ai l'intention d'**aller en Italie.
. . . I intend to . . .

To express indecision:

J'hésite.
Je ne sais pas.
Je n'en sais rien. *I have no idea.*
Je n'ai rien de prévu. *I don't have any plans.*

To express wishes:

Je voudrais bien aller chez mes cousins.
J'ai envie de travailler.
I feel like . . .

Cahier d'activités, p. 123, Act. 6

---

8 Les projets de vacances

Ecoutons Listen to these speakers talk about their vacations. Do they have definite plans or are they undecided?

9 Les vacances en France

Parlons Imagine que tu vas aller en vacances en France cet été. Ton/Ta camarade va te poser des questions sur tes projets. Dis-lui ce que tu as envie de faire et ce que tu vas faire là-bas. Ensuite, changez de rôle.

EXEMPLE — Qu'est-ce que tu vas faire cet été?
— Je vais faire du camping à la campagne.

visiter le Louvre   faire des photos   faire du ski   rencontrer de jeunes Français

voir la tour Eiffel   parler français   aller à un concert de rock français   aller au café

Note de grammaire

- To say *to* or *in* before the names of most cities, use **à**.

  Tu vas **à** Paris pendant les vacances?

- Names of countries are either masculine or feminine. Feminine countries end in **-e**, but there are exceptions, such as **le Mexique**. Use **au** (*to, in*) before masculine names, **en** (*to, in*) before feminine names and before names of countries that begin with a vowel. Before plural names, use **aux**.

  Vous allez **au** Canada?

  Hélène va **en** Allemagne.

  Nous allons **aux** Etats-Unis.

- States and provinces follow slightly different rules.

[handwritten: Comming / Fem Masc / de du / des]

Grammaire supplémentaire, pp. 342–343, Act. 3–4

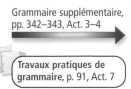

Travaux pratiques de grammaire, p. 91, Act. 7

[handwritten in left margin: Cities are all "a"]

Vocabulaire à la carte

en Angleterre	au Brésil	en Espagne	en Italie	au Sénégal
en Allemagne	en Californie	aux Etats-Unis	au Maroc	en Suisse
en Australie	en Chine	en France	au Mexique	au Texas
en Belgique	en Egypte	en Floride	en Russie	au Viêt-nam

10 Grammaire en contexte

Parlons Dans quel pays vont-ils passer leurs vacances?

> au Canada   aux Etats-Unis   au Maroc
> en Russie   en Egypte   en Angleterre   en France

1. Murielle va prendre des photos de la tour Eiffel.
2. Monique va visiter le château Frontenac.
3. Joseph va visiter la tour de Londres.
4. Mathieu va voir les pyramides.
5. Than et Laure vont visiter le Texas.
6. Dominique va voir le Kremlin.
7. Paul et Gilles vont aller à Casablanca.

Tu te rappelles?

Do you remember how to ask for advice? Make, accept, and refuse suggestions?

To ask for advice:
Je ne sais pas quoi faire (où aller).
Tu as une idée?
Qu'est-ce que tu me conseilles?

To make suggestions:
Je te conseille de...
Tu devrais...

To accept suggestions:
C'est une bonne idée!
Pourquoi pas?
D'accord!
Allons-y!

To refuse suggestions:
Non, ce n'est pas possible.
Non, je ne peux pas.
Ça ne me dit rien.
C'est trop cher.

---

11 Grammaire en contexte

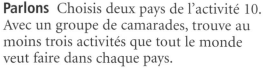

Parlons Choisis deux pays de l'activité 10. Avec un groupe de camarades, trouve au moins trois activités que tout le monde veut faire dans chaque pays.

12 Un voyage gratuit

Parlons Tu as gagné un voyage pour aller où tu veux dans le monde. Où est-ce que tu vas aller? Pourquoi? Qu'est-ce que tu vas y faire? Parle de ton voyage avec un(e) camarade. Ensuite, changez de rôle.

13 En vacances à la Martinique

Ecoutons Ecoute Alain et Valérie qui parlent de leurs vacances. Est-ce que ces phrases sont vraies ou fausses?

1. Alain ne sait pas quoi faire.

2. Valérie n'a pas d'idées.

3. Valérie est déjà allée à la Martinique.

4. Alain ne veut pas aller à la Martinique.

> ### À la française
>
> Use the words **alors** *(so, then, well, in that case)* and **donc** *(so, then, therefore)* to connect your sentences.
>
> J'adore faire de la plongée, **donc** je vais en Australie.
>
> Tu aimes faire du bateau? **Alors,** tu devrais aller à Marseille.

14 Des conseils

Parlons Ces élèves rêvent de ce qu'ils aiment. Ils ne savent pas où aller pendant les vacances. Tu as une idée?

EXEMPLE   Tu devrais aller...

Je te conseille d'aller...

Malika

Marion

Hai

Christian

Adrienne

Ali

15 Où aller?

 Parlons Dis à ton/ta camarade ce que tu aimes faire en vacances. Il/Elle va te dire où tu devrais aller pour faire ces choses. Accepte ou refuse ses suggestions et quand tu refuses, dis pourquoi. Ensuite, changez de rôle.

16 Mon journal

 Ecrivons Décris un voyage que tu vas faire ou que tu voudrais faire. Où veux-tu aller? Quand? Avec qui? Qu'est-ce que tu vas y faire?

Qu'est-ce que tu fais pendant les vacances?

We asked some francophone people where they go and what they do on vacation. Here are their responses.

Sim,
Côte d'Ivoire

«Pendant les vacances, d'habitude je vais au village chez les parents qui sont restés au village. Et après une année sco-laire, il faut aller les voir parce que ça... il y a longtemps qu'on se voit pas. Donc, ça fait plaisir aux parents de revoir les enfants quand ils vont au village. Voilà. Ça fait changer de climat. On va se reposer un peu.»

Nicole,
Martinique

«Pendant les vacances, alors, je vais généralement à la plage, au cinéma. Le soir, je sors, enfin je vais dans des fêtes, chez des amis. On danse. On s'amuse. On rigole. On joue aux cartes. Les vacances se passent comme ça.»

Quand est-ce que tu as des vacances?

«J'ai des vacances en juillet, à partir de juillet. Les vacances durent deux mois et nous reprenons l'école en septembre.»

Céline,
France

«Ben, pendant les vacances, bon, des fois je pars. L'année dernière, je suis partie en Espagne, cette année je pars en Corse. Je pars souvent avec des copains ou... sinon, je reste à Aix.»

Qu'en penses-tu?

1. Where do these people like to go and what do they like to do during their vacations?
2. Where do you go and what do you do on vacation? How does this differ from what these people do?

Savais-tu que...?

Salaried employees in France are guaranteed five weeks of vacation time per year. Most people take a month off in July or August and take the fifth week at some other time of the year, often in winter.

Vocabulaire

CD-ROM 3
DVD 2

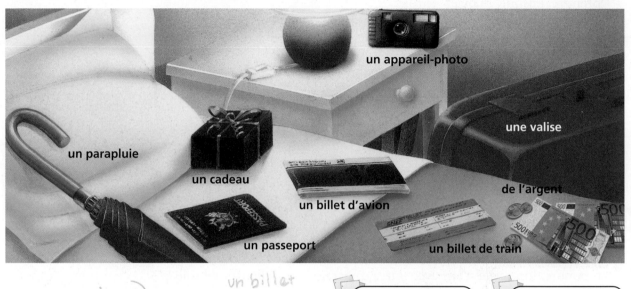

un appareil-photo

une valise

un parapluie

un cadeau

de l'argent

un billet d'avion

un passeport

un billet de train

(handwritten: (bé béa))

(handwritten: un billet de - cinéma - métro)

| Travaux pratiques de grammaire, p. 92, Act. 8–9 | Cahier d'activités, p. 125, Act. 10–11 |

(handwritten: Para = prevent / Parachute / la chute – fall)

17 **Qu'est-ce qu'il te faut?**

Parlons Réponds aux questions suivantes.

1. Qu'est-ce qu'il faut quand il pleut?
2. Qu'est-ce qu'il faut pour prendre le train? L'avion?
3. Qu'est-ce qu'il faut pour acheter des souvenirs?
4. Qu'est-ce qu'il faut pour prendre des photos?

(handwritten: N'oublie pas ___ noun / N'oublie pas de ___ verb)

Comment dit-on...?

Reminding; reassuring

To remind someone of something:

N'oublie pas ton passeport!
Tu n'as pas oublié ton billet d'avion?
  You didn't forget . . . ? *(handwritten: w/out)*
Tu ne peux pas partir sans ton écharpe!
  You can't leave without . . . !
Tu prends ton manteau? *Are you taking . . . ?*

To reassure someone:

Ne t'en fais pas.
J'ai pensé à tout. *I've thought of everything.*
Je n'ai rien oublié. *I didn't forget anything.*

(handwritten: jamais / pas)

| Cahier d'activités, p. 126, Act. 13 |

(handwritten: Je n'ai manger rien / Je ne rien acheté)

18 **Tu n'as rien oublié?**

Ecoutons Listen to these speakers. Are they reminding or reassuring someone?

① rem. ② reas ③ rem. ④ reass ⑤ rem ⑥ reass.
⑦ rem.

Si tu as oublié
clothing
va à la page 297.

19 **Qu'est-ce qu'il a oublié?**

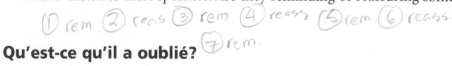

Lisons/Parlons Regarde la liste de choses que Jean-Paul doit prendre avec lui pour son voyage. Fais une liste des choses qu'il a oubliées. Avec un(e) camarade, joue le rôle d'un parent de Jean-Paul et dis-lui ce qu'il doit prendre. Ensuite, changez de rôle.

Travaux pratiques de grammaire, p. 93, Act. 10

appareil-photo   casquette
billet d'avion   baskets
billet de train   shorts
passeport   chaussures
dictionnaire   chaussettes
magazines   cadeaux

20 **Jeu de rôle**

Parlons Cet été, tu vas en vacances en France avec ton club de français. Ton ami(e) est allé(e) en France l'année dernière. Demande-lui ce que tu dois prendre. Il/Elle va te répondre. Joue cette scène avec un(e) camarade, puis, changez de rôle.

EXEMPLE   —Qu'est-ce que je devrais prendre?
            —N'oublie pas ton appareil-photo.

Grammaire

The verb *partir*

A small group of verbs whose infinitives end in **-ir** follow a pattern different than the one you learned in Chapter 10.

partir
sortir
dormir
servir

partir (to leave)			
Je	**pars**	Nous	**partons**
Tu	**pars**	Vous	**partez**
Il/Elle/On	**part**	Ils/Elles	**partent**

Elles **partent** à dix heures.
• Don't pronounce the **s** or **t** in **pars** or **part.**
• **Sortir** (to go out) and **dormir** (to sleep) also follow this pattern.

CD-ROM **3**
DVD **2**

Grammaire supplémentaire, pp. 343–344, Act. 5–7

Cahier d'activités, p. 125, Act. 12

Travaux pratiques de grammaire, pp. 93–94, Act. 11–12

A la française

French speakers often use the present tense to talk about the future.
Je **pars** à neuf heures. *I'm leaving/I'm going to leave/I will leave . . .*
Je **sors** avec Aline ce soir. *I'm going out/I'm going to go out/I will go out . . .*

21 Grammaire en contexte

Ecrivons Tu parles de ta routine quotidienne avec la famille française chez qui tu habites. Complète chaque phrase avec la forme correcte de **partir, sortir** ou **dormir**.

1. Je _____ pour l'école à huit heures du matin.

2. Ma sœur et moi, nous _____ jusqu'à dix heures le samedi matin.

3. Mon père et ma mère _____ toujours avant moi le matin.

4. Mon frère Emile _____ le vendredi soir avec son amie Agnès.

22 Vacances en Provence

Parlons Regarde l'itinéraire de Marianne. Ensuite, réponds aux questions.

1. D'où part Marianne samedi?

2. Où est-ce qu'elle va?

3. Son voyage va durer combien de temps?

4. Qu'est-ce qu'elle a l'intention de faire?

SAMEDI :
départ d'Arles, bus de 9h35;
arrivée aux Baux-de-Provence à 10h10;
* visite de la Cathédrale d'Images;
  dîner : Auberge de la Benvengudo

DIMANCHE :
départ pour Saint-Rémy-de-Provence, bus de 9h15;
arrivée à 9h45;
* visite du musée Van Gogh; déjeuner : pique-nique
  à Fontvieille;
* visite du moulin de Daudet; retour aux Baux-de-Provence;
  départ pour Avignon, bus de 18h16; arrivée à 19h10
  Hôtel le Midi; dîner

LUNDI :
* visite de la Cité des Papes, le Pont St-Bénezet,
  promenade du Rocher des Doms, le musée
  du Petit-Palais;
* spectacle folklorique; départ pour Grasse
  20h15; arrivée à 22h10 Hôtel les Arômes

MARDI :
* visite de la Parfumerie Fragonard;
* Musée d'Art et d'Histoire de Provence;
  départ de Grasse à 17h42; arrivée en
  Arles à 19h20

23 Jeu de rôle

Parlons Tu vas faire le même voyage que Marianne. Ton/Ta camarade va te poser des questions sur ton voyage et va te dire ce que tu dois prendre avec toi.

> **EXEMPLE** —**Tu vas aller aux Baux-de-Provence? N'oublie pas ton appareil-photo.**
> —**Ah! C'est une bonne idée.**

24 Bonjour de Provence!

Ecrivons Pendant ton voyage en Provence, écris une carte postale à ton ami(e), à tes camarades de classe ou à ton professeur.

Comment dit-on...?

Seeing someone off

To wish someone a good trip:

Bon voyage! *Have a good trip!*
Bonnes vacances! *Have a good vacation!*
Amuse-toi bien! *Have fun!*
Bonne chance! *Good luck!*

Cahier d'activités, p. 127, Act. 14–16

---

25 **On arrive ou on part?**

Ecoutons Ecoute ces conversations. On arrive ou on part?

26 **Au revoir!**

Parlons Ton ami(e) français(e) part en France. Tu vas à l'aéroport avec lui/elle. Dis-lui au revoir. Joue cette scène avec un(e) camarade.

27 **Un grand voyage**

Parlons Ton ami(e) et toi, vous allez faire un voyage dans un autre pays. Choisissez le pays où vous voulez aller et les activités que vous allez faire. Parlez du temps qu'il fait dans ce pays et dites quand vous voulez partir. Parlez aussi des vêtements et des autres choses que vous allez prendre.

28 **Un petit mot**

Ecrivons Ton ami(e) va partir en voyage demain. Ecris-lui une lettre pour lui dire bon voyage. Suggère des activités qu'il/elle peut faire pendant ses vacances.

Tu te rappelles?

Do you remember how to give commands? Use the **tu** or **vous** form of the verb without a subject pronoun.

Attends! Allez!

When you use an **-er** verb, remember to drop the final **s** of the **tu** form.

Ecoute!

When you use an object pronoun with a positive command, place it after the verb, separated by a hyphen in writing.

Donnez-moi votre billet, s'il vous plaît.

Travaux pratiques de grammaire, p. 94, Act. 13

Grammaire supplémentaire, p. 344, Act. 8

Si tu as oublié **weather** *va à la page 118.*

Travaux pratiques de grammaire, p. 95, Act. 14–15

---

336 *trois cent trente-six*

CHAPITRE 11   Vive les vacances!

Comment dit-on...?

Asking for and expressing opinions

To ask someone's opinion:

Tu as passé un bon été?

Ah, ton week-end,
Ça s'est bien passé?
Did it go well?

Tu t'es bien amusé(e)?
Did you have fun?

To express an opinion:

Oui, très chouette.
Oui, c'était formidable!
  Yes, it was great!
Oui, ça a été.
Oh, pas mauvais.
C'était épouvantable.
Non, pas vraiment. *No, not really.*
C'était un véritable cauchemar!
  It was a real nightmare!
C'était ennuyeux. *It was boring.*
C'était barbant.

(handwritten annotations:)
Can serve as a modest question, too (worries)
ça a été = it was bien okay
ça s'est + bien passé
se passer bien
super/mauvais
past tense "It was"
Je me suis bien amusée
Il s'est bien amusé
nous nous sommes bien
vous vous êtes ils se sont bien
  amusés

Cahier d'activités, pp. 128–129, Act. 17–19

CD-ROM 3
DVD 2

---

29 ### C'était comment, les vacances?

Ecoutons Listen to these conversations and then tell whether these people had a good, fair, or bad vacation.

30 ### Méli-mélo!

Lisons Remets la conversation entre Thierry et Hervé dans le bon ordre.

Tu te rappelles? **?**

Do you remember how to inquire about and relate events that happened in the past?

Tu es allé(e) où?

Qu'est-ce que tu as fait?

D'abord,... Ensuite,... Après,... Finalement,...

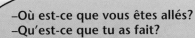

–Où est-ce que vous êtes allés?
–Qu'est-ce que tu as fait?
–Et ensuite?
–Salut, Hervé! Tu as passé un bon été?

–On est allés chez mon oncle à la campagne. C'est barbant chez lui.
–Ah non, alors! C'était ennuyeux!
–Après ça, on est rentrés à la maison.
–Je suis parti en vacances avec mes parents.

Tu te rappelles?

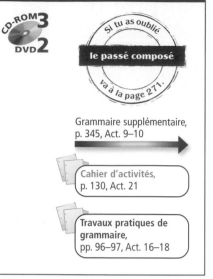

Do you remember how to form the **passé composé?** Use a form of **avoir** as a helping verb with the past participle of the main verb. The past participles of regular **-er, -re,** and **-ir** verbs end in **é, u,** and **i.**

Nous **avons** beaucoup **mangé.** J'**ai répondu** à leur lettre. Ils **ont fini.**

You have to memorize the past participles of irregular verbs.

J'**ai fait** du camping. Ils **ont vu** un film.

To make a verb in the **passé composé** negative, you place **ne... pas** around the helping verb.

Il **n'a pas** fait ses devoirs.

With **aller, partir,** and **sortir,** you use **être** as the helping verb instead of **avoir.**

Grammaire supplémentaire, p. 345, Act. 9–10

Cahier d'activités, p. 130, Act. 21

Travaux pratiques de grammaire, pp. 96–97, Act. 16–18

---

31 Qu'est-ce qu'elle a fait?

Lisons/Ecrivons Mets ces activités dans le bon ordre d'après l'itinéraire de Marianne à la page 335 en utilisant le passé composé.

EXEMPLE D'abord, elle...

visiter le musée Van Gogh

voir un spectacle folklorique

visiter la Parfumerie Fragonard

visiter la Cité des Papes

voir le moulin de Daudet

faire la promenade du Rocher des Doms

faire un pique-nique

---

32 On fait la même chose?

Parlons Ton/Ta camarade et toi, vous avez pris ces photos pendant vos vacances en France l'année dernière. Expliquez où vous êtes allé(e)s et ce que vous avez fait. Donnez votre opinion sur chaque activité ou sur chaque endroit.

Un café sur le Cours Mirabeau

Le palais des Papes, c'est formidable.

La mer Méditerranée

Les arènes en Arles

La Côte d'Azur

33 **De l'école au travail**

 Ecrivons You work for a company that organizes tours for young people. One of your clients has requested that you write him a note telling what he needs to bring on the trip. Study the itinerary on page 335 that you've put together for his tour group and write him a short fax detailing what he should pack.

EXEMPLE Le samedi 7 juin tu vas prendre le bus pour les Baux-de-Provence. N'oublie pas ton argent pour acheter le billet.

PRONONCIATION

Aspirated h, th, ch, and gn

You've learned that you don't pronounce the letter **h** in French. Some words begin with an aspirated **h** (**h aspiré**). This means that you don't make elision and liaison with the word that comes before. Repeat these phrases: **le haut-parleur; le houx; les halles; les haricots.**

Haut and **houx** begin with an aspirated **h,** so you can't drop the **e** from the article **le. Halles** and **haricots** also begin with an aspirated **h,** so you don't pronounce the **s** in the article **les.** How will you know which words begin with an aspirated **h?** If you look the words up in the dictionary, you may find an asterisk (*) before an aspirated **h.**

How do you pronounce the combination **th?** Just ignore the letter **h** and pronounce the **t.** Repeat these words: **mathématiques, théâtre, athlète.**

What about the combination **ch?** In French, **ch** is pronounced like the English *sh,* as in the word *show.* Compare these English and French words: *change/***change,** *chocolate/***chocolat,** *chance/***chance.** In some words, **ch** is pronounced like *k.* Listen to these words and repeat them: **chorale, Christine, archéologie.**

Finally, how do you pronounce the combination **gn?** The English sound /ny/, as in the word *onion* is similar. Pronounce these words: **oignon, montagne, magnifique.**

A. A prononcer

Repeat the following words.

1. le héros   la harpe   le hippie   le hockey
2. thème   maths   mythe   bibliothèque
3. Chine   choisir   tranche   pêches
4. espagnol   champignon   montagne   magnifique

B. A lire

Take turns with a partner reading each of the following sentences aloud.

1. J'aime la Hollande, mais je veux aller à la montagne en Allemagne.
2. Je cherche une chemise, des chaussures et un chapeau.
3. Il n'a pas fait ses devoirs de maths et de chimie à la bibliothèque dimanche.
4. Charles a gagné trois hamsters. Ils sont dans ma chambre! Quel cauchemar!

C. A écrire

You're going to hear a short dialogue. Write down what you hear.

Un guide touristique

Stratégie pour lire

When you read for a purpose, it's a good idea to decide beforehand what kind of information you want. If you're looking for an overview, a quick, general reading may be all that is required. If you're looking for specific details, you'll have to read more carefully.

A. The information at the top of both pages is from a book entitled *Le Guide du Routard*. Do you think this is

1. a history book?
2. a travel guide?
3. a geography book?

B. You usually read a book like this to gather general information about what is going on, or to find details about a certain place or event. What general categories of information can you find? Under what titles?

C. Where should you stay if . . .

1. you plan to visit Provence in November?
2. you want a balcony?
3. you want the least expensive room you can get?
4. you have a tent and a sleeping bag?

D. Do you think the descriptions of the hotels were written by the hotel management? How do you know?

Où dormir?

Très bon marché

Auberge de jeunesse : 20, av. Foch. ☎ 04-90-96-18-25. Fax : 04-90-96-31-26. Fermée du 20 décembre au 10 février. 100 lits. 12,2€ la première nuit, 10,4€ les suivantes, draps et petit déjeuner compris. Fait aussi restaurant. Repas à 7,2€.

Prix modérés

Hôtel Gauguin : 5, place Voltaire. ☎ 04-90-96-14-35. Fax : 04-90-18-98-87. Fermé en novembre. De 27,5 à 32€ la chambre double. Chambres simples, bien aménagées. Les six qui donnent sur la place ont un balcon et la vue sur la place Voltaire. Peu de charme cependant dans ce quartier de l'après-guerre. Le petit plus : tous les matins la météo locale est affichée à la réception!

Plus chic

Hôtel du Musée : 11, rue du Grand-Prieuré. ☎ 04-90-93-88-88. Fax : 04-90-49-98-15. Fermé en janvier. De 45,7 à 61€ la chambre double. Joli patio pour le petit déjeuner. Dans une belle demeure du XVIIe siècle, face au musée Réattu et à deux pas du Rhône, une excellente adresse. Très bien situé et très bon accueil.

Camping

Camping City : 67, route de Crau. ☎ 04-90-93-08-86. Fax : 04-90-93-91-07. Fermé du 30 octobre au 1er mars. Assez ombragé, mais plutôt bruyant. Attention aux moustiques, car situé près d'un marécage. Piscine, épicerie, plats à emporter. Animations en été.

BATEAU «MIREIO»

Bateau restaurant de 250 places, chauffé, climatisé. Croisières déjeuner sans escale vers Châteauneuf-du-Pape ou avec escale en Arles – visite de la capitale de la Camargue –, à Roquemaure avec dégustation des vins de Côtes du Rhône, à Villeneuve avec visite du village et de ses monuments. Croisières dîner et soirées spectacle devant Avignon et Villeneuve. Animation dansante et commentaires sur toutes les croisières.

84000 AVIGNON -
Tél. : 04 90 85 62 25
Fax : 04 90 85 61 14

CATHEDRALE D'IMAGES

Aux Baux-de-Provence, dans les anciennes carrières du Val-d'Enfer, CATHEDRALE D'IMAGES propose un spectacle permanent en IMAGE TOTALE.4.000m2 d'écrans naturels, 40 sources de projection, 2 500 diapos créent une féerie visuelle et sonore où déambule le spectateur.–Couvrez-vous car les carrières sont fraîches!–

13520 LES BAUX-DE-PROVENCE -
Tél. : 04 90 54 38 65
Fax : 04 90 54 42 65

Où manger?

Bon marché

Vitamine : 16, rue du Docteur-Fanton, ☎ 04-90-93-77-36. derrière la place du Forum. Fermé le samedi soir et le dimanche sauf pendant la féria et le mois de la Photo. Une carte de 50 salades différentes, de 2,8 à 7,6€, 15 spécialités de pâtes de 5,3 à 7,3€, le tout dans une salle agréablement décorée (expos photos) et avec un accueil décontracté.

Le Grillon : 36, rond-point des Arènes, ☎ 04-90-96-70-97. Fermé le dimanche soir et le mercredi. Menu à 12,8€, très honnête, le midi, le soir et le week-end, avec soupe de poisson, fricassée de canard à la graine de moutarde, fromage ou dessert. À la carte, comptez 18,3 € pour un repas complet. Ce restaurant-brasserie-crêperie-glacier ne paie pas de mine, mais il y a une agréable terrasse avec une très belle vue sur les arènes. On y découvre de bons petits plats sympathiques.

Le Poisson Banane : 6, rue du Forum. ☎ 04-90-96-02-58. Ouvert uniquement le soir. Fermé le dimanche seulement hors saison. Menus à 12€ jusqu'à 21 h, 18,3 et 20,6€. Avec sa grande terrasse et sa tonnelle, ce petit resto caché derrière la place du Forum passe facilement inaperçu et c'est dommage. Il est agréable d'aller y goûter une cuisine sucrée-salée inventive avec une spécialité antillaise : le «poisson banane», bien sûr.

CHATEAU MUSEE DE L'EMPERI

Le CHATEAU DE L'EMPERI,

la plus importante forteresse médiévale en Provence, abrite une des plus somptueuses collections d'art et d'histoire militaire qui soit en Europe. Cette collection unique illustre l'évolution des uniformes et de l'art militaire de Louis XIV à 1918. La période napoléonienne est la plus présente. Le Château de l'Empéri est situé en plein cœur de la ville ancienne.

13300 SALON DE PROVENCE - Tél : 04 90 56 22 36

GROTTES DE THOUZON

Les décors de stalactites qui parent « le ciel » de ce réseau naturel forment des paysages souterrains merveilleux. (Photo : M. CROTET) Grotte réputée pour la finesse de ses stalactites (fistuleuses). Parcours aisé pour les personnes âgées et les enfants. Seule grotte naturelle aménagée pour le tourisme en Provence. Ouvert du 1/04 au 31/10. Groupe toute l'année sur rendez-vous.

84250 LE THOR
Tél. : 04 90 33 93 65
Fax : 04 90 33 74 90

E. Which restaurant should you try if . . .

  1. you want the most expensive meal available?

  2. you love salad?

  3. you want to go out on Saturday night?

F. At the bottom of both pages, you will find descriptions of several tourist attractions in Provence. After you've read them, match attractions listed below with the sites where you would find them.

  1. a dinner cruise

  2. stalactites

  3. thousands of projection screens

  4. a collection of military art and uniforms

  a. Cathédrale d'Images

  b. Bateau «Miréio»

  c. Grottes de Thouzon

  d. Château Musée de l'Empéri

G. If you were working at a tourist information office, what would you recommend to someone who . . .

  1. wants a comfortable cruise package?

  2. would like to visit a medieval castle?

  3. likes to explore caves?

  4. is interested in military art?

H. Are there similar tourist attractions in your area? What are they?

I. You and your friend have three days to spend in Arles. You're on a very tight budget, but you still want to enjoy your trip. Where will you stay? Where will you eat your lunches and dinners? How much will you spend for these three days?

Cahier d'activités, p. 131, Act. 23

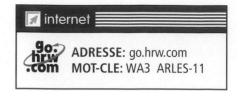
Première étape **Objectives** Inquiring about and sharing future plans; expressing indecision; expressing wishes; asking for advice; making, accepting, and refusing suggestions

1 Lis chaque phrase et décide si on parle d'une activité à faire quand il fait beau ou quand il pleut. Ensuite, écris les phrases dans la catégorie appropriée. (**p. 328**)

- je vais faire de la randonnée avec des copains.
- on va prendre des photos dans le parc.
- mes tantes vont regarder un film à la télévision.
- vous n'allez pas sortir de chez vous.
- nous allons passer la journée à la plage.
- tu vas lire un roman.

Il fait beau, alors...   Il pleut, alors...

1. . . .   4. . . .

2. . . .   5. . . .

3. . . .   6. . . .

2 Voici ce que ces gens font d'habitude en été. Mets ces phrases au futur en utilisant le verbe **aller.** (**pp. 174, 328**)

1. Antoine fait du bateau.

2. Sophie et sa sœur font de la voile.

3. Ma famille et moi, nous allons au bord de la mer.

4. Anne et toi, vous faites de la randonnée.

3 Le nom de ces étudiants étrangers commence par la première lettre de leur pays d'origine. Trouve le pays d'origine de chaque étudiant et dis où ils vont aller en vacances cet été. (**p. 330**)

EXEMPLE   Bélinda/**le Brésil** -> **Elle va aller au Brésil.**

1. ANNE/ _____ - _____

2. ERIN/_____ - _____

3. MARIA/_____ - _____

4. ISABELLA/_____ - _____

5. CÉLINE/ _____ - _____

le Canada   les Etats-Unis
    le Mexique
le Brésil   l'Australie   l'Italie

4 Jeanne et ses amis ne savent pas où aller en vacances et te demandent conseil. Lis ce qu'ils aiment faire et suggère-leur un des pays proposés. (**p. 330.**)

EXEMPLE   J'aime faire de la randonnée!   **Pourquoi tu ne vas pas en Suisse?**

1. J'adore les quiches et les croque-monsieur!

   _____

2. Nous aimons la plage.

   _____

3. Je voudrais visiter les pyramides.

   _____

4. Nous adorons parler espagnol.

   _____

> la Californie
>
> l'Egypte
>
> la Suisse
>
> le Mexique
>
> la France

Deuxième étape   **Objectives** Reminding; reassuring; seeing someone off

5 Pour chaque phrase, choisis le sujet qui va avec le verbe, et ensuite, décide si ce qu'on dit est **une bonne idée** ou **une mauvaise idée**. (**p. 334**)

1. (Elle/Vous) partez à midi pour aller au lycée?

   C'est une _____ idée.

2. (Tu/Nous) dors pendant que le prof parle?

   C'est une _____ idée.

3. (Vous/Elle) part souvent en vacances.

   C'est une _____ idée.

4. (Je/Nous) ne pars jamais sans mon parapluie quand il pleut.

   C'est une _____ idée.

5. (Je/Ils) sortent souvent sans prendre leurs portefeuilles.

   C'est une _____ idée.

6. (Nous/Ils) ne sortons jamais sans nos lunettes de soleil quand il fait beau.

   C'est une _____ idée.

6 Ecris cinq phrases pour dire quand tes amis et toi, vous allez à l'école. Utilise le verbe **partir. (p. 334)**

> **EXEMPLE**   Marianne (8h30) **Elle part à huit heures et demie.**

1. Antoine et moi (6h15)
2. Et toi, Maryse (7h00)
3. Lise et Marie (7h30)
4. Philippe et toi (8h00)
5. Stéphane (8h45)

7 Omar et Larissa se préparent pour aller chez leur grand-mère. Complète leur conversation avec les formes appropriées des verbes entre parenthèses. **(p. 334)**

> OMAR   Dis, Larissa, tu ____1____ (dormir) toujours?
>
> LARISSA   Oui. Je ____2____ (dormir)!
>
> OMAR   Mais c'est pas possible! On ____3____ (partir) dans une heure!
>
> LARISSA   On ____4____ (aller) où?
>
> OMAR   Tu ne te rappelles pas? Nous ____5____ (partir) en vacances aujourd'hui! Au bord de la mer! Chez Mémé!
>
> LARISSA   Ah, mais c'est vrai! J'avais oublié! C'est super! Qu'est-ce que je ____6____ (prendre)? Mon maillot de bain?
>
> OMAR   Oui. ____7____ (prendre)-le! Il ____8____ (aller) faire chaud! Et n' ____9____ (oublier) pas une robe! On va ____10____ (sortir) avec les copains tous les soirs.
>
> LARISSA   Je ____11____ (pouvoir) prendre la valise de Maman?
>
> OMAR   Oui. Si tu ____12____ (vouloir).
>
> LARISSA   Dis, Omar, tu n' ____13____ (avoir) pas oublié le cadeau pour Mémé?
>
> OMAR   Mais non. Je n' ____14____ (avoir) rien oublié. J' ____15____ (avoir) pensé à tout.

8 Il y a des choses que tes amis et toi, vous devez prendre quand vous partez en vacances. Vos parents vous disent de les prendre. Ecris ce qu'ils vous disent et utilise le pronom approprié **le, la** ou **les. (pp. 279, 336)**

> **EXEMPLE**   Je ne peux pas partir sans mon blouson en jean.
> **Eh bien, prends-le!**

1. Je ne peux pas partir sans ma valise!
2. Je ne peux pas partir sans mon passeport!
3. Nous ne pouvons pas partir sans nos chaussures en cuir!
4. Je ne peux pas partir sans mon appareil-photo!
5. Nous ne pouvons pas partir sans nos lunettes de soleil!
6. Je ne peux pas partir sans ma cravate à fleurs.

9 Hélène raconte ce qu'elle a fait pendant ses vacances l'année dernière et parle de ce qu'elle va faire cette année. En lisant chaque phrase, décide de quelles vacances elle parle et ensuite, choisis la photo qui dépeint le mieux ses vacances. (**pp. 328, 338**)

1. Ça va être une aventure!

2. Je suis restée chez moi tout le temps.

3. Il va faire beau.

4. Je vais mettre un short et des lunettes de soleil dans ma valise avant de partir.

5. J'ai eu le temps de lire un roman.

6. Il n'a pas fait beau.

7. Je vais aller à la plage.

8. J'ai regardé la télé.

a.

b.

10 Mets les mots dans un ordre logique pour dire ce que tes amis et toi, vous avez fait pendant les vacances. N'oublie pas de mettre les verbes au passé composé. (**pp. 271, 338**)

EXEMPLE   On/faire/ne/rien/de/spécial   **On n'a rien fait de spécial.**

1. Karim et moi/pièce/voir/une/super/nous

2. Tu/de/au bord de/la/faire/mer/voile/la/non?

3. Christelle/jusqu'à midi/dormir

4. Jacques et Simon/la télé/regarder/pendant des heures

5. Jonathan et toi/de/randonnée?/vous/la/faire

6. Larissa et moi/des/sensass/lire/romans/nous

7. Véra et Julie/visiter/le Louvre

8. Moi/à/des/répondre/lettres/je

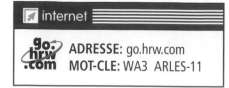

1 Listen to the radio advertisement and then answer the questions below.

1. What is being advertised?

2. Can you name two places that are mentioned in the advertisement?

3. What activities are mentioned in the advertisement?

4. For whom do they offer discounts?

2 Regarde cette brochure et réponds aux questions suivantes.

Le rêve américain devient réalité, en séjour Immersion avec EF

Vivre à l'américaine

Qui n'a rêvé un jour de vivre une autre vie ? Ce rêve devient réalité, grâce à la formule EF Immersion : pendant quelques semaines, vous devenez totalement américain. Parce que les familles d'accueil sont soigneusement séléctionnées par EF, votre intégration est immédiate, et vos progrès linguistiques sont aussi spectaculaires que durables. C'est, sans nul doute, la formule qui vous assure la connaissance la plus directe et la plus profonde du mode de vie américain.

Vacances de Printemps

N° de séjour	Date de départ	Date de retour	Durée du séjour	Région	Frais de séjour*
550	11 avril	25 avril	2 sem.	Côte Est	1.179
551	18 avril	2 mai	2 sem.	Côte Est	1.179
552	18 avril	2 mai	2 sem.	Sud-Est	1.246

1. Where do students go if they sign up for this trip?

2. Where do they stay?

3. What do they learn?

4. In what months can students make this trip?

5. How long does it last?

6. To what regions of the country can students go?

7. How much does this trip cost?

3 Dis si les phrases suivantes sont vraies ou fausses.

1. Only a few French children attend summer camp.

2. French children can study foreign languages at summer camp.

3. Most French people take a one-week summer vacation.

4 Ecrivons!

Write a letter to a French-speaking exchange student who is coming to your school. Tell him or her what there is to see and do where you live, what the weather is like there, and what to bring.

Prewriting

Before you begin your letter, arrange your ideas logically to make your letter flow more smoothly. You might want to divide a sheet of paper into columns and label each column with a subject you'll address in your letter (**le temps, il te faut...**, and so on). Write each of your ideas in the appropriate column.

> **Stratégie pour écrire**
>
> Using connecting words such as **donc** and **alors** to link your ideas can help your writing flow more naturally.

Writing

Using the ideas you organized, write a letter to describe the place where you live. Include a lot of detail in your description to help form an image of the places to visit. Try to use connecting words to tie sentences together in the letter. Remember to use expressions you've learned for making suggestions and reminding someone to do something.

Revising

Proofreading is one of the most important steps in the evaluation process. It gives you a chance to correct any mistakes you might have made while you were writing. While writing your first draft, concentrate on being creative. You can make corrections to the grammar, punctuation, and spelling when you proofread.

It's a good idea to proofread in several passes. First, read through your letter to check only for grammar and punctuation mistakes. On your second pass, check for spelling errors. This way, there will be fewer errors in your final draft.

5 Jeu de rôle

a. You want to take a trip for your vacation, but you're not sure where. Tell your travel agent what you like to do and what you'd like to see. The travel agent will make some suggestions about where you might go and what there is to do there. He or she will also describe the weather conditions and tell you what clothes to take, where you can stay, and when and from where you can leave. The travel agent will also remind you of things you shouldn't forget to take. Act this out with your partner. Then, change roles.

b. You've returned from your trip and your friend wants to know how it went. Tell your friend about your trip and answer any questions he or she has about what you did. Act this out with your partner and then change roles.

Que sais-je?

WA3 ARLES-11

Can you use what you've learned in this chapter?

Can you inquire about and share future plans? Express indecision and wishes? p. 329

1 How would you ask where a friend is going on vacation and what he or she is going to do? How would you answer these questions?

2 How would you tell someone . . .
1. you're not sure what to do?
2. where you'd really like to go?

Can you ask for advice? Make, accept, and refuse suggestions? p. 330

3 How would you ask a friend for advice about your vacation?

4 How would you suggest to a friend that he or she . . .
1. go to the country?
2. go camping?
3. work?
4. go to Canada?

5 How would you accept and refuse the suggestions in number 4?

Can you remind and reassure someone? p. 333

6 How would you remind a friend to take these things on a trip?

1.   2.   3.

7 How would you reassure someone you haven't forgotten these things?

1.   2.   3.

Can you see someone off? p. 336

8 How would you tell when these people are leaving, using the verb **partir**?
1. Didier / 14h28
2. Désirée et Annie / 20h46
3. Nous / 11h15
4. Tu / 23h59

9 How would you wish someone a good trip?

Can you ask for and express opinions? p. 337

10 How would you ask a friend how his or her vacation went?

11 How would you tell how your vacation went?

Can you inquire about and relate past events? p. 337

12 How would you find out what a friend did on vacation?

13 How would you tell what you did on vacation?

Première étape

Inquiring about and sharing future plans

Qu'est-ce que tu vas faire...?	What are you going to do . . . ?
Où est-ce que tu vas aller... ?	Where are you going to go . . . ?
Je vais...	I'm going to . . .
J'ai l'intention de/d'...	I intend to . . .

Expressing indecision

J'hésite.	I'm not sure.
Je ne sais pas.	I don't know.
Je n'en sais rien.	I have no idea.
Je n'ai rien de prévu.	I don't have any plans.

Expressing wishes

Je voudrais bien...	I'd really like to . . .
J'ai envie de/d'...	I feel like . . .

Vacation places and activities

à la montagne	to/in the mountains
en forêt	to/in the forest
à la campagne	to/in the countryside
en colonie de vacances	to/at a summer camp
au bord de la mer	to/on the coast
chez...	to/at . . . 's house
faire du camping	to go camping
faire de la randonnée	to go hiking
faire du bateau	to go boating
faire de la plongée	to go scuba diving
faire de la planche à voile	to go windsurfing
faire de la voile	to go sailing

à	to, in (a city or place)
en	to, in (before a feminine noun)
au	to, in (before a masculine noun)
aux	to, in (before a plural noun)

Asking for advice; making, accepting, and refusing suggestions

See **Tu te rappelles?** on page 330.

Deuxième étape

Travel items

un passeport	passport
un billet de train	train ticket
un billet d'avion	plane ticket
une valise	suitcase
de l'argent	money
un appareil-photo	camera
un cadeau	gift
un parapluie	umbrella

Reminding, reassuring

N'oublie pas...	Don't forget . . .
Tu n'as pas oublié... ?	You didn't forget . . . ?
Tu ne peux pas partir sans...	You can't leave without . . .
Tu prends... ?	Are you taking . . . ?
Ne t'en fais pas.	Don't worry.
Je n'ai rien oublié.	I didn't forget anything.

J'ai pensé à tout.	I've thought of everything.
partir	to leave

Seeing someone off

Bon voyage!	Have a good trip!
Bonnes vacances!	Have a good vacation!
Amuse-toi bien!	Have fun!
Bonne chance!	Good luck!

Troisième étape

Asking for and expressing opinions

Tu as passé un bon... ?	Did you have a good . . . ?
Ça s'est bien passé?	Did it go well?
Tu t'es bien amusé(e)?	Did you have fun?
Oui, très chouette.	Yes, very cool.
C'était formidable!	It was great!

Oui, ça a été.	Yes, it was OK.
Oh, pas mauvais.	Oh, not bad.
C'était épouvantable.	It was horrible.
Non, pas vraiment.	No, not really.
C'était un véritable cauchemar!	It was a real nightmare!

C'était ennuyeux.	It was boring.
C'était barbant.	It was boring.

Inquiring about and relating past events

See **Tu te rappelles?** on page 337.

Allez, viens à Fort-de-France!

Ville principale de la Martinique

Population : plus de 100.000

Langues : français, créole

Points d'intérêt : la bibliothèque Schœlcher, le musée départemental, le fort Saint-Louis, la cathédrale Saint-Louis

Parcs et jardins : la Savane, le Parc floral

Spécialités : crabes farcis, blanc-manger, boudin créole, acras de morue

Evénements : Carnaval, le Festival de Fort-de-France, les Tours des yoles rondes de la Martinique

Océan Atlantique

N

Sainte-Marie •
Saint-Pierre • • La Trinité

Mer des Caraïbes

• Le Robert

Fort-de-France • Le Lamentin
• Le François

Océan Atlantique

MARTINIQUE

Rivière-Pilote •

go.hrw.com

WA3 FORT-DE-FRANCE

VIDEO

CD-ROM 3
DVD 2

La ville de Fort-de-France ▶

Fort-de-France

La ville de Fort-de-France est sur la baie des Flamands, entre les montagnes et la mer des Caraïbes. Presque un tiers de la population martiniquaise habite à Fort-de-France ou dans ses environs. C'est une ville où il y a un mélange de cultures. La Martinique est à 6.817 km (*4,261 miles*) de Paris, mais c'est un département français. L'influence française est évidente. Les bâtiments aux couleurs pastel et les balcons en fer forgé rappellent la Nouvelle-Orléans, mais les sons de la langue créole et de la musique zouk sont purement antillais.

↗ internet

go.hrw.com

ADRESSE: go.hrw.com
MOT-CLE:
    WA3 FORT-DE-FRANCE

 **La Savane**
C'est un magnifique parc plein d'arbres tropicaux, de fontaines, de bancs et de jardins. On y va pour rencontrer ses amis, se promener ou jouer au football.

2 **La bibliothèque Schœlcher**
C'est un bâtiment de styles divers (byzantin, égyptien et roman). Comme la tour Eiffel, elle a été construite pour l'Exposition universelle de 1889. Plus tard, on l'a démontée et reconstruite à Fort-de-France.

3 **Le clocher de la cathédrale Saint-Louis**
Il domine le centre-ville de Fort-de-France.

4 **Le madras**
La Martinique est connue pour ses tissus colorés qu'on appelle madras.

5 **Le fort Saint-Louis**
Il est construit sur une presqu'île rocheuse. Il domine la ville de Fort-de-France.

Au chapitre 12,
tu vas faire la connaissance de Lucien, de sa famille et de son amie Mireille. Ils vont te faire visiter Fort-de-France, la ville principale de la Martinique. C'est une ville moderne qui conserve ses traditions et l'art de vivre créole. Elle a toutes les caractéristiques d'une ville française, mais située sous le soleil des tropiques.

6 **Au marché**
On peut acheter des fruits et des légumes frais tous les jours. C'est un endroit pittoresque.

Objectives

In this chapter you will review and practice

Première étape

• pointing out places and things

Deuxième étape

• making and responding to requests
• asking for advice and making suggestions

Troisième étape

• asking for and giving directions

 internet

 ADRESSE: go.hrw.com
MOT-CLE:
 WA3 FORT-DE-FRANCE-12

◄ **Les rues animées de Fort-de-France**

MISE EN TRAIN · *Un petit ~~service~~* ^(favor)

DVD
VIDEO

Stratégie
pour comprendre
What do you think **Un petit service** means? Can you guess what Lucien's mother, father, and sister are asking him to do?

Lucien   **Lisette**   **La mère**   **Le père**   **Une voisine**

① Lucien : Maman, je vais en ville. J'ai rendez-vous avec Mireille. On va passer la journée à Fort-de-France. Je vais lui faire visiter le fort Saint-Louis.

② La mère : Avant de rentrer, passe au marché et prends de l'ananas, des oranges et des caramboles.

③ Lisette : Ah, tu peux rendre ces livres à la bibliothèque aussi, s'il te plaît? Et en échange, tu me prends trois autres livres. Voilà ma carte.

④ Le père : Est-ce que tu peux aller à la poste et envoyer ce paquet?
Lucien : Je ne sais pas si je vais avoir le temps.

5

Lucien : Je vais d'abord au fort Saint-Louis, puis je dois aller au marché et ensuite...

Le père : C'est important...

Lucien : Bon.

6

Lisette : Tu peux passer chez le disquaire? J'ai commandé un disque compact.

Lucien : Bien. C'est tout?

7

La mère : Au retour, tu peux aller à la boulangerie? Prends deux baguettes.

8

Lucien : Bon, ça suffit pour aujourd'hui!

9

Le père : Tu vas voir, c'est très intéressant, le fort Saint-Louis.

Lisette : Merci, Lucien. C'est sympa.

10

Une voisine : Bonjour. Est-ce que par hasard vous allez en ville aujourd'hui?

Lucien : Au secours!

Cahier d'activités, p. 133, Act. 1

1 Tu as compris?

1. What are Lucien's plans for the day?
2. What are Lucien and his family talking about?
3. Is Lucien happy with the situation? Why or why not?
4. What happens at the end?

2 Qui dit quoi?

Lucien

Lisette

M. Lapiquonne

Mme Lapiquonne

1. «Tu peux aller à la boulangerie?»
2. «Tu peux rendre ces livres à la bibliothèque aussi, s'il te plaît?»
3. «Est-ce que tu peux aller à la poste et envoyer ce paquet?»
4. «Tu peux passer chez le disquaire?»
5. «Passe au marché et prends de l'ananas, des oranges et des carambole.»
6. «C'est très intéressant, le fort Saint-Louis.»

3 Où va-t-il?

Où est-ce que Lucien va aller pour...

1. acheter des carambole?
2. envoyer le paquet?
3. rendre les livres?
4. acheter le disque compact?
5. acheter des baguettes?

> à la boulangerie
> à la poste   chez le disquaire
> à la bibliothèque   au marché

4 Vrai ou faux?

1. Lucien va acheter des carambole, des pêches et des pommes.
2. Il va rendre des livres à la bibliothèque.
3. Lucien va à la boulangerie.
4. Lisette lui donne de l'argent pour acheter un livre.
5. Lucien va chez le disquaire pour son père.
6. Il va acheter le journal pour la voisine.

5 Cherche les expressions

According to *Un petit service,* how do you . . .

1. say you're meeting someone?
2. say you don't know if you'll have time?
3. ask someone to do something for you?
4. express your annoyance?
5. call for help?

> Est-ce que tu peux... ?   Au secours!
>
> Ça suffit!   J'ai rendez-vous avec...
>
> Je ne sais pas si je vais avoir le temps.

6 Et maintenant, à toi

Quelles courses est-ce que tu fais pour ta famille et tes amis? Est-ce que tu vas aux mêmes endroits que Lucien?

Vocabulaire

Où est-ce qu'on va pour faire les courses? On peut aller à ces endroits :

[handwritten] Un climat tropical   écouter de la musique créole

à la **boulangerie** pour acheter **des baguettes**

à la **pâtisserie** pour acheter **des pâtisseries**

à l'**épicerie** pour acheter de la confiture

à **la poste** pour acheter **des timbres** et **envoyer des lettres**

à **la banque** pour **retirer** ou **déposer** de l'argent

à la **librairie-papeterie** pour acheter des livres ou **des enveloppes**

à **la pharmacie** pour acheter **des médicaments**

chez le disquaire pour acheter des disques compacts ou des cassettes

à la **bibliothèque** pour **emprunter** ou **rendre** des livres *[handwritten] to borrow*

Cahier d'activités, pp. 134–135, Act. 2–5

Travaux pratiques de grammaire, pp. 98–99, Act. 1–4

7 Où sont-ils?

Ecoutons Listen to these conversations and tell where the people are.

Tu te rappelles?

Remember, **au, à la, à l', ** and **aux** mean *to the* or *at the*. Use **au** before a masculine singular noun, **à la** before a feminine singular noun, **à l'** before any singular noun beginning with a vowel sound, and **aux** before any plural noun.

Je vais { **au** musée. / **à la** boulangerie. / **à l'** épicerie. }

Je vais { **à l'**hôtel. / **aux** Etats-Unis. }

Grammaire supplémentaire, p. 376, Act. 1

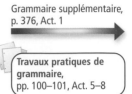

Travaux pratiques de grammaire, pp. 100–101, Act. 5–8

---

8 Un petit mot

Lisons/Ecrivons Lis ce petit mot que Frédéric a écrit à un ami. Ensuite, fais une liste de trois endroits où Frédéric est allé et explique ce qu'il y a fait.

> Cher Pierre,
>
> Ici, rien de bien nouveau. Hier, mes parents sont allés passer la journée chez leurs amis, alors j'étais tout seul. J'en ai profité pour faire des courses. D'abord, je suis allé à la boulangerie acheter du pain. Ensuite, je suis allé à la poste parce que je n'avais plus de timbres, et j'en ai profité pour envoyer une lettre à Jules, mon correspondant québécois. Puis, je suis allé à la bibliothèque emprunter quelques livres parce que j'ai fini de lire toute ma collection. Je n'ai pas trouvé le dernier livre de Stephen King à la bibliothèque (il paraît qu'il est super!), alors je suis allé à la librairie pour l'acheter. Finalement, je suis passé à l'épicerie acheter des légumes et du fromage pour mon déjeuner. Voilà, c'est tout. Ecris-moi vite pour me dire comment tu trouves ton nouveau lycée. Salut.
>
> Frédéric

9 Des courses en ville

Lisons Yvette fait des courses en ville. Où est-elle?

1. «Je voudrais ce gâteau au chocolat, s'il vous plaît.»
2. «Je voudrais emprunter ces trois livres, s'il vous plaît.»
3. «Eh bien, je voudrais des médicaments pour ma mère.»
4. «C'est combien pour envoyer cette lettre aux Etats-Unis?»
5. «Zut, alors! Elle est fermée. Je ne peux pas déposer de l'argent!»

Note culturelle

Stores in France and Martinique don't stay open 24 hours a day. Between 12:30 P.M. and 3:30 P.M., very few small businesses are open; however, they usually remain open until 7:00 P.M. By law, businesses must close one day a week, usually Sunday. Only grocery stores, restaurants, and certain places related to culture and entertainment, such as museums and movie theaters, may stay open on Sunday.

10 **Il va où?**

a. Lisons Regarde la liste d'Armand. Où va-t-il?

b. Lisons Qu'est-ce qu'il peut acheter d'autre là où il va?

classeurs
gomme
enveloppes
CD
livre
aspirine
timbres
œufs
tarte
baguettes

You've already learned that an ending can often help you guess the gender of a word. An ending can also help you guess the meaning of a word. For example, the ending **-erie** often indicates a place where something is sold or made. Look at these words: **poissonnerie, fromagerie, chocolaterie, croissanterie.** What do you think they mean? Another common ending that carries a particular meaning is **-eur (-euse).** It indicates a person who performs a certain activity. In French, **chasser** means *to hunt.* A person who hunts is a **chasseur.** Since **chanter** means *to sing,* how do you think you would say *singer* in French? If **danser** means *to dance,* how would you say *dancer?**

11 **Devine!**

Parlons Pense à une chose que tu as achetée. Puis dis à ton/ta camarade où tu l'as achetée. Ton/Ta partenaire va essayer de deviner de quoi tu parles. Ensuite, changez de rôle.

Si tu as oublié
le passé composé
va à la page 271.

Grammaire supplémentaire, pp. 376–377, Act. 2–3

EXEMPLE — **Je suis allé(e) à la boulangerie.**

— **Tu as acheté des croissants?**

— **Non.**

Comment dit-on...?

Pointing out places and things

Voici tes timbres.
Regarde, voilà ma maison.
Look, here/there is/are . . .

Ça, c'est la banque.
This/That is . . .

Là, c'est mon disquaire préféré.
There, that is . . .

Là, tu vois, c'est la maison de mes grands-parents.
There, you see, this/that is . . .

VOILÀ LA MAISON DE MES GRANDS-PARENTS.

Cahier d'activités, p. 136, Act. 8

---

*chanteur(euse), danseur(euse)

12 A la Martinique

Parlons Tu as pris les photos suivantes pendant ton voyage à la Martinique. Avec un(e) camarade, dites ce qu'il y a sur les photos.

le disquaire	la statue de Joséphine de Beauharnais
la pharmacie	la boulangerie
la bibliothèque Schœlcher	le marché

1.

2.

3.

4.

5.

6.

A la française

When you try to communicate in a foreign language, there will always be times when you can't remember or don't know the exact word you need. One way to get around this problem is to use *circumlocution*. Circumlocution means substituting words and expressions you <u>do</u> know to explain what you mean. For example, if you can't think of the French word for *pharmacy*, you might say **l'endroit où on peut acheter des médicaments** *(the place where you can buy medicine)*. Other expressions you can use are **la personne qui/que** *(the person who/whom)*, and **le truc qui/que** *(the thing that)*.

Cahier d'activités, p. 135, Act. 6

13 Mon quartier

Ecrivons Un(e) élève francophone va habiter avec ta famille pendant un semestre. Fais un plan de ton quartier et marque où se trouvent ton école, la poste, le supermarché, etc...

14 Jeu de rôle

Parlons L'élève francophone (ton/ta camarade) te demande où se trouvent plusieurs endroits. Montre-les sur le plan de l'activité 13. Explique ce qu'on y achète ou ce qu'on y fait. Ensuite, changez de rôle.

Rencontre culturelle

Look at the illustrations below. Where are these people? What are they talking about?

— Et votre père, il va bien?

— Oui, merci. Il va beaucoup mieux depuis...

— Bonjour, Madame Perrot. Vous avez passé de bonnes vacances?

— Très bonnes. On est allés à la Guadeloupe. Vous savez, ma sœur habite là-bas, et...

— Qu'est-ce que vous allez faire avec ça?

— Ma voisine m'a donné une très bonne recette. C'est très simple. Tout ce qu'il faut faire, c'est...

Qu'en penses-tu?

1. What are the topics of these conversations? What does this tell you about the culture of Martinique?

2. What kind of relationships do you or your family have with the people who work in your town? Do you know them? Do you often make "small talk" with them?

Savais-tu que... ?

In Martinique, as in many parts of France, people like to take the time to say hello, ask how others are doing, and find out what's going on in one another's lives. Of course, the smaller the town, the more likely this is to occur. While it may be frustrating to Americans in a hurry, especially when they are conducting business, in West Indian culture it is considered rude not to take a few minutes to engage in some polite conversation before talking business.

Comment dit-on...?

Making and responding to requests

To make a request:

(Est-ce que) tu peux aller au marché?
Tu me rapportes des timbres?
Tu pourrais passer à la poste acheter des timbres?
Could you go by . . . ?

To accept requests:

D'accord.
Je veux bien.
J'y vais tout de suite.
Si tu veux. *If you want.*

Cahier d'activités,
p. 137, Act. 9–11

To decline requests:

Je ne peux pas maintenant.
Je suis désolé(e), mais je n'ai pas le temps.

Tu te rappelles?

Use the partitive articles **du, de la,** and **de l'** when you mean some of an item. If you mean a whole item instead of a part of it, use the indefinite articles **un, une,** and **des. Du, de la, de l', des, un,** and **une** usually become **de/d'** in negative sentences.

Travaux pratiques de grammaire,
p. 102, Act. 9–10

Grammaire supplémentaire,
p. 377, Act. 4

 15 Est-ce que tu peux...?

 Ecoutons Listen to the following conversations and decide if the person agrees to or refuses the request.

16 Un petit service

Parlons Qu'est-ce que ces jeunes te disent pour te demander un service?

1. **2.** **3.** **4.**

17 Il me faut...

Parlons Décide de quels articles tu as besoin et demande à ton/ta camarade d'aller les acheter au magasin approprié. Il/Elle va accepter ou refuser d'y aller. Ensuite, changez de rôle.

Si tu as oublié
expressing need
va à la page 238.

Grammaire supplémentaire, p. 377, Act. 5

1. **2.** **3.**

  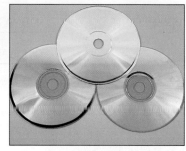

4. **5.** **6.**

18 Tu pourrais me rendre un service?

Parlons Demande à tes camarades de te rendre les services suivants. Ils vont accepter ou refuser et te donner une raison.

aller chercher un livre à la bibliothèque

acheter un dictionnaire de français à la librairie

acheter un CD chez le disquaire

acheter un sandwich au fast-food

acheter une règle à la papeterie

acheter des timbres à la poste

Si tu as oublié
making an excuse
va à la page 145.

DEUXIEME ETAPE

trois cent soixante-cinq **365**

Asking for advice and making suggestions

To ask for advice on how to get somewhere:

Comment est-ce qu'on y va?
  How can we get there?

To suggest how to get somewhere:

On peut y aller en train.
  We can go . . .
On peut prendre le bus.
  We can take . . .

[handwritten notes] comment est-ce qu'on y va? comment est-ce qu'on y va   On peut y aller On peut prendre

Vocabulaire

Comment est-ce qu'on y va?

CD-ROM **3**
DVD **2**

en bus (m.)

à pied (m.)

à vélo (m.)

en voiture (f.)

en taxi (m.)

en bateau (m.)

en avion (m.)

en train (m.)

en métro (m.)

Travaux pratiques de grammaire,
pp. 103–104, Act. 11–15

Cahier d'activités,
p. 138, Act. 12–14

19 **On y va comment?**

 Ecoutons Listen to these conversations. Where are these people going and how are they going to get there?

20 **Comment vont-ils voyager?**

Parlons Dis comment ces gens voyagent.

   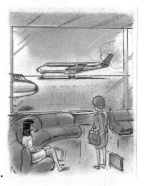

1.   2.   3.   4.

Grammaire

The pronoun *y*

goes in front of what they modify

You've already seen the pronoun **y** *(there)* several times. Can you figure out how to use it?

—Je vais **à la bibliothèque.** Tu **y** vas aussi?
—Non, je n'**y** vais pas.
—Je vais **chez le disquaire.** Tu veux **y** aller?
—Non, j'**y** suis allé hier.

It can replace an entire phrase meaning *to, at,* or *in* any place that has already been mentioned. Place it before the conjugated verb, or, if there is an infinitive, place **y** before the infinitive: Je vais **y** aller demain.

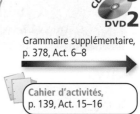

Grammaire supplémentaire, p. 378, Act. 6–8

Cahier d'activités, p. 139, Act. 15–16

Travaux pratiques de grammaire, p. 105, Act. 16–17

passé composé, view as one verb ⟹ "y" goes before

21 **Grammaire en contexte**

Parlons Comment est-ce que tes amis et toi, vous allez aux endroits suivants?

EXEMPLE   **Au cinéma? Nous y allons en bus.**

au cinéma	au supermarché	à la poste
		à la bibliothèque
à la piscine	au centre commercial	
		au stade
au parc	à la librairie au lycée	
		au concert

22 **Qu'est-ce qu'on fait vendredi soir?**

Parlons Tu téléphones à un(e) ami(e) pour l'inviter à sortir vendredi soir. Décidez où vous voulez aller et dites comment vous allez y aller.

Si tu as oublié
inviting
va à la page 179.

Qu'est-ce qu'il faut faire pour avoir un permis de conduire?

Here's what some francophone people told us about obtaining a driver's license where they live.

Lily-Christine,
Québec

«J'ai mon permis proba-toire, temporaire. Je n'ai pas encore mon permis de con-duire. Premièrement, pour avoir ton permis, tu suis les cours théoriques. Après ça, tu passes ton examen. Si tu passes l'examen, tu as ton permis temporaire. Après, tu suis des cours pratiques. Tu passes un examen sur route. Et puis, si tu as l'examen sur route, eh bien, tu as ton permis.»

Emmanuel,
France

«Non, je n'ai pas encore de permis de conduire parce que je n'ai pas encore 16 ans. Je l'aurai peut-être, [mon] permis accompagné, à 16 ans. Autrement, [pour avoir] un permis de con-duire normal, il faut atten-dre 18 ans en France. Pour avoir un permis de con-duire, il faut passer le code. C'est un examen, quoi, c'est le code de la route. Et [il] faut passer la conduite. On est avec un moniteur. On doit faire un trajet qu'il nous indique et puis, sui-vant si on le fait bien ou pas, on a notre permis.»

Charlotte,
France

«Il faut sans doute bien savoir ses signes, son code de la route. [Il ne faut] pas avoir la tête ailleurs souvent, enfin... [Il] faut être bien dans sa tête. Voilà.»

Qu'en penses-tu?

1. Are the requirements for a driver's license that these people mention the same as those in your state?

2. What means of public transportation are available in your area? Do you use them? Why or why not?

3. How does transportation influence your lifestyle? How would your lifestyle change if you lived where these people do?

Vocabulaire

La bibliothèque est **entre** le lycée et la banque.
La poste est **à droite du** café. *right*
Le cinéma est **à gauche du** café.
left

Here are some other prepositions you may want to use to give directions:

à côté de	*next to*	**loin de**	*far from*
devant	*in front of*	**près de**	*near*
derrière	*behind*		

La boulangerie est **au coin de** la rue.
Le café est **en face de** la bibliothèque.
du café

Cahier d'activités,
p. 140, Act. 18–20

Travaux pratiques de grammaire,
pp. 106–107, Act. 19–21

Note de grammaire

The preposition **de** usually means *of* or *from*.

- When you use **de** before **le** or **les,** make the following contractions.

de + le = du	C'est près **du** musée.
de + les = des	La ville est près **des** Alpes.

- **De** doesn't change before **l'** or **la:**
  C'est au coin **de la** rue.
  La poste est à côté **de l'**école.

Cahier d'activités,
p. 141, Act. 21

Grammaire supplémentaire,
p. 379, Act. 9–10 →

Travaux pratiques de grammaire, p. 106, Act. 18

23 **Vrai ou faux?**

Ecoutons Listen to the following statements and tell whether they are true or false, according to the **Vocabulaire**.

24 **Qui est-ce?**

Parlons Explique où un(e) camarade est assis(e) en classe. Les autres élèves de ton groupe vont essayer de deviner de qui tu parles.

EXEMPLE Cette personne est derrière David est à côté d'Isabelle.

25 **Il est perdu!**

Parlons Ton ami Hervé n'a pas le sens de l'orientation. Tout ce qu'il décrit est dans la direction opposée de ce qu'il pense. Réponds aux questions d'Hervé pour l'aider.

> **EXEMPLE** —La poste est loin de la bibliothèque?
>
> —Mais non, elle est près de la bibliothèque.

1. Est-ce que la papeterie est près de la pharmacie?

2. Le cinéma est devant le centre commercial?

3. La bibliothèque est à droite?

4. Est-ce que le café est derrière le stade?

Note culturelle

Martinique is an overseas possession of France known as a **département d'outre-mer,** or **DOM.** It has the same administrative status as a department in France, and the people of Martinique, who are citizens of France, have the same rights and responsibilities as other French citizens. Other DOMs include Guadeloupe, French Guiana, and Reunion Island. France also has overseas territories, like New Caledonia and French Polynesia. These territories are called **territoires d'outre-mer,** or **TOMs.**

26 **La visite d'Arianne**

Ecrivons Arianne a pris des photos pendant sa visite chez son oncle et sa tante. Complète les descriptions des photos avec des prépositions.

1. C'est mon oncle et ma tante dans le jardin _____ leur maison.

2. Là, _____ ma tante, c'est mon cousin Daniel.

3. Et voilà ma cousine Adeline, _____ mon oncle.

4. Il y a une boulangerie _____ leur maison. Les croissants sont délicieux le matin!

5. Leur maison est _____ une autre maison et une épicerie.

6. Il y a un parc au coin de la rue, _____ leur maison.

Asking for and giving directions

To give directions:

Vous continuez jusqu'au prochain feu rouge.
You keep going until the next light.
Vous allez tout droit jusqu'au lycée.
You go straight ahead until you get to . . .
Vous tournez à droite.
You turn . . .
Prenez la rue Lamartine, **puis traversez la rue** Isambert.
Take . . . Street, then cross . . . Street.
Vous passez devant la boulangerie.
You'll pass . . .
C'est tout de suite à gauche.
It's right there on the . . .

To ask for directions:

Pardon, madame. La poste, **s'il vous plaît?**
Pardon, mademoiselle. Où est la banque, **s'il vous plaît?**
Pardon, monsieur. Je cherche le musée, **s'il vous plaît.**
Excuse me, sir. I'm looking for . . . , please.

Cahier d'activités, pp. 141–142, Act. 22–24

---

27 **Pardon, je cherche...**

Ecoutons Guy is at the bus station (**la gare routière**) in Fort-de-France. Follow M. Robinet's directions, using the map on page 372. Where does Guy want to go?

tout de suite = right away

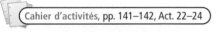

Note culturelle

In many French towns, intersections have a traffic circle (**un rond-point**) at the center, which is often decorated with flowers, fountains, or statues. Vehicles enter and continue around the center island, turning off at the various streets that open into the circle. Most towns have at least one public square, often located in front of a public building or a church. Numerous cities have closed off some of the tiny streets in the **centre-ville** and made pedestrian areas where people can stroll freely, without having to worry about traffic.

28 **Où est-ce?**

Parlons Explique à ton/ta camarade comment aller de l'école à ton restaurant favori ou à ton magasin de disques préféré. Ton/Ta camarade va essayer de deviner le nom de l'endroit. Ensuite, changez de rôle.

29 Quel monument est-ce?

Lisons Ton/ta correspondant(e) martiniquais(e) te conseille certains endroits à visiter. Il/Elle te dit comment y aller. Suis ses explications sur le plan de Fort-de-France et dis de quel endroit il/elle parle.

la bibliothèque Schœlcher

la cathédrale Saint-Louis

Quand tu sors de la gare routière, va à droite sur le boulevard du Général de Gaulle. Prends la première à droite — c'est la rue Félix Eboué — et continue tout droit. Tu vas passer devant la préfecture. Traverse l'avenue des Caraïbes et va tout droit dans la rue de la Liberté jusqu'à la poste. Ensuite, tourne à droite rue Blénac et continue tout droit. Ça sera à droite, tout de suite après la rue Schœlcher.

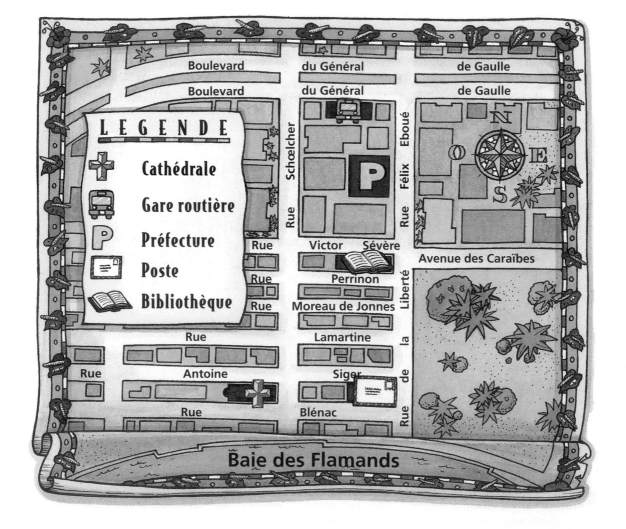

30

De l'école au travail

Parlons Imagine que tu travailles comme hôte ou comme hôtesse dans le restaurant Chez Ana. Le restaurant est situé dans un quartier très touristique et beaucoup de touristes te demandent des renseignements. Crée une conversation avec ton/ta camarade qui va te demander comment trouver deux endroits en ville. Utilise le plan à la page 369 pour expliquer comment on va à ces deux endroits, puis changez de rôle.

PRONONCIATION

Do you remember what you've learned about French pronunciation? Here is a quick pronunciation review. If you've forgotten how to produce any of these sounds, check the Pronunciation Index at the back of the book and go back to the chapters where they were introduced. Repeat these words.

[y]	d**u**	ét**u**de	[u]	**rou**ge	**vou**drais
[o]	escarg**o**ts	gât**eau**	[ɔ]	**po**mme	car**o**ttes
[ø]	v**eu**t	h**eu**r**eu**x	[œ]	s**œu**r	b**eu**rre
[e]	cin**é**ma	trouv**er**	[ɛ]	fr**è**re	angl**ai**se
[ã]	**an**glais	il pr**en**d	[ɔ̃]	all**ons**	poiss**on**
[ɛ̃]	qu**in**ze	p**ain**	[œ̃]	l**un**di	empr**un**ter
[j]	pap**i**er	v**i**ande	[w]	m**oi**	pouv**oir**
[ɥ]	l**ui**	ens**ui**te	[t]	ma**th**s	**th**éâtre
[r]	t**r**ès	**r**oux	[ʃ]	**ch**at	**ch**er**ch**er
[']	le **h**éros	le **h**ockey	[ɲ]	monta**gn**e	Allema**gn**e

A. A prononcer

Repeat the following words.

1. nourriture boutique bateau poste
2. feu déposer près derrière
3. devant avion timbre emprunter
4. pied voiture envoyer tout de suite
5. rue gauche prochain bibliothèque

B. A lire

Take turns with a partner reading each of the following sentences aloud.

1. Quand le chat n'est pas là, les souris dansent.
2. Il est mieux de travailler que de s'amuser.
3. Beaucoup de bruit pour rien.
4. Un poisson n'est jamais trop petit pour être frit.
5. On n'attrape pas les mouches avec du vinaigre.

C. A écrire

You're going to hear a short dialogue. Write down what you hear.

Cheval de bois

A. Regarde le titre et les illustrations qui accompagnent le texte. Quel est le sujet de l'histoire? Où se passe l'histoire?

B. Scan the story to see if you can find the answers to these questions.

1. Who are the main characters in the story?

2. What is going on when the story starts?

3. Why does Congo come to help the horse?

4. How does Congo help the horse?

C. Lis l'histoire et ensuite mets ces événements dans le bon ordre.

1. Congo burns the blue horse.

2. A child is frightened by the blue horse.

3. Congo first comes to see the blue horse.

4. M. Quinquina and his sons play music.

5. The blue bird is freed.

6. The mayor goes to see Congo.

Cheval de bois

Cette année, la ville de Saint-Pierre accueille le manège de la famille Quinquina pour sa fête patronale. Le manège s'est installé sur la place du marché, face à la mer. Madame Quinquina tient une buvette où elle sert des limonades multicolores.

Monsieur Quinquina et ses deux fils jouent de la flûte de bambou et du "ti-bwa". Au rythme de cette musique, le manège de chevaux de bois, poussé par de robustes jeunes gens, tourne, tourne, tourne.

Cheval bleu, bleu comme l'océan.
Cheval noir, noir comme la nuit.
Cheval blanc, blanc comme les nuages.
Cheval vert, vert comme les bambous.
Cheval rouge, rouge comme le flamboyant.
Cheval jaune, jaune comme l'allamanda.

Les chevaux de bois tournent, tournent et, sur leur dos, tous les enfants sont heureux.

Mais quand la nuit parfumée caresse l'île, les chevaux de bois rêvent. Le cheval bleu, bleu comme l'océan, rêve de partir, partir loin, visiter les îles, visiter le monde. Il a entendu dire que la terre est ronde. Vrai ou faux? Il aimerait bien savoir ! Cela fait si longtemps qu'il porte ce rêve dans sa carcasse de bois que cette nuit-là, son rêve devient oiseau. L'oiseau bat des ailes dans le corps du cheval bleu, bleu comme l'océan.

Au matin, un enfant monte sur le cheval bleu. Tout à coup, il commence à hurler :
— Maman, maman, il y a une bête dans le cheval. J'ai peur! Je veux descendre.

On arrête la musique, on arrête le manège. C'est un tollé général : les mères rassemblent leurs enfants. En quelques secondes, la place est vide. Le maire et ses conseillers décident d'aller chercher le sage Congo.

...Congo s'approche du manège et caresse les flancs du cheval bleu, bleu comme l'océan :
— Je vais te délivrer ! cheval bleu, bleu comme l'océan, car ton rêve est vivant, il s'est métamorphosé en oiseau.

Congo s'assied près du cheval bleu, bleu comme l'océan. Quand le maire voit Congo tranquillement assis, il sort de la mairie en courant et hurle :

— Que faites-vous?
— J'attends, dit doucement Congo.
— Vous attendez quoi? demande le maire.
— J'attends que la nuit mette son manteau étoilé et ouvre son œil d'or. Je ferai alors un grand feu.

Quand la nuit met son manteau étoilé et ouvre son œil d'or, Congo prend tendrement dans ses bras le cheval bleu, bleu comme l'océan, et le

dépose dans les flammes. Le feu crépite, chante, et l'or des flammes devient bleu, bleu comme l'océan. Les habitants de Saint-Pierre voient un immense oiseau bleu, bleu comme l'océan, s'élever dans la nuit étoilée et s'envoler vers l'horizon.
Congo, heureux, murmure :
-Bon vent, oiseau-rêve !

RAPPEL As you read the story, you probably came across some unfamiliar words. Remember, you don't have to understand every word to get a sense of what you're reading. If you decide that the meaning of a particular word is necessary to help you understand the story, there are two techniques you've learned that can help: using the context to figure out the meaning of the word, and trying to see a cognate in the word.

D. Below are some cognates that appear in *Cheval de bois.* See if you can match them with their English equivalents.

1. habitants	a. counselors
2. fête	b. to descend; to get down
3. flammes	c. island
4. conseillers	d. festival
5. île	e. flames
6. descendre	f. inhabitants, people who live in a certain area

E. Make a list of all of the other cognates you can find in *Cheval de bois.* You should be able to find at least six more. Watch out for false cognates!

F. How can you tell this story was written for a young audience?

G. What stories, fairy tales, or myths have you read or heard that are similar to this story? In what ways are they similar? In what ways are they different?

H. Do you think there really was a bird inside the horse? What do you think the bird represents?

I. Compose a fairy tale of your own. Write it out or record it in French. Keep it simple so that your teacher can use it in the future with students who are beginning to learn French! Illustrate your story to make it easier to understand.

Cahier d'activités, p. 143, Act. 25

Grammaire supplémentaire

Première étape **Objective** Pointing out places and things

1 Ecris cinq phrases pour dire où ces gens vont aller pour trouver ce qu'ils veulent. Pour chaque phrase, utilise le présent d'**aller** et un des mot proposés. (**pp. 174, 177, 360**)

la boulangerie	la banque	la papeterie
la poste	l'épicerie	le marché	la pharmacie

EXEMPLE J'ai besoin de pain. **Je vais à la boulangerie.**

1. Il me faut des feuilles de papier et des gommes.
2. Tu as besoin de retirer de l'argent.
3. Il vous faut des timbres.
4. Mme Bonjean a besoin de farine et de beurre.
5. Pierre et moi, nous avons besoin de médicaments.

2 Tu demandes à tes amis ce qu'ils ont fait pendant le week-end. Regarde les photos et écris leurs réponses au passé composé. (**pp. 271, 361**)

1. Hélène, qu'est-ce que tu as fait pendant le week-end?

J'...

2. Sandra et Pamela, vous avez passé un bon week-end?

Oui, nous...

3. Tu as passé un bon week-end, Martin?

Oui, j'...

4. Ahmed, tu as passé un bon week-end?

Oui, j'...

3 Delphine te raconte ses vacances à la Martinique. Complète les phrases avec les verbes indiqués au passé composé. (**pp. 271, 272, 277, 361**)

C'était chouette, mes vacances à la Martinique! Je n'ai pas reconnu mes cousins, ils ____1____ (beaucoup grandir)! Le premier jour, nous ____2____ (dîner) chez ma tante Liliane. On ____3____ (parler) et on ____4____ (regarder) des photos après le dîner. La première nuit, je/j' ____5____ (dormir) longtemps. Le deuxième jour, nous ____6____ (faire) de la plongée. C'était magnifique! Malheureusement, je/j' ____7____ (perdre) mon appareil-photo et je/j' ____8____ (ne pas prendre) de photos. Après, nous ____9____ (visiter) la cathédrale Saint-Louis et la bibliothèque Schœlcher. Le dernier jour, nous ____10____ (faire) un tour en bateau. Et après, nous ____11____ (faire) des achats en ville où je/j' ____12____ (acheter) un disque de musique zouk pour toi.

Deuxième étape

Objectives Making and responding to requests; asking for advice and making suggestions

4 Récris les phrases suivantes. Remplace les quantités précises par les articles appropriés **du, de la, de l'**, ou **des**. (**pp. 236, 364**)

EXEMPLE   Tu pourrais me rapporter une bouteille de lait?
Tu pourrais me rapporter du lait?

1. Tu me rapportes un kilo de farine, s'il te plaît?
2. Tu me prends un paquet de beurre, s'il te plaît?
3. Tu m'achètes une livre de carottes?
4. Rapporte-moi trois tranches de jambon, s'il te plaît!
5. Tu me rapportes deux bouteilles d'eau minérale?
6. Tu pourrais m'acheter dix enveloppes et vingt timbres, s'il te plaît?
7. Tu peux m'acheter deux baguettes et cinq pâtisseries?
8. Tu peux aller à la poste et envoyer deux paquets pour moi?

5 Chaque personne a besoin de quelque chose. Ecris des phrases en utilisant **J'ai besoin de...** ou **Il me faut...**, pour dire ce qu'il leur faut. (**pp. 238, 365**)

1. Tu pourrais passer à la pharmacie?
2. Est-ce que tu peux aller à la boulangerie, s'il te plaît?
3. Est-ce que tu peux aller chez le disquaire?
4. Tu peux passer à la bibliothèque, s'il te plaît?
5. Tu pourrais aller à la librairie-papeterie, s'il te plaît?

6 Tu demandes à tes amis comment ils vont aller aux endroits suivants. Utilise le pronom **y** pour écrire leurs réponses. (**p. 367**)

EXEMPLE   Philippe, comment est-ce que tu vas aux Etats-Unis? (en avion)
J'y vais en avion.

1. Mohammed et Yasmina, comment est-ce que vous allez au bord de la mer? (en train)
2. Azzedine, comment tu vas à la campagne? (à vélo)
3. Comment est-ce que Fatima va en Angleterre? (en bateau)
4. Hannah et Raphaël, comment vous allez à la montagne? (en bus)
5. Aziz, comment est-ce que tu vas à Paris? (en voiture)
6. Comment est-ce qu'on va à la plage? (à pied)
7. Michel, quand tu vas à New York, comment est-ce que tu vas aux musées? (en taxi)
8. Agathe, quand tu vas à Paris avec ta mère, comment est-ce que vous allez de l'aéroport à l'hôtel? (en métro)

7 Récris les phrases suivantes en utilisant le pronom **y.** (**p. 367**)

1. Je vais passer à la boulangerie pour acheter des croissants.
2. Elle a rendu mes livres à la bibliothèque hier.
3. Nous avons acheté de l'aspirine à la pharmacie.
4. Ma mère a acheté des pâtisseries à la pâtisserie.
5. Nous allons à la banque pour retirer de l'argent.
6. On trouve de la musique zouk chez le disquaire Hit-Parade.

8 Complète les conversations suivantes avec **y** et la forme correcte du verbe entre parenthèses. Attention! Certains verbes vont être au présent et d'autres vont être au passé composé. (**p. 367**)

—Salut, Michèle, tu vas à la bibliothèque?

—Oui, je/j' ____1____ (y/aller) cet aprèm. J'ai des livres à rendre. Tu ____2____ (vouloir) venir?

—Oui, je veux bien. On ____3____ (y/aller) à quelle heure?

—Dis, Florence, c'est vrai que tu ____4____ (trouver) un billet de cent euros devant la banque?

—Pas tout à fait. Je/J' ____5____ (y/trouver) une pièce de cinq euros.

—Tu ____6____ (avoir) de la chance, quand même!

—Tu ____7____ (pouvoir) me rendre un service, ma chérie!

—Oui, Maman.

—Je/J' ____8____ (avoir) besoin de bananes et de citrons. Tu ____9____ (pouvoir) aller au marché, s'il te plaît?

—Au marché? C'est loin! Comment est-ce que je/j' ____10____ (y/aller)? A pied?

—Mais non. Pourquoi tu ne/n' ____11____ (y/aller) pas à vélo?

—Bonne idée. Je ____12____ (partir) tout de suite.

9 Unscramble the following location words. Then, combine the fragments to create five sentences telling where the places are located. Use the places in the order in which they are given. (**p. 369**)

> **EXEMPLE**   EN CEFA ED/l'école/le café   **L'école est en face du café.**

1. REDEIRER/la poste/le stade
2. ED TOIRDE A/la pharmacie/la boulangerie
3. SERP ED/l'épicerie/le cinéma
4. CHUGEA ED A/la pâtisserie/la bibliothèque
5. ED NOIL/la banque/la papeterie

✳10 Complète les phrases suivantes. (**p. 369**)

> **EXEMPLE**   La poste est à droite **du** café.

1. Le lycée est en face ——— cinéma. du
2. Le marché est loin ——— lycée. du
3. La pharmacie est à côté ——— arbres.
   de l'es
   (des)
4. Le café est entre ——— la poste et ——— le cinéma.
5. La boulangerie est au coin ——— rue. de la
6. Le lycée est à gauche ——— bibliothèque.
   de la

Mise en pratique

1 You're planning a trip to Martinique and you'll need some transportation. Look at these ads. What kinds of transportation are available?

LOCATION TROIS-ILETS
Anse à l'Ane - 97229 Trois-Ilets

68.40.37 Lundi à Vendredi 8 H - 13 H et 15 H - 18 H Week-end : à la demande	Avec Location TROIS-ILETS, la moto que vous avez louée par téléphone, 48 heures plus tôt, vient à vous. Chez vous. Si vous vous trouvez dans la commune des Trois-Ilets. Location possible pour une semaine au moins.

TAXI FORT-DE-FRANCE
102 Rue de la République -
97200 Fort-de-France

70.44.08 Tous les jours : 5 H - 20 H

Nos taxis répondent sans délais quand vous téléphonez à Taxi Fort-de-France. Déplacement dans toute l'île.

LOCA CENTER
3 Km Route de Schœlcher n. 63 -
97233 Schœlcher

Livraison de voiture (Opel Corsa, Peugeot 106) à domicile (Nord Caraïbe, Schœlcher, Fort-de-France) pour une durée minimum de trois jours. Pas de frais de déplacement. Pendant la haute saison, pour une location de 10 jours au moins, réserver un mois à l'avance. Pour une location d'une durée de 3 à 7 jours, réserver 48 heures à l'avance. Pendant la basse saison, réserver la veille ou le jour même.

61.05.95 **61.40.12** Lundi à Vendredi 7 H 30 - 16 H 30 Week-end : à la demande

---

1. Where can you call if you want a taxi? When is the latest you can call?

2. Where can you call if you want to rent a Peugeot? What about a motorcycle?

3. What's the minimum length of time you can rent these vehicles?

4. How far in advance do you need to make a reservation?

5. Are these places open on weekends?

2 Listen to Didier tell his family about his trip to Martinique. Put the pictures in order according to Didier's description.

a.

b.

c.

d.

Ecrivons!

Write a logical conversation to accompany the picture below.

Prewriting

To help form your writing plan, look at the illustration and jot down ideas that immediately come to mind. You might imagine the situation, names for the people, and things they might be saying. Think about the types of vocabulary and structures you will need.

Stratégie pour écrire

Making a writing plan before you begin is important. Study the illustration carefully. Do you know all the vocabulary you'll need? Will you need to use certain verbs or structures frequently? You might want to use your textbook as a reference.

Writing

Now, using the notes you created in your writing plan, create the conversation that goes with the picture. Keep in mind expressions you've learned, such as asking for and giving directions, and vocabulary for telling where something is located.

Revising

When you've completed your writing, set it aside for a while before you do your self-evaluation. This will give you a fresh perspective on how to make it better. Also, when you evaluate what you've written, focus on only one area at a time. For example, don't look for spelling and punctuation mistakes while you're checking to see how well your writing flows. Focus on finding such mistakes when you proofread.

After you've revised your work, let a classmate give you feedback. Then, you can concentrate on making any other necessary revisions.

4 Jeu de rôle

While visiting Fort-de-France, you stop and mail some postcards at the post office. You ask the employee for directions to two places in town: the library and the cathedral. Using the map on page 372, the employee gives you directions from the post office to each of these places. Be sure to ask questions if something is not clear. Then, ask the employee what means of transportation you should use to get to these places.

Que sais-je?

Can you use what you've learned in this chapter?

Can you point out places and things?
p. 361

1 How would you point out and identify . . .
1. a certain building?
2. a certain store?
3. a certain person?

Can you make and respond to requests?
p. 364

2 How would you ask someone to . . .
1. buy some stamps?
2. go to the bookstore?
3. deposit some money?

3 How would you agree to do the favors you asked in number 2? How would you refuse?

Can you ask for advice and make suggestions?
p. 366

4 How would you ask a friend what means of transportation you should use to get to a certain store?

5 How would you suggest these means of transportation?

1.

3.

2.

4.

Can you ask for and give directions?
p. 371

6 How would you tell someone that you're looking for a certain place?

7 How would you ask someone where a certain place in town is?

8 How would you give someone directions to your house from . . .
1. your school?
2. your favorite restaurant?

Première étape

Pointing out places and things

Voici...	Here is/are . . .
Regarde, voilà...	Look, here/there is/are . . .
Ça, c'est...	This/That is . . .
Là, c'est...	There, that is . . .
Là, tu vois, c'est...	There, you see, this/that is . . .
un endroit	place
chez	at (at the place of) . . .

Buildings

la banque	bank
la boulangerie	bakery
le disquaire	record store
l'épicerie (f.)	small grocery store
la librairie	bookstore
la papeterie	stationery store
la pâtisserie	pastry shop
la pharmacie	drugstore
la poste	post office

Things to do or buy in town

envoyer des lettres	to send letters
une baguette	long, thin loaf of bread
un timbre	stamp
retirer de l'argent (m.)	to withdraw money
déposer de l'argent	to deposit money
rendre	to return something
emprunter	to borrow
des médicaments (m.)	medicine
une enveloppe	envelope
une pâtisserie	pastry

Deuxième étape

Making and responding to requests

Tu peux... ?	Can you . . . ?
Tu me rapportes... ?	Will you bring me . . . ?
Tu pourrais passer à... ?	Could you go by . . . ?
D'accord.	OK.
Je veux bien.	Gladly.
J'y vais tout de suite.	I'll go right away.
Si tu veux.	If you want.
Je ne peux pas maintenant.	I can't right now.
Je suis désolé(e), mais je n'ai pas le temps.	I'm sorry, but I don't have time.

Asking for advice and making suggestions

Comment est-ce qu'on y va?	How can we get there?
On peut y aller...	We can go . . .
On peut prendre... y	We can take . . . there

Means of transportation

en bus (m.)	by bus
à pied (m.)	on foot
à vélo (m.)	by bike
en voiture (f.)	by car
en taxi (m.)	by taxi
en bateau (m.)	by boat
en avion (m.)	by plane
en train (m.)	by train
en métro (m.)	by subway

Troisième étape

Asking for and giving directions

Pardon, ..., s'il vous plaît?	Excuse me, . . . please?
Pardon, ... Où est..., s'il vous plaît?	Excuse me, . . . Where is . . . , please?
Pardon, ... Je cherche..., s'il vous plaît.	Excuse me, . . . I'm looking for . . . , please.
Vous continuez jusqu'au prochain feu rouge.	You keep going until the next light.
Vous allez tout droit jusqu'à...	You go straight ahead until you get to . . .
Vous tournez...	You turn . . .
Prenez la rue..., puis traversez la rue...	Take . . . Street, then cross . . . Street.
Vous passez...	You'll pass . . .
C'est tout de suite à...	It's right there on the . . .

Locations

à côté de	next to
loin de	far from
près de	close to
au coin de	on the corner of
en face de	across from
derrière	behind
devant	in front of
entre	between
à droite (de)	to the right (of)
à gauche (de)	to the left (of)

Reference Section

Function is another word for the way in which you use language for a specific purpose. When you find yourself in specific situations, such as in a restaurant, in a grocery store, or at school, you'll want to communicate with those around you. In order to communicate in French, you have to "function" in the language.

Each chapter in this book focuses on language functions. You can easily find them in boxes labeled **Comment dit-on... ?** The other features in the chapter—grammar, vocabulary, culture notes—support the functions you're learning.

Here is a list of functions and the French expressions presented in this book. You'll need them in order to communicate in a wide range of situations. Following each function entry, you will find the chapter and page number where each function is presented.

Socializing

Greeting people Ch. 1, p. 22
Bonjour.
Salut.

Saying goodbye Ch. 1, p. 22
Salut.   A bientôt.
Au revoir.   A demain.
A tout à l'heure.   Tchao.

Asking how people are and telling how you are Ch. 1, p. 23
(Comment) ça va?   Bof.
Ça va.   Pas mal.
Super!   Pas terrible.
Très bien.   Et toi?
Comme ci comme ça.

Expressing and responding to thanks Ch. 3, p. 90
Merci.
A votre service.

Extending invitations Ch. 6, p. 179
Allons... !
Tu veux... avec moi?
Tu viens?
On peut...

Accepting invitations Ch. 6, p. 179
Je veux bien.   D'accord.
Pourquoi pas?   Bonne idée.

Refusing invitations Ch. 6, p. 179
Désolé(e), je suis occupé(e).
Ça ne me dit rien.
J'ai des trucs à faire.
Désolé(e), je ne peux pas.

Identifying people Ch. 7, p. 203
C'est...
Ce sont...
Voici...
Voilà...

Introducing people Ch. 7, p. 207
C'est...
Je te/vous présente...
Très heureux (heureuse). (FORMAL)

Inquiring about past events Ch. 9, p. 270
Qu'est-ce que tu as fait... ?
Tu es allé(e) où?
Et après?
Qu'est-ce qui s'est passé?

Relating past events Ch. 9, p. 270
D'abord,...
Ensuite,...
Après,...
Je suis allé(e)...
Et après ça,...
Finalement,/Enfin,...

Inquiring about future plans Ch. 11, p. 329
Qu'est-ce que tu vas faire... ?
Où est-ce que tu vas aller... ?

Sharing future plans Ch. 11, p. 329
J'ai l'intention de...
Je vais...

Seeing someone off Ch. 11, p. 336
Bon voyage!
Bonnes vacances!
Amuse-toi bien!
Bonne chance!

Exchanging Information

Asking someone's name and giving yours
Ch. 1, p. 24
Tu t'appelles comment?
Je m'appelle...

Asking and giving someone else's name **Ch. 1, p. 24**
Il/Elle s'appelle comment?
Il/Elle s'appelle...

Asking someone's age and giving yours **Ch. 1, p. 25**
Tu as quel âge?
J'ai... ans.

Asking for information **Ch. 2, p. 55**
Tu as quels cours... ?
Tu as quoi... ?
Vous avez... ?
Tu as... à quelle heure?

Giving information **Ch. 2, p. 55**
Nous avons...
J'ai...

Telling when you have class **Ch. 2, p. 58**
à... heure(s)
à... heure(s) quinze
à... heure(s) trente
à... heure(s) quarante-cinq

Making requests **Ch. 3, p. 80**
Tu as... ?
Vous avez... ?

Responding to requests **Ch. 3, p. 80**
Voilà.
Je regrette.
Je n'ai pas de...

Asking others what they need and telling what you need **Ch. 3, p. 82**
Qu'est-ce qu'il te faut pour... ?
Qu'est-ce qu'il vous faut pour... ?
Il me faut...

Expressing need **Ch. 8, p. 238; Ch. 10, p. 301**
Qu'est-ce qu'il te faut?
Il me faut...
De quoi est-ce que tu as besoin?
J'ai besoin de...
Oui, il me faut...
Oui, vous avez... ?
Je cherche quelque chose pour...
J'aimerais... pour aller avec...

Asking for information **Ch. 3, p. 90**
C'est combien?

Getting someone's attention
Ch. 3, p. 90; Ch. 5, p. 151
Pardon...
Excusez-moi.
... , s'il vous plaît.
Monsieur!
Madame!
Mademoiselle!

Exchanging information **Ch. 4, p. 116**
Qu'est-ce que tu fais comme sport?
Qu'est-ce que tu fais pour t'amuser?
Je fais...
Je ne fais pas de...
Je (ne) joue (pas)...

Ordering food and beverages **Ch. 5, p. 151**
Vous avez choisi?
Vous prenez?
Je voudrais...
Je vais prendre..., s'il vous plaît.
... , s'il vous plaît.
Donnez-moi... , s'il vous plaît.
Apportez-moi... , s'il vous plaît.
Vous avez... ?
Qu'est-ce que vous avez comme boissons?
Qu'est-ce qu'il y a à boire?

Paying the check **Ch. 5, p. 155**
L'addition, s'il vous plaît.
Oui, tout de suite.
Un moment, s'il vous plaît.
Ça fait combien, s'il vous plaît?
Ça fait... euros.
C'est combien, ... ?
C'est... euros.

Making plans **Ch. 6, p. 173**
Qu'est-ce que tu vas faire... ?
Tu vas faire quoi... ?
Je vais...
Pas grand-chose.
Rien de spécial.

Arranging to meet someone **Ch. 6, p. 183**

Quand (ça)?	et quart
Tout de suite.	moins le quart
Où (ça)?	moins cinq
Devant...	midi (et demi)
Au métro...	minuit (et demi)
Chez...	Vers...
Dans...	Quelle heure est-il?
Avec qui?	Il est...
A quelle heure?	On se retrouve...
A cinq heures...	Rendez-vous...
et demie	Entendu.

Describing and characterizing people
Ch. 7, p. 209
Il est comment?
Elle est comment?
Ils/Elles sont comment?
Il/Elle est...
Ils/Elles sont...
Il/Elle n'est ni... ni...

Making a telephone call **Ch. 9, p. 276**
Bonjour.
Je suis bien chez... ?
C'est...
(Est-ce que)... est là, s'il vous plaît?
(Est-ce que) je peux parler à... ?
Je peux laisser un message?
Vous pouvez lui dire que j'ai téléphoné?
Ça ne répond pas.
C'est occupé.

Answering a telephone call **Ch. 9, p. 276**
Allô?
Qui est à l'appareil?
Une seconde, s'il vous plaît.
D'accord.
Bien sûr.
Vous pouvez rappeler plus tard?
Ne quittez pas.

Inquiring **Ch. 10, p. 301**
(Est-ce que) je peux vous aider?
Vous désirez?
Je peux l'(les) essayer?
Je peux essayer... ?
C'est combien, ... ?
Ça fait combien?
Vous avez ça en... ?

Pointing out places and things **Ch. 12, p. 361**
Là, tu vois, c'est...
Ça, c'est...
Regarde, voilà...
Là, c'est...
Voici...

Asking for advice **Ch. 12, p. 366**
Comment est-ce qu'on y va?

Making suggestions **Ch. 12, p. 366**
On peut y aller...
On peut prendre...

Asking for directions **Ch. 12, p. 371**
Pardon, ..., s'il vous plaît?
Pardon, ... Où est..., s'il vous plaît?
Pardon, ... Je cherche..., s'il vous plaît.

Giving directions **Ch. 12, p. 371**
Vous continuez jusqu'au prochain feu rouge.
Vous tournez...
Vous allez tout droit jusqu'à...
Prenez la rue..., puis traversez la rue...
Vous passez...
C'est tout de suite à...

Expressing Feelings and Emotions

Expressing likes, dislikes, and preferences
Ch. 1, pp. 26, 32
J'aime (bien)...   J'aime mieux...
Je n'aime pas...   J'adore...
Je préfère...

Ch. 5, p. 154
C'est...
excellent!   bon!
pas mauvais!   délicieux!
pas terrible!   pas bon!
mauvais!   dégoûtant!

Telling what you'd like and what you'd like to do
Ch. 3, p. 85
Je voudrais...
Je voudrais acheter...

Telling how much you like or dislike something
Ch. 4, p. 114
Beaucoup.   Pas du tout.
Pas beaucoup.   surtout
Pas tellement.

Inquiring about likes and dislikes **Ch. 1, p. 26**
Tu aimes... ?

Ch. 5, p. 154
Comment tu trouves ça?

Sharing confidences **Ch. 9, p. 279**
J'ai un petit problème.
Je peux te parler?
Tu as une minute?

Consoling others **Ch. 9, p. 279**
Je t'écoute.
Ne t'en fais pas!
Ça va aller mieux!
Qu'est-ce que je peux faire?

Making a decision **Ch. 10, p. 310**
Vous avez décidé de prendre... ?
Vous avez choisi?
Vous le/la/les prenez?
Je le/la/les prends.
C'est trop cher.

Hesitating **Ch. 10, p. 310**
Euh... J'hésite.
Je ne sais pas.
Il/Elle me plaît, mais il/elle est...

Expressing indecision **Ch. 11, p. 329**
J'hésite.
Je ne sais pas.
Je n'en sais rien.
Je n'ai rien de prévu.

Expressing wishes **Ch. 11, p. 329**
J'ai envie de...
Je voudrais bien...

Expressing Attitudes and Opinions

Agreeing **Ch. 2, p. 54**
Oui, beaucoup.
Moi aussi.
Moi non plus.

Disagreeing **Ch. 2, p. 54**
Moi, non.
Non, pas trop.
Moi, si.
Pas moi.

Asking for opinions **Ch. 2, p. 61**
Comment tu trouves... ?
Comment tu trouves ça?

Ch. 9, p. 269
Tu as passé un bon week-end?

Ch. 10, p. 306
Il/Elle me va?
Il/Elle te/vous plaît?
Tu aimes mieux... ou... ?

Ch. 11, p. 337
Tu as passé un bon... ?
Tu t'es bien amusé(e)?
Ça s'est bien passé?

Expressing opinions **Ch. 2, p. 61**
C'est...

facile.	pas terrible.
génial.	pas super.
super.	zéro.
cool.	barbant.
intéressant.	nul.
passionnant.	pas mal.
difficile.	

Ça va.

Ch. 9, p. 269
Oui, très chouette.

Oui, excellent.
Oui, très bon.
Oui, ça a été.
Oh, pas mauvais.
C'était épouvantable.
Très mauvais.

Ch. 11, p. 337
C'était formidable!
Non, pas vraiment.
C'était ennuyeux.
C'était un véritable cauchemar!

Paying a compliment **Ch. 10, p. 306**
C'est tout à fait ton/ votre style.
Il/Elle te/vous va très bien.
Il/Elle va très bien avec...
Je le/la/les trouve...
C'est parfait.

Criticizing **Ch. 10, p. 306**
Il/Elle ne te/vous va pas du tout.
Il/Elle ne va pas du tout avec...
Il/Elle est (Ils/Elles sont) trop...
Je le/la/les trouve...

Persuading

Making suggestions **Ch. 4, p. 122**
On... ?
On fait... ?
On joue... ?

Ch. 5, p. 145
On va... ?

Accepting suggestions **Ch. 4, p. 122**
D'accord.
Bonne idée.
Oui, c'est...
Allons-y!

Turning down suggestions; making excuses
Ch. 4, p. 122
Non, c'est...
Ça ne me dit rien.
Désolé(e), mais je ne peux pas.

Ch. 5, p. 145
Désolé(e). J'ai des devoirs à faire.
J'ai des courses à faire.
J'ai des trucs à faire.
J'ai des tas de choses à faire.
Je ne peux pas parce que...

Making a recommendation **Ch. 5, p. 148**
Prends...
Prenez...

Asking for permission Ch. 7, p. 213
  Tu es d'accord?
  (Est-ce que) je peux... ?

Giving permission Ch. 7, p. 213
  Oui, si tu veux.
  Pourquoi pas?
  D'accord, si tu... d'abord...
  Oui, bien sûr.

Refusing permission Ch. 7, p. 213
  Pas question!
  Non, c'est impossible.
  Non, tu dois...
  Pas ce soir.

Making requests Ch. 8, p. 240
  Tu peux(aller faire les courses)?
  Tu me rapportes... ?

Ch. 12, p. 364
  Est-ce que tu peux... ?
  Tu pourrais passer à... ?

Accepting requests Ch. 8, p. 240
  Pourquoi pas?
  Bon, d'accord.
  Je veux bien.
  J'y vais tout de suite.

Ch. 12, p. 364
  D'accord.
  Si tu veux.

Declining requests Ch. 8, p. 240
  Je ne peux pas maintenant.
  Je regrette, mais je n'ai pas le temps.
  J'ai des tas de choses (trucs) à faire.

Ch. 12, p. 364
  Je suis désolé(e), mais je n'ai pas le temps.

Telling someone what to do Ch. 8, p. 240
  Rapporte(-moi)...
  Prends...
  Achète(-moi)...
  N'oublie pas de...

Offering food Ch. 8, p. 247
  Tu veux... ?
  Vous voulez... ?
  Vous prenez... ?
  Tu prends... ?
  Encore... ?

Accepting food Ch. 8, p. 247
  Oui, s'il vous/te plaît.
  Oui, avec plaisir.
  Oui, j'en veux bien.

Refusing food Ch. 8, p. 247
  Non, merci.
  Non, merci. Je n'ai plus faim.
  Je n'en veux plus.

Asking for advice Ch. 9, p. 279
  A ton avis, qu'est-ce que je fais?
  Qu'est-ce que tu me conseilles?

Ch. 10, p. 300
  Je ne sais pas quoi mettre pour...
  Qu'est-ce que je mets?

Giving advice Ch. 9, p. 279
  Oublie-le/-la/-les!
  Téléphone-lui/-leur!
  Tu devrais...
  Pourquoi tu ne... pas?

Ch. 10, p. 300
  Pourquoi est-ce que tu ne mets pas... ?
  Mets...

Reminding Ch. 11, p. 333
  N'oublie pas...
  Tu n'as pas oublié... ?
  Tu ne peux pas partir sans...
  Tu prends... ?

Reassuring Ch. 11, p. 333
  Ne t'en fais pas.
  J'ai pensé à tout.
  Je n'ai rien oublié.

This list presents additional vocabulary you may want to use when you're working on the activities in the textbook and in the workbooks. It also includes the optional vocabulary labeled **Vocabulaire à la carte** that appears in several chapters. If you can't find the words you need here, try the French-English and English-French vocabulary lists beginning on page R31.

Adjectives

absurd	*absurde*
awesome (impressive)	*impressionnant(e)*
boring	*ennuyeux/ennuyeuse*
chilly (weather)	*froid, frais*
colorful (thing)	*vif/vive*
despicable	*ignoble*
eccentric	*excentrique*
incredible	*incroyable*
tasteful (remark, object)	*de bon goût*
tasteless (flavor)	*insipide;* (remark, object) *de mauvais goût*
terrifying	*terrifiant(e)*
threatening	*menaçant(e)*
tremendous (excellent)	*formidable*
unforgettable	*inoubliable*
unique	*unique*

Clothing

blazer	*un blazer*
button	*un bouton*
coat	*un manteau*
collar	*un col*
eyeglasses	*des lunettes* (f.)
gloves	*des gants* (m.)
handkerchief	*un mouchoir*
high-heeled shoes	*des chaussures* (f.) *à talons*
lace	*de la dentelle*
linen	*du lin*
necklace	*un collier*
nylon	*du nylon*
pajamas	*un pyjama*
polyester	*du polyester*
raincoat	*un imperméable*
rayon	*de la rayonne*
ring	*une bague*
sale (discount)	*des soldes* (m.)
silk	*de la soie*

sleeve	*une manche*
slippers	*des pantoufles* (f.)
suit (**man's**)	*un costume;* (woman's) *un tailleur*
suspenders	*des bretelles* (f.)
velvet	*du velours*
vest	*un gilet*
wool	*de la laine*
zipper	*une fermeture éclair®*

Colors and Patterns

beige	*beige*
checked	*à carreaux*
colorful	*coloré(e), vif/vive*
dark blue	*bleu foncé*
dark-colored	*foncé(e)*
flowered	*à fleurs*
gold (adj.)	*d'or, doré(e)*
light blue	*bleu clair*
light-colored	*clair(e)*
patterned	*à motifs*
polka-dotted	*à pois*
striped	*à rayures*
turquoise	*turquoise*

Computers

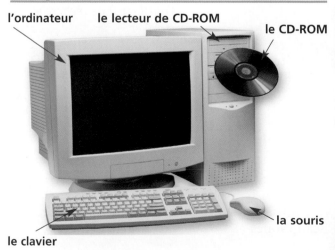

l'ordinateur   le lecteur de CD-ROM

le CD-ROM

la souris

le clavier

CD-ROM	*le CD-ROM, le disque optique compact*
CD-ROM drive	*le lecteur de CD-ROM, l'unité (f.) de CD-ROM*
to click	*cliquer*
computer	*l'ordinateur (m.)*
delete key	*la touche d'effacement*
disk drive	*le lecteur de disquette, l'unité de disquettes (f.)*
diskette, floppy disk	*la disquette, la disquette souple*
to drag	*glisser, déplacer*
e-mail	*le courrier électronique, la messagerie électronique*
file	*le dossier*
file (folder)	*le fichier*
hard drive	*le disque dur*
homepage	*la page d'accueil*
Internet	*Internet (m.)*
keyboard	*le clavier*
keyword	*le mot-clé*
log on	*l'ouverture (f.) de session*
modem	*le modem*
monitor	*le moniteur, le logimètre*
mouse	*la souris*

password	*le mot de passe*
to print	*imprimer*
printer	*l'imprimante (f.)*
to quit	*quitter*
to record	*enregistrer*
return key	*la touche de retour*
to save	*sauvegarder, enregistrer*
screen	*l'écran (m.)*
to search	*chercher, rechercher*
search engine	*le moteur de recherche, l'outil (m.) de recherche*
to send	*envoyer*
software	*le logiciel*
Web site	*le site du Web, le site W3*
World Wide Web	*le World Wide Web, le Web, le W3*

Entertainment

blues	*le blues*
CD player	*le lecteur de CD*
camera flash	*le flash*
folk music	*la musique folklorique*
headphones	*les écouteurs*

hit (song)	*le tube*
lens	*l'objectif (m.)*
microphone	*le micro(phone)*
opera	*l'opéra (m.)*
pop music	*la musique pop*
reggae	*le reggae*
roll of film	*la pellicule (photo)*
screen	*l'écran (m.)*
speakers	*les enceintes (f.), les baffles (m.)*
to turn off	*éteindre*
to turn on	*allumer*
turntable	*la platine*
walkman	*le balladeur*

Family

adopted	*adopté(e), adoptif/adoptive*
brother-in-law	*le beau-frère*
child	*un(e) enfant*
couple	*un couple*
daughter-in-law	*la belle-fille*
divorced	*divorcé(e)*
engaged	*fiancé(e)*
goddaughter	*la filleule*
godfather	*le parrain*
godmother	*la marraine*
godson	*le filleul*
grandchildren	*les petits-enfants*
granddaughter	*la petite-fille*
grandson	*le petit-fils*
great-granddaughter	*l'arrière-petite-fille (f.)*
great-grandfather	*l'arrière-grand-père (m.)*
great-grandmother	*l'arrière-grand-mère (f.)*
great-grandson	*l'arrière-petit-fils (m.)*
half-brother	*le demi-frère*
half-sister	*la demi-sœur*
mother-in-law	*la belle-mère*
only child	*un/une enfant unique*
single	*célibataire*
sister-in-law	*la belle-sœur*

son-in-law   *le gendre; le beau-fils*
stepbrother   *le demi-frère*
stepdaughter   *la belle-fille*
stepfather   *le beau-père*
stepmother   *la belle-mère*
stepsister   *la demi-sœur*
stepson   *le beau-fils*
widow   *la veuve*
widower   *le veuf*

Foods and Beverages

appetizer   *une entrée*
apricot   *un abricot*
asparagus   *des asperges* (f.)
bacon   *du bacon*
bowl   *un bol*
Brussels sprouts   *des choux* (m.) *de Bruxelles*
cabbage   *du chou*
cauliflower   *du chou-fleur*
cereal   *des céréales* (f.)
chestnut   *un marron*
cookie   *un biscuit*
cucumber   *un concombre*
cutlet   *une escalope*
fried egg   *un œuf au plat;* **hard-boiled egg** *un œuf dur;* **scrambled eggs** *des œufs brouillés;* **soft-boiled egg** *un œuf à la coque*

eggplant   *une aubergine*
French bread   *une baguette*
garlic   *de l'ail* (m.)
grapefruit   *un pamplemousse*
honey   *du miel*
liver   *du foie*
margarine   *de la margarine*
marshmallow   *une guimauve*
mayonnaise   *de la mayonnaise*
melon   *un melon*
mustard   *de la moutarde*
nuts   *des noix* (f.)
peanut butter   *du beurre de cacahouètes*
pepper (spice)   *du poivre; (vegetable) un poivron*
popcorn   *du pop-corn*
potato chips   *des chips* (f.)
raspberry   *une framboise*

salmon   *du saumon*
salt   *du sel*
shellfish   *des fruits* (m.) *de mer*
soup   *de la soupe*
spinach   *des épinards* (m.)
spoon   *une cuillère*
syrup   *du sirop*
veal   *du veau*
watermelon   *une pastèque*
zucchini   *une courgette*
bland   *doux (douce)*
hot (spicy)   *épicé(e)*
juicy (fruit)   *juteux/juteuse; (meat) tendre*
rare (cooked)   *saignant(e)*
medium (cooked)   *à point*
spicy   *épicé(e)*
well-done (cooked) *bien cuit(e)*
tasty   *savoureux/savoureuse*

Housework

to clean   *nettoyer*
to dry   *faire sécher*
to dust   *faire la poussière*
to fold   *plier*
to hang   *pendre*
to iron   *repasser*
to put away   *ranger*
to rake   *ratisser*
to shovel   *enlever à la pelle*
to sweep   *balayer*

Pets

bird   *un oiseau*
cow   *une vache*
frog   *une grenouille*
goldfish   *un poisson rouge*
guinea pig   *un cochon d'Inde*
hamster   *un hamster*
horse   *un cheval*
kitten   *un chaton*
lizard   *un lézard*
mouse   *une souris*
parrot   *un perroquet*
pig   *un cochon*
puppy   *un chiot*
rabbit   *un lapin*
turtle   *une tortue*

Places Around Town

airport	l'aéroport (m.)
beauty shop	le salon de coiffure
bridge	le pont
church	l'église (f.)
consulate	le consulat
hospital	l'hôpital (m.)
mosque	la mosquée
police station	le commissariat de police
synagogue	la synagogue
tourist office	l'office de tourisme (m.)
town hall	l'hôtel (m.) de ville

Professions

Note: If only one form is given, that form is used for both men and women. Note that you can also say **une femme banquier, une femme médecin,** and so forth.

archaeologist	un(e) archéologue
architect	un(e) architecte
athlete	un(e) athlète
banker	un banquier
businessman/ businesswoman	un homme d'affaires (une femme d'affaires)
dancer	un danseur (une danseuse)
dentist	un(e) dentiste
doctor	un médecin
editor	un rédacteur (une rédactrice)
engineer	un ingénieur
fashion designer	un(e) styliste de mode
fashion model	un mannequin
hairdresser	un coiffeur (une coiffeuse)
homemaker	un homme au foyer (une femme au foyer)
lawyer	un(e) avocat(e)

manager (company)	un directeur (une directrice); (**store, restaurant**) un gérant (une gérante)
mechanic	un mécanicien (une mécanicienne)
painter (art)	un peintre; (buildings) un peintre en bâtiment
pilot	un pilote
plumber	un plombier
scientist	un(e) scientifique
secretary	un(e) secrétaire
social worker	un assistant social (une assistante sociale)
taxi driver	un chauffeur de taxi
technician	un technicien (une technicienne)
truck driver	un routier
veterinarian	un(e) vétérinaire
worker	un ouvrier (une ouvrière)
writer	un écrivain

School Subjects

accounting	la comptabilité
business	le commerce
foreign languages	les langues (f.) étrangères
home economics	les arts (m.) ménagers
marching band	la fanfare
orchestra	l'orchestre (m.)
social studies	les sciences (f.) sociales
typing	la dactylographie
woodworking	la menuiserie
world history	l'histoire (f.) mondiale

School Supplies

calendar	un calendrier
colored pencils	des crayons (m.) de couleur
compass	un compas
correction fluid	du liquide correcteur
glue	de la colle
gym uniform	une tenue de gymnastique
marker	un feutre
rubber band	un élastique
scissors	des ciseaux (m.)
staple	une agrafe
stapler	une agrafeuse
transparent tape	du ruban adhésif

Sports and Interests

badminton	*le badminton*
boxing	*la boxe*

fishing rod	*la canne à pêche*
foot race	*la course à pied*
to go for a ride	*faire une promenade,*
(by bike, car,	*faire un tour (à bicyclette,*
motorcycle, moped)	*en voiture, à moto, à*
	vélomoteur)
to do gymnastics	*faire de la gymnastique*
hunting	*la chasse*
to lift weights	*faire des haltères*
mountain climbing	*l'alpinisme* (m.)
to play checkers	*jouer aux dames*
to play chess	*jouer aux échecs*

to ride a skateboard	*faire de la planche à*
	roulettes
to sew	*coudre; faire de la*
	couture
speed skating	*le patinage de vitesse*
to surf	*faire du surf*

Weather

barometer	*le baromètre*
blizzard	*la tempête de neige*
cloudy	*nuageux*
drizzle	*la bruine*
fog	*le brouillard*
frost	*la gelée*
hail	*la grêle*
to hail	*grêler*
heat wave	*la canicule*
hurricane	*l'ouragan* (m.)
ice (on the road)	*le verglas*
It's pouring.	*Il pleut à verse.*
It's sleeting.	*Il tombe de la neige*
	fondue.
It's sunny.	*Il fait du soleil.*
lightning bolt	*l'éclair* (m.)
mist	*la brume*
shower (rain)	*l'averse* (f.)
storm	*la tempête*
thermometer	*le thermomètre*
thunder	*le tonnerre*
thunderstorm	*l'orage* (m.)
tornado	*la tornade*

Cities

Algiers	*Alger*
Brussels	*Bruxelles*
Cairo	*Le Caire*
Geneva	*Genève*
Lisbon	*Lisbonne*
London	*Londres*
Montreal	*Montréal*
Moscow	*Moscou*
New Orleans	*La Nouvelle-Orléans*
Quebec City	*Québec*
Tangier	*Tanger*
Venice	*Venise*
Vienna	*Vienne*

The Continents

Africa	*l'Afrique* (f.)
Antarctica	*l'Antarctique* (f.)
Asia	*l'Asie* (f.)
Australia	*l'Océanie* (f.)
Europe	*l'Europe* (f.)
North America	*l'Amérique* (f.) *du Nord*
South America	*l'Amérique* (f.) *du Sud*

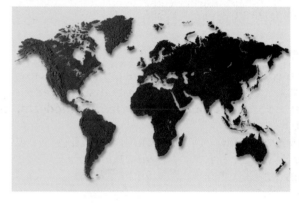

Countries

Algeria	*l'Algérie* (f.)
Argentina	*l'Argentine* (f.)
Australia	*l'Australie* (f.)
Austria	*l'Autriche* (f.)
Belgium	*la Belgique*
Brazil	*le Brésil*
Canada	*le Canada*
China	*la Chine*
Côte d'Ivoire	*la République de Côte*
	d'Ivoire
Egypt	*l'Egypte* (f.)
England	*l'Angleterre* (f.)
France	*la France*
Germany	*l'Allemagne* (f.)

Greece	*la Grèce*
Holland	*la Hollande*
India	*l'Inde* (f.)
Ireland	*l'Irlande* (f.)
Israel	*Israël* (m.)
Italy	*l'Italie* (f.)
Jamaica	*la Jamaïque*
Japan	*le Japon*
Jordan	*la Jordanie*
Lebanon	*le Liban*
Libya	*la Libye*
Luxembourg	*le Luxembourg*
Mexico	*le Mexique*
Monaco	*Monaco* (f.)
Morocco	*le Maroc*
Netherlands	*les Pays-Bas* (m.)
North Korea	*la Corée du Nord*
Peru	*le Pérou*
Philippines	*les Philippines* (f.)
Poland	*la Pologne*
Portugal	*le Portugal*
Russia	*la Russie*
Senegal	*le Sénégal*
South Korea	*la Corée du Sud*
Spain	*l'Espagne* (f.)
Switzerland	*la Suisse*
Syria	*la Syrie*
Tunisia	*la Tunisie*
Turkey	*la Turquie*
United States	*les Etats-Unis* (m.)
Vietnam	*le Viêt-nam*

States

California	*la Californie*
Florida	*la Floride*
Georgia	*la Géorgie*
Louisiana	*la Louisiane*
New Mexico	*le Nouveau Mexique*
North Carolina	*la Caroline du Nord*
Pennsylvania	*la Pennsylvanie*
South Carolina	*la Caroline du Sud*
Texas	*le Texas*
Virginia	*la Virginie*

Oceans and Seas

Atlantic Ocean	*l'Atlantique* (m.), *l'océan* (m.) *Atlantique*
Caribbean Sea	*la mer des Caraïbes*
English Channel	*la Manche*
Indian Ocean	*l'océan* (m.) *Indien*
Mediterranean Sea	*la mer Méditerranée*
Pacific Ocean	*le Pacifique, l'océan* (m.) *Pacifique*

Other Geographical Terms

Alps	*les Alpes* (f.)
border	*la frontière*
capital	*la capitale*
continent	*le continent*
country	*le pays*
hill	*la colline*
lake	*le lac*
latitude	*la latitude*
longitude	*la longitude*
North Africa	*l'Afrique* (f.) *du Nord*
ocean	*l'océan* (m.)
plain	*la plaine*
Pyrenees	*les Pyrénées* (f.)
river	*la rivière, le fleuve*
sea	*la mer*
state	*l'état* (m.)
the North Pole	*le pôle Nord*
the South Pole	*le pôle Sud*
valley	*la vallée*

ADJECTIVES

REGULAR ADJECTIVES

In French, adjectives agree in gender and number with the nouns that they modify. A regular adjective has four forms: masculine singular, feminine singular, masculine plural, and feminine plural. To make a regular adjective agree with a feminine noun, add an **-e** to the masculine singular form of the adjective. To make one agree with a plural noun, add an **-s** to the masculine singular form. To make one adjective agree with a feminine plural noun, add **-es** to the masculine singular form. Adjectives ending in **-é,** like **désolé,** also follow these rules.

	SINGULAR	PLURAL
MASCULINE	un jean **vert**	des jeans **verts**
FEMININE	une ceinture **verte**	des ceintures **vertes**

ADJECTIVES THAT END IN AN UNACCENTED -E

When an adjective ends in an unaccented **-e,** the masculine singular and the feminine singular forms are the same. To form the plural of these adjectives, add an **-s** to the singular forms.

	SINGULAR	PLURAL
MASCULINE	un cahier **rouge**	des cahiers **rouges**
FEMININE	une trousse **rouge**	des trousses **rouges**

ADJECTIVES THAT END IN -S

When the masculine singular form of an adjective ends in an **-s,** the masculine plural form does not change. The feminine forms follow the regular adjective rules.

	SINGULAR	PLURAL
MASCULINE	un sac **gris**	des sacs **gris**
FEMININE	une robe **grise**	des robes **grises**

ADJECTIVES THAT END IN -EUX

Adjectives that end in **-eux** do not change in the masculine plural. The feminine singular form of these adjectives is made by replacing the **-x** with **-se.** To form the feminine plural, replace the **-x** with **-ses.**

	SINGULAR	PLURAL
MASCULINE	un garçon **heureux**	des garçons **heureux**
FEMININE	une fille **heureuse**	des filles **heureuses**

ADJECTIVES THAT END IN -IF

To make the feminine singular form of adjectives that end in **-if,** replace **-if** with **-ive.** To make the plural forms of these adjectives, add an **-s** to the singular forms.

	SINGULAR	PLURAL
MASCULINE	un garçon **sportif**	des garçons **sportifs**
FEMININE	une fille **sportive**	des filles **sportives**

ADJECTIVES THAT END IN -IEN

To make the feminine singular and feminine plural forms of adjectives that end in **-ien** in their masculine singular form, add **-ne** and **-nes.** Add an **-s** to form the masculine plural.

	SINGULAR	PLURAL
MASCULINE	un garçon **canadien**	des garçons **canadiens**
FEMININE	une fille **canadienne**	des filles **canadiennes**

ADJECTIVES THAT DOUBLE THE LAST CONSONANT

To make the adjectives **bon, gentil, gros, mignon, nul,** and **violet** agree with a feminine noun, double the last consonant and add an **-e.** To make the plural forms, add an **-s** to the singular forms. Note that with **gros,** the masculine singular and masculine plural forms are the same.

	SINGULAR					
MASCULINE	bon	gentil	gros	mignon	nul	violet
FEMININE	bonne	gentille	grosse	mignonne	nulle	violette

	PLURAL					
MASCULINE	bons	gentils	gros	mignons	nuls	violets
FEMININE	bonnes	gentilles	grosses	mignonnes	nulles	violettes

INVARIABLE ADJECTIVES

Some adjectives are invariable. They never change form. **Cool, marron, orange,** and **super** are examples of invariable adjectives.

> Il me faut une montre **marron** et des baskets **orange.**

IRREGULAR ADJECTIVES

The forms of some adjectives must simply be memorized. This is the case for **blanc, sympa,** and **roux.**

Note that **sympathique,** the long form of the adjective, follows the rules for adjectives that end in an unaccented -**e,** like **rouge.**

	SINGULAR	PLURAL
MASCULINE	blanc	blancs
FEMININE	blanche	blanches

	SINGULAR	PLURAL
MASCULINE	roux	roux
FEMININE	rousse	rousses

	SINGULAR	PLURAL
MASCULINE	sympa	sympas
FEMININE	sympa	sympas

POSITION OF ADJECTIVES

In French, adjectives are usually placed after the noun that they modify.

> C'est une femme **intelligente.**

Certain adjectives precede the noun. Some of these are **bon, jeune, joli, grand,** and **petit.**

> C'est un **petit** village.

DEMONSTRATIVE ADJECTIVES

This, that, these, and *those* are demonstrative adjectives. There are two masculine singular forms of these adjectives in French: **ce** and **cet. Cet** is used with masculine singular nouns that begin with a vowel sound. Some examples are **cet ordinateur** and **cet homme.** Demonstrative adjectives always precede the noun that they modify.

	Singular Before a Consonant	Singular Before a Vowel Sound	Plural
MASCULINE	**ce** livre	**cet** ordinateur	**ces** posters
FEMININE	**cette** montre	**cette** école	**ces** gommes

POSSESSIVE ADJECTIVES

Possessive adjectives come before the noun that they modify and agree in gender and number with that noun. All nouns that begin with a vowel sound use the masculine singular form, for example **mon ami(e), ton ami(e), son ami(e).**

	Masculine Singular	Feminine Singular	Masc./Fem. Singular Before a Vowel Sound	Masc./Fem. Plural
my	**mon** père	**ma** mère	**mon** oncle	**mes** cousines
your	**ton** livre	**ta** montre	**ton** écharpe	**tes** cahiers
his, her, its	**son** chien	**sa** sœur	**son** école	**ses** cours

The possessive adjectives for *our, your,* and *their* have only two forms, singular and plural.

	Masc./Fem. Singular	Masc./Fem. Plural
our	**notre** frère	**nos** tantes
your	**votre** classeur	**vos** amis
their	**leur** copain	**leurs** trousses

ADJECTIVES AS NOUNS

To use an adjective as a noun, add a definite article before the adjective. The article that you use agrees in gender and number with the noun that the adjective is replacing.

> —Tu aimes les chemises rouges ou **les blanches?**
>
> > *Do you like the red shirts or the white ones?*
>
> —J'aime **les blanches.**
>
> > *I like the white ones.*

ADVERBS

POSITION OF ADVERBS

pg. 122 for frequency

Most adverbs follow the conjugated verb. In the **passé composé,** they usually precede the past participle.

> Nathalie fait **souvent** des photos.   Je n'ai pas **bien** mangé ce matin.

Adverbs that are made up of more than one word can be placed at the beginning or at the end of a sentence. When you use **ne (n')... jamais,** place it around the conjugated verb.

> **D'habitude,** je fais du tennis le soir.
>
> J'aime faire de l'aérobic **deux fois par semaine.**
>
> Je **n'**ai **jamais** fait de ski.

ARTICLES

DEFINITE ARTICLES

French has four definite articles: **le, la, l'**, and **les.** The form that you use depends on the gender and number of the noun it modifies. Use **le** with masculine singular nouns, **le livre; la** with feminine singular nouns, **la chemise;** and **les** with both masculine and feminine nouns that are plural, **les crayons.** The form **l'** is used with both masculine and feminine nouns that begin with a vowel sound: **l'ami, l'amie, l'homme.** In French, you sometimes use a definite article when no article is required in English.

> J'aime **le** chocolat et toi, tu préfères **le** café.

	Singular Before a Consonant	Singular Before a Vowel Sound	Plural
MASCULINE	**le** professeur	**l'**ami	**les** livres
FEMININE	**la** pharmacie	**l'**école	**les** pommes

INDEFINITE ARTICLES

In English, there are three indefinite articles: *a, an,* and *some.* In French there are also three: **un, une,** and **des.** The indefinite articles agree in number and gender with the nouns they modify.

	SINGULAR	PLURAL
MASCULINE	**un** poisson	**des** chats
FEMININE	**une** orange	**des** lunettes

PARTITIVE ARTICLES

To say that you want *part* or *some* of an item, use the partitive articles. Use **du** with a masculine noun and **de la** with a feminine noun. Use **de l'** with singular nouns that begin with a vowel sound whether they are masculine or feminine.

> Je veux **de la** tarte aux pommes. *I want some apple pie.*

To indicate the whole as opposed to a part of the item, use the indefinite articles **un, une,** and **des.**

> Pour la fête, il me faut **des** tartes. *I need (some) pies for the party.*

NEGATION AND THE ARTICLES

When the main verb of a sentence is negated, the indefinite and the partitive articles change to **de/d'.** Definite articles remain the same after a negative verb.

J'ai **le** livre de maths.	—> Je n'ai pas **le** livre de maths.
J'ai **des** stylos.	—> Je n'ai pas **de** stylos.
J'ai mangé **de la** pizza.	—> Je n'ai pas mangé **de** pizza.

INTERROGATIVES

QUESTION FORMATION

There are several ways to ask yes-no questions. One of these is to raise the pitch of your voice at the end of a statement. The other is to place **est-ce que** in front of a statement.

Tu aimes le chocolat. —> **Tu aimes le chocolat?** (intonation) *or*
Est-ce que tu aimes le chocolat?

NEGATIVE QUESTIONS

The answer to a yes-no question depends on the way the question was stated. If the verb in a question is positive, then the answer is **oui** if you agree, and **non** if you don't. If the verb in a question is negative, then **non** is used to agree with the question and **si** to disagree.

Question	Agreeing with the Question	Disagreeing with the Question
Tu aimes lire?	**Oui,** j'aime lire.	**Non,** je n'aime pas lire.
Tu n'aimes pas lire?	**Non,** je n'aime pas lire.	**Si,** j'aime lire.

INFORMATION QUESTIONS

To ask for specific kinds of information, use the following question words:

A quelle heure?	*At what time?*	**Où?**	*Where?*
Avec qui?	*With whom?*	**Quand?**	*When?*

These words can be used by themselves, at the beginning of a question, at the beginning of a question, followed by **est-ce que,** or at the end of a question.

Avec qui?	**Avec qui** est-ce qu'on va au cinéma?
Avec qui on va au cinéma?	On va au cinéma **avec qui?**

NOUNS

PLURAL FORMS OF NOUNS

In French, you make most nouns plural by adding an **-s** to the end of the word, unless they already end in **-s** or **-x.** Nouns that end in **-eau** are made plural by adding an **-x,** and nouns that end in **-al** are generally made plural by replacing the **-al** with **-aux.**

	Regular Nouns	-s or -x	-eau	-al
SINGULAR	table	bus	manteau	hôpital
PLURAL	tables	bus	manteaux	hôpitaux

PREPOSITIONS

THE PREPOSITIONS A AND DE

The preposition **à** means *to, at,* or *in,* and **de** means *from* or *of.* When **à** and **de** are used in front of the definite articles **le** and **les,** they form contractions. If they precede any other definite article, there is no contraction.

Il va **à** l'école et **au** musée. *He's going to school and to the museum.*

Nous sommes loin **du** musée. *We are far from the museum.*

	Masculine Article	Feminine Article	Vowel Sound	Plural
à	à + le = **au**	à + la = **à la**	à + l' = **à l'**	à + les = **aux**
de	de + le = **du**	de + la = **de la**	de + l' = **de l'**	de + les = **des**

De can also indicate possession or ownership.

C'est le livre **de** Laurent. *It's Laurent's book.*

C'est le stylo **du** prof. *It's the professor's pen.*

PREPOSITIONS AND PLACES

To say that you are at or going to a place, you need to use a preposition. With cities, use the preposition **à : à Paris.** One notable exception is **en Arles.** When speaking about masculine countries, use **au : au Maroc.** With plural names of countries, use **aux : aux Etats-Unis.** Most countries ending in **-e** are feminine; in these cases, use **en : en France. Le Mexique** is an exception. If a country begins with a vowel, like **Israël,** use **en : en Israël.**

Cities	Masculine Countries	Feminine Countries or Masculine Countries that Begin with a Vowel	Plural Countries
à Nantes à Paris en Arles	au Canada au Maroc au Mexique	en Italie en Espagne en Israël	aux Etats-Unis aux Philippines aux Pays-Bas

PRONOUNS

In French, as in English, a pronoun can refer to a person, place, or thing. Pronouns are used to avoid repetition. In French, pronouns agree in gender and number with the noun that they replace.

SUBJECT PRONOUNS

Subject pronouns replace the subject in a sentence.

je (j')	*I*	nous	*we*
tu	*you* (familiar)	vous	*you* (plural or formal)
il	*he / it*	ils	*they*
elle	*she / it*	elles	*they*
on	*we / one / they*		

THE IMPERSONAL PRONOUN IL

Many statements in French begin with the personal pronoun **il**. In these statements, **il** does not refer to any particular person or thing. For this reason, these statements are called impersonal statements.

Il fait beau.   *It's nice out.*

Il est huit heures.   *It's eight o'clock.*

Il me/te faut... *I/You need . . .*

Il y a... *There is/are . . .*

DIRECT OBJECT PRONOUNS: LE, LA, LES

A direct object is a noun that receives the action of the verb. It answers the questions *What?* or *Whom?* To say *him, her, it,* or *them,* use the pronouns **le, la,** and **les.** In French, you place the direct object pronoun in front of the conjugated verb.

Il regarde **la télé.** —> Il **la** regarde.

If there is an infinitive in the sentence, the direct object pronoun comes before the infinitive.

Je vais attendre **Pierre.** —> Je vais **l'**attendre.

In an affirmative command, the direct object pronoun follows the verb and is connected to it with a hyphen.

Regarde **la télévision.** —> Regarde-**la**!

	SINGULAR	PLURAL
MASCULINE	le / l'	les
FEMININE	la / l'	les

INDIRECT OBJECT PRONOUNS: LUI, LEUR

The indirect object answers the question *To whom?* and refers only to people. In French an indirect object follows the preposition **à: Il parle à Marie.** The indirect object pronoun replaces the prepositional phrase **à + a person,** and precedes the conjugated verb.

Nous téléphonons **à Mireille.** —> Nous **lui** téléphonons.

If there is an infinitive in the sentence, the indirect object pronoun comes before the infinitive.

Il n'aime pas parler **à ses parents.** —> Il n'aime pas **leur** parler.

In an affirmative command, the indirect object pronoun follows the verb and is connected to it with a hyphen.

Téléphone **à ta sœur.** —> Téléphone-**lui**!

THE PRONOUN Y

To replace a phrase meaning *to, on, at,* or *in* any place that has already been mentioned, you can use the pronoun **y.** It can replace phrases beginning with prepositions of location such as **à, sur, chez, dans,** and **en + a place or thing.** Place **y** before the conjugated verb.

Elle va **à la pharmacie.** —> Elle **y** va.

If there is an infinitive, place **y** before the infinitive.

Elle va aller **à la poste** demain. —> Elle va **y** aller demain.

THE PRONOUN EN

The pronoun **en** replaces a phrase beginning with **de, du, de la, de l',** or **des.** It usually means *about it, some (of it/of them),* or simply *it/them,* and is placed before the conjugated verb.

Tu achètes **des haricots verts?** —> Oui, j'**en** achète pour le dîner.

En in a negative sentence means *not any* or *none.*

Tu ne bois pas **de café.** —> Tu n'**en** bois pas.

En is placed before the conjugated verb.

Je parle **de mes vacances.** —> J'**en** parle.

If there is an infinitive, place **en** before the infinitive.

Vous aimez manger **des fruits.** —> Vous aimez **en** manger.

Notice that with the **passé composé, en** precedes the helping verb.

Il a mangé **du pain.** —> Il **en** a mangé.

VERBS

THE PRESENT TENSE OF REGULAR VERBS

To conjugate a verb in French, use the following formulas. Which formula you choose depends on the ending of the infinitive. There are three major verb categories: **-er, -ir,** and **-re.** Each one has a different conjugation. Within these categories, there are regular and irregular verbs. To conjugate regular verbs, you drop the infinitive endings and add these endings.

Subject	aim**er** *(to love, to like)* Stem	Ending	chois**ir** *(to choose)* Stem	Ending	vend**re** *(to sell)* Stem	Ending
je/j'		-e		-is		-s
tu		-es		-is		-s
il/elle/on	aim	-e	chois	-it	vend	—
nous		-ons		-issons		-ons
vous		-ez		-issez		-ez
ils/elles		-ent		-issent		-ent

VERBS WITH STEM AND SPELLING CHANGES

Verbs listed in this section are not irregular, but they do have some stem and spelling changes.

With **acheter** and **promener**, add an **accent grave** over the second-to-last **e** for all forms except **nous** and **vous.** Notice that the accent on the second **e** in **préférer** changes from é to è in all forms except the **nous** and **vous** forms.

	acheter *(to buy)*	préférer *(to prefer)*	promener *(to walk (an animal))*
je/j'	achète	préfère	promène
tu	achètes	préfères	promènes
il/elle/on	achète	préfère	promène
nous	achetons	préférons	promenons
vous	achetez	préférez	promenez
ils/elles	achètent	préfèrent	promènent
Past Participle	acheté	préféré	promené

The following verbs have different stems for **nous** and **vous.**

	appeler *(to call)*	**essayer** *(to try)*
je/j'	appelle	essaie
tu	appelles	essaies
il/elle/on	appelle	essaie
nous	appelons	essayons
vous	appelez	essayez
ils/elles	appellent	essaient
Past Participle	appelé	essayé

The following verbs show a difference only in the **nous** form.

	commencer *(to start)*	**manger** *(to eat)*
je/j'	commence	mange
tu	commences	manges
il/elle/on	commence	mange
nous	commençons	mangeons
vous	commencez	mangez
ils/elles	commencent	mangent
Past Participle	commencé	mangé

	nager *(to swim)*	**voyager** *(to travel)*
je/j'	nage	voyage
tu	nages	voyages
il/elle/on	nage	voyage
nous	nageons	voyageons
vous	nagez	voyagez
ils/elles	nagent	voyagent
Past Participle	nagé	voyagé

VERBS LIKE DORMIR

These verbs follow a different pattern from the one you learned for regular **-ir** verbs. These verbs have two stems: one for the singular subjects, and one for the plural ones.

	dormir *(to sleep)*	**partir** *(to leave)*	**sortir** *(to go out, to take out)*
je/j'	dors	pars	sors
tu	dors	pars	sors
il/elle/on	dort	part	sort
nous	dorm**ons**	part**ons**	sort**ons**
vous	dorm**ez**	part**ez**	sort**ez**
ils/elles	dorm**ent**	part**ent**	sort**ent**

VERBS WITH IRREGULAR FORMS

Verbs listed in this section do not follow the pattern of verbs like **aimer, choisir,** or **vendre.** Therefore, they are called *irregular verbs.* The following four irregular verbs are used frequently.

	aller *(to go)*	**avoir** *(to have)*
je/j'	vais	ai
tu	vas	as
il/elle/on	va	a
nous	allons	avons
vous	allez	avez
ils/elles	vont	ont

	être *(to be)*	**faire** *(to do, to make, to play)*
je/j'	suis	fais
tu	es	fais
il/elle/on	est	fait
nous	sommes	faisons
vous	êtes	faites
ils/elles	sont	font

Devoir, pouvoir, and **vouloir** are also irregular. They are usually followed by an infinitive.
   Je peux chanter. *I can sing.*

	devoir *(must, to have to)*	**pouvoir** *(to be able to, can)*	**vouloir** *(to want)*
je/j'	dois	peux	veux
tu	dois	peux	veux
il/elle/on	doit	peut	veut
nous	devons	pouvons	voulons
vous	devez	pouvez	voulez
ils/elles	doivent	peuvent	veulent

These verbs also have irregular forms.

	dire *(to say)*	**écrire** *(to write)*	**lire** *(to read)*
je/j'	dis	écris	lis
tu	dis	écris	lis
il/elle/on	dit	écrit	lit
nous	disons	écrivons	lisons
vous	dites	écrivez	lisez
ils/elles	disent	écrivent	lisent
Past Participle	dit	écrit	lu

	mettre *(to put, to put on, to wear)*	**prendre** *(to take, to have food or drink)*	**voir** *(to see)*
je/j'	mets	prends	vois
tu	mets	prends	vois
il/elle/on	met	prend	voit
nous	mettons	prenons	voyons
vous	mettez	prenez	voyez
ils/elles	mettent	prennent	voient
Past Participle	mis	pris	vu

THE NEAR FUTURE (FUTUR PROCHE)

Like the past tense, the near future is made of two parts. The future tense of a verb consists of the present tense of **aller** plus the infinitive:

Vous **allez sortir** avec vos copains demain. *You're going to go out with your friends tomorrow.*

Grammar Summary

THE PAST TENSE (PASSE COMPOSE)

The past tense of most verbs is formed with two parts: the present tense form of the helping verb **avoir** and the past participle of the main verb. To form the past participle, use the formulas below. To make a sentence negative in the past, place the **ne... pas** around the helping verb **avoir.**

INFINITIVE	aimer *(to love, to like)*		choisir *(to choose)*		vendre *(to sell)*	
	Stem	Ending	Stem	Ending	Stem	Ending
PAST PARTICIPLE	aim aimé	-é	chois choisi	-i	vend vendu	-u
PASSE COMPOSE	j'ai aimé		j'ai choisi		j'ai vendu	

J'**ai mangé** de la pizza.   Nous **avons choisi** le livre.

Elle n'**a** pas **vendu** sa voiture.   Nous n'**avons** pas **mangé** de pizza.

Some verbs have irregular past participles.

    faire —> fait   **prendre —> pris**   **avoir —> eu**

    lire —> lu   **voir —> vu**   **mettre —> mis**

With some verbs, such as **aller,** you use the helping verb **être** instead of **avoir.** The past participle of these verbs agrees in gender and number with the subject of the sentence.

Je **suis allé(e)** à l'école.   Ils **sont allés** à la poste.   Elle **est allée** au café.

THE IMPERATIVE (COMMANDS)

To make a request or a command of most verbs, use the **tu, nous,** or **vous** form of the present tense of the verb without the subject. Remember to drop the final **-s** in the **tu** form of an **-er** verb.

    Mange!

    Ecoute le professeur!

    Faites vos devoirs!

    Prenons un sandwich!

aimer *(to love, to like)*		choisir *(to choose)*		vendre *(to sell)*	
Stem	Ending	Stem	Ending	Stem	Ending
aim	-e -ons -ez	chois	-is -issons -issez	vend	-s -ons -ez

Chapter	Letter Combination	IPA Symbol	Example
Ch. 1, p. 35 Intonation			
Ch. 2, p. 63 Liaison			vous_avez des_amis
Ch. 3, p. 91 The **r** sound	the letter **r**	/ʀ/	rouge vert
Ch. 4, p. 125 The sounds [y] and [u]	the letter **u** the letter combination **ou**	/y/ /u/	une nous
Ch. 5, p. 157 The nasal sound [ɑ̃]	the letter combination **an** the letter combination **am** the letter combination **en** the letter combination **em**	/ɑ̃/	anglais jambon comment temps
Ch. 6, p. 187 The vowel sounds [ø] and [œ]	the letter combination **eu** the letter combination **eu**	/ø/ /œ/	deux heure
Ch. 7, p. 215 The nasal sounds [ɔ̃], [ɛ̃], and [œ̃]	the letter combination **on** the letter combination **om** the letter combination **in** the letter combination **im** the letter combination **ain** the letter combination **aim** the letter combination **(i)en** the letter combination **un** the letter combination **um**	/ɔ̃/ /ɛ̃/ /œ̃/	pardon nombre cousin impossible copain faim bien lundi humble
Ch. 8, p. 249 The sounds [o] and [ɔ]	the letter combination **au** the letter combination **eau** the letter **ô** the letter **o**	/o/ /ɔ/	jaune beau rôle carotte
Ch. 9, p. 281 The vowel sounds [e] and [ɛ]	the letter combination **ez** the letter combination **er** the letter combination **ait** the letter combination **ais** the letter combination **ei** the letter **ê**	/e/ /ɛ/	apportez trouver fait français neige bête
Ch. 10, p. 311 The glides [j], [w], and [ɥ]	the letter **i** the letter combination **ill** the letter combination **oi** the letter combination **oui** the letter combination **ui**	/j/ /w/ /ɥ/	mieux maillot moi Louis huit
Ch. 11, p. 339 **h aspiré, th, ch,** and **gn**	the letter **h** the letter combination **th** the letter combination **ch** the letter combination **gn**	/'/ /t/ /ʃ/ /ɲ/	les halls théâtre chocolat oignon
Ch. 12, p. 373 Review			

Numbers

LES NOMBRES CARDINAUX

0	zéro	**20**	vingt	**80**	quatre-vingts
1	un(e)	**21**	vingt et un(e)	**81**	quatre-vingt-un(e)
2	deux	**22**	vingt-deux	**82**	quatre-vingt-deux
3	trois	**23**	vingt-trois	**90**	quatre-vingt-dix
4	quatre	**24**	vingt-quatre	**91**	quatre-vingt-onze
5	cinq	**25**	vingt-cinq	**92**	quatre-vingt-douze
6	six	**26**	vingt-six	**100**	cent
7	sept	**27**	vingt-sept	**101**	cent un
8	huit	**28**	vingt-huit	**200**	deux cents
9	neuf	**29**	vingt-neuf	**201**	deux cent un
10	dix	**30**	trente	**300**	trois cents
11	onze	**31**	trente et un(e)	**800**	huit cents
12	douze	**32**	trente-deux	**1.000**	mille
13	treize	**40**	quarante	**2.000**	deux mille
14	quatorze	**50**	cinquante	**3.000**	trois mille
15	quinze	**60**	soixante	**10.000**	dix mille
16	seize	**70**	soixante-dix	**19.000**	dix-neuf mille
17	dix-sept	**71**	soixante et onze	**40.000**	quarante mille
18	dix-huit	**72**	soixante-douze	**500.000**	cinq cent mille
19	dix-neuf	**73**	soixante-treize	**1.000.000**	un million

- The word **et** is used only in 21, 31, 41, 51, 61, and 71.
- **Vingt** (**trente, quarante,** and so on) **et une** is used when the number refers to a feminine noun: **trente et une cassettes.**
- The **s** is dropped from **quatre-vingts** and is not added to multiples of **cent** when these numbers are followed by another number: **quatre-vingt-cinq; deux cents,** *but* **deux cent six.** The number **mille** never takes an **s** to agree with a noun: **deux mille insectes.**
- **Un million** is followed by **de** + a noun: **un million de francs.**
- In writing numbers, a period is used in French where a comma is used in English.

LES NOMBRES ORDINAUX

1er, 1ère	premier, première	**9e**	neuvième	**17e**	dix-septième
2e	deuxième	**10e**	dixième	**18e**	dix-huitième
3e	troisième	**11e**	onzième	**19e**	dix-neuvième
4e	quatrième	**12e**	douzième	**20e**	vingtième
5e	cinquième	**13e**	treizième	**21e**	vingt et unième
6e	sixième	**14e**	quatorzième	**22e**	vingt-deuxième
7e	septième	**15e**	quinzième	**30e**	trentième
8e	huitième	**16e**	seizième	**40e**	quarantième

French-English Vocabulary

English-French Vocabulary

French-English Vocabulary

This list includes both active and passive vocabulary in this textbook. Active words and phrases are those listed in the **Vocabulaire** section at the end of each chapter. You are expected to know and be able to use active vocabulary. All entries in heavy black type in this list are active. All other words are passive. Passive vocabulary is for recognition only.

The number after each entry refers to the chapter where the word or phrase is introduced. Nouns are always given with an article. If it is not clear whether the noun is masculine or feminine, *m.* (masculine) or *f.* (feminine) follows the noun. Some nouns that are generally seen only in the plural, as well as ones that have an irregular plural form, are also given with gender indications and the abbreviation *pl.* (plural) following them. An asterisk (*) before a word beginning with *h* indicates an aspirate *h*. Phrases are alphabetized by the key word(s) in the phrase.

The following abbreviations are also used in this vocabulary: *pp.* (past participle), *inv.* (invariable), and *adj.* (adjective).

à   *to, in (a city or place),* 11; **à côté de**   *next to,* 12; **à la**   *to, at,* 6; **A bientôt.**   *See you soon.* 1; à carreaux   *checked,* 10; **A demain.** *See you tomorrow.* 1; à fleurs *flowered,* 10; à la carte   *pick and choose,* 3; à la française   *French-style,* 1; **à la mode**   *in style,* 10; à part ça   *aside from that,* 11; à pois   *polka dot,* 10; à propos de *in regard to, about,* 4; **A quelle heure?**   *At what time?* 6; à rayures *striped,* 10; **A tout à l'heure!** *See you later!* 1; **A votre service.**   *At your service; You're welcome.* 3; Et maintenant, à toi.   *And now, it's your turn.* 1
l' abbaye (f.)   *abbey,* 6
abîmer   *to ruin,* 10
s' abonner *to subscribe;* abonnez-vous à... *subscribe to . . . ,* 3
l' abricot (m.)   *apricot,* 5
abriter   *to house,* 11
absent(e)   *absent,* 2
accepter   *to accept,* 6
accompagner   *to accompany,* 4
l' accord (m.)   *agreement;* Fais l'accord... *Make the agreement . . . ,* 7
l' accueil (m.)   *reception, welcome,* 4
accueille (accueillir)   *to welcome*
l' achat (m.)   *purchase,* 3
acheter *to buy,* 9; **Achète (-moi)...** *Buy (me) . . . ,* 8; Je n'achète pas... *I don't buy / I'm not buying . . . ,* 3
l' acra de morue (m.)   *cod fritter*

l' activité (f.)   *activity,* 4
l' **addition** (f.) *check, bill,* 5; **L'addition, s'il vous plaît.**   *The check, please.* 5
adhésif (-ive)   *adhesive,* 3
admirer   *to admire,* 7
adorable   *adorable,* 7
adorer   *to adore,* 1; **J'adore...** *I adore . . .* 1; J'adorerais... *I would adore . . . ,* 1
l' **aérobic** (f.)   *aerobics,* 4; **faire de l'aérobic**   *to do aerobics,* 4
l' aéroport (m.)   *airport,* 11
les affaires (f.)   *business, business affairs,* 8
affectueux (-euse)   *affectionate,* 7
afin de   *in order to,* 7
africain(e) (adj.)   *African,* 8
l' Afrique (f.)   *Africa,* 8
l' **âge** (m.)   *age,* 1; **Tu as quel âge?** *How old are you?* 1
âgé(e)   *older,* 7
l' agenda (m.)   *planner,* 4
agit : il s'agit de   *it's concerned with; it's about,* 6
agréable   *pleasant,* 4
ai : J'ai... *I have . . . ,* 2; **J'ai... ans.** *I am . . . years old.* 1; **J'ai besoin de...**   *I need . . . ,* 8; **J'ai faim.** *I'm hungry.* 5; **J'ai l'intention de...** *I intend to . . . ,* 11; **J'ai soif.**   *I'm thirsty.* 5; **Je n'ai pas de...**   *I don't have . . . ,* 3
l' aide-mémoire (m.)   *memory aid,* 3
aider   *to help,* 10; **(Est-ce que) je peux vous aider?**   *May I help you?* 10
l' ail (m.)   *garlic,* 8
les ailes (f.)   *wings,* 12
aimé(e) (pp. of aimer)   *loved,* 1

aimer   *to like,* 1; **J'aime mieux...**   *I prefer . . . ,* 1; J'aimerais... pour aller avec...   *I'd like . . . to go with . . . ,* 10; **Je n'aime pas...**   *I don't like . . . ,* 1; **Moi, j'aime (bien)...**   *I (really) like . . . ,* 1; **Tu aimes...?** *Do you like . . . ?* 1
l' aire de pique-nique aménagée (f.) *equipped picnic area,* 6
l' aise (f.)   *ease,* 7
ajouter   *to add,* 10
l' **algèbre** (f.)   *algebra,* 2
l' Algérie (f.)   *Algeria,* 0
l' alimentation (f.)   *food,* 12
les aliments (m.)   *nutrients,* 8
allé(e) (pp. of aller)   *went,* 9; **Je suis allé(e)...**   *I went . . . ,* 9; **Tu es allé(e) où?**   *Where did you go?* 9
l' allée (f.)   *path, driveway,* 4
l' **allemand** (m.)   *German (language),* 2
aller   *to go,* 6; **Ça va aller mieux!** *It's going to get better!* 9; **On peut y aller...**   *We can go there . . . ,* 12
allez : Allez au tableau!   *Go to the blackboard!* 0; **Allez, viens!**   *Come along!* 0
Allô?   *Hello?* 9
l' allocation de naissance (f.)   *money provided as a birth allowance by the French government,* 7; l'allocation familiale (f.)   *money provided by the French government to large families,* 7
allons : Allons-y!   *Let's go!* 4; **Allons...**   *Let's go . . . ,* 6
l' aloco (m.)   *dish from West Africa made from fried plantain bananas and usually eaten as a snack,* 5
alors   *well, then,* 3
l' alphabet (m.)   *alphabet,* 0

l' ambiance (f.) *atmosphere*, 2
aménagé(e) *equipped*, 6
américain(e) *American* (adj.), 0
l' **ami(e)** *friend*, 1
amical(e) (pl. amicaux) *friendly*, 2
amicalement *sincerely (to close a letter)*, 1
l' amitié (f.) *friendship*, 1
l' amour (m.) *love*, 1
l' amphithéâtre (m.) *amphitheater*, 9
amusant(e) *funny*, 7
s' amuser *to have fun*, 11; **Amuse-toi bien!** *Have fun!* 11; **Qu'est-ce que tu fais pour t'amuser?** *What do you do to have fun?* 4; **Tu t'es bien amusé(e)?** *Did you have fun?* 11
l' **an** (m.) *year*, 1; **J'ai... ans.** *I am . . . years old.* 1
l' **ananas** (m.) *pineapple*, 8
ancien(ne) *old; former*, 6; l'ancienne gare *the former train station*, 6
l' Andorre (article not commonly used) *Andorra*, 0
l' **anglais** (m.) *English (language)*, 1
l' animal (m.) *animal*, 1; animal domestique *pet*, 7
l' animateur (m.) *camp counselor*, 11
les animations (f.) *activities*, 11
animé(e) *animated, lively*, 8
l' année (f.) *year*, 4
l' année scolaire (f.) *school year*, 2
l' anniversaire (m.) *anniversary; birthday*, 7
annoncer *to announce*, 7
les annonces (f.) *ads*, 1; les petites annonces *personal or business ads*, 1
anthracite *charcoal grey*, 10
antillais(e) (adj.) *Antillean, from the Antilles (islands in the Caribbean Sea)*, 12
antique *ancient*, 9
les antiquités (f.) *antiquities, antiques*, 6
août *August*, 4; **en août** *in August*, 4
l' **appareil** (m.) *phone*, 9; **Qui est à l'appareil?** *Who's calling?* 9
l' **appareil-photo** (m.) *camera*, 11
appartient (appartenir) à *to belong to*, 9
s' **appeler** *to call oneself, to be called*, 1; **Il/Elle s'appelle comment?** *What's his/her name?* 1; **Il/Elle s'appelle...** *His/Her name is . . .* , 1; **Je m'appelle...** *My name is . . .* , 1; **Tu t'appelles comment?** *What's your name?* 1
apporter *to bring*, 9; **Apportez-moi... , s'il vous plaît.** *Please bring me . . .* , 5
apprendre *to learn*, 0
approprié(e) *appropriate*, 7
l' aprèm (m.) *afternoon*, 2; cet aprèm *this afternoon*, 2

après *after, afterward*, 9; **Et après?** *And afterwards?* 9
l' après-guerre (m.) *post-war*, 11
l' **après-midi** (m.) *afternoon; in the afternoon*, 2; **l'après-midi libre** *afternoon off*, 2
l' arabe (m.) *Arabic (language)*, 1
l' arbre (m.) *tree*, 12
l' archéologue (m.) *archaeologist*, 9
l' ardoise (f.) *writing slate*, 3
l' arène (f.) *amphitheater*, 9
l' **argent** (m.) *money*, 11
l' arôme (m.) *aroma, odor*, 8
l' arrivée (f.) *arrival*, 6
arroser *to sprinkle*, 8
l' art (m.) *art*, 1
l' article (m.) *article, item*, 8
l' artiste (m./f.) *artist*, 0
les **arts plastiques** (m. pl.) *art class*, 2
as : Tu as...? *Do you have . . . ?* 3; **Tu as quel âge?** *How old are you?* 1; **De quoi est-ce que tu as besoin?** *What do you need?* 8
l' ascenseur (m.) *elevator*, 6
l' ascension (f.) *ascent, climb*, 6; ascension en haut de la tour *ascent/climb to the top of the tower*, 6
l' aspirateur (m.) *vacuum cleaner*, 7; **passer l'aspirateur** *to vacuum*, 7
l' aspirine (f.) *aspirin*, 12
Asseyez : Asseyez-vous! *Sit down!* 0
assez *enough, fairly*, 2
assis(e) *seated, sitting*, 12
assidu(e) *regular (punctual)*, 2
l' **assiette** (f.) *plate*, 5
assuré(e) (pp. of assurer) *assured*, 1
l' **athlétisme** (m.) *track and field*, 4; **faire de l'athlétisme** *to do track and field*, 4
attachant(e) *loving*, 7
attendre *to wait for*, 9
Attention! *Watch out!* 7
attentivement *attentively*, 9
l' attiéké (m.) *ground manioc root*, 8
attirer *to attract*, 9
au *to, at*, 6; *to, in (before a masculine noun)*, 11; **au métro...** *at the . . . metro stop*, 6; au milieu *in the middle*, 7; **au revoir** *goodbye*, 1; Au secours! *Help!* 9
l' auberge de jeunesse (f.) *youth hostel*, 11
aucun(e) *none*, 7
aujourd'hui *today*, 2
aussi *also*, 1; **Moi aussi.** *Me too.* 2
l' **automne** (m.) *autumn, fall*, 4; **en automne** *in the fall*, 4
autour de *around*, 8
autre *other*, 4
aux *to, in (before a plural noun)*, 6
Av. (abbrev. of avenue) (f.) *avenue*, 6
avant *before*, 1

avec *with*, 1; **avec moi** *with me*, 6; **Avec qui?** *With whom?* 6
l' aventure (f.) *adventure*, 11
avez : Qu'est-ce que vous avez comme ...? *What kind of . . . do you have?* 5; **Vous avez...?** *Do you have . . . ?* 2
l' **avion** (m.) *plane*, 12; **en avion** *by plane*, 12, **un billet d'avion** *plane ticket*, 11
l' **avis** (m.) *opinion*, 9; **A ton avis, qu'est-ce que je fais?** *In your opinion, what do I do?* 9
l' **avocat** (m.) *avocado*, 8
avoir *to have*, 2; **avoir faim** *to be hungry*, 5; avoir hâte de *to be in a hurry (to do something)*, 7; avoir la flemme *to be lazy*, 9; avoir lieu *to take place*, 7; avoir raison *to be right*, 2; **avoir soif** *to be thirsty*, 5
avons : Nous avons... *We have . . .* , 2
avril *April*, 4; **en avril** *in April*, 4
ayant : ayant pu donner *having been able to give*, 2

le baby (foot) *table soccer game*, 5
le bac(calauréat) *secondary school exam for entering a university*, 2
le bachelier *someone who has passed the **bac**,* 2
le bagage *luggage*, 10
la **baguette** *long, thin loaf of bread*, 12
la baie *buy*
la balade à cheval *horseback ride*, 7
se balader *to stroll*, 6
le balcon *balcony*, 12
le ballon *ball*, 4
le bambou *bamboo*, 12
la **banane** *banana*, 8
le banc *(park) bench*, 12
les bandes dessinées (f.) *comic strips*, 2
la **banque** *bank*, 12
barbant(e) *boring*, 2
le **base-ball** *baseball*, 4; **jouer au base-ball** *to play baseball*, 4
le basilic *basil*, 5
le **basket(-ball)** *basketball*, 4; **jouer au basket(-ball)** *to play basketball*, 4
les **baskets** (f.) *sneakers*, 3
le **bateau** *boat*, 11; **en bateau** *by boat*, 12; **faire du bateau** *to go boating*, 11
le bateau-mouche *river boat*, 6
le bâtiment *building*, 12
bd (abbrev. of boulevard) (m.) *boulevard*, 6

beau (belle) *nice, pretty*, 4; **Il fait beau.** *It's nice weather.* 4

Beaucoup *A lot.* 4; **Oui, beaucoup.** *Yes, very much.* 2; **Pas beaucoup.** *Not very much.* 4

le **beau-père** *stepfather; father-in-law*, 7

le **bébé** *baby*, 7

belge *Belgian* (adj.), 1

la **Belgique** *Belgium*, 0

la **belle-mère** *stepmother; mother-in-law*, 7

le **besoin** *need*, 8; **De quoi est-ce que tu as besoin?** *What do you need?* 8; **J'ai besoin de...** *I need . . .* , 8

la **bête** *animal*, 12

le **beurre** *butter*, 8

la **bibliothèque** *library*, 6

le **bic** *ballpoint pen*, 3

bien *well*, 1; **Je veux bien.** *Gladly.* 8; **Je veux bien.** *I'd really like to.* 6; **J'en veux bien.** *I'd like some.* 8; **Moi, j'aime (bien)...** *I (really) like . . .* , 1; **Très bien.** *Very well.* 1

Bien sûr. *Of course.* 3; *certainly*, 9; **Oui, bien sûr.** *Yes, of course.* 7

bientôt *soon*, 1; **A bientôt.** *See you soon.* 1

Bienvenue! *Welcome!* 0

le **bien-vivre** *good living, the good life*, 6

le **bifteck** *steak*, 8

les **bijoux** (m.) *jewelry*, 10

le **billet** *ticket*, 11; **un billet d'avion** *plane ticket*, 11; **un billet de train** *train ticket*, 11

la **biologie** *biology*, 2

bizarre *strange*, 7

blanc(he) *white*, 3

le **blanc-manger** *coconut pudding*

bleu(e) *blue*, 3; **bleu clair** *light blue*, 10; **bleu foncé** *dark blue*, 10

blond(e) *blond*, 7

le **blouson** *jacket*, 10

le **bœuf** *beef*, 8

Bof! *(expression of indifference)*, 1

boire *to drink*, 5; **Qu'est-ce qu'il y a à boire?** *What is there to drink?* 5

le **bois** *wood*, 12

la **boisson** *drink, beverage*, 5; **Qu'est-ce que vous avez comme boissons?** *What do you have to drink?* 5

la **boîte** *box, can*, 8; **une boîte de** *a can of*, 8

le **bon** *coupon*, 6

bon(ne) *good*, 5; **Bon courage!** *Good luck!* 2; **Bon voyage!** *Have a good trip!* 11; **Bon, d'accord.** *Well, OK.* 8; **de bons conseils** *good advice*, 1; **Oui, très bon.** *Yes, very good.* 9; **pas bon** *not good*, 5

Bonjour *Hello*, 0

bonne (f. of **bon**) *good*, 5; **Bonne chance!** *Good luck!* 11; **Bonne idée.** *Good idea.* 4; **Bonnes**

vacances! *Have a good vacation!* 11

le **bord** *side, edge*; **au bord de la mer** *to/on the coast*, 11

les **bottes** (f.) *boots*, 10

les **boucles d'oreilles** (f.) *earrings*, 10

le **boudin créole** *spicy Creole sausage*, 12

bouger *to move*, 10

bouillant(e) *boiling*, 8

la **boulangerie** *bakery*, 12

la **boule** *ball*, 8

la **boum** *party*, 6; **aller à une boum** *to go to a party*, 6

le **bouquiniste** *bookseller who has a stand along the Seine River in Paris*, 5

la **bouteille** *bottle*, 8; **une bouteille de** *a bottle of*, 8

la **boutique** *store, shop*, 3; **une boutique de souvenirs** *souvenir shop*, 3

le **bracelet** *bracelet*, 3

la **Bretagne** *Brittany (region of northwest France)*, 7

la **brioche** *brioche, light, slightly sweet bread made with a rich yeast dough*, 8

la **brochure** *brochure*, 4

la **broderie** *embroidery*, 10

brun(e) *brunette*, 7

le **bulletin trimestriel** *report card*, 2

le **bureau** *office, desk*, 8; bureau de tabac *newsstand*, 9

le **bus** *bus*, 12; **en bus** *by bus*, 12, **rater le bus** *to miss the bus*, 9

la **buvette** *refreshment stand*, 12

byzantin(e) *Byzantine; of the style of art and architecture developed in Eastern Europe between the 4th and 15th centuries (characterized by domes and elaborate mosaics)*, 12

C'est... *It's . . .* , 2; **C'est...** *This is . . .* , 7; C'est qui? *Who is it?* 2; **C'est combien?** *How much is it?* 3; C'est du gâteau. *It's a piece of cake.* 8; C'est pas de la tarte. *It's not easy.* 8; C'est tout. *That's all.* 1; **Ça, c'est...** *This/That is . . .* , 12; **Non, c'est impossible.** *No, that's impossible.* 7

C'était barbant! *It was boring!* 11

ça *that; it*; Ça boume? *How's it going?* 2; **Ça va.** *Fine.* 1; **Ça va?** *How are things going?* 1; **Ça, c'est...** *This/That is . . .* , 12; Ça m'est égal *It doesn't matter; I don't care.* 10; **Ça ne me dit rien.** *That doesn't*

interest me. 4; *I don't feel like it.* 6; ça suffit *that's enough*, 12; **Et après ça...** *And after that, . . .* , 9; **Oui, ça a été.** *Yes, it was fine.* 9

ça fait : Ça fait combien, s'il vous plaît? *How much is it, please?* 5;

la **cabine téléphonique** *phone booth*, 9

le **cabinet de toilette** *small room with a sink and counter*, 11

caché(e) (pp. of cacher) *hidden*, 11

le **cadeau** *gift*, 11

le **café** *coffee, café*, 5; le café au lait *coffee with hot milk*, 8; le café crème *coffee with cream*, 5

le **cahier** *notebook*, 0

la **calculatrice** *calculator*, 3; une calculatrice-traductrice *translating calculator*, 3

le **caleçon** *leggings*, 4

le **calendrier** *calendar*, 6

la **Californie** *California*, 4

le **camarade** (la camarade) *friend*; camarade de classe *classmate*, 7

le **camembert** *Camembert cheese*, 5

le **caméscope** *camcorder*, 4

le **camp de sport** *sports camp*, 9

la **campagne** *countryside*, 11; **à la campagne** *to/in the countryside*, 11

le **camping** *camping*, 11; **faire du camping** *to go camping*, 11

le **Canada** *Canada*, 4

le **canal** *channel*, 3

le **canari** *canary*, 7

le **caniveau** *sidewalk gutter*, 7

la **cantine** *cafeteria*, 9; **à la cantine** *at the school cafeteria*, 9

la **capitale** *capital*, 5

car *because*, 4

la **caractéristique** *characteristic*, 8

la **carambole** *star fruit*, 12

la **carcasse** *body*, 12

le **cardigan** *sweater*, 10

le **carnaval** *carnival*, 11

la **carotte** *carrot*, 8

la **carrière** *quarry*, 11

la **carte** *map*, 0; *menu*, 12; à la carte *pick and choose*, 3; **La carte, s'il vous plaît.** *The menu, please.* 5

les **cartes** (f.) *cards*, 4; **jouer aux cartes** *to play cards*, 4

la **cartouche** *cartridge*, 3; cartouche d'encre *ink cartridge*, 3

le **carvi** *cumin (Afrique)*, 8; graines de carvi *cumin seeds*, 8

la **casquette** *cap*, 10

la **cassette** *cassette tape*, 3

la cassette vidéo *videocassette*, 4

le **catalogue** *catalog*, 10

la **catégorie** *category*, 8

la **cathédrale** *cathedral*, 1

le **cauchemar** *nightmare*, 11; **C'était un véritable cauchemar!** *It was a real nightmare!* 11

ce *this; that,* 3; **Ce sont...** *These/Those are . . . ,* 7

la ceinture *belt,* 10

célèbre *famous, well-known,* 4

cent *one hundred,* 3; **deux cents** *two hundred,* 3

la centaine *a hundred or so;* des centaines d'années *hundreds of years,* 9

le centre *center,* 4

le centre commercial *mall,* 6

le centre-ville *city center,* 12

cependant *however,* 11

le cercle *circle, group,* 6; au cercle français *at French Club,* 4

certain(e) *certain, some,* 7

ces *these, those,* 3

cet *this, that,* 3

cette *this; that,* 3

chacun *each (person),* 5; Chacun ses goûts! *To each his own!* 1

la chaise *chair,* 0

chaleureux (-euse) *warm,* 9

la chambre *room,* 7; **ranger ta chambre** *to pick up your room,* 7

le champignon *mushroom,* 8

la chance *luck,* 11; **Bonne chance!** *Good luck!* 11

le changement *change,* 10

changer *to change,* 7

chanter *to sing,* 9

le chanteur *singer (male),* 9

la chanteuse *singer (female),* 9

Chantilly : la crème Chantilly *sweetened whipped cream,* 5

le chapeau *hat,* 10

le chapitre *chapter,* 9

chaque *each,* 4

chargé(e) *busy,* 2

le chariot *shopping cart,* 8

la chasse *hunting,* 7; une chasse au trésor *treasure hunt,* 3

le chat *cat,* 7

le chaton *kitten,* 7

chaud(e) *hot,* 4; **Il fait chaud.** *It's hot.* 4

chauffé(e) *heated,* 11

les chaussettes (f.) *socks,* 10

les chaussures (f.) *shoes,* 10; les chaussures à crampons *spikes,* 4

le chef-d'œuvre *masterpiece,* 6

la chemise *shirt (man's),* 10

la chemise *folder,* 3

le chemisier *shirt (woman's),* 10

le chèque *check,* 0

cher (chère) *dear,* 1; *expensive,* 3; **C'est trop cher.** *It's too expensive.* 10

chercher *to look for,* 9; **Je cherche quelque chose pour...** *I'm looking for something for . . . ,* 10

chéri(e) (noun) mon chéri/ma chérie *darling, sweetie,* 8

le cheval *horse,* 12; le cheval de bois *wooden horse, carousel horse,* 12

chez... *to/at . . . 's house,* 6; **chez le disquaire** *at the record store,* 12; **Je suis bien chez... ?** *Is this . . . 's house?* 9

chic *chic,* 10

le chien *dog,* 7; **promener le chien** *to walk the dog,* 7

le chiffre *number,* 0

la chimie *chemistry,* 2

chimique *chemical,* 9

le chocolat *chocolate,* 1; **un chocolat** *hot chocolate,* 5

la chocolaterie *chocolate shop,* 12

choisi (pp. of choisir) *decided, chosen;* **Vous avez choisi?** *Have you decided/chosen?* 5

choisir *to choose, to pick,* 10

le choix *choice,* 8

la chorale *choir,* 2

la chose *thing,* 5; **J'ai des tas de choses (trucs) à faire.** *I have lots of things to do.* 5

le chou *cabbage,* 1; mon chou *my darling, dear,* 1

chouette *cool,* 9; **Très chouette.** *Very cool.* 9

chrétien(ne) *Christian,* 9

la chute *waterfall,* 4

ci-dessous *below,* 8

le cimetière *cemetery,* 9

le cinéma *movie theater,* 6; *movies,* 1

cinq *five,* 9

cinquième *fifth,* 9

la Cité des Papes *monument in Avignon, France; a citadel of palaces where French popes lived and ruled in the 14th century,* 11

le citron *lemon,* 8

le citron pressé *lemonade,* 5

clair(e) *light (color),* 10

le classeur *loose-leaf binder,* 3

classique *classical,* 4

le client (la cliente) *customer,* 5

le climat *climate,* 11

climatisé(e) *air-conditioned,* 11

le clocher *steeple,* 12

le club *club,* 11

le coca *cola,* 5

le coco *coconut,* 8

le code de la route *rules of the road; test,* 12

le cœur *heart,* 9

le coin *corner,* 12; **au coin de** *on the corner of,* 12

le col *collar,* 10; au col montant *with turtleneck,* 10

le collant *hose,* 10

la colle *glue,* 3; un pot de colle *container of glue,* 3

la collection *collection,* 10

le collège *junior high school,* 2

la colonie de vacances *summer camp,* 11

coloré(e) *colorful,* 8

le coloris *color, shade,* 3

combien *how much, how many,* 3; **C'est combien,... ?** *How much is . . . ?* 5; **C'est combien?** *How much is it?* 3; **Ça fait combien, s'il vous plaît?** *How much is it, please?* 5

le combiné *(telephone) receiver,* 9

comique *comic, comical;* un film comique *comedy (movie),* 6

commander *to order,* 5

comme *like, as,* 4; **Comme ci comme ça.** *So-so.* 1; Qu'est-ce qu'ils aiment comme cours? *What subjects do they like?* 2; **Qu'est-ce que tu fais comme sport?** *What sports do you play?* 4; Qu'est-ce que vous avez comme... ? *What kind of . . . do you have?* 5

le commencement *beginning,* 9

commencer *to begin, to start,* 9

comment *what,* 0; *how,* 1; **(Comment) ça va?** *How's it going?* 1; Comment dit-on? *How do you say it?* 1; Comment le dire? *How should you say it?* 1; **Comment tu trouves... ?** *What do you think of . . . ?* 2; **Comment tu trouves ça?** *What do you think of that/it?* 2; **Il/Elle est comment?** *What is he/she like?* 7; **Ils/Elles sont comment?** *What are they like?* 7; **Tu t'appelles comment?** *What is your name?* 0

le commentaire *commentary,* 9

le commerçant *store owner,* 8

la Communauté financière africaine (CFA) *African Financial Community; the group of African countries that share a common currency (the CFA franc),* 3

la compagnie aérienne (f.) *airline company,* 10

le compagnon *companion,* 7

comparer *to compare,* 10

le compas *compass,* 3

compétent(e) *competent,* 2

compléter *to complete,* 4

le compliment *compliment,* 10

comprends : Tu comprends? *Do you understand?* 2

compris(e) *included,* 5

compris (pp. of comprendre): Tu as compris? *Did you understand?* 1

le concert *concert,* 1

le concombre *cucumber,* 8

conçu(e) (pp. of concevoir) *conceived,* 9

confier *to confide,* 9

la confiture *jam,* 8

connais : Tu les connais? *Do you know them?* 0; Tu connais ces nombres? *Do you recognize these numbers?* 2

la connaissance *acquaintance;* Faisons connaissance! *Let's get acquainted.* 1

connu(e) (pp. of connaître) *knew; known;* le plus connu *the best-known* (adj.), 6

le **conseil** *advice,* 1; de bons conseils *good advice,* 1; demander conseil *to ask for advice,* 11

conseiller *to advise, to counsel;* **Qu'est-ce que tu me conseilles?** *What do you advise me to do?* 9

le **conseiller** *adviser,* 12

la **conseillère** *adviser,* 12

conservé (pp. of conserver) *kept,* 2; ce bulletin doit être conservé(e) *this report card must be kept,* 2; *preserved (food);* c'est plus sûr et bien conservé *it's safer and better preserved,* 8

consoler *to console (someone), to make (someone) feel better, to comfort,* 9

construit(e) (pp. of construire) *constructed, built,* 9

contenir *to contain,* 9

content(e) *happy, pleased,* 7

le **contenu** *contents,* 8

continuer *to continue,* 12; **Vous continuez jusqu'au prochain feu rouge.** *You keep going until the next light.* 12

le **contraste** *contrast,* 8

contraster *to contrast,* 8

contre *against,* 2

la **conversation** *conversation,* 7

cool *cool,* 2

le **copain** (la copine) *friend,* 1

le **cordon** *cord, string;* le cordon de serrage *drawstring,* 10

le **cornichon** *pickle,* 8

le **corps** *body,* 8

correct(e) *correct, proper,* 9

le **correspondant** (la correspondante) *pen pal,* 1

correspondre *to write; to correspond,* 1; Fais correspondre... *Match . . . ,* 6

la **corvée ménagère** *household chore,* 7

le **costume** *costume, traditional dress,* 9

la **côte** *coast,* 11

le **côté** *side;* **à côté de** *next to,* 12; du côté de mon père *on my father's side (of the family),* 7

le **coton** *cotton,* 10; **en coton** *(made of) cotton,* 10

la **couleur** *color,* 3; **De quelle couleur est...?** *What color is . . . ?* 3

le **coup** *hit, blow;* le coup de fil *phone call,* 9

la **coupe** *dish(ful),* 5

la **coupe Melba** *vanilla ice cream, peaches, whipped cream, and fruit sauce,* 5

courir *to run,* 7

le **cours** *course,* 2; **le cours de développement personnel et social (DPS)** *health,* 2; **Tu as quels cours...?** *What classes do you have . . . ?* 2

les **courses** (f.) *shopping, errands,* 7; **faire les courses** *to do the shopping,* 7; **J'ai des courses à faire.** *I have errands to do.* 5

court(e) *short (length),* 10

le **cousin** *male cousin,* 7

la **cousine** *female cousin,* 7

coûteux (-euse) *expensive,* 8

le **crabe** *crab,* 5; les crabes farcis *deviled land crabs,* 9

la **cravate** *tie,* 10

le **crayon** *pencil,* 3; des crayons de couleur *colored pencils,* 3

créer *to create,* 11

la **crème fraîche** *thick cream like sour cream but without the sour flavor; used to make sauces and toppings,* 5

le **créole** *creole language,* 12

la **crêpe** *very thin pancake,* 5

la **crêperie** *café or restaurant which specializes in crêpes,* 5

crépiter *to crackle,* 12

le **creuset** *melting pot;* le creuset de l'Afrique *the melting pot of Africa,* 8

croire *to believe;* Tu crois? *Do you think so?* 10

la **croisière** *cruise,* 11

le **croissant** *croissant; flaky, buttery roll eaten at breakfast,* 5

la **croissanterie** *croissant shop,* 12

le **croque-monsieur** *toasted ham and cheese sandwich,* 5

cru(e) *uncooked,* 5

le **cuir** *leather,* 10; **en cuir** *(made of) leather,* 10

cuire *to cook, to bake,* 8

la **culture** *culture,* 7

culturel(le) *cultural,* 0

D'abord,... *First, . . . ,* 9

D'accord. *O.K.* 4; **Bon, d'accord.** *Well, O.K.* 8; **D'accord, si tu... d'abord...** *O.K, if you . . . , first.* 7; **Tu es d'accord?** *Is that O.K. with you?* 7

d'**après** *according to,* 4

d'**habitude** *usually,* 4

dans *in,* 6

danser *to dance,* 1

la **danse** *dance,* 2

le **danseur** (la danseuse) *dancer,* 9

de *from,* 0; *of,* 0; **de l'** *some,* 8;

de la *some,* 8; **Je n'ai pas de...** *I don't have . . . ,* 3; **Je ne fais pas de...** *I don't play/do . . . ,* 4

déambuler *to stroll,* 11

débarrasser la table *to clear the table,* 7

le **débutant** (la débutante) *beginner,* 4

décaféiné(e) *decaffeinated,* 5

décédé(e) *deceased,* 7

décembre *December,* 4; **en décembre** *in December,* 4

le **décès** *death,* 7

déchiffrer *to decode,* 7

décider *to decide,* 5; **Vous avez décidé de prendre...?** *Have you decided to take . . . ?* 10

décontracté(e) *relaxed,* 11

la **découverte** *discovery,* 3

découvrir *to discover,* 8

décrire *to describe,* 7

décrocher *to take down; to unhook;* quand l'interlocuteur décroche *when the speaker picks up (the phone),* 9

dedans *inside,* 3

défavorable *unfavorable, disapproving,* 7

dégoûtant(e) *gross,* 5

dehors *outside,* 8

déjà *already,* 9

déjeuner *to have lunch,* 9; **le déjeuner** *lunch,* 2

délicieux (-euse) *delicious,* 5

délirer *to be delirious;* La techno me fait délirer. *I'm wild about techno music.* 11

délivré(e) (pp. of delivrer) : il n'en sera pas délivré de duplicata *duplicates will not be issued,* 2

le **deltaplane** *hang-glider;* faire du deltaplane *to go hang-gliding,* 4

demain *tomorrow,* 2; **À demain.** *See you tomorrow.* 1

demander *to ask, to ask for,* 7; demander conseil *to ask for advice,* 11

demi(e) *half;* **et demi** *half past (after **midi** and **minuit**),* 6; **et demie** *half past,* 6

le **demi-frère** *stepbrother,* 7; *half-brother,* 7

la **demi-sœur** *stepsister,* 7; *half-sister,* 7

démodé(e) *out of style,* 10

démonté(e) *dismantled,* 12

le **dentiste** (la dentiste) *dentist,* 1

le **départ** *departure,* 6

le **département d'outre-mer** *overseas department,* 12

dépêchez : Dépêchez-vous de... *hurry up and . . . ,* 1

déplorable *deplorable,* 2

déposer *to deposit,* 12

déprimé(e) *depressed,* 9

depuis *for (a certain amount of time),* 9; *since,* 12
le **dérivé** *derivative, by-product;* **le sucre et ses dérivés** *sugar and its by-products,* 8
dernier (-ière) *last;* **la semaine dernière** *last week,* 9
derrière *behind,* 12
des *some,* 3
les **dés** (m.) *dice;* **découper en dés** *to dice,* 8
dès que *as soon as,* 9
désagréable *unpleasant,* 4
la **description** *description,* 7
désirer *to desire, to want;* **Vous désirez?** *What would you like?* 10
désolé(e) : Désolé(e), je suis occupé(e). *Sorry, I'm busy.* 6; **Désolé(e), mais je ne peux pas.** *Sorry, but I can't.* 4
le **dessert** *dessert,* 0
le **dessin** *drawing,* 3
le **détail** *detail,* 9
détailler *to slice,* 8
détester *to hate, to detest,* 6
deux *two,* 0; **les deux** *both,* 7
la **deuxième étape** *second step,* 1
devant *in front of,* 6
devenir *to become,* 9
devez : vous devez *you must,* 11
deviennent : Que deviennent...? *What happened to . . . ?* 7
deviner *to guess,* 7; **Devine!** *Guess!* 0
devoir *to have to, must,* 7
les **devoirs** (m.) *homework,* 2; **J'ai des devoirs à faire.** *I've got homework to do.* 5
le **dévouement** *devotion,* 7
devrais : Tu devrais... *You should . . . ,* 9
la **diapo(sitive)** *photographic slide,* 11
la **dictée** *dictation,* 0
le **dictionnaire** *dictionary,* 3
la **différence** *difference,* 2
différent(e) *different,* 7
difficile *difficult,* 2
dimanche *Sunday,* 2; **le dimanche** *on Sundays,* 2
dîner *to have dinner,* 9; **le dîner** *dinner,* 8
dingue *crazy,* 1; **Je suis dingue de...** *I'm crazy about . . . ,* 1
dire *to say;* 1; *to tell,* 9; **Comment le dire?** *How should you say it?* 1; **Dis,...** *Say, . . . ,* 2; **Ça ne me dit rien.** *That doesn't interest me.* 4; **Comment dit-on...?** *How do you say . . . ?* 1; **Jacques a dit...** *Simon says . . . ,* 0; **Qu'est-ce qu'on se dit?** *What are they saying to themselves?* 2; **Vous pouvez lui dire que j'ai téléphoné?** *Can you tell her/him that I called?* 9
direct(e) *direct;* **en direct** *live,* 7

la **direction** *direction,* 12
la **discothèque** *dance club,* 6
discuter *to discuss,* 7; **Ne discute pas!** *Don't argue!* 3
disponible *available,* 8
le **disquaire** *record store,* 12; **chez le disquaire** *at the record store,* 12
le **disque compact/CD** *compact disc/CD,* 3
distant(e) *distant,* 2
la **distribution** *cast (of a movie, play, etc.),* 1; **une distribution étincelante** *a brilliant cast,* 1
divers(e) *various,* 3
le **document** *document,* 7
dois : Non, tu dois... *No, you've got to . . . ,* 7
le **dolmen** *dolmen,* 1
le **dom-tom** *abbreviation of* départements et territoires d'outre-mer; *overseas departments and territories of France such as Martinique and Réunion,* 3
domestique : animal domestique *pet,* 7
le **domicile** *place of residence,* 4
la **domination** *domination,* 9
dominer *to tower over,* 12
dommage *too bad,* 10
donc *so, therefore,* 11
donner *to give,* 5; **Donnez-moi..., s'il vous plaît.** *Please give me . . . ,* 5
donner sur *to overlook,* 11
dont *of which,* 7
dormir *to sleep,* 1
le **dos** *back,* 12; **un sac à dos** *backpack,* 3
doucement *gently,* 12
la **douche** *shower,* 11; **avec douche ou bains** *with shower or bath,* 11
doué(e) *gifted, talented,* 2
la **douzaine** *dozen,* 8; **une douzaine de** *a dozen,* 8
les **draps** (m.) *linens, sheets,* 11
dressé(e) *pointed,* 7
droit(e) *straight,* 10
la **droite** *right (direction);* **à droite (de)** *to the right,* 12
du *some,* 8
le **duplicata** (inv.) *duplicate;* **il n'en sera pas délivré de duplicata** *duplicates will not be issued,* 2
durable *long-lasting,* 11
durcir *to harden,* 8
la **durée** *duration,* 7
durer *to last,* 11

l' **eau** (f.) *water,* 5; **l'eau minérale** *mineral water,* 5; **le sirop de fraise (à l'eau)** *water with strawberry syrup,* 5
s' **ébattre** *to frolic,* 7
l' **échange** (m.) *exchange,* 7; **en échange de** *in exchange for,* 7
l' **échantillon** (m.) *sample,* 2
l' **écharpe** (f.) *scarf,* 10
l' **échelle** (f.) *scale,* 6
s' **éclater** *to have fun, to have a ball,* 4
l' **école** (f.) *school,* 1; **A l'école** *At school,* 0
l' **écolier** (m.), **l'écolière** (f.) *schoolboy/schoolgirl,* 3
l' **économie** (f.) *economics,* 2
écouter *to listen,* 1; **Ecoute!** *Listen!* 0; **écouter de la musique** *to listen to music,* 1; **Ecoutez!** *Listen!* 0; **Je t'écoute.** *I'm listening.* 9
l' **écran** (m.) *screen,* 11
l' **écrin** (m.) *case,* 6
écrire *to write,* 2; **Ecris-moi.** *Write me.* 1
écris : Ecris cinq phrases... *Write five sentences . . . ,* 12
l' **édifice** (m.) *edifice, building,* 6
l' **éducation physique et sportive (EPS)** (f.) *physical education,* 2; **l'éducation civique et morale** (f.) *civics class,* 2
efficace *efficient,* 9
égrener *to shell,* 8
égyptien(ne) *Egyptian* (adj.), 6
Eh bien... *Umm . . . (expression of hesitation),* 5
élastique *elastic* (adj.), 3
élémentaire *elementary; basic,* 8
l' **éléphant** (m.) *elephant,* 0
l' **élève** (m./f.) *student,* 2
l' **emballage** (m.) *packaging,* 9
embêtant(e) *annoying,* 7
émincer *to slice thinly,* 8
l' **émission** (f.) *TV program,* 4
empêche (empêcher) *to prevent, to keep from doing,* 2
l' **emploi** *use, job;* **un emploi du temps** *schedule,* 2
emprunter *to borrow,* 12
en *in,* 1; **en** *some, of it, of them, any, none,* 8; **en** *to, in (before a feminine country),* 11; **en coton** *(made of) cotton,* 10; **en cuir** *(made of) leather,* 10; **en français** *in French,* 1; **en jean** *(made of) denim,* 10; **en retard** *late,* 2; **en solde** *on sale,* 10; **en vacances** *on vacation,* 4; **Je n'en veux plus.** *I don't want anymore,* 8; **Oui, j'en veux bien.** *Yes, I'd like some.* 8; **Qu'en penses-tu?** *What do you think (about it)?* 1; **Vous avez ça en...?** *Do you have that in . . . ? (size, fabric, color),* 10
encore *again, more;* **Encore de...?** *More. . . ?* 8; *still,* 9

encourager *to encourage*, 8

l' **endroit** (m.) *place*, 12

énerver *to annoy*, 2

l' **enfant** (m./f.) *child*, 7; l'enfant unique *only child*, 7

enfin *finally*, 9

enjoué(e) *playful*, 7

ennuyer *to bore*, 2

ennuyeux (-euse) *boring*, 11; **C'était ennuyeux.** *It was boring*, 11

l' **enquête** (f.) *survey*, 1

l' **enseignement** (m.) *teaching*, 2

ensemble *together*, 4

l' **ensemble** (m.) *collection, ensemble*, 3

ensuite : Ensuite, ... *Next,/Then, . . .*, 9

entendre *to hear*; s'entendre avec *to get along with*, 7

Entendu. *Agreed.* 6

entendu dire que : Il a entendu dire que... *He heard that . . .*, 12

l' **enthousiasme** (m.) *enthusiasm*, 2

entier (-ière) *whole, entire*; le monde entier *all over the world*, 1

entrant *entering*, 2

entre *between*, 12

l' **entrée** (f.) *entry, entrance*; Entrée libre *"Browsers welcomed,"* 3

l' **enveloppe** (f.) *envelope*, 12

l' **envie** (f.) *desire; need*; **J'ai envie de...** *I feel like . . .*, 11

les environs (m. pl.) *surroundings*, 9

s' envoler *to fly away*, 12

envoyer *to send*, 12; **envoyer des lettres** *to send letters*, 12

l' **épi** (m.) *ear (of a plant)*, 8; l'épi de maïs *ear of corn*, 8

l' **épicerie** (f.) *grocery store*, 12

éplucher *to clean, to peel*, 8

l' **éponge** (f.) *sponge*, 3

épouvantable *terrible, horrible*, 9; **C'était épouvantable.** *It was horrible.* 9

l' **EPS (l'éducation physique et sportive)** *gym class*, 3

l' **équipe interscolaire** (f.) *school team*, 4

l' **équitation** (f.) *horseback riding*, 1; **faire de l'équitation** *to go horseback riding*, 1

es : Tu es d'accord? *Is that OK with you?* 7

l' **escale** (f.) *docking (of a boat)*, 11

l' **escalier** (m.) *staircase*, 6

les **escargots** (m.) *snails*, 1

l' espace (m.) *space, area*, 7

l' **espagnol** (m.) *Spanish (language)*, 2

espère : J'espère que oui. *I hope so.* 1

l' espoir (m.) *hope*, 7

essayer *to try; to try on*, 10; **Je peux essayer... ?** *Can I try on . . . ?* 10;

Je peux l'/les essayer? *Can I try it/them on?* 10

est : Il/Elle est... *He/She is . . .*, 7; **Quelle heure est-il?** *What time is it?* 6; **Qui est à l'appareil?** *Who's calling?* 9

Est-ce que *(Introduces a yes-or-no question)*, 4; **(Est-ce que) je peux... ?** *May I . . . ?* 7

et *and*, 1; **Et après ça...** *And after that, . . .*, 9; **Et toi?** *And you?* 1

l' **étage** (m.) *floor, story (of a building)*, 6

était : C'était épouvantable. *It was horrible.* 9

étaler *to spread*, 8

l' **étape** (f.) *part*, 1; première étape *first part*, 1; deuxième étape *second part*, 1; troisième étape *third part*, 1

l' **état** (m.) *state*, 0

les Etats-Unis (m. pl.) *United States*, 0

l' **été** (m.) *summer*, 4; **en été** *in the summer*, 4

été (pp. of être) *was*, 9

étincelant(e) *brilliant*, 1

étoilé(e) *starry*, 12

étonné(e) (pp. of étonner) *surprised*, 7

étranger (-ère) *foreign*, 11

l' **étranger** (m.) *foreign countries*; à l'étranger *abroad*, 11

être *to be*, 7; **C'est...** *This is . . .*, 7; **Ce sont...** *These (those) are . . .*, 7; **Elle est...** *She is . . .*, 7; **Il est...** *He is . . .*, 7; **Il est...** *It is . . . (time)*, 6; **Ils/Elles sont...** *They're . . .*, 7; **Oui, ça a été.** *Yes, it was fine.* 9

l' **étude** (f.) *study hall*, 2

l' **étudiant(e)** (m./f.) *student*, 0

étudier *to study*, 1

eu (pp. of avoir) *had, got*, 9

l' euro *European Community monetary unit*, 3; Ça fait... euros./C'est... euros. *It's . . . euros.* 5

l' Europe (f.) *Europe*, 0

l' **événement** (m.) *event*, 9

évident(e) *evident, obvious*, 12

évider *to scoop out*, 8

éviter *to avoid*, 9

exactement *exactly*, 9

l' **examen** (m.) *exam*, 1; **passer un examen** *to take a test*, 9

excellent(e) *excellent*, 5; **Oui, excellent.** *Yes, excellent.* 9

excusez : Excusez-moi. *Excuse me.* 3

exemplaire *exemplary*, 7

l' **explication** (f.) *explanation*, 12

expliquer *to explain*, 7

l' **exposition** (f.) *exhibit*, 12

l' expression (f.) *expression*, 1

F

la **face** *face, side*; **en face de** *across from*, 12

facile *easy*, 2

la façon *way, manner*, 10

la **faim** *hunger*; **avoir faim** *to be hungry*, 5; **Non, merci. Je n'ai plus faim.** *No thanks. I'm not hungry anymore.* 8

faire *to do, to make, to play*, 4; **Désolé(e), j'ai des devoirs à faire.** *Sorry, I have homework to do.* 5; **J'ai des courses à faire.** *I have errands to do.* 5; **Qu'est-ce que tu vas faire... ?** *What are you going to do . . . ?* 6; **Tu vas faire quoi... ?** *What are you going to do . . . ?* 6; **faire de l'équitation** *to go horseback riding*, 1; faire de la course *to race (running)*, 4; faire de la gymnastique *to do gymnastics*, 4; faire des haltères *to lift weights*, 4; **faire du bateau** *to go sailing*, **faire du sport** *to play sports*, 1; faire du surf *to surf*, 4; **faire la cuisine** *to cook, do the cooking*, 8; **faire la vaisselle** *to do the dishes*, 7; **faire le ménage** *to do housework*, 1; faire les boutiques *to go shopping*, 1; **faire les courses** *to do the shopping*, 7; **faire les magasins** *to go shopping*, 1; **faire les vitrines** *to window-shop*, 6; **faire un pique-nique** *to have a picnic*, 6; **faire une promenade** *to go for a walk*, 6

fais : A ton avis, qu'est-ce que je fais? *In your opinion, what do I do?* 9; Fais-moi... *Make me . . .*, 3; **Je fais...** *I play/ do . . .*, 4; **Ne t'en fais pas!** *Don't worry!* 9; **Qu'est-ce que tu fais comme sport?** *What sports do you play?* 4; **Qu'est-ce que tu fais pour t'amuser?** *What do you do to have fun?* 4; **Qu'est-ce que tu fais... ?** *What do you do . . . ?* 4

faisons : Faisons connaissance! *Let's get acquainted.* 1

fait : Quel temps fait-il? *What's the weather like?* 4; **Il fait beau.** *It's nice weather.* 4; **Il fait chaud.** *It's hot.* 4; **Il fait frais.** *It's cool.* 4; **Il fait froid.** *It's cold.* 4

fait (pp. of faire) *done, made*, 9; **J'ai fait...** *I did/made . . .*, 9; **Qu'est-ce que tu as fait?** *What did you do?* 9

la **famille** *family*, 7

la fantaisie *fancy*, 10

le fantôme *ghost*, 0

la farine *flour*, 8
le fast-food *fast-food restaurant*, 6
favorable *favorable, approving*, 7
favori(te) *favorite*, 12
faut : Il me faut... *I need . . .*, 3; **Qu'est-ce qu'il te faut pour... ?** *What do you need for . . . ? (informal)*, 3; **Qu'est-ce qu'il te faut?** *What do you need?* 8; **Qu'est-ce qu'il vous faut pour... ?** *What do you need for . . . ? (formal)*, 3
le fauve *wildcat*, 6
faux (fausse) *false*, 2
les féculents (m.) *starches*, 8
la féerie *extravaganza*, 11
la femme *wife*, 7
la fenêtre *window*, 0
le fer forgé *wrought iron*, 12
ferai : je me ferai une joie de... *I'll gladly . . .*, 1
fermez : Fermez la porte. *Close the door.* 0
le festival *festival*, 9
la fête *party*, 1; faire la fête *to live it up*, 1
fêter *to celebrate*, 7
le feu *fire*, 12
le feu rouge *traffic light*, 12; **Vous continuez jusqu'au prochain feu rouge.** *You keep going until the next light.* 12
la feuille *sheet; leaf;* **une feuille de papier** *sheet of paper*, 0
le feutre *marker*, 3
février *February*, 4; **en février** *in February*, 4
la fidélité *loyalty*, 7
le fil *cord, thread;* sans fil *cordless*, 9
le filet *a type of net or mesh bag*, 3
la fille *girl*, 0; **la fille** *daughter*, 7
le film *movie*, 6; **voir un film** *to see a movie*, 6; un film d'aventures *adventure film*, 1
le fils *son*, 7; fils-à-papa *daddy's boy*, 10
la fin *end*, 4
finalement *finally*, 9
fistuleux (-euse) *hollow*, 11
le flamant *flamingo;* flamant rose *pink flamingo*, 9
la flamme *flame*, 12
le flanc *side, flank*, 12
la fleur *flower*, 1
le fleuve *river*, 9
le flipper *pinball*, 5
la flûte *flute*, 0
la fois *time;* **une fois par semaine** *once a week*, 4
folklorique *folkloric, traditional*, 11
follement *madly*, 1
foncé(e) *dark (color)*, 10
fonder *to found*, 9
la fontaine *fountain*, 12
le foot *soccer*, 4

le football *soccer*, 1; **le football américain** *football*, 4; **jouer au foot(ball)** *to play soccer*, 4; **jouer au football américain** *to play football*, 4
la forêt *forest*, 0; **en forêt** *to/in the forest*, 11
la forme *form, structure*, 7
formidable : C'était formidable! *It was great!* 11
le fort *fort*, 12
fort(e) *strong*, 7
fou (folle) *crazy*, 9
le foulard *scarf*, 10
le four *oven*, 8
le fournisseur *supplier*, 8
les fournitures (f. pl.) scolaires *school supplies*, 3
la fourrure *fur*, 7
le foutou *a paste made from boiled plantains, manioc, or yams; it is common in Côte d'Ivoire.* 8
le foyer *home*, 7
fraîche *cool, cold*, 5
le frais *cool place*, 8; au frais *in a cool place*, 8
les frais (m. pl.) *cost, expenses*, 11
frais *cool (temperature)*, 4; **Il fait frais.** *It's cool.* 4; *fresh*, 12; des fruits et des légumes frais *fresh fruits and vegetables*, 12
la fraise *strawberry*, 8; **un sirop de fraises (à l'eau)** *water with strawberry syrup*, 5
le franc *(former monetary unit of France) franc*, 3
le franc de la Communauté financière africaine (CFA) *the currency of francophone Africa*, 8
le français *French (language)*, 1; français(e) *French (adj.)*, 0; À la française *French-style*, 2
francophone *French-speaking*, 0
la fréquence *frequency*, 4
le frère *brother*, 7
les friandises (f.) *sweets*, 6
les frites (f. pl.) *French fries*, 1
froid(e) *cold*, 4; **Il fait froid.** *It's cold.* 4
le fromage *cheese*, 5
la fromagerie *cheese shop*, 12
les fruits (m.) *fruit*, 8
fui (pp. of fuir) *fled*, 1
le fun *fun*, 4; C'est l' fun! (in Canada) *It's fun!* 4

gagner *to win, to earn*, 9
la garantie *guarantee*, 3

le garçon *boy*, 9
garder *to look after*, 7
la gare *train station*, 6 ; la gare routière *bus station*, 12
le garrot *withers, shoulder height of an animal such as a horse*, 7
le gâteau *cake*, 8
la gâterie *little treat*, 9
la gauche *left (direction);* **à gauche** *to the left*, 12
la Gaule *Gaul; the division of the ancient Roman Empire (in Western Europe) occupied by the Gauls*, 9
le gazon *lawn*, 7; **tondre le gazon** *to mow the lawn*, 7
généralement *in general, usually*, 11
génial(e) *great*, 2
le génie *genius*, 6
les genoux (m.) *knees*, 7; une paire de genoux *pair of knees, lap*, 7
les gens (m. pl.) *people*, 9
gentil(le) *nice*, 7
la géographie *geography*, 2
la géométrie *geometry*, 2
la glace *ice cream*, 1
la glace *ice;* **faire du patin à glace** *to ice-skate*, 4
le golf *golf*, 4; **jouer au golf** *to play golf*, 4
les gombos (m.) *okra*, 8
la gomme *eraser*, 3
les gorges (f.) *canyons*, 11
la/le gosse *kid*, 2; être traité comme un gosse *to be treated like a kid*, 2
la gouache *paint*, 3
le goût *taste*, 4
le goûter *afternoon snack*, 8
goûter *to taste*, 8
le gouvernement *government*, 8
la goyave *guava*, 8
grâce à *thanks to*, 11
gradué(e) *graduated*, 3; une règle graduée *graduated ruler*, 3
la graine *seed*, 8
la grammaire *grammar*, 1; grammaire en contexte *grammar in context*, 1
le gramme *gram (unit of measurement)*, 8
grand(e) *tall*, 7; *big*, 10
grand-chose : Pas grand-chose. *Not much.* 6
grandir *to grow*, 10
la grand-mère *grandmother*, 7
le grand-père *grandfather*, 7
gratuit(e) *free*, 6
grec(que) *Greek (adj.)*, 6
gris(e) *grey*, 3
gros(se) *fat*, 7
grossir *to gain weight*, 10
la grotte *cave*, 11
le groupe *musical group*, 2; le groupe *group*, 7
le gruyère *Gruyère cheese*, 5

la Guadeloupe *Guadeloupe*, 0
le guichet *ticket window*, 6
la Guyane française *French Guiana*, 0

habitant : habitant le monde entier
  living all over the world, 1
habite : J'habite à... *I live in . . .* , 1
l' habitude (f.) *habit*, 4; **d'habitude**
  usually, 4
habituellement *usually*, 2
* haché(e) (pp. of hacher)
  minced, 8
Haïti (no article) *Haiti*, 0
*le hamburger *hamburger*, 1
*les haricots (m.) *beans*, 8; **les haricots
  verts** (m. pl.) *green beans*, 8
l' harmonie (f.) *harmony*, 10
*la harpe *harp*, 11
*la hâte *hurry, haste*; Elle a hâte de...
  She can't wait to . . . , 7
* haut(e) *tall, high*, 6
*le haut-parleur *loudspeaker*, 11
*le havre *haven*, 7
l' hébergement (m.) *lodging*, 6
l' hélicoptère (m.) *helicopter*, 0
*le héros *hero*, 11
hésite : Euh... J'hésite. *Well, I'm
  not sure.* 10
hésiter *to hesitate*, 10
l' heure (f.) *hour; time*, 1; **à l'heure
  de** *at the time of*, 1; **A quelle
  heure?** *At what time?* 6; **A
  tout à l'heure!** *See you later!* 1;
  l'heure officielle *official time
  (24-hour system)*, 2; **Quelle
  heure est-il?** *What time is it?* 6;
  Tu as... à quelle heure? *At what
  time do you have . . . ?* 2
heures *o'clock*, 2; **à... heures**
  at . . . o'clock, 2; **à... heures
  quarante-cinq** *at . . . forty-five*,
  2; **à... heures quinze** *at . . .
  fifteen*, 2; **à... heures trente**
  at . . . thirty, 2
heureusement *luckily, fortunately*, 4
heureux (-euse) *happy*; **Très
  heureux(-euse).** *Pleased to meet
  you.* 7
hier *yesterday*, 9
l' histoire (f.) *history*, 2
l' historien (m.) *historian*, 9
l' hiver (m.) *winter*, 4; **en hiver** *in
  the winter*, 4
*le hockey *hockey*, 4; **jouer au hockey**
  to play hockey, 4
l' hôpital (pl. -aux) *hospital*, 0
l' horreur (f.) *horror*; un film
  d'horreur *horror movie*, 6
horrible *terrible*, 10
*le hot-dog *hot dog*, 5

l' hôtel (m.) *hotel*, 0; l'hôtel de ville
  (m.) *town hall*, 1
*le houx *holly*, 11
l' huile d'olive (f.) *olive oil*, 5
* hurler *to shriek, to cry out*, 12
l' hypermarché (m.) *hypermarket*, 8

l' idée (f.) *idea*, 4; **Bonne idée.**
  Good idea. 4
identifier *to identify, to point
  out*, 7
l' identité (f.) *identity*; une photo
  d'identité *photo ID*, 1
l' igloo (m.) *igloo*, 0
l' igname (f.) *yam*, 8
il y a *there is, there are*, 5; il y a du
  soleil/du vent *it's sunny/windy*, 4;
  Qu'est-ce qu'il y a à boire? *What
  is there to drink?* 5
l' île (f.) *island*, 0
illogique *illogical*, 3
l' image (f.) *image*, 7
imagines : Tu imagines? *Can you
  imagine?* 4
l' impératif (m.) *command (verb
  form), imperative*, 10
important(e) *important*, 8
imprimé(e) *printed*, 10
inaperçu(e) *unnoticed*, 11
inclus(e) *included*, 6
incompétent(e) *incompetent*, 2
incroyable *unbelievable*, 9
l' industrie (f.) *industry*, 4
l' influence (f.) *influence*, 12
l' informatique (f.) *computer
  science*, 2
l' instrument de géométrie (m.)
  *instrument for geometry (compass,
  etc.)*, 3
intelligent(e) *smart*, 7
l' intention (f.) *intention*; **J'ai
  l'intention de...** *I intend to . . .* , 11
l' interclasse (m.) *break (between
  classes)*, 2
intéressant(e) *interesting*, 2
international(e) *international*, 5
l' interphone (m.) *intercom*, 9
l' interro(gation) (f.) *quiz*, 9; **rater
  une interro** *to fail a quiz*, 9
intervenu(e) (pp. of intervenir)
  intervened, 9
l' interviewé(e) (m./f.) *interviewee*, 2
intime *personal*, 1
l' intonation (f.) *intonation*, 1
inventer *to invent*, 7
l' invitation (f.) *invitation*, 6
l' invité(e) (m./f.) *guest*, 8
inviter *to invite*, 7
ivoirien(ne) *from the Republic of
  Côte d'Ivoire*, 1

jamais : ne... jamais *never*, 4
le jambon *ham*, 5
janvier *January*, 4; **en janvier** *in
  January*, 4
le jardin *garden*, 0
jaune *yellow*, 3
le jazz *jazz*, 4
je *I*, 0
le jean *(pair of) jeans*, 3; **en jean**
  made of denim, 10
le jeu *game*; un jeu de rôle *role-
  playing exercise*, 1; **jouer à des jeux
  vidéo** *to play video games*, 4
jeudi *Thursday*, 2; **le jeudi** *on
  Thursdays*, 2
jeune *young*, 7; les jeunes *youths*, 4
le jogging *jogging*, 4; **faire du
  jogging** *to jog*, 4
la joie *joy*, 1
joignant (joindre) *attached*, 1
joli(e) *pretty*, 4
jouer *to play*, 4; **Je joue...**
  I play . . . , 4; **Je ne joue pas...**
  I don't play . . . , 4; **jouer à...**
  to play (a game) . . . , 4
joueur (-euse) *playful*, 7
le jour *day*, 2; le jour férié (m.)
  holiday, 6
le journal *journal*, 1; *newspaper*, 12
la journée *day*, 2
juillet *July*, 4; **en juillet** *in July*, 4
juin *June*, 4; **en juin** *in June*, 4
la jupe *skirt*, 10
le jus d'orange *orange juice*, 5
le jus de fruit *fruit juice*, 5
le jus de pomme *apple juice*, 5
jusqu'à *up to, until*, 12; **Vous allez
  tout droit jusqu'à...** *You go
  straight ahead until you get to . . .* , 12
juste *just*, 4

K

le kangourou *kangaroo*, 0
le kilo(gramme) *kilogram*, 8; **un kilo
  de** *a kilogram of*, 8
le kilomètre *kilometer*, 12

L

la *the*, 1; *her, it* (f.), 9
là *there*, 12; -là *there (noun
  suffix)*, 3; (Est-ce que)... est là, s'il

vous plaît? *Is . . . , there, please?* 9;
  là-bas *there; over there,* 8
  là-bas *there, over there,* 9
  laid(e) *ugly,* 9
la **laine** *wool,* 10
  laisser *to leave,* 9; **Je peux laisser
  un message?** *Can I leave a
  message?* 9
le **lait** *milk,* 8
  laitier (-ière) *dairy,* 8; **les produits
  laitiers (m.)** *dairy products,* 8
la **langue** *language,* 1
  large *baggy,* 10; *large wide;*
  107 mètres de large *107 meters
  wide,* 9
le **latin** *Latin (language),* 2
  laver *to wash,* 7; **laver la voiture**
  to wash the car, 7
  le *the,* 1; *him, it,* 9
la **légende** *map key,* 12
la **légèreté** *lightness,* 6
les **légumes** (m.) *vegetables,* 8
  les *the,* 1; *them,* 9
la **lettre** *letter,* 12; **envoyer des lettres**
  to send letters, 12
  leur *to them,* 9
  leur/leurs *their,* 7
  levez : Levez la main! *Raise your
  hand!* 0; **Levez-vous!** *Stand up!* 0
la **levure** *yeast,* 8
la **liaison** *liaison; pronunciation of a
  normally silent consonant at the
  end of a word as if it were the first
  letter of the word that follows,* 2
la **librairie** *bookstore,* 12
la **librairie-papeterie** *bookstore and
  stationery store,* 3
  libre *free,* 2
  liégeois : café ou chocolat liégeois
  *coffee or chocolate ice cream with
  whipped cream,* 5
le **lieu** *place;* avoir lieu *to take
  place,* 7; *... aura lieu... ... will
  take place . . . ,* 7
la **limonade** *lemon soda,* 5
le **lin** *linen,* 10
le **lion** *lion,* 0
le **liquide correcteur** *correction
  fluid,* 3
  lire *to read,* 1
  lisant : en lisant *while reading,* 11
  lisons : Lisons! *Let's read!* 1
la **liste** *list,* 8
la **litote** *understatement,* 5
le **litre** *liter,* 8; **un litre de** *a liter of,* 8
la **livraison** *delivery,* 12
la **livre** *pound,* 8; **une livre de** *a
  pound of,* 8
le **livre** *book,* 0
le **livret scolaire** *a student's personal
  gradebook,* 3
la **location** *rental,* 4
  logique *logical,* 3
  loin *far,* 12; **loin de** *far from,* 12
  long(ue) *long,* 10
  longtemps (adv.) *a long time,* 9

la **longueur** *length,* 10
  louer *to rent,* 12
la **Louisiane** *Louisiana,* 0
  lu (pp. of lire) *read,* 9
  lui *to him, to her,* 9
  lumineux (-euse) *luminous, lit up,* 3
  lundi *Monday,* 2; **le lundi** *on
  Mondays,* 2
les **lunettes de soleil** (f. pl.)
  sunglasses, 10
le **Luxembourg** *Luxembourg,* 0
le **lycée** *high school,* 2
le **lycéen** *high school student,* 2

  ma *my,* 7
  madame (Mme) *ma'am, Mrs.,* 1;
  Madame! *Waitress!* 5
  mademoiselle (Mlle) *miss, Miss,* 1;
  Mademoiselle! *Waitress!* 5
le **madras** *madras (fabric or
  pattern),* 10
le **magasin** *store,* 1; **faire les
  magasins** *to go shopping,* 1; grand
  magasin *department store,* 10
le **magazine** *magazine,* 3
le **magnétoscope** *videocassette
  recorder, VCR,* 0
  magnifique *magnificent, splendid,* 9
  mai *May,* 4; **en mai** *in May,* 4
  maigrir *to lose weight,* 10
le **maillot de bain** *bathing suit,* 10
la **main** *hand,* 0
  maintenant *now,* 2; **Je ne peux
  pas maintenant.** *I can't right
  now.* 8
le **maire** *mayor,* 12
la **mairie** *city hall,* 4
  mais *but,* 1
le **maïs** *corn,* 8
la **Maison des jeunes et de la culture
  (MJC)** *recreation center,* 6
le **maître** *master, owner,* 7
  maîtriser *to master,* 4
la **majorité** *majority,* 2
  mal *bad,* 1; **Pas mal.** *Not
  bad.* 1
la **malchance** *misfortune,* 7
le **mâle** *male (refers to animals),* 7
  malheureusement *unfortunately,* 7
le **Mali** *Mali,* 0
la **manche** *sleeve,* 10
le **manchot** *penguin,* 6
le **manège** *carousel,* 12
  manger *to eat,* 1
la **mangue** *mango,* 8
  manque : Qu'est-ce qui manque?
  What's missing? 2
  manqué(e) (pp. of manquer)
  missed; garçon manqué *tomboy,*
  10

le **manteau** *coat,* 10
le **maquis** *maquis; kind of outdoor
  restaurant in Côte d'Ivoire,* 5
le **marchand (la marchande)**
  merchant, shopkeeper, 8
le **marché** *market,* 8
  mardi *Tuesday,* 2; **le mardi** *on
  Tuesdays,* 2
le **mari** *husband,* 7
le **mariage** *marriage,* 7
le **Maroc** *Morocco,* 0
  marocain(e) *Moroccan (adj.),* 1
  marron (inv.) *brown,* 3
  mars *March,* 4; **en mars** *in
  March,* 4
  martiniquais(e) *from Martinique,* 1
la **Martinique** *Martinique,* 0
le **masque** *mask,* 8
le **match** *game,* 6; **regarder un
  match** *to watch a game (on TV),*
  6; **aller voir un match** *to go see a
  game (in person),* 6
les **maths (les mathématiques)** (f. pl.)
  math, 1
la **matière** *school subject,* 2; *fabric,* 10
les **matières grasses** (f.) *fat,* 8
le **matin** *morning, in the morning,* 2
  mauvais(e) *bad,* 5; **C'est pas
  mauvais!** *It's pretty good!* 5; **Oh,
  pas mauvais.** *Oh, not bad.* 9;
  Très mauvais. *Very bad.* 9
  méchant(e) *mean,* 7
  mécontent(e) *unhappy,* 2
les **médicaments** (m.) *medicine,* 12
  meilleur(e) *best,* 7; les meilleurs
  amis *best friends,* 7
le **mélange** *mixture,* 12
  mélanger *to mix,* 8
  méli-mélo *mishmash,* 1
le **membre** *member;* le membre de la
  famille *family member,* 7
  même *same,* 4
la **mémé** *granny, grandma,* 9
le **ménage** *housework,* 1; **faire le
  ménage** *to do housework,* 1
le **mensuel** *monthly publication,* 9
la **menthe à l'eau** *beverage made with
  mint syrup and water,* 5
le **menu** *meal, menu,* 8
  méprisant(e) *contemptuous,* 2
la **mer** *sea;* **au bord de la mer** *to/on
  the coast,* 11
  Merci. *Thank you,* 3; **Non, merci.**
  No, thank you. 8
  mercredi *Wednesday,* 2; **le
  mercredi** *on Wednesdays,* 2
la **mère** *mother,* 7
  mes *my,* 7
le **message** *message,* 9; **Je peux laisser
  un message?** *May I leave a
  message?,* 9
  mesurer *to measure,* 9
le **mètre** *meter,* 9
le **métro** *subway,* 12; **au métro...** *at
  the . . . metro stop,* 6; **en métro** *by
  subway,* 12

métropolitain(e)   *metropolitan,* 2
mets : mets en ordre   *put into order,* 6
mettre   *to put, to put on, to wear,* 10; **Je ne sais pas quoi mettre pour...**   *I don't know what to wear for (to)* . . . , 10; **Mets... Wear** . . . , 10; **Qu'est-ce que je mets?**   *What shall I wear?* 10
meublé(e)   *furnished,* 11
mexicain(e) (adj.)   *Mexican,* 5
miam-miam   *yum-yum,* 5
midi   *noon,* 6; **Il est midi.**   *It's noon.* 6; **Il est midi et demi.**   *It's half past noon.* 6
mieux   *better,* 9; **Ça va aller mieux!**   *It's going to get better!* 9; **J'aime mieux...**   *I prefer* . . . , 1
mignon(ne)   *cute,* 7
le milieu   *middle;* au milieu   *in the middle,* 7
millier (m.)   *a thousand or so;* des milliers d'autres visiteurs   *thousands of other tourists,* 9
mince   *slender,* 7
minuit   *midnight,* 6; **Il est minuit.**   *It's midnight.* 6; **Il est minuit et demi.**   *It's half past midnight.* 6
la minute   *minute,* 9; **Tu as une minute?**   *Do you have a minute?* 9
mis (pp. of mettre)   *put, placed,* 10
la mise   *putting, setting;* mise en pratique   *putting into practice,* 1; mise en train   *getting started,* 1
la mise en scène   *production,* 1
mixte   *mixed,* 5
le mobilier   *furniture,* 6
la mobylette   *motor scooter,* 11
moche   *tacky,* 10
la mode   *style,* 10; **à la mode**   *in style,* 10; à la dernière mode   *in the latest fashion,* 10
le mode d'emploi   *instructions,* 9
modéré(e)   *moderate,* 11
moderne   *modern,* 8
moi   *me,* 2; **Moi aussi.**   *Me too.* 2; **Moi, non.**   *I don't.* 2; **Moi non plus.**   *Neither do I.* 2; **Moi, si.**   *I do.* 2; **Pas moi.**   *Not me.*
moins (with numbers)   *minus, lower,* 0; **moins cinq**   *five to,* 6; **moins le quart**   *quarter to,* 6
le mois *month,* 4
le moment   *moment,* 5; **Un moment, s'il vous plaît.**   *One moment, please.* 5
mon   *my,* 7
Monaco   *Monaco,* 0
le monde   *world,* 0
le moniteur   *monitor,* 12
monsieur (M.)   *sir, Mr.,* 1; **Monsieur!**   *Waiter!* 5
le monstre   *monster,* 0
la montagne   *mountain,* 4; **à la montagne**   *to/in the mountains,* 11

la montée   *ascent,* 6
monter   *to climb, to rise,* 6
la montre   *watch,* 3
montrer   *to show,* 9
le monument   *monument,* 6
se moquer de   *to make fun of,* 9
le moral   *morale,* 2
le morceau   *piece,* 8; **un morceau de**   *a piece of,* 8
le mot   *word,* 11; un petit mot   *a little note,* 5
le motif   *reason, pattern,* 9
la moto(cyclette)   *motorcycle,* 12
le moulin   *windmill,* 9
la moutarde   *mustard,* 8
moyen(ne)   *average,* 2; travail moyen   *average work,* 2
le Moyen Age   *Middle Ages,* 9
la moyenne   *average,* 2
le musée   *museum,* 6
la musique   *music,* 2; **écouter de la musique**   *to listen to music,* 1; la musique classique   *classical music,* 4
le mystère   *mystery,* 5

nager   *to swim,* 1
le nain   *dwarf,* 6
la naissance   *birth,* 7
la natation   *swimming,* 4; **faire de la natation**   *to swim,* 4
national(e)   *national,* 8
naturel(le)   *natural,* 3
nautique   *nautical;* **faire du ski nautique**   *to water-ski,* 4
ne : ne... pas   *not,* 1; **ne... pas encore**   *not yet,* 9; **ne... jamais**   *never,* 4; **ne... ni grand(e) ni petit(e)**   *neither tall nor short,* 7; n'est-ce pas?   *isn't that so? (tag question added to the end of a declarative phrase to make it a question)*
né(e) (pp. of naître)   *born,* 9
la Négritude   *movement which asserts the values and spirit of black African civilizations,* 0
la neige   *snow,* 4
neige : Il neige.   *It's snowing.* 4
le neveu   *nephew,* 7
niçois(e) (adj.)   *from Nice, France,* 5
la nièce   *niece,* 7
le Niger   *Niger,* 0
le niveau   *level,* 6
le nocturne   *late-night opening,* 6
le Noël   *Christmas,* 0
noir(e)   *black,* 3
la noisette   *hazelnut,* 5

la noix   *nut,* 5
la noix de coco   *coconut,* 8
le nom   *name,* 1; nom de famille   *last name*
le nombre   *number,* 2
nombreux(-euse)   *numerous, many,* 9
non   *no,* 1; **Moi non plus.**   *Neither do I.* 2; **Moi, non.**   *I don't.* 2; **Non, c'est...**   *No, it's* . . . , 4; **Non, merci.**   *No, thank you.* 8; **Non, pas trop.**   *No, not too much.* 2
nos   *our,* 7
la note   *note;* la note culturelle   *culture note,* 1
notre   *our,* 7
nouveau (nouvelle)   *new,* 7
la Nouvelle-Angleterre   *New England,* 0
les nouvelles (f.)   *news,* 9
novembre   *November,* 4; **en novembre**   *in November,* 4
le nuage   *cloud,* 12
nul(le)   *useless,* 2
le numéro   *number,* 0; un numéro de téléphone   *telephone number,* 3; les numéros   *issues (for magazines, etc.),* 3
nutritionnel(le)   *nutritive, having to do with nutrition,* 8

l' objet (m.)   *object,* 6; objets trouvés   *lost and found,* 3
l' observation (f.)   *observation,* 2
l' occasion (f.)   *occasion,* 10
occupé(e) : C'est occupé.   *It's busy.* 9; **Désolé(e), je suis occupé(e).**   *Sorry, I'm busy.* 6
s'occuper de   *to take care of,* 7
octobre   *October,* 4; **en octobre**   *in October,* 4
l' odeur (f.)   *aroma, smell,* 8
l' œil (m.)   *eye,* 12
l' œuf (m.)   *egg,* 8
offre (offrir)   *to offer;* Le plus grand centre du sport au Canada offre...   *The largest sports center in Canada offers* . . . , 4
l' oignon (m.)   *onion,* 8
l' oiseau (m.)   *bird,* 12
ombragé(e) (pp. of ombrager)   *shaded,* 11
l' omelette (f.)   *omelette,* 5
on   *one, we, you, they,* 1; Comment dit-on... ?   *How do you say* . . . *?* 1; On est dans la purée.   *We're in trouble.* 8; **On fait du ski?**   *How about skiing?* 5; **On joue au base-ball?**   *How about playing baseball?* 5; **On peut...**   *We can* . . . ,

6; **On va au café?** *Shall we go to the café?* 5; **On...?** *How about . . . ?* 4

l' **oncle** (m.) *uncle,* 7
l' **opéra** (m.) *opera house,* 10
l' **opinion** (f.) *opinion,* 7
  opposé(e) *opposite,* 12
  opulent(e) *rich,* 7
l' **or** (m.) *gold,* 12
  orange (inv.) *orange (color),* 3
l' **orange** (f.) *orange,* 8; **le jus d'orange** *orange juice*
l' **ordinateur** (m.) *computer,* 3
l' **ordre** (m.) *order,* 9; l'ordre chronologique (m.) *chronological order,* 3
l' **organisation** (f.) *organization,* 1
  original(e) *original,* 10
l' **otarie** (f.) *sea lion,* 6
  ôter *to cut out,* 8
  ou *or,* 1
  où *where,* 6; **Où (ça)?** *Where?* 6; **Où est-ce que tu vas aller...?** *Where are you going to go . . . ?* 11; **Tu es allé(e) où?** *Where did you go?* 9
  oublier *to forget,* 9; **Je n'ai rien oublié.** *I didn't forget anything.* 11; Oublie-le/-la/-les! *Forget him/her/them!* 9; J'ai oublié. *I forgot.* 3; **N'oublie pas de...** *Don't forget . . . ,* 8; **Tu n'as pas oublié...?** *You didn't forget . . . ?* 11
l' **ouest** *West,* 8
  oui *yes,* 1; **Oui, c'est...** *Yes it's . . . ,* 4; **Oui, s'il te/vous plaît.** *Yes, please.* 8
  ouvert(e) *open,* 6
l' **ouverture** (f.) *opening,* 6
  ouvrez : Ouvrez vos livres à la page... *Open your books to page . . . ,* 0

la **page** *page,* 0
le **pagne** *a piece of dyed African cloth,* 10
le **pain** *bread,* 8
la **paire** *pair,* 5; une paire de genoux *pair of knees, lap,* 7
le **palais** *palace,* 1; le palais de justice *court, courthouse,* 1
le **pamplemousse** *grapefruit,* 5
le **panier** *basket,* 3
le **pantalon** *pair of pants,* 10
la **papaye** *papaya,* 7
la **papeterie** *stationery store,* 12; librairie-papeterie *bookstore/stationery store,* 3
le **papier** *paper,* 0; **des feuilles** (f.) **de papier** *sheets of paper,* 3

le **paquet** *package, box,* 8; **un paquet de** *a package/box of,* 8
  par *by,* 12; *per,* 6; par hasard *by chance,* 12; prix par personne *price per person,* 6
le **parachute** *parachute,* 0
le **paragraphe** *paragraph,* 7
  paraître *to appear; seem,* 12
le **parapluie** *umbrella,* 11
le **parc** *park,* 6
  parce que *because,* 5; **Je ne peux pas parce que...** *I can't because . . . ,* 5
  Pardon. *Pardon me.* 3; **Pardon, madame..., s'il vous plaît?** *Excuse me, ma'am . . . , please?* 12; **Pardon, monsieur. Je cherche..., s'il vous plaît.** *Excuse me, sir. I'm looking for . . . , please.* 12
le **parent** *parent, relative,* 7
  paresseux (-euse) *lazy,* 2
  parfait(e) *perfect,* 3; **C'est parfait.** *It's perfect.* 10
  parfois *sometimes,* 4
  parfumer *to flavor,* 8
la **parfumerie** *perfumery, perfume shop,* 11
  parisien(ne) (adj.) *Parisian,* 5
  parlé (pp. of parler) *talked, spoke,* 9; **Nous avons parlé.** *We talked.* 9
  parler *to talk,* 1; *to speak,* 9; **(Est-ce que) je peux parler à...?** *Could I speak to. . . ?* 9; **Je peux te parler?** *Can I talk to you?* 9; **parler au téléphone** *to talk on the phone,* 1; Parlons! *Let's talk!* 2
  parmi *among,* 9
  partagé(e) *split, shared,* 6
le **partenaire** (la partenaire) *partner,* 7
  partir *to leave,* 11; **Tu ne peux pas partir sans...** *You can't leave without . . . ,* 11
  pas *not,* 1: **pas bon** *not good,* 5; **Pas ce soir.** *Not tonight.* 7; pas content du tout *not happy at all,* 2; **Il/Elle ne va pas du tout avec...** *It doesn't go at all with . . . ,* 10; **Pas grand-chose.** *Not much.* 6; **Pas mal.** *Not bad.* 1; **pas mauvais** *not bad,* 9; **Pas question!** *Out of the question!* 7; **pas super** *not so hot,* 2; **Pas terrible.** *Not so great.* 1; pas du tout *not at all,* 4
le **passeport** *passport,* 1
les **passe-temps** (m. pl.) *pastimes,* 4
  passé (pp. of passer) : **Ça s'est bien passé?** *Did it go well?* 11; **Qu'est-ce qui s'est passé?** *What happened?* 9; **Tu as passé un bon week-end?** *Did you have a good weekend?* 9
  passer *to pass,* 12; *to go by,* 12; **Tu pourrais passer à...?** *Could you go by . . . ?* 12; **Vous passez...** *You'll pass . . . ,*

12; **passer l'aspirateur** *to vacuum,* 7; **passer un examen** *to take a test,* 9
  passerais : je passerais le bac... *I would take the bac . . . ,* 2
  passionnant(e) *fascinating,* 2
la **pastille** *tablet,* 3
la **pâte** *dough,* 8; **la pâte d'arachide** *peanut butter,* 8; la pâte de tomates *tomato paste,* 8
le **pâté** *pâté,* 0
les **pâtes** (f. pl.) *pasta,* 11
le **patin** *skating,* 1; **faire du patin à glace** *to ice-skate,* 4
le **patin à roulettes** *rollerskating,* 4
le **patinage** *skating,* 4
  patiner *to skate,* 4
la **patinoire** *skating rink,* 6
la **pâtisserie** *pastry shop, pastry,* 12
le **patrimoine** *heritage,* 6
  patronal(e) *having to do with saints;* la fête patronale *patron saint's holiday,* 12
les **pattes d'eph** (f. pl.) *bell-bottoms,* 10
  pauvre *poor,* 7
le **pays** *country,* 6
le **paysage** *landscape,* 11
la **pêche** *peach,* 8
  peindre *to paint,* 9
la **peinture** *painting,* 6
  pendant *during,* 1
  pénible *annoying,* 7
  penser *to think;* **J'ai pensé à tout.** *I've thought of everything.* 11; Qu'en penses-tu? *What do you think (about it)?* 1
  perdre *to lose,* 9
  perdu(e) (pp. of perdre) *lost,* 1
le **père** *father,* 7
  permettre *to allow,* 9
le **permis de conduire** *driver's license,* 12; le permis accompagné *learner's permit (driving),* 12; le permis probatoire *learner's permit (driving),* 12
la **permission** *permission,* 7
le **personnage** *individual, character,* 9
la **personnalité** *personality,* 7
la **personne** *person,* 7
  personnel(le) *personal,* 4
  petit(e) *short (height),* 7; *small (size),* 10; petites annonces *classified ads,* 1
le **petit copain** *boyfriend,* 2
le **petit déjeuner** *breakfast,* 8
le **petit-fils** *grandson,* 7
la **petite copine** *girlfriend,* 2
la **petite-fille** *granddaughter,* 7
les **petits-enfants** (m.) *grandchildren,* 7
les **petits pois** (m.) *peas,* 8
  peu *not very,* 2; à peu près *about, approximately,* 9; peu content *not very happy,* 2; un peu *a little,* 6
  peut : On peut... *We can . . . ,* 6
  peut-être *maybe, perhaps,* 11

peux : Désolé(e), mais je ne peux pas. *Sorry, but I can't.* 4; **Tu peux... ?** *Can you ... ?* 8

la pharmacie *drugstore,* 12

la philosophie *philosophy,* 2

le phoque *seal,* 6

la photo *picture, photo,* 4; **faire de la photo** *to do photography,* 4; **faire des photos** *to take pictures,* 4

la photographie *photography,* 1

les photographies (f. pl.) *photographs,* 6

la phrase *sentence,* 4

la physique *physics,* 2

physiquement *physically,* 7

la pièce *play,* 6; **voir une pièce** *to see a play,* 6

le pied *foot,* 12; **à pied** *on foot,* 12

la Pierre Levée *name of a megalith in Poitiers, France,* 1

la pince : des pantalons à pinces *pleated pants,* 10

le pinceau *paintbrush,* 3

le pingouin *penguin,* 0

le pique-nique *picnic,* 6; **faire un pique-nique** *to have a picnic,* 6

la piscine *swimming pool,* 6

pittoresque *picturesque,* 8

la pizza *pizza,* 1

la place *place;* Services... de location sur place *On-site rentals,* 4

la plage *beach,* 1

la plaine *plain,* 4

le plaisir *pleasure, enjoyment,* 4; **Oui, avec plaisir.** *Yes, with pleasure.* 8

plaît : Il/Elle me plaît, mais il/elle est cher/chère. *I like it, but it's expensive.* 10; **Il/Elle te/vous plaît?** *Do you like it?* 10; **Ça te plaît?** *Do you like it?* 2; **s'il vous/te plaît** *please,* 3

la planche *board;* **faire de la planche à voile** *to go windsurfing,* 11

la plaque *plate (of metal or glass);* la plaque d'immatriculation *license plate,* 0

le plat *dish (food),* 5; les plats à emporter (m.) *food to go,* 11

plein(e) de *a lot of,* 8; une ville pleine d'animation *a city full of life,* 8

pleut : Il pleut. *It's raining.* 4

la plongée *diving;* **faire de la plongée** *to go scuba diving,* 11

plus *plus (math),* 2; *(with numbers)* higher, 0; **Je n'en veux plus.** *I don't want any more,* 8; **Moi non plus.** *Neither do I.* 2; **Non, merci. Je n'ai plus faim.** *No thanks. I'm not hungry anymore.* 8

plusieurs (inv.) *several,* 7

la poche *pocket,* 10

le poème *poem,* 0

le point *point,* 10; le point d'intérêt *tourist attraction,* 4

la poire *pear,* 8

le poisson *fish,* 7

la poissonnerie *fish shop,* 12

la poitrine *chest,* 10

le poivre *pepper,* 8

le poivron *green or red pepper,* 5

poliment *politely,* 8

la pollution *pollution,* 1

la pomme *apple,* 8; **jus de pom**me *apple juice,* 5

la pomme de terre *potato,* 8

le pompiste *gas pump attendant,* 11

la population *population,* 4

le porc *pork,* 8

le port *port,* 8

la porte *door,* 0

le portefeuille *wallet,* 3

le porte-monnaie *change purse,* 5

porter *to wear,* 10

le portugais *Portuguese (language),* 2

poser des questions *to ask questions,* 7

possible *possible,* 3

la poste *post office,* 12

le poster *poster,* 0

le pot de colle *container of glue,* 3

la poubelle *trashcan,* 7; **sortir la poubelle** *to take out the trash,* 7

la poudre *powder,* 8

la poule *(animal) chicken,* 8

le poulet *chicken (meat),* 8

pour *for,* 2; **Qu'est-ce qu'il te faut pour...** *What do you need for . . . ? (informal),* 3; **Qu'est-ce que tu fais pour t'amuser?** *What do you do to have fun?* 4

pourquoi *why,* 0; **Pourquoi est-ce que tu ne mets pas... ?** *Why don't you wear . . . ?* 10; **Pourquoi pas?** *Why not?* 6; **Pourquoi tu ne... pas?** *Why don't you . . . ?* 9

pourrais : Tu pourrais passer à ... ? *Could you go by . . . ?* 12

pourtant *yet, nevertheless,* 9

pouvoir *to be able to, can,* 8; **(Est-ce que) je peux... ?** *May I . . . ?* 7; **Tu peux... ?** *Can you . . . ?* 8; **Je ne peux pas maintenant.** *I can't right now.* 8; **Je peux te parler?** *Can I talk to you?,* 9; **Non, je ne peux pas.** *No, I can't.* 12; **On peut...** *We can . . . ,* 6; **Qu'est-ce que je peux faire?** *What can I do?* 9; **(Est-ce que) tu pourrais me rendre un petit service?** *Could you do me a favor?* 12; **Tu pourrais passer à... ?** *Could you go by . . . ?,* 12

pratique *practical,* 3

précieusement *carefully,* 2

précisant : en précisant *specifying,* 1

préféré(e) *favorite,* 4

la préfecture (de police) *police station,* 12

la préférence *preference,* 3

préférer *to prefer,* 1; **Je préfère...** *I prefer . . . ,* 1

premier (-ière) *first,* 1; la première étape *first step,* 1

prendre *to take or to have (food or drink),* 5; **Je vais prendre..., s'il vous plaît.** *I'm going to have . . . , please.* 5; **On peut prendre...** *We can take . . . ,* 12; **Prends...** *Get . . . ,* 8; *Have . . . ,* 5; **Je le/la/les prends.** *I'll take it/them.* 10; **Tu prends... ?** *Will you have . . . ?,* 8; *Are you taking. . . ?,* 11; **Prenez une feuille de papier.** *Take out a sheet of paper.* 0; **Vous prenez... ?** *What are you having?* 5; *Will you have . . . ?,* 8; **Prenez la rue... puis traversez la rue...** *You take . . . Street, then cross . . . Street,* 12; **Vous avez décidé de prendre... ?** *Have you decided to take . . . ?* 10; **Vous le/la/les prenez?** *Are you going to take it/them?* 10

le prénom *first name,* 1

préparer *to prepare (something),* 8; se préparer *to prepare (oneself), to get ready,* 10

près *close,* 12; **près de** *close to,* 12

la présentation *presentation, introduction,* 7

présenter *to introduce;* **Je te (vous) présente...** *I'd like you to meet . . . ,* 7; **Présente-toi!** *Introduce yourself!* 0

presque *almost,* 12

la presqu'île *peninsula,* 12

prévoir *to anticipate,* 4

prévu(e) (pp. of prévoir) *planned;* **Je n'ai rien de prévu.** *I don't have any plans.* 11

principal(e) *main;* la ville principale *main city,* 12

le printemps *spring,* 4; **au printemps** *in the spring,* 4

pris (pp. of prendre) *took, taken,* 9

le prisonnier *prisoner,* 4

le prix *price,* 6

le problème *problem,* 9; **J'ai un petit problème.** *I've got a little problem.* 9

prochain(e) *next,* 12; **Vous continuez jusqu'au prochain feu rouge.** *You keep going until the next light.* 12

les **produits laitiers** (m.) *dairy products,* 8

le prof(esseur) *teacher,* 0

les progrès (m.) *progress,* 11

le projet *project,* 6

la promenade *walk,* 6; **faire une promenade** *to go for a walk,* 6

promener *to walk,* 6; **promener le chien** *to walk the dog,* 7; se promener *to take a walk,* 12

promets (promettre) *to promise,* 1

le pronom *pronoun,* 8

prononcer *to pronounce,* 1; ne se

prononcent pas *no response*, 2
la prononciation *pronunciation*, 2
proposé(e) (pp. of proposer)
given, suggested, 5
proposer *to propose, to suggest*, 5
prospérer *to prosper, to do well*, 9
protéger *to protect*, 9
la protéine *protein*, 8
provençal(e) *Provençal; from the
Provence region of France*, 9
la Provence *Provence; region in
southeast France on the
Mediterranean Sea*, 9
la publicité *advertisement*, 10
le publiphone à cartes *card-operated
telephone*, 9
puis *then*, 12; **Prenez la rue... puis
traversez la rue...** *Take... Street,
then cross... Street*, 12
le pull(-over) *pullover sweater*, 3
la punition *punishment*, 9
purement *purely*, 12
la pyramide *pyramid*, 11

qu'est-ce que *what*, 1; **Qu'est-ce
qu'il te faut pour...?** *What do
you need for...? (informal)*, 3;
Qu'est-ce qu'il vous faut pour...?
What do you need for...? (formal),
3; Qu'est-ce qu'il y a dans...?
What's in the...? 3; Qu'est-ce qu'il
y a? *What's wrong?* 2; Qu'est-ce
qu'on fait? *What are we/they
doing?* 4; **Qu'est-ce que je peux
faire?** *What can I do?* 9; **Qu'est-
ce que tu as fait...?** *What did you
do...?* 9; **Qu'est-ce que tu fais...?**
What do you do...? 4; **Qu'est-ce
que tu vas faire...?** *What are you
going to do...?* 6; **Qu'est-ce que
vous avez comme boissons?**
What do you have to drink? 5;
Qu'est-ce qu'il y a à boire? *What
is there to drink?* 5; Qu'est-ce qui
manque? *What's missing?* 2
qu'est-ce qui *what (subj.)*, 9;
Qu'est-ce qui s'est passé? *What
happened?* 9
quand *when*, 6; **Quand (ça)?**
When? 6
la quantité *quantity*, 8
quarantième *fortieth*, 7
le quart *quarter*, 6; **et quart** *quarter
past*, 6; **moins le quart** *quarter
to*, 6
que *that; what*, 1; Que sais-je?
self-check (What do I know?), 1
le quartier *neighborhood*, 4
le Québec *Quebec*, 0
québécois(e) *from Quebec*, 1

quel(le) *what, which*, 1; Ils ont
quels cours? *What classes do they
have?* 2; **Tu as quel âge?** *How old
are you?* 1; **Tu as quels cours...?**
What classes do you have...? 2; **Tu
as... à quelle heure?** *At what
time do you have...?* 2; **Quelle
heure est-il?** *What time is it?* 6;
Quel temps fait-il? *What's the
weather like?* 4
quelque *some*, 10
quelqu'un *someone*, 1
quelque chose *something*, 6;
**Je cherche quelque chose
pour...** *I'm looking for something
for...*, 10
quelquefois *sometimes*, 4
la question *question*, 0
le questionnaire *questionnaire,
survey*, 4
qui *who*, 0; **Avec qui?** *With
whom?* 6; C'est qui? *Who is it?* 2;
Qui suis-je? *Who am I?* 0
la quiche *quiche: a type of custard pie
with a filling, such as ham, bacon,
cheese, or spinach*, 5
quittez : Ne quittez pas. (telephone)
Hold on. 9
quoi *what*, 10; **De quoi est-ce que
tu as besoin?** *What do you need?*
5; **Je ne sais pas quoi mettre
pour...** *I don't know what to wear
for/to...*, 10; **Tu as quoi...?**
What do you have...? 2 **Tu vas
faire quoi?** *What are you going to
do?* 6
quotidien(ne) *everyday*, 6

le rabat *flap*, 3
le raccourci *shortcut*, 2
raconter *to tell*, 9
la radio *radio*, 3
le radis *radish*, 8
le raisin *grapes*, 8
la randonnée *hike*, 11; **faire de la
randonnée** *to go hiking*, 11
ranger *to arrange, straighten;*
ranger ta chambre *to pick up
your room*, 7
le rap *rap music*, 1
râpé(e) (pp. of râper) *grated*, 8
rapidement *rapidly, quickly*, 7
rappeler *to call back*, 9; **Vous
pouvez rappeler plus tard?** *Can
you call back later?* 9; Tu te
rappelles? *Do you remember?* 3;
to remind, 12
le rapport *relationship*, 7
rapporter *to bring back*, 8;
Rapporte-moi... *Bring me*

back..., 8; **Tu me rapportes...?**
Will you bring me...? 8
rarement *rarely*, 4
rater *to fail*, 9; *to miss*, 9; **rater le
bus** *to miss the bus*, 9; **rater une
interro** *to fail a quiz*, 9
le rayon *department*, 3; au rayon de
musique *in the music
department*, 3
la rayonne *rayon*, 10
la réalité *reality*, 11
la recette *recipe*, 8
recevoir *to receive*, 1
reconstruit(e) (pp. of reconstruire)
reconstructed, 12
la récré(ation) *break*, 2
recueilli (pp. of recueillir) *to take
in*, 7
refaire *to redo, remake*, 8
réfléchir *to think about*, 2; *to reflect;*
Réfléchissez. *Think about it.* 2
le reflet *reflection*, 10
le refuge *animal shelter*, 7
le réfugié *refugee*, 1
le refus *refusal*, 6
refuser *to refuse*, 7
le regard *look*, 7
regarder *to look*, 10; *to watch*, 1;
Non, merci, je regarde. *No,
thanks, I'm just looking.* 10;
Regarde, voilà... *Look,
here's/there's/it's...*, 12; **regarder
la télé** *to watch TV*, 1; **regarder
un match** *to watch a game (on
TV)*, 6; **Regardez la carte!** *Look
at the map!* 0
la règle *ruler*, 3
regrette : Je regrette. *Sorry.* 3; **Je
regrette, mais je n'ai pas le temps.**
I'm sorry, but I don't have time. 8
regroupé(e) *rearranged*, 6
rejoint (pp. of rejoindre) *rejoined*, 7
la relation *relation*, 7
relier *to connect*, 9
religieux(-euse) *religious*, 9
relire *to re-read, to read again*, 7
remarquable *remarkable,
exceptional*, 3
le remboursement *repayment*, 9
la rencontre *encounter*, 1
rencontrer *to meet*, 9
le rendez-vous *rendez-vous, date,
appointment*, 12
rendre *to return something*, 12;
rendre un service *to do
(someone) a favor*, 12; **Rendez-
vous...** *We'll meet...*, 6; pour les
rendre plus originales *to make
them more original*, 10
le renfort *reinforcement;* renforts aux
épaules *reinforced shoulder
seams*, 10
les renseignements (m.) *information*, 9
la rentrée *back to school*, 2
rentrer *to go home*, 8
le repas *meal*, 8

le répertoire *index,* 9
répéter *to rehearse, practice,* 9;
  Répétez! *Repeat!* 0
le répondant *respondent,* 4
le répondeur *answering machine,* 9
répondre *to answer,* 9; **Ça ne**
  répond pas. *There's no answer.* 9
la réponse *response, answer,* 2
reposer *to rest, to relax;* laisser
  reposer *to let stand,* 8;
  se reposer *to relax,* 11
représenté(e) (pp. of représenter)
  represented, 7
représenter *to represent,* 8
la république de Côte d'Ivoire *the*
  Republic of Côte d'Ivoire, 0
la réserve *reserve,* 8
respectueux (-euse) *respectful,* 2
ressemblez : si vous me ressemblez
  if you're like me, 1
la ressource *resource,* 4
le restaurant *restaurant,* 6
la restauration *dining,* 6
rester *to stay, to remain,* 11
le resto *restaurant,* 11
le résultat *result,* 10
retard : en retard *late,* 2
retirer *to take out, to remove;*
  retirer de l'argent *to withdraw*
  money, 12
le retour *return,* 6
rétro (inv.) *retro,* 10
retrouve : Bon, on se retrouve...
  OK, we'll meet . . . , 6
retrouver *to find again,* 6
la Réunion *the island of Réunion,* 0
rêvait (imp. of rêver) *to dream,* 7
le rêve *dream,* 11
revenir *to come back,* 5
riche *rich,* 8
ridicule *ridiculous,* 10
rien *nothing,* 6; *anything,* 11;
  Ça ne me dit rien. *I don't feel like*
  it. 4; **Je n'ai rien oublié.** *I didn't*
  forget anything. 11; **Rien de**
  spécial. *Nothing special.* 6
rigoler *to laugh,* 10
le riz *rice,* 8
la robe *dress,* 10
le rocher *rock,* 11
rocheux (-euse) *rocky,* 12
le rock *rock (music),* 4
le rôle *role,* 7
le roller *skating;* **faire du roller en**
  ligne *to in-line skate,* 4
romain(e) *Roman (adj.),* 9
le roman *novel,* 3
  roman(e) *Romanesque; of the style*
  of architecture developed in Europe
  in the 11th and 12th centuries
  (characterized by heavy, massive
  walls and arches, etc.), 12
rond(e) *round,* 12
le rond-point *traffic circle,* 12
ronronner *to purr,* 7
le rosbif *roast beef,* 5

rose *pink,* 3
la rose *rose,* 0
le rôti *roast,* 5
rouge *red,* 3
le rouleau *roll,* 3; un rouleau protège-
  livres *a roll of plastic material to*
  protect books, 3
rouspètent (rouspéter) *to*
  complain, 9
la routine quotidienne *daily*
  routine, 11
roux (rousse) *redheaded,* 7
le ruban *ribbon, tape;* ruban adhésif
  transparent *transparent adhesive*
  tape, 3
la rue *street,* 12
la ruine *ruin,* 9
le rythme *rhythm,* 4

s'il te plaît (informal) *please,* 3;
  Oui, s'il te plaît. *Yes, please.*
  (informal), 8
s'il vous plaît *please,* 3 *(formal);*
  Oui, s'il vous plaît. *Yes, please.*
  (formal), 8
sa *his, her,* 7
le sac *bag;* le sac à dos *backpack,* 3
le sachet *bag, packet,* 3
sage *wise,* 12
sais : Je n'en sais rien. *I have no*
  idea. 11; **Je ne sais pas.** *I don't*
  know. 10; Que sais-je? *self-check*
  (What do I know?), 1
la saison *season,* 4; la basse saison
  off season, 12; la haute saison
  tourist season, 12
la salade *salad,* 8
les salades (f.) *heads of lettuce,* 8
salé(e) *salty, salted,* 5
saler *to salt,* 8
la salle *room,* 2; la salle de classe
  classroom, 2
Salut *Hi!* or *Goodbye!* 1
samedi *Saturday,* 2; **le samedi** *on*
  Saturdays, 2
les sandales (f.) *sandals,* 10
le sandwich *sandwich,* 5; **un**
  sandwich au fromage *cheese*
  sandwich, 5; **un sandwich au**
  jambon *ham sandwich,* 5; **un**
  sandwich au saucisson *salami*
  sandwich, 5
sans *without,* 3; sans doute
  probably, 10
la sauce *sauce,* 5
la sauce arachide *sauce made of*
  peanut butter with beef, chicken, or
  fish, hot peppers, peanut oil, garlic,
  onions, tomato paste, tomatoes, and
  other vegetables, 8

la sauce pimentée *spicy sauce,* 8
le saucisson *salami,* 5
le saumon *salmon,* 5
sauvage (adj.) *savage,* 9
savais : Savais-tu que... ? *Did you*
  know . . . ?, 2
savoir *to know,* 1
scellé(e) (pp. of sceller) *sealed,* 9
la science-fiction *science fiction,* 1
les sciences naturelles (f. pl.) *natural*
  science, 2
scolaire *having to do with school,* 2;
  la vie scolaire *school life,* 2
la séance *showing (at the movies),* 6
la seconde *second,* 9; **Une seconde,**
  s'il vous plaît. *One second,*
  please. 9
le secours *aid, help;* le poste de
  secours *first-aid station,* 6
secret (secrète) *secret,* 8
le séjour *stay, residence,* 7
le sel *salt,* 8
selon *according to,* 8
la semaine *week,* 4; **une fois par**
  semaine *once a week,* 4
semblable *similar, the same,* 7
le semestre *semester,* 12
le Sénégal *Senegal,* 0
le sens *sense,* 8; le sens de
  l'orientation *sense of direc-*
  tion, 12
sensass (sensationnel) *fantas-*
  tic, 10
sept *seven,* 0
septembre *September,* 4; **en**
  septembre *in September,* 4
sera : ce sera *it will be,* 6
le serpent *snake,* 0
serré(e) *tight,* 10
le serveur (la serveuse)
  waiter/waitress, 5
le service *service,* 3; rendre un service
  to do (someone) a favor, 12; **A votre**
  service. *At your service; You're*
  welcome, 3
service compris *tip included,* 5
ses *his, her,* 7
le sésame *sesame,* 8
sévère *severe, harsh,* 0
le short *(pair of) shorts,* 3
si *yes (to contradict a negative*
  question), 2; **Moi, si.** *I do.* 2;
  Oui, si tu veux. *Yes, if you want*
  to. 7
sicilien(ne) (adj.) *Sicilian,* 5
le siècle *century,* 6
le signe *sign,* 12
la similarité *similarity,* 2
simple *simple,* 10
simplement *simply,* 6
sinon *otherwise; other than*
  that, 9
le sirop de fraise (à l'eau) *water with*
  strawberry syrup, 5
la situation *situation,* 7
situé(e) *situated, located,* 8

le ski   *skiing*, 1; **faire du ski**   *to ski*, 4; **faire du ski nautique**   *to water-ski*, 4

la sœur   *sister*, 7

la soie   *silk*, 10

la soif   *thirst*; **avoir soif**   *to be thirsty*, 5

soigné(e)   *with attention to detail*, 10

soigneusement   *carefully*, 11

le soir   *evening; in the evening*, 4; **Pas ce soir.**   *Not tonight.* 7

sois (command form of être) : Ne sois pas découragée!   *Don't be discouraged!* 9

soit   *either*; soit chez moi, ou bien chez eux   *whether at my house or at theirs*, 5

les soldes (m.)   *sales*, 6

le soleil   *sun, sunshine*, 4

le solfège   *music theory*, 4

la solution   *solution*, 9

le sommet   *top, summit*, 6

le son   *sound*, 8

son   *his, her*, 7

le sondage   *poll*, 1

la sonnerie   *ringing (of the telephone)*, 9

sont : Ce sont...   *These/Those are . . .*, 7; **Ils/Elles sont...**   *They are . . .*, 7; **Ils/Elles sont comment?**   *What are they like?* 7

la sorte   *kind*; toutes sortes de   *all kinds of*, 8

sorti(e) (pp. of sortir)   *went out*, 9; **Après, je suis sorti(e).**   *Afterwards, I went out.* 9

la sortie   *dismissal (when school gets out)*, 2

sortir   *to go out*, 1; *to take out*, 7; **sortir avec les copains**   *to go out with friends*, 1; **sortir la poubelle**   *to take out the trash*, 7

souterrain(e)   *underground*, 11

le souvenir   *souvenir*, 11

souvent   *often*, 4

spécial(e)   *special*, 6; **Rien de spécial.**   *Nothing special.* 6

la spécialité   *specialty dish*, 4

le spectacle   *show*, 11

le spectateur   *spectator, audience member*, 9

le sport   *gym*, 2; *sports*, 1; **faire du sport**   *to play sports*, 1; **Qu'est-ce que tu fais comme sport?**   *What sports do you play?* 4

le sportif (la sportive)   *sportsman (sportswoman)*, 4

le stade   *stadium*, 6

la stalactite   *stalactite*, 11

la station-service   *service station, gas station*, 11

la statue   *statue*, 12

le steak-frites   *steak and French fries*, 5

la stratégie   *strategy*, 1

le style   *style*; **C'est tout à fait ton style.**   *It looks great on you!* 10

le stylo   *pen*, 0; un stylo plume   *fountain pen*, 3

la subvention   *subsidy*, 7

le sucre   *sugar*, 8

sucré(e)   *sweet*, 8

le sud   *South*, 9

suggérer   *to suggest*, 11

suis : Qui suis-je?   *Who am I?* 0; **Désolé(e), je suis occupé(e).**   *Sorry, I'm busy.* 6; **Je suis bien chez . . . ?**   *Is this . . . .'s house?* 9

suisse   *Swiss* (adj.), 1; la Suisse   *Switzerland*, 0

suivant(e)   *following*, 2

suivre   *to follow*, 9

le sujet   *subject*, 10

super   *super*, 2; **Super!**   *Great!* 1; **pas super**   *not so hot*, 2

le supermarché   *supermarket*, 8

supplémentaire   *supplementary, additional*, 1

supportez (supporter)   *to put up with*, 2

sur   *on*; sur place   *on-site*, 4; sur un total de   *out of a total of*, 4

le surligneur   *highlighting marker*, 3

surtout   *especially*, 1

le sweat-shirt   *sweatshirt*, 3

sympa (abbrev. of **sympathique**)   *nice*, 7

ta   *your*, 7

la table   *table*, 7; la table de comparaison de tailles   *size conversion chart*, 10

le tableau   *blackboard*, 0; *painting*, 8

la tache   *spot*, 7

la tâche domestique   *household chore*, 9

la taille   *size*, 10; taille unique   *one size fits all*, 10; **en taille...**   *in size. . .* , 10

la taille élastiquée   *elastic waist*, 10

le taille-crayon   *pencil sharpener*, 3

tant : tant privée que professionelle   *private as well as professional*, 9

la tante   *aunt*, 7

tard   *late*; plus tard   *later*, 8

le tarif : tarif réduit   *reduced fee*, 6

la tarte   *pie*, 8

le tas   *pile, heap*; **J'ai des tas de choses à faire.**   *I have lots of things to do.* 5

le taux de réussite   *rate of success*, 2

le taxi   *taxi*, 12; **en taxi**   *by taxi*, 12

le Tchad   *Chad*, 0

Tchao!   *Bye!* 1

la techno   *techno music*, 1; La techno me fait délirer.   *I'm wild about techno (music)*, 1

le tee-shirt   *T-shirt*, 3

la télécarte   *phone card*, 9

le télécopieur   *fax machine*, 9

le téléphone   *telephone*, 0; **parler au téléphone**   *to talk on the phone*, 1; le téléphone à pièces   *coin-operated telephone*, 9; le téléphone sans fil   *cordless telephone*, 9

téléphoné (pp. of téléphoner)   *called, phoned*, 9; **Vous pouvez lui dire que j'ai téléphoné?**   *Can you tell him/her that I called?* 9

téléphoner   *to call, to phone*, 9; **Téléphone-lui/-leur!**   *Call him/her/them!* 9

téléphonique : la cabine téléphonique   *phone booth*, 9

la télévision   *television*, 0; **regarder la télé(vision)**   *to watch TV*, 1

tellement   *so; so much*; **Pas tellement.**   *Not too much.* 4

le temps   *time*, 4; *weather*, 4; **de temps en temps**   *from time to time*, 4; **Je regrette, mais je n'ai pas le temps.**   *I'm sorry, but I don't have time.* 8; Quel temps est-ce qu'il fait à... ?   *How's the weather in . . . ?* 4; **Quel temps fait-il?**   *What's the weather like?* 4

Tenez.   *Here you are. (formal, plural)*, 10

le tennis   *tennis*, 4; **jouer au tennis**   *to play tennis*, 4

la tenue   *outfit*; une tenue de gymnastique   *gym uniform*, 3

la terminale   *final year of French high school, usually spent preparing for the bac*, 2

termine (terminer)   *to finish*, 2

la terrasse   *terrace*, 4

terrible   *terrible, awful*; **Pas terrible.**   *Not so great.* 1

le territoire d'outre-mer   *overseas territory*, 12

tes   *your*, 7

le test   *test*, 10

le théâtre   *theater*, 6; **faire du théâtre**   *to do drama*, 4

théorique   *theoretical*, 12

les thermes (m. pl.)   *thermal baths*, 9

le thon   *tuna*, 5

Tiens!   *Hey!* 3

tient (tenir)   *to hold*, 12

le tiers   *one third*; un tiers de la population   *one third of the population*, 12

le tilleul   *lime green*, 10

le timbre   *stamp*, 12

timide   *shy*, 7

le tissu   *cloth, fabric*, 10

toi   *you*, 1; **Et toi?**   *And you?* 1

le tollé   *outcry*, 12

la tomate   *tomato*, 8

tomber   *to fall*, 10

ton   *your*, 7

tondre   *to mow*, 7; **tondre le gazon**   *to mow the lawn*, 7

le top : le top des radios   *the top radio stations,* 3

le total   *total,* 10

toujours   *still, always,* 9

la tour   *tower,* 5

le tour   *measurement;* tour de poitrine   *chest size,* 10; le tour   *turn;* à ton tour   *Now it's your turn.* 7

tournez : Vous tournez...   *You turn . . . ,* 12

le tournoi   *tournament,* 4

tous   *all,* 2

tout(e)   *all,* 2; **A tout à l'heure!**   *See you later!* 1; **J'ai pensé à tout.**   *I've thought of everything.* 11; pas du tout   *not at all,* 2; **Il/Elle ne va pas du tout avec...**   *It doesn't go at all with . . . ,* 10; **C'est tout à fait ton style.**   *It looks great on you!* 10; **tout de suite**   *right away,* 6; **C'est tout de suite à...**   *It's right there on the . . . ,* 12; **J'y vais tout de suite.**   *I'll go right away.* 8; **Vous allez tout droit jusqu'à...**   *You go straight ahead until you get to . . . ,* 12; tout(e) seul(e)   *all alone,* 12

tout le monde (m.s.)   *everyone,* 7

la tradition   *tradition,* 8

traditionnel(le)   *traditional,* 8

le train   *train,* 12; **en train**   *by train,* 12; **un billet de train**   *train ticket,* 11

traité : être traité comme un gosse   *to be treated like a kid,* 2

le trajet   *route,* 12

la tranche   *slice,* 8; **une tranche de**   *a slice of,* 8

transparent(e)   *transparent,* 3

le travail   *work,* 3

le travail scolaire   *school work,* 2

travailler   *to work,* 9; travailler la pâte   *to knead the dough,* 8

les travaux pratiques (m. pl.)   *lab,* 2

traverser *to cross,* 12

très   *very,* 1; **Très bien.**   *Very well.* 1; **Très heureux (heureuse).**   *Pleased to meet you.* 7

le trésor   *treasure,* 3; chasse au trésor   *treasure hunt,* 3

trois   *three,* 0

troisième   *third,* 9; la troisième étape   *third step,* 1

la trompette   *trumpet,* 0

trop   *too (much),* 10; **Il/Elle est trop cher/chère.**   *It's too expensive.* 10; **Non, pas trop.**   *No, not too much.* 2

tropical(e)   *tropical,* 8

la trousse   *pencil case,* 3

trouver   *to find,* 9; **Comment tu trouves ça?**   *What do you think of that/it?* 2; **Comment tu trouves... ?**   *What do you think of . . . ?* 2; **Je le/la/les trouve...**   *I think it's/they're . . . ,* 10; Tu trouves?   *Do you think so?* 10

le truc   *thing,* 5; **J'ai des trucs à faire.**   *I have some things to do.* 5

tu   *you,* 0; **Tu te rappelles?**   *Do you remember?,* 7

la Tunisie   *Tunisia,* 0

typique   *typical, characteristic,* 8

typiquement   *typically, characteristically,* 8

un (m.)   *a, an,* 3

une (f.)   *a, an,* 3

l' uniforme (m.)   *uniform,* 0

universel(le)   *universal,* 12

utiliser   *to use,* 10

va : Ça va.   *Fine.* 1; **(Comment) ça va?**   *How's it going?* 1; **Comment est-ce qu'on y va?**   *How can we get there?* 12; **Il/Elle me va?**   *Does it suit me?* 10; **Il/Elle ne te/vous va pas du tout.**   *It doesn't look good on you at all.* 10; **Il/Elle ne va pas du tout avec...**   *It doesn't go at all with . . . ,* 10

les vacances (f. pl.)   *vacation,* 1; **Bonnes vacances!**   *Have a good vacation!* 11; **en colonie de vacances**   *to/at a summer camp,* 11; **en vacances**   *on vacation,* 4

vais : Je vais...   *I'm going . . . ,* 6; *I'm going (to) . . . ,* 11; **J'y vais tout de suite.**   *I'll go right away.* 8

la vaisselle   *dishes,* 7; **faire la vaisselle**   *to do the dishes,* 7

valable   *valid,* 6

la valise   *suitcase,* 11

la vanille   *vanilla,* 8

vas : Qu'est-ce que tu vas faire?   *What are you going to do?* 6

la vedette   *celebrity,* 1

végétarien(ne)   *vegetarian,* 5

le vélo   *biking,* 1; **à vélo**   *by bike,* 12; **faire du vélo**   *to bike,* 4

le vendeur   *salesperson,* 3

la vendeuse   *salesperson,* 3

vendre   *to sell,* 9

vendredi   *Friday,* 2; **le vendredi**   *on Fridays,* 2

la vente   *sales,* 6

le verbe   *verb,* 7

la verdure   *vegetation,* 11

véritable   *real,* 11; **C'était un véritable cauchemar!**   *It was a real nightmare!* 11

le verre   *glass,* 6

vers   *about,* 6

vert(e)   *green,* 3

la veste   *suit jacket, blazer,* 10

le vêtement   *clothing item,* 10

veux : Je veux bien.   *I'd really like to.* 6; **Tu veux... avec moi?**   *Do you want to . . . with me?* 6

la viande   *meat,* 8

vide   *empty,* 12

la vidéo   *video,* 4; **faire de la vidéo**   *to make videos,* 4; **des jeux vidéo**   *video games,* 4

la vidéocassette   *videotape,* 3

la vie scolaire   *school life,* 2

viennois(e)   *Viennese* (adj.), 5

viens : Tu viens?   *Will you come?* 6

vietnamien(ne)   *Vietnamese* (adj.), 1

vieux (vieille)   *old,* 4

le village   *town,* 4

la ville   *city,* 12

le vinaigre   *vinegar,* 8

la violence   *violence,* 1

violet(te)   *purple,* 3

la virgule   *comma,* 3

la visite   *visit, tour,* 12

visiter   *to visit (a place),* 9

le visiteur   *visitor,* 9

vite   *fast, quickly,* 2

la vitrine   *window (of a shop);* **faire les vitrines**   *to window-shop,* 6

vivant(e)   *lively, living,* 7

Vive... !   *Hurray for . . . !* 3

vivre   *to live,* 2; l'art de vivre   *the art of living,* 12

le vocabulaire   *vocabulary,* 1

Voici...   *Here's . . . ,* 7

Voilà.   *Here.* 3; Voilà... *There's . . . ,* 7

la voile   *sailing,* 11; **faire de la planche à voile**   *to go windsurfing,* 11; **faire de la voile**   *to go sailing,* 11

voir   *to see,* 6; **voir un film**   *to see a movie,* 6; **aller voir un match**   *to go see a game,* 6; **voir une pièce**   *to see a play,* 6

le voisin (la voisine)   *neighbor,* 1

la voiture   *car,* 7; **en voiture**   *by car,* 12; **laver la voiture**   *to wash the car,* 7

la voix   *voice,* 3

le volley(-ball)   *volleyball,* 4; **jouer au volley(-ball)** *to play volleyball,* 4

volontiers   *with pleasure, gladly,* 8

vos   *your,* 7

votre   *your,* 7

voudrais : Je voudrais...   *I'd like . . .* 3

vouloir   *to want,* 6; **Je n'en veux plus.**   *I don't want anymore.* 8; **Je veux bien.**   *I'd really like to.* 6; *Gladly.* 8; **Oui, j'en veux bien.**   *Yes, I'd like some.* 8; **Oui, si tu veux.**   *Yes, if you want to.* 7; **Tu veux... ?**   *Do you want . . . ?*

6; **voulez : Vous voulez... ?** *Do you want . . . ?* 8
vous *you,* 1
le voyage *voyage, trip,* 0
voyager *to travel,* 1; **Bon voyage!** *Have a good trip!* 11
vrai(e) *true,* 2
vraiment *really,* 11; **Non, pas vraiment.** *No, not really.* 11
vu (pp. of voir) *seen, saw,* 9
la vue *view,* 6

le week-end *on weekends,* 4; *weekend,* 6
le western *western (movie),* 0

le xylophone *xylophone,* 0

y *there,* 12; **Allons-y!** *Let's go!* 4; **Comment est-ce qu'on y va?** *How can we get there?* 12; **J'y vais tout de suite.** *I'll go right away.* 8; **On peut y aller...** *We can go there . . . ,* 12

les yaourts (m.) *yogurt,* 8
les yeux (m. pl.) *eyes,* 8
la yole *skiff (a type of boat),* 12
le yo-yo *yo-yo,* 0

le zèbre *zebra,* 0
zéro *a waste of time,* 2; *zero,* 0
le zoo *zoo,* 6
zoologique *zoological, having to do with animals,* 6
le zouk *zouk (style of music and dance),* 12
Zut! *Darn!* 3

In this vocabulary, the English definitions of all active French words in the book have been listed, followed by their French equivalent. The number after each entry refers to the chapter in which the entry is introduced. It is important to use a French word in its correct context. The use of a word can be checked easily by referring to the chapter where it appears. French words and phrases are presented in the same way as in the French-English vocabulary.

a *un, une,* 3
able: to be able to *pouvoir,* 8
about *vers,* 6
across from *en face de,* 12
adore *adorer,* 1; **I adore ...** *J'adore...,* 1
advise *conseiller;* **What do you advise me to do?** *Qu'est-ce que tu me conseilles?* 9
aerobics *l'aérobic* (f.), 4; **to do aerobics** *faire de l'aérobic,* 4
after *après,* 9; **And after that, ...** *Et après ça...,* 9
afternoon *l'après-midi* (m.), 2; **afternoon off** *l'après-midi libre,* 2; **in the afternoon** *l'après-midi,* 2
afterwards *après,* 9; **Afterwards, I went out.** *Après, je suis sorti(e).* 9; **And afterwards?** *Et après?* 9
Agreed. *Entendu.* 6
algebra *l'algèbre* (f.), 2
all *tout(e):* **Not at all.** *Pas du tout.* 4
already *déjà,* 9
also *aussi,* 1
am: I am ... years old. *J'ai... ans.* 1
an *un, une,* 3
and *et,* 1
annoying *embêtant(e),* 7; *pénible,* 7
answer *répondre,* 9; **There's no answer.** *Ça ne répond pas.* 9
any (of it) *en,* 8; **any more: I don't want any more.** *Je n'en veux plus.* 8
anything: I didn't forget anything. *Je n'ai rien oublié.* 11
apple *la pomme,* 8
apple juice *le jus de pomme,* 5
April *avril,* 4
are: These/those are ... *Ce sont...,* 7; **They're ...** *Ils/Elles sont...,* 7
art class *les arts plastiques* (m. pl.), 2
at *à la, au, à l', aux,* 6; **at ... fifteen** *à... heure(s) quinze,* 2; **at ... forty-five** *à... heure(s) quarante-cinq,* 2; **at ... thirty** *à... heure(s) trente,* 2; **at ... ('s) house** *chez...,*

6; **at the record store** *chez le disquaire,* 12; **At what time?** *A quelle heure?* 6
August *août,* 4
autumn *l'automne* (m.), 4
aunt *la tante,* 7
avocado *l'avocat* (m.), 8

backpack *le sac à dos,* 3
bad *mauvais(e),* 5; **Not bad.** *Pas mal.* 1; **Oh, pas mauvais.** *Oh, not bad.* 9; **Very bad.** *Très mauvais.* 9
bag *le sac,* 3
baggy *large,* 10
bakery *la boulangerie,* 12
banana *la banane,* 8
bank *la banque,* 12
baseball *le base-ball,* 4; **to play baseball** *jouer au base-ball,* 4
basketball *le basket(-ball),* 4; **to play basketball** *jouer au basket (-ball),* 4
bathing suit *le maillot de bain,* 10
be *être,* 7
be able to, can *pouvoir,* 8; **Can you ...?** *Tu peux...?* 12
beach *la plage,* 1
beans *les haricots* (m.), 8; **green beans** *les haricots verts* (m.), 8
because *parce que,* 5
beef *le bœuf,* 8
begin *commencer,* 9
behind *derrière,* 12
belt *la ceinture,* 10
better *mieux,* 9; **It's going to get better!** *Ça va aller mieux!* 9
between *entre,* 12
big *grand(e),* 10
bike *le vélo; faire du vélo,* 4; **by bike** *à vélo,* 12

biking *le vélo,* 1
binder: loose-leaf binder *le classeur,* 3
biology *la biologie,* 2
black *noir(e),* 3
blackboard *le tableau,* 0; **Go to the blackboard!** *Allez au tableau!* 0
blazer *la veste,* 10
blond *blond(e),* 7
blue *bleu(e),* 3
boat *le bateau,* 11; **by boat** *en bateau,* 12; **to go boating** *faire du bateau,* 11
book *le livre,* 0
bookstore *la librairie,* 12
boots *les bottes* (f.), 10
boring *barbant(e),* 2; **It was boring.** *C'était ennuyeux.* 11; *C'était barbant!* 11
borrow *emprunter,* 12
bottle *la bouteille,* 8; **a bottle of** *une bouteille de,* 8
box *le paquet,* 8; **a package/box of** *un paquet de,* 8
boy *le garçon,* 8
bracelet *le bracelet,* 3
bread *le pain,* 8; **long, thin loaf of bread** *la baguette,* 12
break *la récréation,* 2
breakfast *le petit déjeuner,* 8
bring *apporter,* 9; **Bring me back ...** *Rapporte-moi...,* 8; **Please bring me ...** *Apportez-moi..., s'il vous plaît.* 5; **Will you bring me ...?** *Tu me rapportes...?* 8
brother *le frère,* 7
brown *marron* (inv.), 3
brunette *brun(e),* 7
bus *le bus,* 12; **by bus** *en bus,* 12; **to miss the bus** *rater le bus,* 9
busy *occupé(e),* 6; **It's busy.** *C'est occupé.* 9; **Sorry, I'm busy.** *Désolé(e), je suis occupé(e).* 6
but *mais,* 1
butter *le beurre,* 8
buy *acheter,* 9; **Buy (me) ...** *Achète(-moi)...,* 8
Bye! *Tchao!* 1

C

cafeteria *la cantine*, 9; **at the school cafeteria** *à la cantine*, 9
cake *le gâteau*, 8
calculator *la calculatrice*, 3
call *téléphoner*, 9; **Call him/her/them!** *Téléphone-lui/-leur!* 9; **Can you call back later?** *Vous pouvez rappeler plus tard?* 9; **Who's calling?** *Qui est à l'appareil?* 9
camera *l'appareil-photo* (m.), 11
camp *la colonie de vacances*, 11; **to/at a summer camp** *en colonie de vacances*, 11
camping *le camping*, 11; **to go camping** *faire du camping*, 11
can: to be able to, can *pouvoir*, 8; **Can I talk to you?** *Je peux te parler?* 9; **Can you...?** *Est-ce que tu peux...?* 12; **Can you...?** *Tu peux...?* 8; **Can I try on...?** *Je peux essayer...?* 10; **We can...** *On peut...*, 6; **What can I do?** *Qu'est-ce que je peux faire?* 9
can *la boîte*, 8; **a can of** *une boîte de*, 8
can't: I can't right now. *Je ne peux pas maintenant.* 8; **No, I can't.** *Non, je ne peux pas.* 12
canary *le canari*, 7
cap *la casquette*, 10
car *la voiture*, 7; **by car** *en voiture*, 12; **to wash the car** *laver la voiture*, 7
cards *les cartes* (f.), 4; **to play cards** *jouer aux cartes*, 4
carrot *la carotte*, 8
cassette tape *la cassette*, 3
cat *le chat*, 7
CD/compact disc *le disque compact/le CD*, 3
Certainly. *Bien sûr.* 9
chair *la chaise*, 0
check *l'addition* (f.), 5; **The check, please.** *L'addition, s'il vous plaît.* 5
cheese *le fromage*, 5; **toasted ham and cheese sandwich** *le croque-monsieur*, 5
chemistry *la chimie*, 2
chic *chic* (inv.), 10
chicken (animal) *la poule*, 8; **chicken meat** *le poulet*, 8
child *l'enfant* (m./f.), 7; **children** *les enfants*, 7
chocolate *le chocolat*, 1; **hot chocolate** *un chocolat*, 5
choir *la chorale*, 2
choose *choisir*, 10; **Have you chosen?** *Vous avez choisi?* 5
class *le cours*, 2; **What classes do you have...?** *Tu as quels cours...?* 2

clean: to clean the house *faire le ménage*, 7
clear: to clear the table *débarrasser la table*, 7
close: Close the door! *Fermez la porte!* 0
close to *près de*, 12
clothing *les vêtements*, 10
coast *le bord*, 11; **to/on the coast** *au bord de la mer*, 11
coat *le manteau*, 10
coconut *la noix de coco*, 8
coffee *le café*, 5
cola *le coca*, 5
cold *froid(e)* 4; **It's cold.** *Il fait froid.* 4
color *la couleur*, 3; **What color is...?** *De quelle couleur est...?* 3
come: Will you come? *Tu viens?* 6
compact disc/CD *le disque compact/le CD*, 3
computer *l'ordinateur* (m.), 3
computer science *l'informatique* (f.), 2
concert *le concert*, 1
continue *continuer*, 12
cool *cool*, 2; **It's cool out.** *Il fait frais.* 4; **Very cool (great).** *Très chouette.* 9
corn *le maïs*, 8
corner *le coin*, 12; **on the corner of** *au coin de*, 12
cotton (adj.) *en coton*, 10
could: Could you do me a favor? *(Est-ce que) tu peux me rendre un petit service?* 12; **Could you go by...?** *Tu pourrais passer à...?* 12
countryside *la campagne*, 11; **to/in the countryside** *à la campagne*, 11
course *le cours*, 2
course: Of course. *Bien sûr.* 3
cousin *le cousin (la cousine)*, 7
cross *traverser*, 12
cute *mignon(ne)*, 7

D

dairy products *les produits* (m.) *laitiers*, 8
dance *danser*, 1
dance *la danse*, 2
Darn! *Zut!* 3
daughter *la fille*, 7
day *le jour*, 2
December *décembre*, 4; **in December** *en décembre*, 4
decided: Have you decided? *Vous avez choisi?* 5; **Have you decided to take...?** *Vous avez décidé de prendre...?* 10
delicious *délicieux(-euse)*, 5
denim *le jean*, 10; **in denim** *en jean*, 10

deposit *déposer*, 12; **to deposit money** *déposer de l'argent*, 12
dictionary *le dictionnaire*, 3
difficult *difficile*, 2
dinner *le dîner*, 8; **to have dinner** *dîner*, 9
dishes *la vaisselle*, 7; **to do the dishes** *faire la vaisselle*, 7
dismissal (when school gets out) *la sortie*, 2
do *faire*, 4; **Do you play/do...?** *Est-ce que tu fais...?* 4; **I do.** *Moi, si.* 2; **to do homework** *faire les devoirs*, 7; **to do the dishes** *faire la vaisselle*, 7; **I don't play/do...** *Je ne fais pas de...*, 4; **I have errands to do.** *J'ai des courses à faire.* 5; **I play/do...** *Je fais...*, 4; **In your opinion, what do I do?** *A ton avis, qu'est-ce que je fais?* 9; **Sorry. I have homework to do.** *Désolé(e). J'ai des devoirs à faire.* 5; **What are you going to do...?** *Qu'est-ce que tu vas faire...?* 6; *Tu vas faire quoi...?* 6; **What can I do?** *Qu'est-ce que je peux faire?* 9; **What did you do...?** *Qu'est-ce que tu as fait...?* 9; **What do you advise me to do?** *Qu'est-ce que tu me conseilles?* 9; **What do you do...?** *Qu'est-ce que tu fais...?* 4; **What do you do when...?** *Qu'est-ce que tu fais quand...?* 4
dog *le chien*, 7; **to walk the dog** *promener le chien*, 7
done, made *fait* (pp. of faire), 9
door *la porte*, 0
down: You go down this street to the next light. *Vous continuez jusqu'au prochain feu rouge.* 12
dozen *la douzaine*, 8; **a dozen** *une douzaine de*, 8
drama *le théâtre*, 4; **to do drama** *faire du théâtre*, 4
dress *la robe*, 10
drink *la boisson*, 5; **What do you have to drink?** *Qu'est-ce que vous avez comme boissons?* 5; **What is there to drink?** *Qu'est-ce qu'il y a à boire?* 5
drugstore *la pharmacie*, 12

E

earn *gagner*, 9
earrings *les boucles d'oreilles* (f.), 10
easy *facile*, 2
eat *manger*, 6
egg *l'œuf* (m.), 8
English (language) *l'anglais* (m.), 1
envelope *l'enveloppe* (f.), 12

eraser *la gomme*, 3
errands *les courses* (f.), 7; **I have errands to do.** *J'ai des courses à faire.* 5
especially *surtout*, 1
euro (European Community monetary unit) *l'euro* (m.); *Ça fait... euros./ C'est... euros.* It's ... euros. 5
evening *le soir*, 4; **in the evening** *le soir*, 4
everything *tout*, 11; **I've thought of everything.** *J'ai pensé à tout.* 11
exam *l'examen* (m.), 1
excellent *excellent(e)*, 5; **Yes, excellent.** *Oui, excellent.* 9
excuse: Excuse me. *Excusez-moi.* 3; **Excuse me, ..., please?** *Pardon, ..., s'il vous plaît?* 12; **Excuse me. Where is ..., please?** *Pardon. Où est..., s'il vous plaît?* 12; **Excuse me. I'm looking for ..., please.** *Pardon. Je cherche..., s'il vous plaît.* 12
expensive *cher (chère)*, 10; **It's too expensive.** *C'est trop cher.* 10

fail *rater*, 9; **to fail a test** *rater un examen*, 9; **to fail a quiz** *rater une interro*, 9
fall *l'automne* (m.), 4; **in the fall** *en automne*, 4
fantastic *sensass (sensationnel)*, 10
far from *loin de*, 12
fascinating *passionnant(e)*, 2
fat *gros (se)*, 7
father *le père*, 7
February *février*, 4; **in February** *en février*, 4
feel: I feel like ... *J'ai envie de...*, 11; **I don't feel like it.** *Ça ne me dit rien.* 6
finally *enfin*, 9; *finalement*, 9
find *trouver*, 9
Fine. *Ça va.* 1; **Yes, it was fine.** *Oui, ça a été.* 9
first *d'abord*, 7; **OK, if you ... first.** *D'accord, si tu... d'abord.* 7
fish *le poisson*, 7
flour *la farine*, 8
foot *le pied*, 12; **on foot** *à pied*, 12
football *le football américain*, 4; **to play football** *jouer au football américain*, 4
for *pour*, 3; **What do you need for ...?** (informal) *Qu'est qu'il te faut pour... ?* 3
forest *la forêt*, 11; **to/in the forest** *en forêt*, 11
forget *oublier*, 9; **Don't forget ...** *N'oublie pas de...*, 8; **Forget him/**

her/them! *Oublie-le/-la/-les!* 9; **I didn't forget anything.** *Je n'ai rien oublié.* 11; **You didn't forget ...?** *Tu n'as pas oublié... ?* 11
franc (former monetary unit of France) *le franc*, 3
French (language) *le français*, 1; **French fries** *les frites* (f.), 1
Friday *vendredi*, 2; **on Fridays** *le vendredi*, 2
friend *l'ami(e)* (m./f.), 1; **to go out with friends** *sortir avec les copains*, 1
from *de*, 0
front: in front of *devant*, 6
fruit *le fruit*, 8
fun: Did you have fun? *Tu t'es bien amusé(e)?* 11; **Have fun!** *Amuse-toi bien!* 11; **What do you do to have fun?** *Qu'est-ce que tu fais pour t'amuser?* 4
funny *amusant(e)*, 7

gain: to gain weight *grossir*, 10
game *le match*, 6; **to play video games** *jouer à des jeux vidéo*, 4; **to watch a game (on TV)** *regarder un match*, 6; **to go see a game** *aller voir un match*, 6
geography *la géographie*, 2
geometry *la géométrie*, 2
German (language) *l'allemand* (m.), 2
get: Get ... *Prends...*, 8; **How can we get there?** *Comment est-ce qu'on y va?* 12
gift *le cadeau*, 11
girl *la fille*, 0
give *donner*, 5; **Please give me ...** *Donnez-moi..., s'il vous plaît.* 5
Gladly. *Je veux bien.* 8
go *aller*, 6; **Go to the blackboard!** *Allez au tableau!* 0; **I'm going ...** *Je vais...*, 6; **What are you going to do ...?** *Tu vas faire quoi... ?* 6; **It doesn't go at all with ...** *Il/Elle ne va pas du tout avec...*, 10; **It goes very well with ...** *Il/Elle va très bien avec...*, 10; **to go out with friends** *sortir avec les copains*, 1; **I'd like ... to go with ...** *J'aimerais... pour aller avec...*, 10; **Afterwards, I went out.** *Après, je suis sorti(e).* 9; **Could you go by ...?** *Tu pourrais passer à... ?* 12; **Did it go well?** *Ça s'est bien passé?* 11; **I'm going to have ..., please.** *Je vais prendre..., s'il vous plaît.* 5; **What are you going to do ...?** *Qu'est-ce que tu vas faire... ?* 6; **I went ...** *Je suis*

allé(e)...*, 9; **I'm going to ... *Je vais...*, 11; **Let's go ...** *Allons...*, 6; **to go for a walk** *faire une promenade*, 6; **We can go there ...** *On peut y aller...*, 12; **Where are you going to go ...?** *Où est-ce que tu vas aller... ?* 11; **Where did you go?** *Tu es allé(e) où?* 9; **You keep going until the next light.** *Vous continuez jusqu'au prochain feu rouge.* 12; **How's it going?** *(Comment) ça va?* 1
golf *le golf*, 4; **to play golf** *jouer au golf*, 4
good *bon(ne)*, 5; **Have a good trip!** *Bon voyage!* 11; **Did you have a good ...?** *Tu as passé un bon... ?* 11; **It doesn't look good on you at all.** *Il/Elle ne te/vous va pas du tout.* 10; **It's pretty good!** *C'est pas mauvais!* 5; **not good** *pas bon*, 5; **Yes, very good.** *Oui, très bon.* 9
Goodbye! *Au revoir!* 1; *Salut!* 1
got: No, you've got to ... *Non, tu dois...*, 7
grammar *la grammaire*, 1
grandfather *le grand-père*, 7
grandmother *la grand-mère*, 7
grapes *le raisin*, 8
great *génial(e)*, 2; **Great!** *Super!* 1; **It looks great on you!** *C'est tout à fait ton style!* 10; **It was great!** *C'était formidable!* 11; **Not so great.** *Pas terrible*, 1
green *vert(e)*, 3
green beans *les *haricots verts* (m.), 8
grey *gris(e)*, 3
grocery store (small) *l'épicerie* (f.), 12
gross *dégoûtant(e)*, 5
grow *grandir*, 10
guava *la goyave*, 8
gym *le sport*, 2

half *demi(e)*, 6; **half past** *et demie*, 6; **half past** (after *midi* and *minuit*) *et demi*, 6
ham *le jambon*, 5; **toasted ham and cheese sandwich** *le croque-monsieur*, 5
hamburger *le hamburger*, 1
hand *la main*, 0
happened: What happened? *Qu'est-ce qui s'est passé?* 9
happy *content(e)*, 7
hard *difficile*, 2
hat *le chapeau*, 10
have *avoir*, 2; **At what time do you have ...?** *Tu as... à quelle heure?* 2; **Did you have a good**

weekend? *Tu as passé un bon week-end?* 9; **Do you have . . . ?** *Vous avez... ?* 2; *Tu as... ?* 3; **Do you have that in . . . ?** (size, fabric, color) *Vous avez ça en... ?* 10; **Have . . .** *Prends/Prenez... ,* 5; **What are you having?** *Vous prenez?* 5; **I don't have . . .** *Je n'ai pas de... ,* 3; **I have some things to do.** *J'ai des trucs à faire.* 5; **I have . . .** *J'ai... ,* 2; **I'll have . . . , please.** *Je vais prendre... , s'il vous plaît.* 5; **to take or to have (food or drink)** *prendre,* 5; **We have . . .** *Nous avons...,* 2; **What classes do you have . . . ?** *Tu as quels cours... ?* 2; **What do you have . . . ?** *Tu as quoi... ?* 2; **What kind of . . . do you have?** *Qu'est-ce que vous avez comme... ?* 5; **Will you have . . . ?** *Tu prends/Vous prenez... ?* 8

health *le cours de développement personnel et social (DPS),* 2
Hello. *Bonjour.* 1; **Hello? (on the phone)** *Allô?* 9
help: May I help you? *(Est-ce que) je peux vous aider?* 10
her *la,* 9; *son/sa/ses,* 7; **to her** *lui,* 9
Here. *Voilà.* 3; **Here's . . .** *Voici... ,* 7
Hi! *Salut!* 1
hiking *la randonnée,* 11; **to go hiking** *faire de la randonnée,* 11
him *le,* 9; **to him** *lui,* 9
his *son/sa/ses,* 7
history *l'histoire* (f.), 2
hockey *le *hockey,* 4; **to play hockey** *jouer au hockey,* 4
Hold on. *Ne quittez pas.* 9
homework *les devoirs* (m.), 2; **I've got homework to do.** *J'ai des devoirs à faire.* 5; **to do homework** *faire les devoirs,* 7
horrible *épouvantable,* 9; **It was horrible.** *C'était épouvantable.* 9
horseback riding *l'équitation* (f.), 1; **to go horseback riding** *faire de l'équitation,* 1
hose (clothing) *le collant,* 10
hot *chaud,* 4; **It's hot.** *Il fait chaud.* 4; **not so hot** *pas super,* 2
hot chocolate *le chocolat,* 5
hot dog *le *hot-dog,* 5
house: at my house *chez moi,* 6; **Is this . . . 's house?** *Je suis bien chez... ?* 6; **to/at . . . 's house** *chez... ,* 6
housework *le ménage,* 1; **to do housework** *faire le ménage,* 1
how: How old are you? *Tu as quel âge?* 1; **How about . . . ?** *On... ?* 4; **How do you like it?** *Comment tu trouves ça?* 5; **How much is . . . ?** *C'est combien... ?*

5; **How much is it?** *C'est combien?* 3; **How much is it, please?** (total) *Ça fait combien, s'il vous plaît?* 5; **How's it going?** *(Comment) ça va?* 1
how much *combien,* 3; **How much is . . . ?** *C'est combien,... ?* 3; **How much is it?** (total) *Ça fait combien, s'il vous plaît?* 5
hundred *cent,* 3; **two hundred** *deux cents,* 3
hungry: to be hungry *avoir faim,* 5; **No thanks. I'm not hungry anymore.** *Non, merci. Je n'ai plus faim.* 8
husband *le mari,* 7

I *je,* 1; **I do.** *Moi, si.* 2; **I don't.** *Moi, non.* 2
ice cream *la glace,* 1
ice-skate *faire du patin à glace,* 4
idea *l'idée* (f.), 4; **Good idea.** *Bonne idée.* 4; **I have no idea.** *Je n'en sais rien.* 11
if *si,* 7; **OK, if you . . . first.** *D'accord, si tu... d'abord.* 7
impossible *impossible,* 7; **No, that's impossible.** *Non, c'est impossible.* 7
in *dans,* 6; **in (a city or place)** *à,* 11; **in (before a feminine country)** *en,* 11; **in (before a masculine noun)** *au,* 11; **in (before a plural country)** *aux,* 11; **in front of** *devant,* 6; **in the afternoon** *l'après-midi,* 2; **in the evening** *le soir,* 4; **in the morning** *le matin,* 2
in-line skate *le roller en ligne,* 4; **to in-line skate** *faire du roller en ligne,* 4
indifference: (expression of indifference) *Bof!* 1
intend: I intend to . . . *J'ai l'intention de... ,* 11
interest: That doesn't interest me. *Ça ne me dit rien.* 4
interesting *intéressant(e),* 2
is: He is . . . *Il est... ,* 7; **It's . . .** *C'est... ,* 2; **She is . . .** *Elle est... ,* 7; **There's . . .** *Voilà... ,* 7; **This is . . .** *C'est... ; Voici... ,* 7
it *le, la,* 9
It's . . . *C'est... ,* 2; **It's . . .** *Il est...* (time), 6; **It's . . . euros.** *C'est... euros.* 5; *Ça fait... euros.* 5; **No, it's . . .** *Non, c'est... ,* 4; **Yes, it's . . .** *Oui, c'est... ,* 4

jacket *le blouson,* 10; **suit jacket** *la veste,* 10
jam *la confiture,* 8
January *janvier,* 4; **in January** *en janvier,* 4
jeans *le jean,* 3
jog *faire du jogging,* 4
jogging *le jogging,* 4
juice *le jus,* 5; **orange juice** *le jus d'orange,* 5; **apple juice** *le jus de pomme,* 5
July *juillet,* 4; **in July** *en juillet,* 4
June *juin,* 4; **in june** *en juin,* 4

kilogram *le kilo(kilogramme),* 8; **a kilogram of** *un kilo de,* 8
kind: What kind of . . . do you have? *Qu'est-ce que vous avez comme... ?* 5
know: I don't know. *Je ne sais pas.* 10

lab *les travaux pratiques* (m. pl.), 2
later: Can you call back later? *Vous pouvez rappeler plus tard?* 9; **See you later!** *A tout à l'heure!* 1
Latin (language) *le latin,* 2
lawn *le gazon,* 7; **to mow the lawn** *tondre le gazon,* 7
learn *apprendre,* 0
leather *le cuir,* 10; **in leather** *en cuir,* 10
leave *partir,* 11; **Can I leave a message?** *Je peux laisser un message?* 9; **You can't leave without . . .** *Tu ne peux pas partir sans... ,* 11
left *la gauche,* 12; **to the left** *à gauche (de),* 12
lemon *le citron,* 8
lemon soda *la limonade,* 5
lemonade *le citron pressé,* 5
let's: Let's go. *Allons... ,* 6; **Let's go!** *Allons-y!* 4
letter *la lettre,* 12; **to send letters** *envoyer des lettres,* 12
lettuce *la salade* (f.), 8
library *la bibliothèque,* 6
like *aimer,* 1; **I'd really like . . .** *Je voudrais bien... ,* 11; **Do you**

like...? *Tu aimes... ?* 1; **Do you like it?** *Il/Elle te (vous) plaît?* 10; **How do you like...?** *Comment tu trouves... ?* 10; **How do you like it?** *Comment tu trouves ça?* 5; **I (really) like...** *Moi, j'aime (bien)...,* 1; **I don't like...** *Je n'aime pas...,* 1; **I like it, but it's expensive.** *Il/Elle me plaît, mais il/elle est cher (chère).* 10; **I'd like...** *Je voudrais...,* 3; **I'd like... to go with...** *J'aimerais... pour aller avec...,* 10; **I'd really like to.** *Je veux bien.* 6; **I'd like to buy...** *Je voudrais acheter...,* 3; **What would you like?** *Vous désirez?* 10

like: **What are they like?** *Ils/Elles sont comment?* 7; **What is he like?** *Il est comment?* 7; **What is she like?** *Elle est comment?* 7

listen *écouter,* 1; **Listen!** *Écoutez!* 0; **I'm listening.** *Je t'écoute.* 9; **to listen to music** *écouter de la musique,* 1

liter *le litre,* 8; **a liter of** *un litre de,* 8

long *long (ue),* 10

look: **Look at the map!** *Regardez la carte!* 0; **It doesn't look good on you at all.** *Il/Elle ne te/vous va pas du tout.* 10; **I'm looking for something for...** *Je cherche quelque chose pour...,* 10; **It looks great on you!** *C'est tout à fait ton style!* 10; **Look, here's/there's/it's...** *Regarde, voilà...,* 12; **No, thanks, I'm just looking.** *Non, merci, je regarde.* 10; **to look for** *chercher,* 9

look after: **to look after...** *garder...,* 7

looks: **It looks great on you!** *C'est tout à fait ton style!* 10

loose-leaf binder *le classeur,* 3

lose *perdre,* 9; **to lose weight** *maigrir,* 10

lot: **A lot.** *Beaucoup.* 4

lots: **I have lots of things to do.** *J'ai des tas de choses à faire.* 5

lower (number) *moins,* 0

luck *la chance,* 11; **Good luck!** *Bon courage!* 2; *Bonne chance!* 11

lunch *le déjeuner,* 2; **to have lunch** *déjeuner,* 9

ma'am *madame (Mme),* 1

made *fait (pp of faire),* 9

magazine *le magazine,* 3

make *faire,* 4

mall *le centre commercial,* 6

mango *la mangue,* 8

map *la carte,* 0

March *mars,* 4; **in March** *en mars,* 4

market *le marché,* 8

math *les maths (f. pl.), les mathématiques,* 1

May *mai,* 4; **in May** *en mai,* 4

may: **May I...?** *(Est-ce que) je peux...?* 7; **May I help you?** *(Est-ce que) je peux vous aider?* 10

me *moi,* 2; **Me, too.** *Moi aussi.* 2; **Not me.** *Pas moi.* 2

mean *méchant(e),* 7

meat *la viande,* 8

medicine *les médicaments (m.),* 12

meet *retrouver,* 6; *rencontrer,* 9; **I'd like you to meet...** *Je te (vous) présente...,* 7; **Pleased to meet you.** *Très heureux (heureuse).* 7; **O.K., we'll meet...** *Bon, on se retrouve...,* 6; **We'll meet...** *Rendez-vous...,* 6

menu *la carte,* 5; **The menu, please.** *La carte, s'il vous plaît.* 5

message *le message,* 9; **Can I leave a message?** *Je peux laisser un message?* 9

metro *le métro,* 12; **at the... metro stop** *au métro...,* 6

midnight *minuit,* 6; **It's midnight.** *Il est minuit.* 6; **It's half past midnight.** *Il est minuit et demi.* 6

milk *le lait,* 8

mineral water *l'eau minérale (f.),* 5

minute *la minute,* 9; **Do you have a minute?** *Tu as une minute?* 9

miss, Miss *mademoiselle (Mlle),* 1

miss *rater,* 9; **to miss the bus** *rater le bus,* 9

moment *le moment,* 5; **One moment, please.** *Un moment, s'il vous plaît.* 5

Monday *lundi,* 2; **on Mondays** *le lundi,* 2

money *l'argent (m.),* 11

More...? *Encore de...?* 8; **I don't want any more.** *Je n'en veux plus.* 8

morning *le matin,* 2; **in the morning** *le matin,* 2

mother *la mère,* 7

mountain *la montagne,* 11; **to/in the mountains** *à la montagne,* 11

movie *le film,* 6; **to see a movie** *voir un film,* 6

movie theater *le cinéma,* 6; **the movies** *le cinéma,* 1

mow: **to mow the lawn** *tondre le gazon,* 7

Mr. *monsieur (M.),* 1

Mrs. *madame (Mme),* 1

much: **How much is...?** *C'est combien,...?* 5; **How much is it, please?** *Ça fait combien, s'il vous plaît?* 5; **How much is it?** *C'est combien?* 3; **No, not too much.** *Non, pas trop.* 2; **Not much.** *Pas grand-chose.* 6; **Not too much.** *Pas tellement.* 4; **Not very much.** *Pas beaucoup.* 4; **Yes, very much.** *Oui, beaucoup.* 2

museum *le musée,* 6

mushroom *le champignon,* 8

music *la musique,* 2

my *mon/ma/mes,* 7

name: **His/Her name is...** *Il/Elle s'appelle...,* 1; **My name is...** *Je m'appelle...,* 0; **What is your name?** *Tu t'appelles comment?* 0

natural science *les sciences naturelles (f.),* 2

need: **I need...** *Il me faut...,* 3; **I need...** *J'ai besoin de...,* 8; **What do you need for...?** (formal) *Qu'est-ce qu'il vous faut pour...?* 3; **What do you need for...?** (informal) *Qu'est-ce qu'il te faut pour...?* 3; **What do you need?** *De quoi est-ce que tu as besoin?* 8

neither: **Neither do I.** *Moi non plus.* 2; **neither tall nor short** *ne... ni grand(e) ni petit(e),* 7

never *ne... jamais,* 4

next *prochain(e),* 12; **You go down this street to the next light.** *Vous continuez jusqu'au prochain feu.* 12

next to *à côté de,* 12

nice *gentil (gentille),* 7; *sympa (sympathique),* 7; **It's nice weather.** *Il fait beau.* 4

nightmare *le cauchemar,* 11; **It was a real nightmare!** *C'était un véritable cauchemar!* 11

no *non,* 1

noon *midi,* 6; **It's noon.** *Il est midi.* 6; **It's half past noon.** *Il est midi et demi.* 6

not: **Oh, not bad.** *Oh, pas mal/mauvais.* 9; **not yet** *ne... pas encore,* 9; **Not at all.** *Pas du tout.* 4; **Not me.** *Pas moi.* 2; **Not so great.** *Pas terrible.* 1; **not very good** *pas bon,* 5; **No, not really.** *Non, pas vraiment.* 11; **No, not too much.** *Non, pas trop.* 2

notebook *le cahier,* 0, 3

nothing *rien,* 6; **Nothing special.** *Rien de spécial.* 6

novel *le roman,* 3

November *novembre,* 4; **in November** *en novembre,* 4

now *maintenant,* 2; **I can't right now.** *Je ne peux pas maintenant.* 8

o'clock *...heures*, 2; **at ... o'clock** *à... heure(s)*, 2
October *octobre*, 4; **in October** *en octobre*, 4
of *de*, 0; **of course** *bien sûr*, 3; **of it** *en*, 8; **of them** *en*, 8
often *souvent*, 4
O.K. *D'accord.* 4; **Is that O.K. with you?** *Tu es d'accord?* 7; **Well, O.K.** *Bon, d'accord.* 8; **Yes, it was O.K.** *Oui, ça a été.*
okra *les gombos* (m.), 8
old: How old are you? *Tu as quel âge?* 1; **I am ... years old.** *J'ai... ans.* 1; **older** *âgé(e)*, 7
omelet *l'omelette* (f.), 5
on: Can I try on ...? *Je peux essayer le/la/les... ?* 10; **on foot** *à pied*, 12; **on Fridays** *le vendredi*, 2; **on Mondays** *le lundi*, 2; **on Saturdays** *le samedi*, 2; **on Sundays** *le dimanche*, 2; **on Thursdays** *le jeudi*, 2; **on Tuesdays** *le mardi*, 2; **on Wednesdays** *le mercredi*, 2
once: once a week *une fois par semaine*, 4
onion *l'oignon* (m.), 8
open: Open your books to page ... *Ouvrez vos livres à la page... ,* 0
opinion *l'avis* (m.), 9; **In your opinion, what do I do?** *A ton avis, qu'est-ce que je fais?* 9
or *ou*, 1
orange (color) *orange* (inv.), 3
orange *l'orange* (f.), 8
orange juice *le jus d'orange*, 5;
our *notre/nos*, 7
out: Out of the question! *Pas question!* 7; **out of style,** *démodé(e)*, 10

package *le paquet*, 8; **a package/box of** *un paquet de*, 8
page *la page*, 0
pancake: a very thin pancake *la crêpe*, 5
pants *le pantalon*, 10
papaya *la papaye*, 8
paper *le papier*, 0; **sheets of paper** *les feuilles de papier* (f.), 3
pardon: Pardon me. *Pardon.* 3
parent *le parent*, 7
park *le parc*, 6

party *la boum*, 6; **to go to a party** *aller à une boum*, 6
pass: You'll pass ... *Vous passez...,* 12
passport *le passeport*, 11
pastry *la pâtisserie*, 12; **pastry shop** *la pâtisserie*, 12
peach *la pêche*, 8
pear *la poire*, 8
peas *les petits pois* (m.), 8
pen *le stylo*, 0
pencil *le crayon*, 3; **pencil case** *la trousse*, 3; **pencil sharpener** *le taille-crayon*, 3
perfect *parfait(e)*, 10; **It's perfect.** *C'est parfait.* 10
phone *le téléphone*, 1; **to talk on the phone** *parler au téléphone*, 1
photography: to do photography *faire de la photo*, 4
physical education *l'éducation physique et sportive (EPS)* (f.), 2
physics *la physique*, 2
pick *choisir*, 10; **to pick up your room** *ranger ta chambre*, 7
picnic *le pique-nique*, 6; **to have a picnic** *faire un pique-nique*, 6
picture *la photo*, 4; **to take pictures** *faire des photos*, 4
pie *la tarte*, 8
piece *le morceau*, 8; **a piece of** *un morceau de*, 8
pineapple *l'ananas* (m.), 8
pink *rose*, 3
pizza *la pizza*, 1
place *l'endroit* (m.), 12
plane *l'avion* (m.), 12; **by plane** *en avion*, 12
plane ticket *le billet d'avion*, 11
plans: I don't have any plans. *Je n'ai rien de prévu.* 11
plate *l'assiette* (f.), 5
play *la pièce*, 6; **to see a play** *voir une pièce*, 6
play *jouer*, 4; *faire*, 4; **I don't play/do ...** *Je ne fais pas de... ,* 4; **I play ...** *Je joue... ,* 4; **I play/do ...** *Je fais... ,* 4; **to play baseball** *jouer au base-ball*, 4; **to play basketball** *jouer au basket (-ball)*, 4; **to play football** *jouer au football américain*, 4; **to play golf** *jouer au golf*, 4; **to play hockey** *jouer au hockey*, 4; **to play soccer** *jouer au foot(ball)*, 4; **to play sports** *faire du sport*, 1; **to play tennis** *jouer au tennis*, 4; **to play video games** *jouer à des jeux vidéo*, 4; **to play volleyball** *jouer au volley(-ball)*, 4; **What sports do you play?** *Qu'est-ce que tu fais comme sport?* 4
please *s'il te/vous plaît*, 3; **Yes, please.** *Oui, s'il te/vous plaît.* 8
pleased: Pleased to meet you. *Très heureux (-euse).* 7

pleasure *le plaisir*, 8; **Yes, with pleasure.** *Oui, avec plaisir.* 8
pork *le porc*, 8
post office *la poste*, 12
poster *le poster*, 0
potato *la pomme de terre*, 8
pound *la livre*, 8; **a pound of** *une livre de*, 8
practice *répéter*, 9
prefer *préférer*, 1; **I prefer ...** *Je préfère... ,* 1; **J'aime mieux... ,** 1
problem *le problème*, 9; **I've got a little problem.** *J'ai un petit problème.* 9
pullover (sweater) *le pull-over*, 3
purple *violet(te)*, 3
put *mettre*, 10; **to put on** *mettre,* 10

quarter *le quart*, 6; **quarter past** *et quart*, 6; **quarter to** *moins le quart*, 6
question: Out of the question! *Pas question!* 7
quiche *la quiche*, 5
quiz *l'interro(gation)* (f.), 9

radio *la radio*, 3
rain: It's raining. *Il pleut.* 4
raise: Raise your hand! *Levez la main!* 0
rarely *rarement*, 4
read *lire*, 1; **read** *lu* (pp. of *lire*), 9
really *vraiment*, 11; **I (really) like ...** *Moi, j'aime (bien)... ,* 1; **I'd really like ...** *Je voudrais bien... ,* 11; **I'd really like to.** *Je veux bien.* 6; **No, not really.** *Non, pas vraiment.* 11
record store *le disquaire*, 12; **at the record store** *chez le disquaire*, 12
recreation center *la Maison des jeunes et de la culture (MJC)*, 6
red *rouge*, 3; **redheaded** *roux (rousse)*, 7
rehearse *répéter*, 9
relative *le parent*, 7
Repeat! *Répétez!* 0
restaurant *le restaurant*, 6
retro (style) *rétro* (inv.), 10
return: to return something *rendre,* 12
rice *le riz*, 8
ride: to go horseback riding *faire de l'équitation*, 1

right *la droite*, 12; **to the right** *à droite (de)*, 12

right away *tout de suite*, 6; **Yes, right away.** *Oui, tout de suite.* 5; **I'll go right away.** *J'y vais tout de suite.* 8

right now *maintenant*, 8; **I can't right now.** *Je ne peux pas maintenant.* 8

right there: It's right there on the... *C'est tout de suite à...* , 12

room *la chambre*, 7; **to pick up your room** *ranger ta chambre*, 7

ruler *la règle*, 3

S

sailing *la voile*, 11; **to go sailing** *faire de la voile*, 11; *faire du bateau*, 11

salad *la salade*, 8

salami *le saucisson*, 5

sandals *les sandales* (f.), 10

sandwich *un sandwich*, 5; **cheese sandwich** *un sandwich au fromage*, 5; **ham sandwich** *un sandwich au jambon*, 5; **salami sandwich** *un sandwich au saucisson*, 5; **toasted ham and cheese sandwich** *le croque-monsieur*, 5

Saturday *samedi*, 2; **on Saturdays** *le samedi*, 2

saw *vu* (pp. of *voir*), 9

scarf *l'écharpe* (f.), 10

school *l'école* (f.), 1

science class *les sciences naturelles*, 2

scuba diving *la plongée*, 11; **to go scuba diving** *faire de la plongée*, 11

sea *la mer*, 11

second *la seconde*, 9; **One second, please.** *Une seconde, s'il vous plaît.* 9

see *voir*, 6; **See you later!** *A tout à l'heure!* 1; **See you soon.** *A bientôt.* 1; **See you tomorrow.** *A demain.* 1; **to go see a game** *aller voir un match*, 6; **to see a movie** *voir un film*, 6; **to see a play** *voir une pièce*, 6

seen *vu* (pp. of *voir*), 9

sell *vendre*, 9

send *envoyer*, 12; **to send letters** *envoyer des lettres*, 12

sensational *sensass*, 2

September *septembre*, 4; **in September** *en septembre*, 4

service: At your service; You're welcome. *A votre service.* 3

shall: Shall we go to the café? *On va au café?* 5

sheet *la feuille*, 0; **a sheet of paper** *une feuille de papier*, 0

shirt (man's) *la chemise*, 10; **(woman's)** *le chemisier*, 10

shoes *les chaussures* (f.), 10

shop: to go shopping *faire les magasins*, 1; **to window-shop** *faire les vitrines*, 6; **Can you do the shopping?** *Tu peux aller faire les courses?* 8

shopping *les courses* (f.), 7; **to do the shopping** *faire les courses*, 7

short (height) *petit(e)*, 7; (length) *court(e)*, 10

shorts: (pair of) shorts *le short*, 3

should: You should... *Tu devrais...* , 9; **You should talk to him/her/them.** *Tu devrais lui/leur parler.* 9

show *montrer*, 9

shy *timide*, 7

sing *chanter*, 9

sir *monsieur (M.)*, 1

sister *la sœur*, 7

Sit down! *Asseyez-vous!* 0

size *la taille*, 10

skate: to ice-skate *faire du patin à glace*, 4; **to in-line skate** *faire du roller en ligne*, 4

ski *faire du ski*, 4; **How about skiing?** *On fait du ski?* 5; **to water-ski** *faire du ski nautique*, 4; **skiing** *le ski*, 1

skirt *la jupe*, 10

sleep *dormir*, 1

slender *mince*, 7

slice *la tranche*, 8; **a slice of** *une tranche de*, 8

small *petit(e)*, 10

smart *intelligent(e)*, 7

snack: afternoon snack *le goûter*, 8

snails *les escargots* (m.), 1

sneakers *les baskets* (f. pl.), 3

snow: It's snowing. *Il neige.* 4

so: not so great *pas terrible*, 5

So-so. *Comme ci comme ça.* 1

soccer *le football*, 1; *le foot*, 4; **to play soccer** *jouer au foot(ball)*, 4

socks *les chaussettes* (f.), 10

soda: lemon soda *la limonade*, 5

some *des*, 3; **some** *du, de la, de l', des*, 8; **some (of it)** *en*, 8; **Yes, I'd like some.** *Oui, j'en veux bien.* 8

something *quelque chose*, 6; **I'm looking for something for...** , *Je cherche quelque chose pour...* , 10

sometimes *quelquefois*, 4

son *le fils*, 7

soon: See you soon. *A bientôt.* 1

Sorry. *Je regrette.* 3; *Désolé(e).* 5; **Sorry, but I can't.** *Désolé(e), mais je ne peux pas.* 4; **I'm sorry, but I don't have time.** *Je regrette, mais je n'ai pas le temps.* 8; **Sorry, I'm busy.** *Désolé(e), je suis occupé(e).* 6

Spanish (language) *l'espagnol* (m.), 2

speak *parler*, 9; **Could I speak to...?** *(Est-ce que) je peux parler à...?* 9

special *spécial(e)*, 6; **Nothing special.** *Rien de spécial.* 6

sports *le sport*, 1; **to play sports** *faire du sport*, 1; **What sports do you play?** *Qu'est-ce que tu fais comme sport?* 4

spring *le printemps*, 4; **in the spring** *au printemps*, 4

stadium *le stade*, 6

stamp *le timbre*, 12

stand: Stand up! *Levez-vous!* 0

start *commencer*, 9

stationery store *la papeterie*, 12

steak *le bifteck*, 8; **steak and French fries** *le steak-frites*, 5

stop: at the... metro stop *au métro...* , 6

store *le magasin*, 1

straight ahead *tout droit*, 12; **You go straight ahead until you get to...** *Vous allez tout droit jusqu'à...* , 12

strawberry *la fraise*, 8; **water with strawberry syrup** *le sirop de fraise (à l'eau)*, 5

street *la rue*, 12; **Take... Street, then cross... Street.** *Prenez la rue...* , *puis traversez la rue...* , 12

strong *fort(e)*, 7

student *l'élève* (m./f.), 2

study *étudier*, 1

study hall *l'étude* (f.), 2

style *la mode*, 10; **in style** *à la mode*, 10; **out of style** *démodé(e)*, 10

subway *le métro*, 12; **by subway** *en métro*, 12

sugar *le sucre*, 7

suit: Does it suit me? *Il/Elle me va?* 10; **It suits you really well.** *Il/Elle te/vous va très bien.* 10

suit jacket *la veste*, 10

suitcase *la valise*, 11

summer *l'été* (m.), 4; **in the summer** *en été*, 4

summer camp *la colonie de vacances*, 11; **to/at a summer camp** *en colonie de vacances*, 11

Sunday *dimanche*, 2; **on Sundays** *le dimanche*, 2

sunglasses *les lunettes de soleil* (f. pl.), 10

super *super*, 2

supermarket *le supermarché*, 8

sure: I'm not sure. *J'hésite.* 10

sweater *le cardigan*, 10

sweatshirt *le sweat-shirt*, 3

swim *nager*, 1; *faire de la natation*, 4

swimming *la natation*, 4

swimming pool *la piscine*, 6

syrup: water with strawberry syrup *le sirop de fraise (à l'eau)*, 5

T-shirt *le tee-shirt*, 3
table *la table*, 7; **to clear the table** *débarrasser la table*, 7
tacky *moche*, 10; **I think it's (they're) really tacky.** *Je le/la/les trouve moche(s).* 10
take or have (food or drink) *prendre*, 5; **Are you taking it/them?** *Vous le/la/les prenez?* 10; **Are you taking . . . ?** *Tu prends... ?* 11; **Have you decided to take . . . ?** *Vous avez décidé de prendre... ?* 10; **I'll take it/them.** *Je le/la/les prends.* 10; **to take a test** *passer un examen*, 9; **to take pictures** *faire des photos*, 4; **We can take . . .** *On peut prendre... ,* 12; **Take . . . Street, then . . . Street.** *Prenez la rue... , puis la rue... ,* 12
take out: Take out a sheet of paper. *Prenez une feuille de papier.* 0; **to take out the trash** *sortir la poubelle*, 7
taken *pris* (pp. of *prendre*), 9
talk *parler*, 1; **Can I talk to you?** *Je peux te parler?* 9; **to talk on the phone** *parler au téléphone*, 1; **We talked.** *Nous avons parlé.* 9
tall *grand(e)*, 7
taxi *le taxi*, 12; **by taxi** *en taxi*, 12
teacher *le professeur*, 0
telephone *le téléphone*, 0
television *la télévision*, 0
tell *dire*, 9; **Can you tell her/him that I called?** *Vous pouvez lui dire que j'ai téléphoné?* 9
tennis *le tennis*, 4; **to play tennis** *jouer au tennis*, 4
terrible *horrible*, 10
test *l'examen* (m.), 1
Thank you. *Merci.* 3; **No thanks. I'm not hungry anymore.** *Non, merci. Je n'ai plus faim.* 8
that *ce, cet, cette*, 3; **This/That is . . .** *Ça, c'est... ,* 12
theater *le théâtre*, 6
their *leur/leurs*, 7
them *les*, 9; **to them** *leur*, 9
then *ensuite*, 9
there *-là* (noun suffix), 3; **there** *il y a*, 5; **there** *y, là*, 12; **Is . . . there, please?** *(Est-ce que)... est là, s'il vous plaît?* 9; **There's . . .** *Voilà... ,* 7; **There is/There are . . .** *Il y a... ,* 5; **What is there to drink?** *Qu'est-ce qu'il y a à boire?* 5
these *ces*, 3; **These/those are . . .** *Ce sont... ,* 7
thing *la chose*, 5; *le truc*, 5; **I have lots of things to do.** *J'ai des tas de*

choses à faire. 5; **I have some things to do.** *J'ai des trucs à faire.* 5
think *penser*, 11; **I think it's/ they're . . .** *Je le/la/les trouve... ,* 10; **I've thought of everything.** *J'ai pensé à tout.* 11; **What do you think of . . . ?** *Comment tu trouves... ?* 2; **What do you think of that/it?** *Comment tu trouves ça?* 2
thirsty: to be thirsty *avoir soif*, 5
this *ce, cet, cette*, 3; **This is . . .** *C'est... ,* 7; **This is . . .** *Voilà/Voici... ,* 7; **This/That is . . .** *Ça, c'est... ,* 12
those *ces*, 3; **These/Those are . . .** *Ce sont... ,* 7
Thursday *jeudi*, 4; **on Thursdays** *le jeudi*, 2
ticket *le billet*, 11; **plane ticket** *le billet d'avion*, 11; **train ticket** *le billet de train*, 11
tie *la cravate*, 10
tight *serré(e)*, 10
time *le temps*, 8; **a waste of time** *zéro*, 2; **at the time of** *à l'heure de*, 1; **At what time do you have . . . ?** *Tu as... à quelle heure?* 2; **At what time?** *A quelle heure?* 6; **from time to time** *de temps en temps*, 4; **I'm sorry, but I don't have time.** *Je regrette, mais je n'ai pas le temps.* 8; *Je suis désolé(e), mais je n'ai pas le temps.* 12; **What time is it?** *Quelle heure est-il?* 6
to *à la, au, à l', aux*, 6; **to (a city or place)** *à*, 11; **to (before a feminine country)** *en*, 11; **to (before a masculine noun)** *au*, 11; **to (before a plural noun)** *aux*, 11; **to her** *lui*, 9; **to him** *lui*, 9; **to them** *leur*, 9; **five to . . .** *moins cinq*, 6
today *aujourd'hui*, 2
tomato *la tomate*, 8
tomorrow *demain*, 2; **See you tomorrow.** *A demain.* 1
tonight *ce soir*, 7; **Not tonight.** *Pas ce soir.* 7
too (much) *trop*, 10; **It's/They're too . . .** *Il/Elle est (Ils/Elles sont) trop... ,* 10; **Me too.** *Moi aussi.* 2; **No, it's too expensive.** *Non, c'est trop cher.* 10; **No, not too much.** *Non, pas trop.* 2; **Not too much.** *Pas tellement.* 4
track *l'athlétisme* (m.), 4; **to do track and field** *faire de l'athlétisme*, 4
train *le train*, 12; **by train** *en train*, 12; **train ticket** *le billet de train*, 11
trash(can) *la poubelle*, 7; **to take out the trash** *sortir la poubelle*, 7
travel *voyager*, 1

trip *le voyage*, 11; **Have a good trip!** *Bon voyage!* 11
true *vrai*, 2
try: Can I try on . . . ? *Je peux essayer... ?* 10; **Can I try it (them) on ?** *Je peux l'/les essayer?* 10
Tuesday *mardi*, 2; **on Tuesdays** *le mardi*, 2
turn *tourner*, 12; **You turn . . .** *Vous tournez... ,* 12
TV *la télé(vision)*, 1; **to watch TV** *regarder la télé(vision)*, 1

umbrella *le parapluie*, 11
uncle *l'oncle* (m.), 7
uncooked *cru(e)*, 5
until *jusqu'à*, 12; **You go straight ahead until you get to . . .** *Vous allez tout droit jusqu'à... ,* 12
useless *nul(le)*, 2
usually *d'habitude*, 4

vacation *les vacances* (f. pl.), 1; **Have a good vacation!** *Bonnes vacances!* 11; **on vacation** *en vacances*, 4
vacuum (verb) *passer l'aspirateur*, 7
VCR (videocassette recorder) *le magnétoscope*, 0
vegetables *les légumes* (m.), 8
very *très*, 1; **Very well.** *Très bien.* 1; **Yes, very much.** *Oui, beaucoup.* 2
video *la vidéo*, 4; **to make videos** *faire de la vidéo*, 4; **video games** *des jeux vidéo*, 4
videocassette recorder (VCR) *le magnétoscope*, 0
videotape *la vidéocassette*, 3
visit (a place) *visiter*, 9
volleyball *le volley(-ball)*, 4; **to play volleyball** *jouer au volley(-ball)*, 4

W

wait for *attendre*, 9
Waiter! *Monsieur!* 5
Waitress! *Madame!* 5; *Mademoiselle!* 5

walk: to go for a walk *faire une promenade*, 6; **to walk the dog** *promener le chien*, 7

wallet *le portefeuille*, 3

want *vouloir*, 6; **Do you want ...?** *Tu veux... ?* 6; **Do you want ...?** *Vous voulez... ?* 8; **I don't want any more.** *Je n'en veux plus.* 8; **Yes, if you want to.** *Oui, si tu veux.* 7

wash *laver*, 7; **to wash the car** *laver la voiture*, 7

waste: a waste of time *zéro*, 2

watch *la montre*, 3

watch *regarder*, 1; **to watch a game (on TV)** *regarder un match*, 6; **to watch TV** *regarder la télé(vision)*, 1

water *l'eau* (f.), 5; **mineral water** *l'eau minérale*, 5; **water with strawberry syrup** *le sirop de fraise (à l'eau)*, 5

water ski *le ski nautique*, 4; **to water-ski** *faire du ski nautique*, 4

wear *mettre, porter*, 10; **I don't know what to wear for ...** *Je ne sais pas quoi mettre pour...* , 10; **Wear ...** *Mets...* , 10; **What shall I wear?** *Qu'est-ce que je mets?* 10; **Why don't you wear ...?** *Pourquoi est-ce que tu ne mets pas... ?* 10

weather *le temps*, 4; **What's the weather like?** *Quel temps fait-il?* 4

Wednesday *mercredi*, 2; **on Wednesdays** *le mercredi*, 2

week *la semaine*, 4; **once a week** *une fois par semaine*, 4

weekend *le week-end*, 6; **Did you have a good weekend?** *Tu as passé un bon week-end?* 9; **on weekends** *le week-end*, 4; **this weekend** *ce week-end*, 6

welcome: At your service; You're welcome. *À votre service.* 3

well *bien*, 1; **Did it go well?** *Ça s'est bien passé?* 11; **Very well.** *Très bien.* 1

went: Afterwards, I went out. *Après, je suis sorti(e).* 9; **I went ...** *Je suis allé(e)...* , 9

what *comment*, 0; **What is your name?** *Tu t'appelles comment?* 0; **What do you think of ...?** *Comment tu trouves... ?* 2; **What do you think of that/it?** *Comment tu trouves ça?* 2; **What's his/her name?** *Il/Elle s'appelle comment?* 1

what *qu'est-ce que*, 1; **What are you going to do ...?** *Qu'est-ce que tu vas faire... ?* 6; **What do you do to have fun?** *Qu'est-ce que tu fais pour t'amuser?* 4; **What do you have to drink?** *Qu'est-ce que vous avez comme boissons?* 5; **What do you need for ...?** (formal) *Qu'est-ce qu'il vous faut pour... ?* 3; **What happened?** *Qu'est-ce qui s'est passé?* 9; **What kind of ... do you have?** *Qu'est-ce que vous avez comme... ?* 5

what *quoi*, 2; **I don't know what to wear for ...** *Je ne sais pas quoi mettre pour...* , 10; **What are you going to do ...?** *Tu vas faire quoi... ?* 6; **What do you have ...?** *Tu as quoi... ?* 2; **What do you need?** *De quoi est-ce que tu as besoin?* 5

When? *Quand (ça)?* 6

where *où*, 6; **Where?** *Où (ça)?* 6; **Where are you going to go ...?** *Où est-ce que tu vas aller... ?* 11; **Where did you go?** *Tu es allé(e) où?* 9

which *quel(le)*, 1

white *blanc(he)*, 3

who *qui*, 0; **Who's calling?** *Qui est à l'appareil?* 9

whom *qui*, 6; **With whom?** *Avec qui?* 6

why *pourquoi*, 0; **Why don't you ...?** *Pourquoi tu ne... pas?* 9; **Why not?** *Pourquoi pas?* 6

wife *la femme*, 7

win *gagner*, 9

window *la fenêtre*, 0; **to window-shop** *faire les vitrines*, 6

windsurfing *la planche à voile*, 11; **to go windsurfing** *faire de la planche à voile*, 11

winter *l'hiver* (m.), 4; **in the winter** *en hiver*, 4

with *avec*, 6; **with me** *avec moi*, 6; **With whom?** *Avec qui?* 6

withdraw *retirer*, 12; **withdraw money** *retirer de l'argent*, 12

without *sans*, 11; **You can't leave without ...** *Tu ne peux pas partir sans...* , 11

work *travailler*, 9

worry: Don't worry! *Ne t'en fais pas!* 9

would like: I'd like to buy ... *Je voudrais acheter...* , 3

year *l'an* (m.); **I am ... years old.** *J'ai... ans.* 1

yellow *jaune*, 3

yes *oui*, 1; **Yes, please.** *Oui, s'il te/vous plaît.* 8

yesterday *hier*, 9

yet: not yet *ne... pas encore*, 9

yogurt *les yaourts* (m.), 8

you *tu, vous*, 0; **And you?** *Et toi?* 1

young *jeune*, 7

your *ton/ta/tes*, 7; *votre/vos*, 7

zoo *le zoo*, 6

Grammar Index

Grammar Index

Page numbers in boldface type refer to the **Grammaire** and **Note de grammaire** presentations. Other page numbers refer to grammar structures presented in the **Comment dit-on... ?, Tu te rappelles?, Vocabulaire,** and **A la française** sections. Page numbers beginning with **R** refer to the Grammar Summary in this Reference Section.

N

ne... jamais: 122, R18
ne... ni... ni... : 208, 209
ne... pas: 26, 61; with indefinite articles 80, 81, 338, R19
ne... rien: 122, 146, 179, 329, 330; with the **passé composé 333**
negation: **26,** 61; indefinite articles (**ne... pas de**) 80, **81,** 116, R19; with **rien** 122, 146, 179, 329, 330, 333; with the **passé composé** 338
negative statements or questions and **si: 54,** R20
nous: See pronouns.

O

object pronouns: See pronouns.
on: with suggestions 122, 145
où: 183, **185,** 329, R20

P

partir: 334, R26
partitive articles: 235, **236,** 364, R19
passé composé: with **avoir** 269, **271,** 273, 277, 338, R28; with **être** 270, 337, 338, R28
placement of adjectives: **87,** R17
placement of adverbs: **122, 272,** R18
possessive adjectives: **205,** R18
pourquoi: 179, 240, 279, 300, 330
pouvoir: 122, 146, 179, 213, 240, **241,** R27; **pourrais** 364
prendre: 148, **149,** R27
prepositions: **369,** R21; expressions with **faire** and **jouer** 113; prepositions **à** and **en 330,** R21; preposition **de 204, 242,** R21; preposition **chez** 183
pronouns: subject pronouns 24, 26, **33, 116,** R22; direct object pronouns **279, 309,** 336, R22; indirect object pronouns 276, **279,** 336, R23; pronouns and infinitives 279, 301; pronoun **en** 242, 247, **248,** 333, R23; pronoun **y** 151, 240, 327, 364, 366, **367,** R23

Q

quand: 118, 183, **185,** R20
quantities: **242**
quel(s), quelle(s): See question words.
qu'est-ce que: 185, 329, 330, 337

question formation: **115,** R20
question words: 58, 183, **185,** 329, R20; **quel** 25; **quels** 55; **pourquoi** 179, 240, 279, 300, 330
qui: 183, **185,** R20
quoi: 55, **185,** 300

R

re-: prefix 241
-re verbs: **277,** R24; with **passé composé 277,** 338, R28
rien: See **ne... rien.**

S

si: 54, R20; indicating condition 213, 364
sortir: 334, R26
subject pronouns: 24, 26, **33, 116,** R22

T

time: 58, 183, **185**
tu: See pronouns.

U

un, une, des: 79, **81,** R19

V

venir: 179
verbs: commands 10, 148, 151, **152,** 240, 333, R28; **-er** 26, 31, 32, **33,** 119, R24; **-ir** verbs 303, R24; **passé composé** with **avoir** 269, **271,** 273, **277,** 303, 338, R28; **passé composé** with **être** 270, 337, 338, R28; **-re** verbs **277,** R24
vouloir: 179, **180,** R27
vous: See pronouns.

Y

y: 151, 240, 327, 364, 366, **367,** R23

63

AMMAR INDEX

ammar Index

Credits

ACKNOWLEDGMENTS

For permission to reprint copyrighted material, grateful acknowledgment is made to the following sources:

Agence Vu: Two photographs from "Je passe ma vie au téléphone" by Anne Vaisman, photographs by Claudine Doury, from *Phosphore*, no. 190, February 1997. Copyright © 1997 by Agence Vu.

Air France: Front of Air France boarding pass, "Carte d'accès à bord."

Bayard Presse International: From "Allez, c'est à vous de choisir," text by Florence Farcouli, illustrations by Olivier Tossan, from *Okapi*, no. 568-9, September 1995. Copyright © 1995 by Bayard Presse International. Text and illustrations from "Sondage: les lycéens ont-ils le moral?" from *Phosphore*, no. 160, September 1989. Copyright © 1989 by Bayard Presse International. From "Je passe ma vie au téléphone" by Anne Vaisman from *Phosphore*, no. 190, February 1997. Copyright © 1997 by Bayard Presse International.

C'Rock Radio, Vienne: Logo for C'Rock Radio, 89.5 MHz.

Cacharel: Four adapted photographs with captions of Cacharel products from *Rentrée très classe à prix petits : Nouvelles Galeries Lafayette.*

Canal B, Bruz: Logo for Canal B Radio, 94 MHz.

Cathédrale d'images: Advertisement, "Cathédrale d'images," from *Évasion Plus.*

Comité Français d'Education pour la Santé, 2, rue Auguste Comte-92170 Vanves: From "Les groupes d'aliments" from the brochure *Comment équilibrer votre alimentation,* published and edited by the Comité Français d'Education pour la Santé.

Editions S.A.E.P.: Recipe and photograph for "Croissants au coco et au sésame," recipe and photograph for "Mousseline africaine de petits légumes," "Signification des symboles accompagnant les recettes," and jacket cover from *La Cuisine Africaine* by Pierrette Chalendar. Copyright © 1993 by S.A.E.P.

EF Foundation: From "Le rêve américain devient réalité, en séjour Immersion avec EF: Vivre à l'américaine," photograph, and "Vacances de Printemps" from "Les U.S.A. en cours Principal: le séjour EF idéal" from *EF Voyages Linguistiques: Hiver, Printemps et Eté 1993.*

Femme Actuelle: Text from "En direct des refuges: Poupette, 3 ans" by Nicole Lauroy from *Femme Actuelle*, no. 414, August 31–September 6, 1992. Copyright © 1992 by Femme Actuelle. Text from "En direct des refuges: Jupiter, 7 mois" by Nicole Lauroy from *Femme Actuelle*, no. 436, February 1993. Copyright © 1993 by Femme Actuelle. Text from "En direct des refuges: Flora, 3 ans" by Nicole Lauroy from *Femme Actuelle*, no. 457, July 1993. Copyright © 1993 by Femme Actuelle. Text from "En direct des refuges: Dady, 2 ans" and from "Mayo a trouvé une famille" by Nicole Lauroy from *Femme Actuelle*, no. 466, August 30–September 5, 1993. Copyright © 1993 by Femme Actuelle. Text from "En direct des refuges: Camel, 5 ans" by Nicole Lauroy from *Femme Actuelle*, no. 472, October 11–17, 1993. Copyright © 1993 by Femme Actuelle.

France Miniature: Cover, illustration and adapted text from brochure, *Le Pays France Miniature.*

France Télécom: Front and back of the Télécarte.

Galeries Lafayette: Four adapted photographs with captions of Cacharel products and two photographs with captions of NAF NAF products from *Rentrée très classe à prix petits: Nouvelles Galeries Lafayette.*

Grands Bateaux de Provence: Advertisement, "Bateaux 'Mireio'," from *Evasion Plus.*

Grottes de Thouzon: Advertisement, "Grottes de Thouzon," photograph by M. Crotet, from *Evasion Plus*, Provence, Imprimerie Vincent, 1994.

Groupe Filipacchi: Advertisement, "Casablanca," from *7 à Paris*, no. 534, February 2–18, 1992, p. 43.

Hachette Livre: From "Où dormir?" and "Où manger?" from "Arles (13200)" from *Le Guide du Routard : Provence-Côte d'Azur, 2000/2001.* Copyright by Hachette Livre (Hachette Tourisme).

L'Harmattan: Excerpts from French text and six illustrations from *Cheval de bois/Chouval bwa* by Isabelle and Henri Cadoré, illustrated by Bernadette Coléno. Copyright © 1993 by L'Harmattan.

Loca Center: Advertisement, "Loca Center," from *Guide des Services: La Martinique à domicile.*

Ministère de la Culture: From "Les jeunes aiment sortir" (Retitled: "Les loisirs préférés") from *Francoscopie: Comment vivent les Français, 1997* by Gérard Mermet.

Le Monde: From "Baccalauréat 1996. Les hauts et les bas: Taux de réussite par série" from *Le Monde de l'Education*, no. 240, September 1996. Copyright © 1996 by Le Monde.

Musée de l'Empéri: Adapted advertisement, "Château-Musée de l'Empéri," from *Evasion Plus.*

NAF NAF: Two photographs with captions of NAF NAF products from *Rentrée très classe à prix petits : Nouvelles Galeries Lafayette.*

NRJ, Paris: Adaptation of logo for NRJ Radio, 100.3 MHz.

OUÏ FM, Paris: Logo for OUÏ FM Radio, 102.3 MHz.

Parc Astérix S.A.: Cover of brochure, *Parc Astérix,* 1992. Advertisement for Parc Astérix from *Paris Vision,* 1993, p. 29.

Parc Zoologique de Paris: Cover and map from brochure, *Parc Zoologique de Paris.*

RCV: *La Radio Rock, Lille:* Logo for RCV: La Radio Rock, 99 MHz.

Village des Sports: Advertisement, "Village des Sports: c'est l'fun, fun, fun!," from *Région de Québec.*

PHOTOGRAPHY CREDITS

Abbreviations used: (t) top, (b) bottom, (l) left, (r) right, (c) center.

Rencontre culturelle students, HRW Photo/John Langford Panorama fabric, Copyright © 1992 by Dover Publications, Inc.

All other fabric: HRW Photo.

All globes: Mountain High Maps® Copyright ©1997 Digital Wisdom, Inc.

TABLE OF CONTENTS: vii, HRW Photo/Sam Dudgeon; viii (both), HRW Photo/Marty Granger/Edge Productions; ix (t), © Owen Franken/Stock Boston; ix (b), HRW Photo/Marty Granger/Edge Productions; x, HRW Photo/Marty Granger/Edge Productions; xi (both), HRW Photo/Marty Granger/Edge Productions; xii (t), HRW Photo/Edge Productions; xii (b), © Hilary Wilkes/ International Stock Photography; xiii, © Owen Franken/ CORBIS; xiv, © Julio Donoso/Woodfin Camp & Associates; xv (both), HRW Photo/Edge Productions; xvi, © Owen Franken/CORBIS; xvii (both), HRW Photo/ Marty Granger/Edge Productions; xviii, © Benelux Press/Leo de Wys; xix, HRW Photo/Marty Granger/Edge Productions; xx, Corbis Images; xxi, HRW Photo/Marty Granger/Edge Productions; xxii, HRW Photo/Marty Granger/Edge Productions.

PRELIMINARY CHAPTER: xxvi (t, c), © Joe Viesti/Viesti Collection, Inc.; xxvi (b), © Robert Fried/Stock Boston; 1 (tl), D&P Valenti/H. Armstrong Roberts; 1 (tr), Stone/ Tim MacPherson; 1 (c), ©Michael Dwyer/Stock Boston; 1 (bl), © Owen Franken/Stock Boston; 1 (br), Viesti Collection, Inc.; 2 (t, c), Archive Photos; 2 (bl), Aslan/ Barthelémy/Nivier/Roussière/SIPA Press; 2 (br), AP/Wide World Photos; 3 (t), Vedat Acickalin/SIPA PRESS; 3 (c), Gastaud/SIPA Press; 3 (bl), Sean Roberts/Everett Collection; 3 (br), Shawn Botterill/Allsport; 4 (tl), Arianespace/SIPA Press; 4 (tc), Nabil Zorkot; 4 (tr), Boisière/SIPA Press; 4 (cl), © Robert Frerck/Odyssey/ Chicago; 4 (cr), K. Scholz/H. Armstrong Roberts; 4 (bl), HRW Photo/May Polycarpe; 4 (br), © Telegraph Colour Library/FPG International; 5 (l), Pictor Uniphoto; 5 (r), HRW Photo/John Langford; 6 (row 1, l), Digital imagery® © 2003 PhotoDisc, Inc.; 6 (row 1, cl), © Stockbyte; 6 (row 1, c), Digital imagery® © 2003 PhotoDisc, Inc.; 6 (row 1, cr), HRW Photo/Victoria Smith; 6 (row 1, r), Mountain High Maps® Copyright©1997 Digital Wisdom, Inc.; 6 (row 2, l), David Simson/Stock Boston; 6 (row 2, cl, c), Corbis Images; 6 (row 2, cr), CORBIS/Stuart Westmorland; 6 (row 2, r), Digital imagery® © 2003 PhotoDisc, Inc.; 6 (row 3, l, cl), Digital imagery® © 2003 PhotoDisc, Inc.; 6 (row 3, c), ©1998 Artville, LLC; 6 (row 3, cr), EyeWire, Inc.; 6 (row 3, r), © Stockbyte; 6 (row 4, l), CORBIS/Gunter Marx; 6 (row 4, cl), HRW Photo/ Victoria Smith; 6 (row 4, c, cr, r), Digital imagery® © 2003

PhotoDisc, Inc.; 6 (row 5, all), Digital imagery® © 2003 PhotoDisc, Inc.; 6 (row 6), Digital imagery® ©2003 PhotoDisc, Inc.; 7 (tl), Clay Myers/The Wildlife Collection; 7 (tc), Leonard Lee Rue/FPG International; 7 (tr), Tim Laman/The Wildlife Collection; 7 (bl), Jack Swenson/The Wildlife Collection; 7 (bc), Tim Laman/ The Wildlife Collection; 7 (br), Martin Harvey/The Wildlife Collection; 9 (tl, tc, tr), HRW Photo/Victoria Smith; 9 (c, cl, bl, bc), HRW Photo/Marty Granger/Edge Productions; 9 (cr), David Frazier Photolibrary; 9 (br), HRW Photo/Louis Boireau; 10, ©David Stover/Pictor; 11 (both), HRW Photo/Victoria Smith.

LOCATION: POITIERS: 12-13 (all), HRW Photo/Marty Granger/Edge Productions; 14 (both), Tom Craig/FPG International; 15 (t, c, bl), HRW Photo/Marty Granger/Edge Productions; 15 (br), HRW Photo.

CHAPTER 1 16-17, HRW Photo/Marty Granger/Edge Productions; 18 (tr inset), HRW Photo/Louis Boireau/ Edge Productions; 18 (remaining), HRW Photo/Marty Granger/Edge Productions; 19 (all), HRW Photo/ Marty Granger/Edge Productions; 20 (all), HRW Photo/Marty Granger/Edge Productions; 21 (tc), HRW Photo/Sam Dudgeon; 21 (br), HRW Photo/Alan Oddie; 21 (remaining), HRW Photo/Marty Granger/Edge Productions; 22 (cl), HBJ Photo/Mark Antman; 22 (c), HRW photo; 22 (cr), HRW photo/John Langford 22; (l), HRW Photo/Marty Granger/Edge Productions; 22 (r), IPA/The Image Works; 23 (all), HRW Photo/Marty Granger/Edge Productions; 24, HRW Photo/Marty Granger/Edge Productions; 25, Toussaint/Sipa Press; 30 (all), HRW Photo/Marty Granger/Edge Productions; 34 (tl), HRW Photo/Sam Dudgeon; 34 (tc), HRW Photo/Marty Granger/Edge Productions; 34 (tr), Robert Brenner/PhotoEdit; 34 (cl), HRW Photo/David Frazier; 34 (c), HBJ Photo/Pierre Capretz; 34 (cr), Marc Antman/ The Image Works; 34 (bl), Christine Galida/HRW Photo; 34 (bc), © Stephen Frisch/Stock Boston; 34 (br), © TRIP/ ASK Images; 36 (t), Frank Siteman/The Picture Cube; 36 (tc), Richard Hutchings/PhotoEdit; 36 (bc), David C. Bitters/The Picture Cube; 36 (b), R. Lucas/The Image Works; 37 (t), HRW Photo/Russell Dian; 37 (tc), HRW Photo/May Polycarpe; 37 (bc), R. Lucas/The Image Works; 37 (b), © Arthur Tilley/FPG International; 41 (l), HRW Photo/Sam Dudgeon; 41 (r), HRW Photo/David Frazier; 42 (tr), © Telegraph Colour Library/FPG International; 42 (tl, tc, br), HRW Photo/Marty Granger/Edge Productions; 42 (bl), David Young-Wolff/PhotoEdit.

CHAPTER 2 46-47, © Owen Franken/Stock Boston; 48 (all), HRW Photo/Marty Granger/Edge Productions; 49 (br inset), ©1997 Radlund & Associates for Artville; 49 (remaining), HRW Photo/Marty Granger/Edge Productions; 56 (l), HRW Photo/Louis Boireau/Edge

Productions; 56 (remaining), HRW Photo/Marty Granger/Edge Productions.

CHAPTER 3 74-75, HRW Photo/Marty Granger/ Edge Productions; 76 (all), HRW Photo/Edge Productions; 77 (all), HRW Photo/Edge Productions; 79 (all), HRW Photo/Sam Dudgeon; 80, HRW Photo/Sam Dudgeon; 81 (r), HRW Photo/Eric Beggs; 81 (remaining), HRW Photo/Sam Dudgeon; 83 (l,c), HRW Photo/Marty Granger/ Edge Productions; 83 (r), HRW photo/Louis Boireau/Edge Productions; 86 (all), HRW Photo/Sam Dudgeon; 88, © European Communities; 89 (both), © European Communities; 92 (t), Digital imagery® © 2003 PhotoDisc, Inc.; 92 (t inset), Sam Dudgeon; 92 (ctr), HRW Photo; 92 (ctl), Digital imagery® © 2003 PhotoDisc, Inc.; 92 (cbr), Digital imagery® © 2003 PhotoDisc, Inc.; 92 (b), Artville, LLC; 92 (cbl), HRW Photo; 93 (bc), Digital imagery® © 2003 PhotoDisc, Inc.; 93 (remaining), HRW Photo; 95 (both), HRW Photo/Sam Dudgeon; 100 (all), HRW Photo/Sam Dudgeon.

LOCATION: QUEBEC 102-103, J. A. Kraulis/Masterfile; 104 (t, c, bl), HRW Photo/Marty Granger/Edge Productions; 104 (br), Wolfgang Kaehler; 105 (t), HRW Photo/ Marty Granger/Edge Productions; 105 (bl), HRW Photo/Marty Granger/Edge Productions; 105 (br), HRW Photo/Marty Granger/Edge Productions; 105 (cl), Hervey Smyth, Vue de la Prise de Québec, le 13 septembre 1759, Engraving, 35.9 x 47.8 cm, Musée du Québec, 78.375, Photo by Jean-Guy Kérouac.; 105 (cr), HRW Photo/Marty Granger/Edge Productions.

CHAPTER 4 106-107, HRW Photo/Marty Granger/ Edge Productions; 108 (c), HRW Photo/Marty Granger/ Edge Productions; 109 (all), HRW Photo/Marty Granger/Edge Productions; 111 (all), HRW Photo/Marty Granger/Edge Productions; 112 (tl), HRW Photo/ Marty Granger/Edge Productions; 112 (tc), David Young-Wolff/PhotoEdit; 112 (tr), HRW Photo/Sam Dudgeon; 112 (cl), Bill Bachmann/PhotoEdit; 112 (c, cr, bc, HRW Photo/Marty Granger/Edge Productions; 112 (bl), David Linoy/Leo de Wys; 112 (br), HRW Photo; 114 (tl, tc), HRW Photo/Victoria Smith; 114 (tr), © 2000 Robert Fried; 117 (l), Robert Fried Photography; 117 (cl, r), HRW Photo/ Sam Dudgeon; 117 (c), HBJ Photo/May Polycarpe; 117 (cr), HRW Photo/Marty Granger/Edge Productions; 120 (tl), © Telegraph Colour Library/FPG International; 120 (tc), Dean Abramson/Stock Boston; 120 (tr), Corbis Images; 120 (remaining), © Bill Stanton/International Stock Photography; 121 (l), HRW photo/Louis Boireau/ Edge Productions; 121 (c, r), HRW Photo/Marty Granger/ Edge Productions; 128, HRW Photo; 129, HRW Photo/ Marty Granger/Edge Productions; 131, HRW Photo/ Marty Granger/Edge Productions.

LOCATION: PARIS 136-137, Paul Steel/The Stock Market; 138 (all), HRW Photo/Marty Granger/Edge Productions; 139 (tr), Bob Handelman/ STONE; 139 (tl, br), HRW Photo/Marty Granger/Edge Productions; 139 (bl), Peter Menzel/Stock Boston.

CHAPTER 5 140-141, © Hilary Wilkes/International Stock Photography; 142 (all), HRW Photo/Edge Productions; 143 (all), HRW Photo/Edge Productions; 147 (drinks br), Digital imagery® ©2003 PhotoDisc, Inc.; 147 (remaining), HRW Photo/Victoria Smith; 150 (l, c), HRW Photo/Marty Granger/Edge Productions; 150 (r), HRW Photo/Louis Boireau/Edge Productions; 152 (both), HRW Photo/Sam Dudgeon; 154 (cr), HRW Photo/Michelle Bridwell; 154 (remaining), HRW Photo/Sam Dudgeon; 159 (t, b), Pomme de Pain; 159 (c), Steven Mark Needham/ Envision; 160, © Telegraph Colour Library/FPG International.

CHAPTER 6 168-169, © Owen Franken/CORBIS; 170 (cr), Sebastien Raymond/Sipa Press; 170 (remaining), HRW Photo/Marty Granger/Edge Productions; 171 (cr), Corbis Images; 171 (remaining), HRW Photo/Marty Granger/ Edge Productions; 172, Corbis Images; 172 (inset), HRW Photo/Marty Granger/Edge Productions; 175 (tl, tc, tr, br), HRW Photo/Marty Granger/Edge Productions; 175 (bc), David R. Frazier Photolibrary; 175 (bl), HRW Photo/Sam Dudgeon; 176 (tr), Tabuteau/The Image Works; 176 (cl), Maratea/International Stock Photography; 176 (ccl), Greg Meadors/Stock Boston; 176 (bl), Robert Fried/Stock Boston; 176 (bcl), Courtesy Marion Bermondy; 176 (bcr), HBJ Photo/Mark Antman; 176 (br), R. Lucas/The Image Works; 176 (remaining), HRW Photo/Marty Granger/ Edge Productions; 178 (l), HRW Photo/Louis Boireau/ Edge Productions; 178 (c, r), HRW Photo/Marty Granger/ Edge Productions; 182 (tl), HBJ Photo/Mark Antman; 182 (tr), HRW Photo/Marty Granger/Edge Productions; 182 (b), Ulrike Welsch/PhotoEdit; 185, HRW Photo/Marty Granger/Edge Productions; 191 (all), HRW Photo/Marty Granger/Edge Productions; 192, HRW Photo/Dianne Schrader; 194 (tl), HRW Photo/Pierre Capretz; 194 (tr), SuperStock; 194 (b), HRW Photo/Dianne Schrader.

CHAPTER 7 198-199, © Julio Donoso/Woodfin Camp & Associates; 200 (tl, tc, cl), HRW Photo/Marty Granger/ Edge Productions; 200 (tr), HRW Photo/Marty Granger/ Edge Productions; 200 (cr), HRW Photo/Russell Dian; 200 (b), HRW Photo; 200 (b inset), Digital imagery® ©2003 PhotoDisc, Inc.; 201 (tl, tr, c), HRW Photo; 201 (b), HRW Photo/Marty Granger/Edge Productions; 202 (l, cl), HRW Photo/Russell Dian; 202 (cr, r), HRW Photo; 203, HRW Photo/Russell Dian; 204 (Row 3 cl), HRW Photo/Marty Granger/Edge Productions; 204 (Row 4 cl), Courtesy Marion Bermondy; 204 (Row 4 cr), David Austen/Stock Boston; 204 (Row 4 r), John Lei/Stock Boston; 204 (remaining), HRW Photo; 205 (l), HRW Photo/Daniel Aubry; 205 (cl), David Young-Wolff/PhotoEdit; 205 (c), HRW Photo/May Polycarpe; 205 (cr), Tony Freeman/ PhotoEdit; 205 (r), HRW Photo/Sam Dudgeon; 209 (l), Firooz Zahedi/The Kobal Collection/Paramount Studios;

ILLUSTRATION AND CARTOGRAPHY CREDITS

Abbreviations used: (t) top, (b) bottom, (l) left, (r) right, (c) center.

All art, unless otherwise noted, by Holt, Rinehart & Winston.

PRELIMINARY CHAPTER: Page xxiii, GeoSystems; xxiv, GeoSystems; xxv, GeoSystems; 6, Bruce Roberts; 9, Ellen Beier; 11, Jocelyne Bouchard.

LOCATION: POITIERS

Chapter One: Page 12, MapQuest.com; 22, Vincent Rio; 23, Jocelyne Bouchard; 26, Jocelyne Bouchard; 27, Yves Larvor; 28, Camille Meyer; 29, Yves Larvor; 30, MapQuest.com; 31, Yves Larvor; 33, Vincent Rio; 49, Yves Larvor. **Chapter Two:** Page 51, Yves Larvor; 52 (t), Bruce Roberts; 52 (b), Brian Stevens; 54, Bruce Roberts; 56, Pascal Garnier; 58, Keith Petrus; 59, Guy Maestracci; 60, MapQuest.com; 62, Brian Stevens; 72, Bruce Roberts. **Chapter Three:** Page 79, Yves Larvor; 80, Vincent Rio; 81, Michel Loppé; 82, Brian Stevens; 83, MapQuest.com; 84, Brian Stevens; 87, Vincent Rio; 89, Michel Loppé; 90, Jean-Pierre Foissy; 91, Michel Loppé; 94, Brian Stevens; 100, Bruce Roberts.

LOCATION: QUEBEC

Chapter Four: Page 102, MapQuest.com; 113, Michel Loppé; 115, Yves Larvor; 117, Jocelyne Bouchard; 118, Brian Stevens; 119, Jocelyne Bouchard; 120, MapQuest.com; 134, Jocelyne Bouchard.

LOCATION: PARIS

Chapter Five: Page 136, MapQuest.com; 145, Andrew Bylo; 146, Vincent Rio; 147, Jocelyne Bouchard; 148, Vincent Rio; 149, Camille Meyer; 150, MapQuest.com; 155, Guy Maestracci; 156, Jean-Pierre Foissy; 161, Vincent Rio; 166, Yves Larvor. **Chapter Six:** Page 174, Jocelyne Bouchard; 177 (t), Yves Larvor; 177 (c), Guy Maestracci; 178, MapQuest.com; 179, Jean-Pierre Foissy; 180, Brian Stevens; 181, Jean-Pierre Foissy; 183, Jean-Pierre Foissy; 184, Jocelyne Bouchard; 193, Guy Maestracci; 196 (t), Jocelyne Bouchard, 196 (b), Guy Maestracci. **Chapter Seven:** Page 203, Vincent Rio; 206 (cr), Guy Maestracci; 206 (b), Jocelyne Bouchard; 207, Vincent Rio; 208, Pascal Garnier; 209, Brian Stevens; 210, Jean-Pierre Foissy; 211, Vincent Rio; 212, MapQuest.com; 213 (tr), Pascal Garnier; 213 (br), Guy Maestracci; 214 (t), Vincent Rio; 214 (b), Pascal Garnier; 218, Jocelyn Bouchard; 223, Guy Maestracci; 224, Pascal Garnier.

LOCATION: ABIDJAN

Chapter Eight: Page 226, MapQuest.com; 235, Yves Larvor; 236, Camille Meyer; 237, George Kimani; 239, MapQuest.com; 240, Andrew Bylo; 242, Yves Larvor; 246 (t), Michel Loppé; 246 (b), Jocelyne Bouchard; 247, Michel Loppé; 248 (bl), George Kimani; 248 (tr), Jocelyne Bouchard; 254, George Kimani; 255, Yves Larvor; 258, Yves Larvor.

LOCATION: ARLES

Chapter Nine: Page 260, MapQuest.com; 269, Jean-Pierre Foissy; 271, Camille Meyer; 273, Guy Maestracci; 272, Jocelyne Bouchard; 278, MapQuest.com; 280, Brian Stevens; 285, Vincent Rio; 290, Jocelyne Bouchard. **Chapter Ten:** Page 297, Jocelyne Bouchard; 298 (c), Michel Loppé; 298 (t), Yves Larvor; 299, Vincent Rio; 300, Jean-Pierre Foissy; 305, MapQuest.com; 306, Jean-Pierre Foissy; 268 (t), Brian Stevens; 268 (c), Jocelyne Bouchard; 270, Jean-Pierre Foissy; 307, Michel Loppé; 308, Guy Maestracci; 310, Jean-Pierre Foissy; 320, Yves Larvor. **Chapter Eleven:** Page 327 (c), Brian Stevens; 327 (b), Russell Moore; 328, Guy Maestracci; 332, MapQuest.com; 333, Michel Loppé; 334, Yves Larvor; 336, Jean-Pierre Foissy; 343, Bruce Roberts; 344, Yves Larvor; 354, Yves Larvor.

LOCATION: FORT-DE-FRANCE

Chapter Twelve: Page 350, MapQuest.com; 361, Anne de Masson; 363, Anne de Masson; 364, Jean-Pierre Foissy; 366, Brian Stevens; 367, MapQuest.com; 369, Anne Stanley; 370, Anne de Masson; 371, Anne de Masson; 372, Anne Stanley; 377, Yves Larvor; 379, Anne Stanley; 380, Anne de Masson; 381, Anne de Masson; 382, Anne de Masson.